汽车类专业人才培养系列教材

纯电动汽车结构原理与检修

◆第2版·微课版◆

吴兴敏 朱尚功 惠有利◎主编

郝宏海 李新 王海◎副主编

詹德凯◎主审

人民邮电出版社

北京

图书在版编目（CIP）数据

纯电动汽车结构原理与检修：微课版 / 吴兴敏，朱尚功，惠有利主编. -- 2版. -- 北京：人民邮电出版社，2024.7

汽车类专业人才培养系列教材

ISBN 978-7-115-62517-5

Ⅰ. ①纯… Ⅱ. ①吴… ②朱… ③惠… Ⅲ. ①电动汽车－结构－教材②电动汽车－车辆修理－教材 Ⅳ. ①U469.72

中国国家版本馆CIP数据核字(2023)第155347号

内 容 提 要

本书共设 4 个教学项目，分别是认识纯电动汽车，纯电动汽车高压安全与维修工具/检测仪器的使用，纯电动汽车电源系统、充电系统及驱动电机系统检修，纯电动汽车其他技术应用及整车保养。本书采用图文结合的方式，以国内外典型纯电动汽车为例，详细介绍纯电动汽车的类型、整体结构及原理，动力电池的类型、结构、基本原理、特点及应用，电池管理系统的组成及功能，驱动电机的种类、结构、基本原理及应用，电机控制器的基本组成与作用，纯电动汽车变速器、功率转换器、电动真空助力制动和再生制动系统、电动空调系统、信息显示系统等的组成原理，纯电动汽车整车保养、应急处理及常规故障的处理方法。

本书可作为职业院校汽车相关专业的教材，也可作为汽车新技术培训及汽车维修企业技术人员的自学参考书。

◆ 主　　编　吴兴敏　朱尚功　惠有利
　　副 主 编　郝宏海　李 新　王 海
　　主　　审　詹德凯
　　责任编辑　王丽美
　　责任印制　王　郁　焦志炜

◆ 人民邮电出版社出版发行　　北京市丰台区成寿寺路 11 号
　　邮编　100164　电子邮件　315@ptpress.com.cn
　　网址　https://www.ptpress.com.cn
　　北京市艺辉印刷有限公司印刷

◆ 开本：787×1092　1/16
　　印张：12.75　　　　　　　2024 年 7 月第 2 版
　　字数：411 千字　　　　　 2024 年 7 月北京第 1 次印刷

定价：59.80 元（附小册子）

读者服务热线：(010)81055256　印装质量热线：(010)81055316
反盗版热线：(010)81055315
广告经营许可证：京东市监广登字 20170147 号

一、写作背景

当今，关于节能和环保的问题备受关注，生产和使用节能环保型汽车成为解决这些问题的重要途径之一。目前，节能环保型汽车可分为两大类，一类是电动汽车，另一类是新燃料汽车。新燃料汽车主要指使用非石油燃料的汽车。新燃料汽车除可一定程度改善污染物排放外，主要特点是能够缓解石油危机的压力。而电动汽车在节约能源和保护环境方面均有突出的表现。

电动汽车包括纯电动汽车、混合动力汽车和燃料电池汽车，其中纯电动汽车是未来电动汽车发展的方向。目前，纯电动汽车技术已经取得了长足发展，各大汽车厂商纷纷推出自己的纯电动汽车产品，国家有关新能源汽车的消费政策、配套措施也陆续出台，消费者对纯电动汽车的认知程度逐渐提高，纯电动汽车的社会保有量持续增长。

为满足职业院校对纯电动汽车技术知识的需求，本书编写团队在充分总结前人的成果、结合目前纯电动汽车的发展前沿技术、充分研究典型纯电动汽车的基础上，于 2019 年编写出版了本教材第 1 版。

二、修订原因及内容

为全面贯彻落实党的二十大精神，在注重内容科学性、理论性和实践性的基础上，更好体现教材时代性、把握规律性、富于创造性，坚定"四个自信"，弘扬中华优秀传统文化，体现"十四五"职业教育规划教材建设理念，故对第 1 版教材进行必要的修订。

本次教材修订，坚持"德育为先、能力为重、全面发展"的教材建设理念，具体修订内容如下。

（1）删除陈旧的内容，补充企业案例。

（2）精减理论知识内容，突出实践能力培养。

（3）依据课程的特点，采取恰当方式自然融入中华传统文化、科学精神和爱国情怀等元素，弘扬精益求精的专业精神、职业精神和工匠精神，培养学生的创新意识，将"为学"和"为人"相结合。

（4）增加微课、动画等教学资源。

（5）为体现教材编写的严谨性，特聘请具有多年新能源汽车开发设计经验的专家作为本书主审。

三、本书特点

本次修订后，第 2 版教材具备以下特点。

（1）"校企"双元合作建设。编写团队包含院校专业教师和企业能工巧匠，体现教、学、用的无缝对接，体现"生产与教学紧密结合"和"校企"双元合作建设的特点。

（2）采用项目化设计，以真实工作项目为载体、以工作过程为导向、以职业素养和职业能力培养为重点组织教学内容。

（3）"岗课赛证"融通。对应新能源汽车维修岗位，重构课程内容，引入"1+X"职业技能证书等级标准，融合了全国职业院校技能大赛（汽车故障检修赛项）的比赛内容及评分标准。

（4）在每个学习任务的"学习目标"模块，均提出素质目标；在正文适当位置，自然融入胸怀祖国、服务人民的爱国精神，勇攀高峰、敢为人先的创新精神，公平、公正、科学、严谨的工作作风等元素。

（5）第2版教材对应的课程为国家"双高计划"建设教学资源和精品在线课程立项项目，已经完成微课、动画、视频等辅助教学资源建设，满足富媒体资源的要求。同步出版数字版教材，满足职业教育数字化教学需求。

（6）每个学习任务均配备大量的习题，以方便学生自我学习检验和课程考核，本部分内容将与工单合订，以工作手册方式配套出版。另外，本书提供了配套的课程标准、教学设计、课件等教学资源，读者可登录人邮教育社区（www.ryjiaoyu.com）下载。

四、编写说明

本书由辽宁省交通高等专科学校吴兴敏、朱尚功，惠有利任主编，辽宁省交通高等专科学校郝宏海、辽宁职业学院李新和丹东市乾元新景汽车销售有限公司王海任副主编，由辽宁省交通高等专科学校詹德凯任主审。参与本书编写工作的其他人员有辽宁省交通高等专科学校耿炎、张丽丽、翟静、高元伟、金艳秋、沈沉等。

纯电动汽车技术的飞速发展，导致各生产厂商的纯电动汽车技术差异很大，技术含量不尽相同，且多数的关键技术仍处于商业保密阶段，加之编者的水平有限，本书难免会有疏漏及不够先进之处，希望读者不吝指正。

编　者
2023 年 12 月

目 录

项目一

认识纯电动汽车

学习任务 1-1　认识纯电动汽车的类型

【任务引入】

　　纯电动汽车以动力电池作为动力源，以驱动电机为电能和机械能的转换装置并驱动汽车行驶。纯电动汽车具有环保性能好、行驶平稳、乘坐舒适、操纵稳定性好及驾驶轻便等优点，受到越来越多人的喜爱，市场保有量快速增长。纯电动汽车的维修已经成为汽车维修行业从业人员亟须学习和掌握的重要技能。

　　汽车维修人员应该能做到通过阅读纯电动汽车维修手册，并通过对实车的观察、分析，掌握所维修纯电动汽车的类型及特点，以便正确制订和实施之后的维修计划。

　　本学习任务主要讲解纯电动汽车的类型及特点。

【学习目标】

1．知识目标

（1）能够正确描述新能源汽车的种类及各类新能源汽车的定义。

（2）能够正确描述纯电动汽车的特点。

（3）能够正确描述纯电动汽车的类型。

2．能力目标

（1）能够通过观察具体纯电动汽车，找出代表其类型的结构装置。

（2）能够根据具体的整车布置特点，说明其代表的纯电动汽车类型及特点。

3．素质目标

（1）培养劳动安全保护和团队协作的职业素养。

（2）培养加快发展方式绿色转型的理念。

【相关知识】

一、新能源汽车概述

1．新能源汽车发展背景

汽车产业技术未来发展趋势是低碳化，如图 1-1 所示。实现汽车低碳化的技术除动力技术、传动技术、汽车制造技术之外，新能源技术也是关键技术之一，其对汽车低碳化发展起着不可或缺的作用。

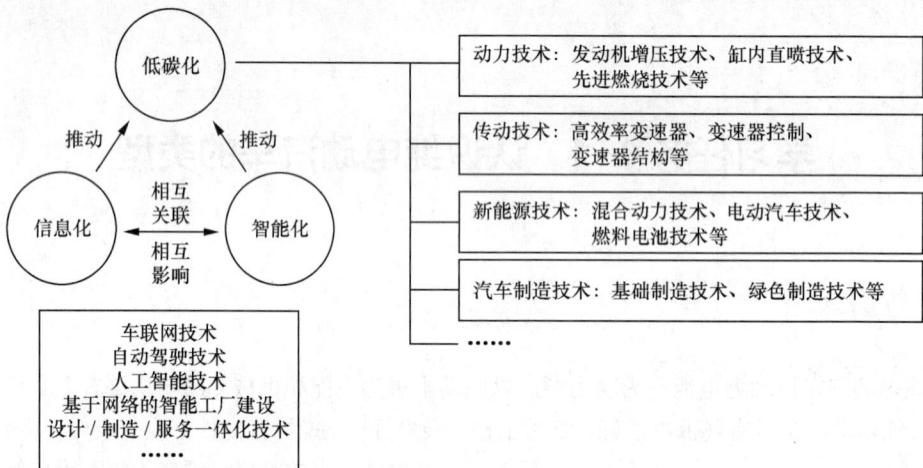

图 1-1　汽车产业技术未来发展趋势

2．新能源及新能源汽车的定义

（1）新能源

新能源又称非常规能源，是指传统能源之外的各种能源，包括刚开始开发利用或正在积极研究、有待推广的能源，如太阳能、地热能、风能、海洋能、生物质能和核聚变能等。新能源越来越多地被用到风电产业、地热利用产业、沼气发电产业、生物质产业、太阳能光伏产业和新能源汽车产业。

（2）新能源汽车

2017 年，工业和信息化部（以下简称"工信部"）颁布的《新能源汽车生产企业及产品准入管理规定》中明确指出：新能源汽车是指采用新型动力系统，完全或主要依靠新型能源驱动的汽车。

随着科学技术的发展，新能源汽车的定义和种类是不断变化的。

3．新能源汽车的种类

《新能源汽车生产企业及产品准入管理规则》中述及的新能源汽车包括纯电动汽车（battery electric vehicle，BEV，包括太阳能汽车）、混合动力汽车、燃料电池电动汽车（fuel cell electric vehicle，FCEV）、氢发动机汽车、其他新能源（如高效储能器、二甲醚）汽车等各类别产品。

《新能源汽车生产企业及产品准入管理规定》中所指的新能源汽车包括插电式混合动力（含增程式）汽车、纯电动汽车和燃料电池汽车等。

在我国《节能与新能源汽车产业发展规划（2012—2020 年）》中，新能源汽车主要包括纯电动汽车、插电式混合动力汽车和燃料电池汽车。

尽管有各种法规对新能源汽车进行了规定，但就新能源汽车的定义分析，新能源汽车应包括电动汽车、气体燃料汽车、代用液体燃料汽车三大类。

（1）电动汽车

电动汽车是指全部或部分采用电能驱动电机作为动力系统的汽车。电动汽车包括纯电动汽车、混合动力汽车（包括插电式混合动力汽车）、燃料电池汽车和其他电动类汽车（太阳能汽车、超级电容汽车等）。

① 纯电动汽车。纯电动汽车是以车载电源为动力，用电机驱动车轮行驶，符合道路交通安全法规各项要求的车辆。

② 混合动力汽车。混合动力汽车（hybrid electric vehicle，HEV）指能够至少从下述两类车载储存的能源中获得动力的汽车：一是可消耗的燃料；二是可再充电能/储能装置。

联合国对混合动力汽车的定义是：为了推动车辆的革新，至少拥有两个能量转换器和两个能量储存系统（车载状态）的车辆。

国际电工委员会电动汽车技术委员会对混合动力汽车的定义为：有多于一种的能量转换器提供驱动力的混合型电动汽车，即使用动力电池和副能量单元的电动汽车。副能量单元指的就是以某种燃料作为能源的原动机或者电机组。燃料主要包括柴油、汽油、液化石油气、液化天然气、乙醇等。原动机主要是内燃机及其他热机。

综合上述对混合动力汽车定义的描述，参考国际能源署（International Energy Agency，IEA）有关文献，业内普遍认为，能量与功率传动路线具有如下特点的车辆称为混合动力汽车。

a. 传送到车轮、推进车辆运动的能量，至少取自两种不同的能量转换装置（如内燃机、燃气涡轮、斯特林发动机、电机、燃料电池等）。

b. 能量转换装置至少要从两种不同的储能装置（如燃油箱、动力电池、高速飞轮、超级电容、高压储氢罐等）吸取能量。

c. 从储能装置流向车轮的通道，至少有一条是可逆的（既可放出能量，也可吸收能量），并至少有一条是不可逆的。

d. 可逆的储能装置供应的是电能。混合动力汽车的不可逆动力元件是发动机，储能元件是油箱；可逆的动力元件是电机，对应的储能元件是动力电池、超级电容、燃料电池等。

混合动力汽车包括汽油混合动力汽车和柴油混合动力汽车。目前国内市场上，混合动力汽车的主流是汽油混合动力汽车，而国际市场上柴油混合动力车型发展也较快。能够利用电网充电的混合动力汽车称为插电式混合动力汽车。

③ 燃料电池汽车。燃料电池汽车是以燃料电池作为动力电源的汽车。

④ 太阳能汽车。太阳能汽车是利用太阳能电池，将太阳能转换成电能以驱动车辆行驶的汽车。

⑤ 超级电容汽车。超级电容汽车是以超级电容为主要储能装置，必要时将能量提供给动力电池，再由动力电池将电能提供给驱动电机以驱动车辆行驶的汽车。

（2）气体燃料汽车

气体燃料汽车是指燃用气体燃料的汽车。

汽车的代用气体燃料种类很多，常见的有天然气、液化石油气和氢气。代用气体燃料汽车按气体燃料与液体燃料的混合情况分为专用气体燃料汽车、两用燃料汽车和双燃料汽车 3 种；按气体存储形态和点燃方式分类，天然气汽车分为压缩天然气汽车（compressed natural gas vehicle，CNGV）和液化天然气汽车（liquefied natural gas vehicle，LNGV），这两种天然气汽车又均可分为点燃式和压燃式。

① 专用气体燃料汽车。专用气体燃料汽车是完全以天然气、液化石油气等气体为发动机燃料的汽车，如天然气汽车、液化石油气汽车等。这种汽车可充分发挥气体燃料的特点，价格低，污染少。

② 两用燃料汽车。两用燃料汽车是指具有两套相对独立的燃料供给系统，一套供给代用气体燃料，另一套供给常规燃料（主要指石化汽油、石化柴油），两套燃料供给系统可分别但不可共同向气缸供给燃料的汽车，如汽油-压缩天然气两用燃料汽车等。

③ 双燃料汽车。双燃料汽车具有两套燃料供给系统，一套供给代用气体燃料，另一套供给常规燃料，两套燃料供给系统按预定的配比向气缸供给燃料，在气缸内混合燃烧，如柴油/液化石油气双燃料汽车等。

④ 氢发动机汽车。氢发动机汽车是以氢气为发动机燃料的汽车。氢发动机在汽车上的应用方式有 3 种，即纯氢发动机、氢/汽油双燃料发动机、氢/汽油混合燃料发动机。

（3）代用液体燃料汽车

代用液体燃料汽车指使用传统燃料之外的液体燃料的汽车，包括生物燃料汽车和煤制燃料汽车两大类。

① 生物燃料汽车。生物燃料汽车是指燃用生物燃料或燃用掺有生物燃料燃油的汽车。生物燃料汽车包括乙醇燃料汽车和生物柴油汽车等。

② 煤制燃料汽车。煤制燃料汽车指使用以煤提取的燃料的汽车。它主要包括装用点燃式 M85 甲醇汽油发动机、M15 甲醇汽油发动机（部分新能源）、压燃式二甲醚（dimethyl ether，DME）发动机、煤制汽油发动机、煤制柴油发动机的车辆。

二、纯电动汽车的种类

1. 按驱动系统的组成和布置形式分类

按照驱动系统的组成和布置形式不同，纯电动汽车分为机械传动型、无变速器型、无差速器型和电动轮型 4 种，如图 1-2 所示。

（1）机械传动型

机械传动型纯电动汽车的驱动系统布置形式如图 1-2（a）所示，它是以发动机前置、后轮驱动的燃油发动机汽车结构为基础发展而来的，保留了燃油发动机汽车的传动系统，不同之处是把发动机换成了电机。这种结构可以确保纯电动汽车的启动转矩及低速时的后备功率，对驱动电机要求低，因此，可选择功率较小的电机。

（2）无变速器型

无变速器型纯电动汽车驱动系统的一种布置形式如图 1-2（b）所示，该结构的最大特点是取消了离合器和变速器，采用固定速比减速器，通过控制电机来实现变速功能。这种结构的优点是机械传动装置的质量轻、体积小，但对电机的要求比较高，不仅要求其具有较高的启动转矩，而且要求具有较大的后备功率，以保证纯电动汽车的起步、爬坡、加速等动力性能。

无变速器型纯电动汽车驱动系统的另外一种布置形式如图 1-2（c）所示，这种结构与燃油发动机汽车的发动机横向前置、前轮驱动的布置方式类似。它把电机、固定速比减速器以及差速器集成为一个整体，两根半轴连接驱动车轮。这种结构在小型纯电动汽车上应用十分普遍。

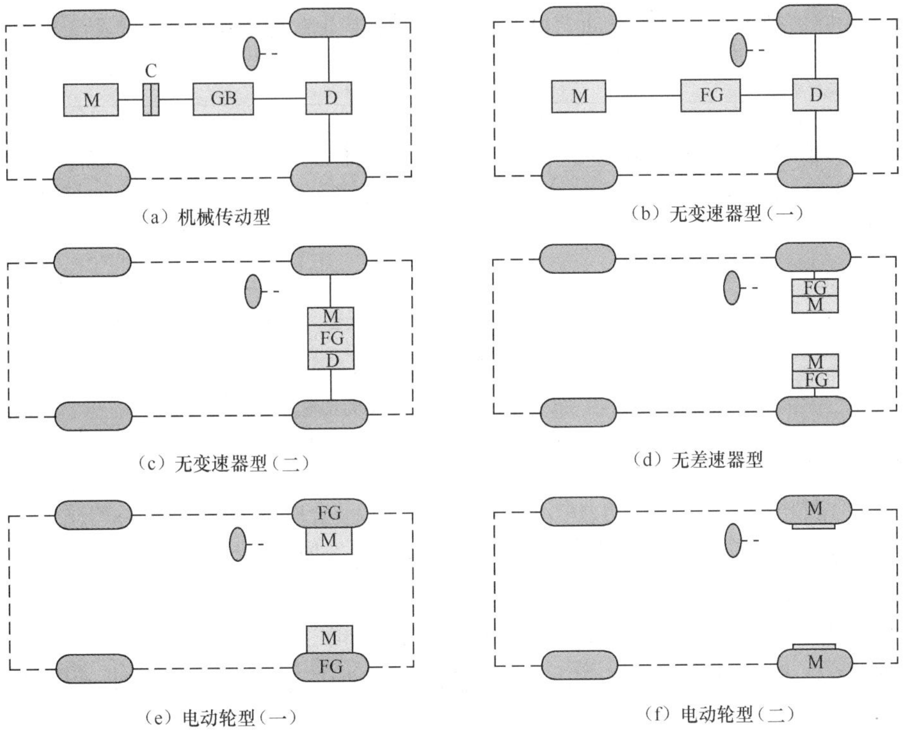

（a）机械传动型　　　　　　　　　　　　　（b）无变速器型（一）

（c）无变速器型（二）　　　　　　　　　　　（d）无差速器型

（e）电动轮型（一）　　　　　　　　　　　　（f）电动轮型（二）

图 1-2　纯电动汽车驱动系统布置形式

C—离合器；D—差速器；FG—固定速比减速器；GB—变速器；M—电机

（3）无差速器型

无差速器型纯电动汽车的驱动系统布置形式如图 1-2（d）所示，这种结构采用了两台电机，通过固定速比减速器来分别驱动两个车轮，可以实现对每个电机转速的独立调节。因此，当汽车转向时，可以通过电机控制系统控制两个车轮的差速，从而达到转向的要求。但是，这种结构的电机控制系统相对来说比较复杂。

（4）电动轮型

电动轮型纯电动汽车驱动系统的一种布置形式如图 1-2（e）所示，这种结构将电机安装在驱动车轮内侧，可以进一步缩短电机到驱动车轮之间的动力传递路径，减少能量在传动路径上的损失，但要实现纯电动汽车的正常工作，还需要添加一个速比较大的固定速比减速器，将电机的转速降低到理想值以驱动车轮。

电动轮型纯电动汽车驱动系统的另一种布置形式如图 1-2（f）所示，这种结构将低速外转子电机的外转子直接安装在车轮的轮缘上，去掉了减速齿轮，因此电机和驱动车轮之间没有任何机械传动装置，没有机械传动损失，能量的传递效率高，空间的利用率最大。但是这种结构对电机的性能要求较高，要求其具有很高的启动转矩和较大的后备功率，以确保车辆的可靠工作。

2．按车载电源数不同分类

按车载电源数不同，纯电动汽车可以分为单电源型纯电动汽车和多电源型纯电动汽车两种。

（1）单电源型

在单电源型纯电动汽车上，主要电源一般是动力电池，如铅酸蓄电池、镍氢电池、锂离子电池（简称锂电池）等，其动力传输路线如图 1-3 所示。单电源型纯电动汽车的结构较为简单，控制也比较简单，其主要缺点是动力电池的瞬时输出功率容易受其性能的影响，车辆制动能量的回馈效率也会受制于动力电池的最大可接受电流及其荷电状态（剩余电量）。

说　明

　　制动能量回馈是指车辆在制动或下坡时，将车辆本身动能的一部分转换为电能储存于储能装置中，从而达到节约能源的目的。

图 1-3　单电源型纯电动汽车动力传输路线

（2）多电源型

多电源型纯电动汽车一般由动力电池加其他辅助储能装置构成，其动力传输路线如图 1-4 所示。辅助储能装置主要指超级电容和飞轮电池，采用动力电池加超级电容或动力电池加飞轮电池的电源组合，可以降低对动力电池的容量、比能量、比功率等的要求。当汽车起步、加速、爬坡时，辅助储能装置（超级电容、飞轮电池）可短时间内输出大功率，协助动力电池供电，使纯电动汽车的动力性提高；当汽车制动时，则利用辅助储能装置接受大电流充电，提高制动能量回馈的效率。

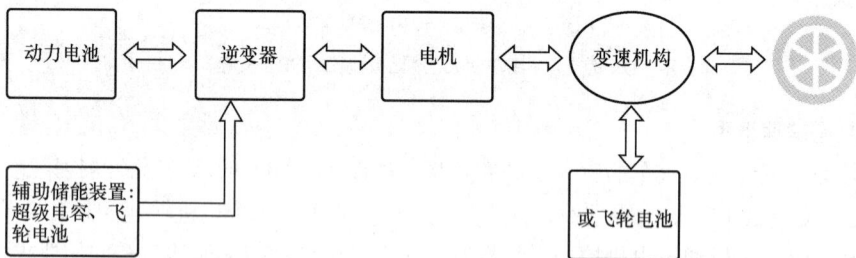

图 1-4　多电源型纯电动汽车动力传输路线

3．按用途不同分类

按照用途不同，纯电动汽车主要分为纯电动轿车、纯电动货车、纯电动客车和纯电动专用车 4 种。

三、纯电动汽车的优点与要求

1．纯电动汽车的优点

① 污染少。纯电动汽车以清洁的电能作为能源，几乎不会产生有害气体，也不会产生二氧化碳等温室气体，基本上可以实现"零排放"。

即使按所耗电量换算为发电厂的排放，除硫和微粒外，其他污染物也显著减少。由于发电厂大多远离人口密集的地方，因此对人类伤害较小，而且发电厂是固定不动的，废弃物集中排放，清除各种有害排放物较容易。

② 噪声小。电机工作过程中产生的噪声远小于燃油发动机汽车的发动机噪声。

③ 能源来源广泛。由于电力可以从多种一次能源（如煤、水力、风力、光、热等）获得，因此可减少人们对石油资源日渐枯竭的担心。

纯电动汽车的特点

④ 制造与维修成本低。纯电动汽车相对燃油发动机汽车来说结构简单，运转部分少，使用、维修方便，维护工作量少。

2．纯电动汽车须满足的要求

符合国际和市场需求的纯电动汽车必须满足以下几项要求。

① 纯电动汽车的研发、制造、运营必须符合国家各项相关法规。整车、零部件性能必须满足国家技术标准和各项具体要求。

② 纯电动汽车是以电为能源，由电机驱动行驶的，不再产生新的污染，不具有易燃、易爆的隐患。

③ 纯电动汽车储能用的电池必须是无污染、环保型的，且具有较长的寿命，具备快速充电的性能。车辆根据用途确定一次充电的续驶里程，以此装配够用电量的电池组，充分利用公用充电站快速充电以延长续驶里程。

④ 纯电动汽车电机组应有高效率地进行能量转换的能力。制动、减速能量可直接利用和回收，力求车辆能源综合利用的高效率。

⑤ 根据车辆用途及行驶场合设定最高车速，且不得超过交通法规的限定值，以便合理选择电机的功率和配置电池组的容量。

⑥ 车辆驾驶操纵简单有效、工作可靠，确保行车安全。

⑦ 机械和电气装置耐用、少维修，车辆运营费用低。

⑧ 以目标市场需求为依据，提供实用、合适的车型，力求做到技术、经济、实用、功能各方面的综合统一。

2012 年 5 月 11 日，《纯电动乘用车 技术条件》（GB/T 28382—2012）正式发布，该标准适用于使用蓄电池提供动力、5 座以下的纯电动汽车。该标准对纯电动乘用车的车速、安全、质量分配、加速性能、爬坡性能、低温性能、可靠性等方面的技术指标进行了详细的规定。这标志着各汽车生产商将会按统一的标准生产纯电动乘用车。

2021 年 6 月 17 日，为促进纯电动乘用车技术进步，保障行业规范健康发展，工业和信息化部装备工业一司按照《中华人民共和国标准化法》组织全国汽车标准化技术委员会开展了对相关推荐性国家标准的修订，并形成征求意见稿。征求意见稿明确了四轮低速电动车将作为纯电动乘用车的一个子类，并命名为"微型低速纯电动乘用车"，规定该品类定义为座位数在 4 座及以下、最高车速小于 70 km/h 的纯电动乘用车，并明确其外廓尺寸、整备质量、轮胎标准、限速装置、制动性能、稳定性能、碰撞安全等基本技术指标要求。同时对《纯电动乘用车 技术条件》进行了一些修改。

四、纯电动汽车的发展史

1．国外纯电动汽车的发展史

1834 年，苏格兰人德文博特制造了一辆电动三轮车，它由一组不可充电的简单玻璃封装的干电池提供动力，只能行驶一小段距离。1839 年，苏格兰人罗伯特使用不可充电电池制造了第一辆纯电动汽车。1859 年，法国人普兰特发明了世界上第一只可充电的蓄电池，为后来纯电动汽车的发展奠定了基础。1881 年，法国工程师特鲁夫第一次将直流电机和可充电的铅酸蓄电池用于私人车辆，并在同年巴黎举办的国际电器展览会上展出了一辆能实际操作使用的电动三轮车。1885 年，德国人卡尔·本茨发明了汽油发动机

新能源汽车的发展史

驱动的汽车，并于 1886 年 1 月 26 日获得专利，成为人类历史上的伟大创举。但是，由于当时纯电动汽车比燃油发动机汽车的结构简单，且只需配有电机和电池，制造起来比较容易，而燃油发动机汽车性能比较差，发动机启动也很困难，因此，在初期阶段，纯电动汽车得到了发展。

19 世纪末，美国、英国和法国的许多公司开始生产纯电动汽车。最早的纯电动汽车制造厂是 Morris 和 Salom 的电动客车和货车公司。另一个比较早的纯电动汽车生产商是 Pope 公司，到 1898 年年底，Pope 公司生产了大约 500 辆纯电动汽车。1896—1920 年，Riker 纯电动汽车公司生产了多种不同类型的纯电动汽车，其中 1897 年生产的 Victoria 是一种设计较好的车型。除美国纯电动汽车制造厂外，英国的伦敦电动出租汽车公司在 1897 年生产了 15 辆电动出租车。法国的 BGS 公司在 1899—1906 年也生产了几种不同类型的商用型纯电动汽车，包括小汽车、货车、客车和豪华轿车。1899 年，比利时人卡米尔·杰那茨驾驶的电力驱动汽车 Jamais Contente 首次实现了 100 km/h 以上的车速。

1895—1915 年是早期纯电动汽车的黄金时代。1900 年，在美国销售的 4200 辆汽车中有 38% 是纯电动汽车，22% 是燃油发动机汽车，40% 是蒸汽机汽车。在当时，纯电动汽车是金融"巨头"的代步工具及财富的象征。

进入 20 世纪以后，由于大量油田被发现，石油开采提炼和内燃机技术迅速进步，而纯电动汽车则由于电池技术进步缓慢，在性能、价格等方面都难以与燃油发动机汽车竞争而逐步被其所取代。1911 年，Kettering 公司发明了汽车发动机起动机，使得燃油发动机汽车更具吸引力，从此打破了纯电动汽车在市场上的主导地位。而福特汽车公司的出现几乎使纯电动汽车的发展彻底停止，到 20 世纪 30 年代，纯电动汽车几乎消失了。

直到 20 世纪 70 年代初，石油危机和空气污染等原因才促使人们重燃对纯电动汽车的希望，美国、英国、法国、德国、意大利和日本开始发展纯电动汽车。20 世纪 70 年代后期，世界上许多国家和地区的公司开始研制纯电动汽车。但是石油价格在 20 世纪 70 年代末开始下跌，在纯电动汽车成为商业化产品之前，石油短缺等能源危机变得不再严重，因而纯电动汽车的商业化失去了动力，纯电动汽车的发展显著变慢，又开始走入低谷。

20 世纪 80 年代，由于人们日益关注空气质量和温室效应所产生的影响，纯电动汽车的发展再次获得生机。20 世纪 90 年代初，一些国家和城市开始实行更严格的排放法规。1990 年，美国加利福尼亚州大气资源管理局颁布了一项法规，规定 1998 年在加利福尼亚州出售的汽车中，2% 必须是零排放车辆，到 2003 年零排放车辆应达到 10%。受加利福尼亚州法规的影响，美国其他州以及世界其他国家开始制定类似的法规，纯电动汽车技术被认为是符合零排放标准的唯一可用的技术，所以纯电动汽车迅速发展起来。

汽车制造商在不断推动纯电动汽车技术发展的同时，开始将纯电动汽车商业化。在世界范围内，许多汽车生产商开始生产纯电动汽车或者涉足纯电动汽车领域。在美国，通用、福特、克莱斯勒、美国纯电动汽车公司等响应加利福尼亚州的法规，在纯电动汽车的发展中起着很重要的作用；在日本，几乎所有的汽车生产商，如丰田、日产、本田、马自达、大发、三菱、铃木和五十铃等汽车公司都制订了自己的商业化纯电动汽车的发展计划；欧洲的许多国家，尤其是法国、德国、意大利和英国都启动了纯电动汽车发展计划，其中较活跃的汽车公司有雪铁龙、雷诺、宝马、奔驰、奥迪、沃尔沃、大众、欧宝和菲亚特等。除汽车生产商以外，还有一些电力公司和电池生产商在纯电动汽车的示范中也起着积极的作用，其目的都是促进以充电电池为动力的纯电动汽车的商业化，并最终获得商业利益。通常他们和汽车生产商合作来发展纯电动汽车，或者选购纯电动汽车用于电池评估和演示。虽然在这一阶段，纯电动汽车受到了各大企业的重视，但是由于电力电子学尚未建立，既没有完善的科学理论作指导，更缺乏高科技含量的电力电子装置可供采用，特别是，当时几乎只有铅酸蓄电池可供使用，而铅酸蓄电池体积大、质量大、能量密度小、功率密度低、充电时间长以及每次充足电后续驶里程较短，再加上电力传动系统的制造成本过高等因素困扰，阻碍了纯电动汽车的大规模发展。

2000 年以来，随着各国对纯电动汽车技术研发投入的不断加大，车用动力电池、电机及其控制系统等瓶颈技术取得了重大进展，电力电子、控制技术和信息技术的广泛应用促使纯电动汽车技术深入发展、日臻完善，产品的可靠性得到明显提升，使用寿命得到明显延长，成本得到有效控制，纯电动汽车技术在世界范围内得到快速发展，一批装备了先进动力电池的纯电动汽车已经进入或即将进入消费市场。

2．我国纯电动汽车的发展史

"八五"期间，国家将电动汽车项目正式列入国家研究和攻关计划。"九五"期间，国家把电动汽车列入国家重大产业工程项目，完成了纯电动轿车先导车的研制和全新纯电动轿车概念车的开发，建成了我国唯一的国家电动汽车运行试验示范区；另外，还研制出我国首辆纯电动大客车 YW6120DD 和我国首辆具有完全自主知识产权的纯电动公交车 BJD6100EV，完成了为期 3 年的载客示范试验。

"十五"期间，我国以开发电动汽车整车技术和关键零部件技术为重点，采取整车牵头、零部件配合、产学研相结合的模式，推动了电动汽车技术的研发。

"十一五"期间，我国继续坚持以电动汽车市场为产品开发的导向，以整车产品为载体，以电动汽车动力系统技术平台为核心，促进企业产品的开发和创新；以关键零部件工程化、系列化促进产业链的建设；以共性基础技术促进平台、总成和零部件的深入研究；以公共服务平台、基础设施和政策法规建设促进市场应用和推广。

经过"十二五"的发展，我国新能源汽车基本完成了起步阶段的任务，我国新能源汽车市场推广初见成效，新能源汽车进入产业化初期阶段。新能源汽车技术取得重大进步，动力电池性能大幅提升，电动汽车成本下降明显。新能源汽车产业链不断完善，关键零部件配套能力不断提高。初步建立较为完备的新能源汽车政策支持体系，涵盖技术研发、生产制造、市场推广以及充电环境等产业链环节。新能源汽车的商业模式持续创新，新型商业模式不断涌现。

"十三五"纲要中把新能源汽车推广列入国家的重要计划，纲要中指出竞争主体愈发多元化，新能源汽车市场从自主品牌为绝对主体的竞争格局向多元化竞争格局转变；充电基础设施不断完善，充电结构不断优化，快充数量不断增长，充电功率持续提升，为新能源汽车的发展提供有力保障；产品供给水平持续提升，从技术水平看，纯电动乘用车平均续驶里程在"十三五"期间提升近一倍；市场规模大幅扩张，新能源汽车销售量不断增加。

我国一直坚持"加快发展方式绿色转型"，而新能源汽车产业则是绿色转型的重要抓手，通过十几年的努力，尤其是"十三五"以来的重点攻关，我国逐步围绕纯电动客车和纯电动轿车形成了品种齐全、配套能力较强的产品技术链，在使用大容量锂离子动力电池方面克服了成组使用时充/放电性能、安全性能不佳和快速更换不易等技术难题，技术逐步成熟。

在电动汽车产品开发的同时，其示范应用同步进行。在各地政府的大力支持下，科学技术部在全国建立了电动汽车商业化示范城市，在北京、天津、杭州、株洲、威海和深圳等城市开展了不同车型、不同示范运营主体、不同运营管理方式和不同线路的小规模示范：一是在示范运行过程中检验了产品的可靠性，使产品技术得到持续改进；二是通过区域和线路的商业化运行示范，探索了符合市场规律的商业运行模式，积累了丰富的运营管理经验；三是建立多元化、互动型的电动汽车示范运营技术服务体系，在运营过程中采集数据，为示范运营车辆的考核、评估和改进提供科学依据；四是在运营中逐步建立电动汽车商业化运行的政策支撑体系，研究政策效益，促进形成推广应用电动汽车的市场氛围。此外，通过示范运营进行科普教育，使广大民众了解、认识和尝试了电动汽车新技术，为人们进一步接受电动汽车打下一定的基础。

在纯电动汽车的研发方面，我国已掌握车辆动力系统匹配与车辆集成设计、整车控制系统等领域的核心技术，在电池、电机和整车研发与产业化等方面均取得重大突破。多年来经过各厂家的不断努力，车辆在产品能耗水平、轻量化技术、产品竞争力、品牌溢价能力等诸多方面取得了长足进步。从表 1-1 可以看出，国产纯电动车乘用车型在驱动电机输出功率、最高车速、加速性能、续驶里程等方面均取得了很大进步。同时，随着驱动电机和动力电池所需零部件材料、控制器基础硬件、芯片等核心零部件国产化进程的加速，车辆整体成本也有所降低。

表 1-1　　　　　　　　　国内外部分纯电动乘用车技术参数对比

	车型	e6	启辰晨风	宏光MINI EV	LEAF	i3EV	Model S	秦 EV	AION S	汉EV	蔚来ES8
	生产企业	比亚迪	东风日产	上汽通用五菱	日产	宝马	特斯拉	比亚迪	广汽埃安	比亚迪	蔚来
整车参数	车长/mm	4560	4467	3061	4445	4006	4978	4675	4805	4995	5022
	整备质量/kg	2295	1494	772	1493	1195	2090	1906	1705	2475	2425
驱动电机	类型	永磁同步	永磁同步	永磁同步	永磁同步	永磁同步	交流感应	永磁同步	永磁同步	永磁同步	前永磁后感应
	最大功率/kW	90	109	41	80	125	225	100	100	180	400
	最大转矩/(N·m)	450	254	110	280	250	600	180	225	350	725
动力电池	类型	磷酸铁锂	磷酸铁锂	磷酸铁锂	锂离子	锂离子	锂离子	磷酸铁锂	磷酸铁锂	磷酸铁锂	三元锂+磷酸铁锂
	能量/(kW·h)	63	24	17.5	24	19	70	47.53	59.5	76.9	75
整车性能	最高车速/(km/h)	140	145	100	150	150	200	130	130	185	200
	0~100 km/h加速时间/s	10	—	9.9	7.2	6.2	15	7.5	7.9	4.9
	续驶里程/km	300	175	200	200	160	370	405	460	715	450

近年来，我国在纯电动乘用车产品及技术研发领域取得阶段性成果，部分中高端产品达到国际一流水平，具备商业化推广条件，代表性的产品如比亚迪汉 EV、广汽埃安 AION S、蔚来 ES8 等。通过对三电系统的改造升级，纯电动乘用车的续驶里程得到大幅度提高，如秦 EV、广汽埃安 AION S、蔚来 ES8 等已突破 400 km，比亚迪汉 EV 更是达到了 715 km 的续驶里程。这些技术的创新与突破与我国推行的新能源汽车政策密不可分。而纯电动汽车的发展又是绿色化、低碳化的重要抓手，也是我国加快推动产业结构、能源结构、交通运输结构的集中体现。

我国纯电动乘用车换代产品技术进步显著。以蔚来ES8系列纯电动汽车为例，几经改进，至2024年已有第五代产品，是国内纯电动乘用车技术进步的典型代表，其主要产品技术参数见表1-2。

表1-2　　　　　　　　　　　蔚来ES8系列纯电动汽车技术参数

	车型	蔚来ES8	蔚来ES8	蔚来ES8	蔚来ES8	蔚来ES8
	上市时间	2018年	2020年	2022年	2023年	2024年
整车参数	车辆尺寸（长×宽×高）/mm×mm×mm	5022×1962×1756	5022×1962×1756	5022×1962×1756	5099×1989×1750	5099×1989×1750
	整备质量/kg	2460	2425	2425	—	—
驱动电机	电机类型	交流感应	永磁同步+交流感应	永磁同步+交流感应	永磁同步+交流感应	永磁同步+交流感应
	电机数量	2	2	2	2	2
	最大功率/kW	480	400	400	480	480
	最大转矩/（N·m）	840	725	725	850	850
动力电池	类型	三元锂	三元锂+磷酸铁锂	三元锂	三元锂	三元锂
	能量/（kW·h）	70	75	100	100	100
	快充时间/h	1.1	0.6	0.8	—	0.6
整车性能	最高车速/（km/h）	200	200	200	200	200
	0～100km/h加速时间/s	4.4	4.9	4.9	4.1	4.1
	综合工况续驶里程/km	355	450	580	605	605

五、国内外典型纯电动汽车品牌

1. 国外典型纯电动汽车品牌

（1）特斯拉

特斯拉（Tesla）是一家美国电动汽车及能源公司，产销电动汽车、太阳能板及储能设备。总部位于美国加利福尼亚州硅谷的帕洛阿托，2003年由马丁·艾伯哈德和马克·塔彭宁共同创立。

特斯拉第一款汽车产品Roadster（见图1-5）发布于2008年，是全球首款量产版纯电动敞篷跑车。这是第一辆使用锂电池技术，每次充足电能够行驶320 km以上的纯电动汽车。

国外典型纯电动汽车品牌

图1-5　特斯拉Roadster纯电动敞篷跑车

历经多年的研发，特斯拉发布了多款纯电动汽车，如Model S、Model X、Model S P85D、Model S P90D、Model S 70、Model S 60、Model S 60D、Model 3等。

2018年7月10日，特斯拉公司与上海市政府、上海临港管委会共同签署了纯电动车项目投资协议，特斯拉公司将在临港地区独资建设集研发、制造、销售等功能于一体的特斯拉超级工厂，主要生产 Model 3 及 Model Y 车型。2022 年，上海超级工厂的累计交付量达到 71 万辆。

（2）宝马

2014 年，宝马（BMW）推出了第一款车体主要由碳纤维材料制成的量产汽车宝马 i3 纯电动版。i3 的电机最大输出功率可达 125 kW，配备后轮驱动系统，0～100 km/h 加速时间为 7.2 s，最高车速可达 150 km/h。采用高速充电器，只需 1 h 就可为电池充 80% 的电。

2022 年 3 月 31 日，全新宝马 i3 正式上市（见图 1-6）。新车定位于中型纯电动轿车，也是华晨宝马旗下首款纯电动轿车，中国轻型车测试工况（China light vehicle test cycle，CLTC）标准下续驶里程为 526 km。

（3）奔驰

奔驰早期的纯电动汽车为微型（smart）系列，其于 2016 年发布了 3 款纯电动版本：smart fortwo、smart fortwo 敞篷版和 smart forfour。3 款车型由戴姆勒的全资子公司 smart（精灵）汽车有限公司研发生产。

3 款 smart 纯电动汽车都采用奔驰和雷诺共同研发的后置电机进行驱动，最大输出功率为 55 kW，峰值转矩为 130 N·m，内置了 17.6 kW·h 的锂电池，最高车速为 125 km/h，续驶里程可达 450 km。0～100 km/h 加速时间为 11.5 s，充电时间为 6～7 h。

奔驰的首款纯电动乘用车为奔驰 EQC（见图 1-7），是一辆纯电动运动型多功能汽车（sport utility vehicle，SUV）。EQC 采用纯电力驱动，动力系统由两台电机和锂电池组构成。其中，两台电机的综合输出功率达 300 kW，峰值转矩为 730 N·m，电池组能量为 79.2 kW·h。EQC 的 0～100 km/h 加速时间不超过 5.1 s。

图 1-6　全新宝马 i3 纯电动汽车

图 1-7　奔驰 EQC 纯电动汽车

2021 年 12 月，奔驰最新纯电动汽车 EQS 上市，EQS 提供了单电机与双电机两个版本，其中 450+ 为单电机版本，电机最大功率为 329 马力（1 马力 ≈ 0.735 kW），配备 111.8 kW·h 三元锂电池，世界轻型汽车测试规程（world light vehicle test procedure，WLTP）标准下续驶里程最远为 849 km。而 580 4MATIC 则为双电机，综合最大功率为 516 马力，峰值转矩为 828 N·m，配备 111.8 kW·h 三元锂电池，0～96 km/h 加速时间仅有 4.1 s，WLTP 标准下续驶里程为 770 km。可以通过 110 kW 直流快充在 37 min 内从总电量的 10% 充电至 80%，家用充电可以在 11 h 内完成。

（4）日产聆风（LEAF）

日产 LEAF 纯电动汽车（见图 1-8）在 2010 年年底于欧美以及日本市场上市，这款车型从 2011 年开始进入我国销售。2017 年日产第二代 LEAF 上市。新款车型除在外形、内饰上采用更具科技感的设计以外，还加入了高级自动驾驶、单踏板操作等新技术。

图 1-8　日产 LEAF 纯电动汽车

2022 年 9 月 27 日，东风日产旗下最新纯电动 SUV 车 ARIYA（艾睿雅）在我国正式上市，新车共分为长续航版、长续航顶配版、高性能四驱版、高性能四驱顶配版 4 个级别，续驶里程可达 623 km。

2．国内典型纯电动汽车品牌

（1）纯电动客车

我国有很多客车生产厂家在研发和生产纯电动客车，如牡丹汽车股份有限公司、郑州宇通客车股份有限公司、比亚迪汽车工业有限公司等。

比亚迪纯电动客车有多个车系，例如 K 系列（如 K8、K9 等）纯电动公交车、C 系列（如 C7、C8 等）旅游团体客车、BYD6110 系列客运客车等。图 1-9 所示为由广汽与比亚迪合作研发生产的 K9 纯电动客车，该车型已经在大连、广州、北京、三亚、桂林、蚌埠、青岛等多座城市投入公交运输服务。该款车型在城市公交工况下续驶里程超过 250 km。

图 1-9　广汽比亚迪 K9 纯电动客车

（2）纯电动货车

我国研发生产纯电动货车的企业主要有比亚迪汽车工业有限公司、成都大运汽车集团有限公司、东风汽车集团有限公司、一汽解放汽车有限公司等。其生产的主要车型和基本数据见表 1-3。

表 1-3　　　　我国主要纯电动货车生产企业及其主要车型和基本数据

序号	生产企业	车型	产品型号	总质量/kg	整备质量/kg	续驶里程/km	搭载电池能量/(kW·h)
1	比亚迪汽车工业有限公司	纯电动自卸车	BYD3310EH9BEV	31000	15495	260	324
2		纯电动自卸车	BYD3250EEFBEV	25000	12495	240	311
3		纯电动混凝土搅拌运输车	BYD5320GJBBEV2	32000	15500	260	324
4		纯电动半挂牵引车	BYD4180D8DBEV	18000	9950	210	350
5	成都大运汽车集团有限公司	纯电动牵引汽车	CGC4180BEV1AACJNALD	18000	8030	105	130.1
6		纯电动牵引汽车	CGC4250BEV1AADKRCGD	24700	14000	170	290.61
7	东风汽车集团有限公司	纯电动教练车	EQ5120XLHTBEV1	12400	4610	90	58.34
8		纯电动翼开启厢式车	EQ5180XYKTBEV	18000	9230	100	122.57
9		纯电动厢式运输车	EQ5180XXYTBEV1	18000	9200	100	122.57
10		纯电动厢式运输车	EQ5180XXYTBEV	18000	8800	102	130
11	安徽华菱汽车股份有限公司	纯电动混凝土搅拌运输车	HN5250GJBB25D4BEV	25000	16000	108	164.51
12	一汽解放汽车有限公司	纯电动自卸汽车	CA3251P66T1BEV	25000	12430	120	130
13		平头纯电动牵引车	CA4181P25BEVA80	18000	8300	100	130
14	湖北三环汽车有限公司	纯电动牵引汽车	STQ4181L02Y4NBEV	18000	6940	100	130
15		纯电动厢式运输车	STQ5181XXYNBEV	18000	8700	100	130

比亚迪于 2013 年开始研发电动货车，尤其是针对技术门槛高的新能源重型货车，比亚迪已积累了多年的规模化运营经验，早于戴姆勒、特斯拉发布纯电动重型货车，且商业化运营时间更早。

图 1-10 所示为比亚迪 T10 纯电动自卸车，总质量达 31000 kg，额定载质量为 15375 kg，搭载型号为 BYD-3425TZ-XS-A 的永磁同步电机，以及自主研发的磷酸铁锂电池，动力电池组总能量为 324 kW·h，续驶里程（等速法）达 260 km。

（3）纯电动场地车

东风汽车集团有限公司在"八五"计划初期展开电动汽车研究开发。2007 年 8 月，东风电动汽车股份有限公司正式与北京奥组委签约，东风纯电动场地车成为北京奥运会各比赛场馆的唯一服务用车。自 2007 年 8 月到 2008 年奥运会期间，500 余台纯电动场地车服务于检测赛，预赛，决赛和开、闭幕式等各个活动，以及奥运场馆及奥运村等场所。

东风电动汽车股份有限公司场地车主要有电动观光车、电动游览车、电动警车、电动巡逻车、电动货车、电动高尔夫球车、电动多功能车等。图 1-11 所示为东风电动观光车。

图1-10　比亚迪T10纯电动自卸车

图1-11　东风电动观光车

（4）纯电动轿车

① 比亚迪纯电动轿车。2020 年，比亚迪纯电动汽车全年累计销售 911140 辆，主销车型为王朝系列与海洋系列，在王朝系列中"汉"家族作为比亚迪出海战略的核心车型，已正式进入欧洲市场，并直接瞄准了当地的高端市场，与海外豪华品牌展开正面竞争。海洋系列中海豚车型同样获得了出色的成绩。

比亚迪汉 EV 纯电动轿车如图 1-12 所示，其具有全新的外观设计、豪华的内饰氛围，配备刀片电池、智能集成制动系统（IPB）和 DiLink 3.0 智能网联系统。其中刀片电池的应用使电池包内部的空间利用率比传统电池包提升 60%～80%。电池能量约达到了 77 kW·h，比能量达到了 140 W·h/kg。

比亚迪海豚是海洋车系的首款车型，也是基于比亚迪 e 平台 3.0 打造的首款车型。它搭载全球首款深度集成八合一电动力总成，是同级别车型中唯一一款搭载热泵系统的车型；配合电池包冷媒直冷直热技术，可以确保电池包始终处于最佳工作温度；搭载"超级安全"的刀片电池，标配 IPB 还有 DiPilot（智能驾驶辅助系统），可以提供 10 余项主动安全功能。

② 红旗纯电动轿车。红旗 E-QM5（见图 1-13）是老牌传统自主品牌一汽红旗面向入门级市场推出的纯电动轿车。红旗 E-QM5 针对出租车市场采取换电模式，通过换电站可以实现极速换电；针对冬季环境低温制约问题，红旗 E-QM5 换电版车型，开发了"DHS 双模加热系统"。除此之外，在换电站内，始终保持恒温恒湿统一倍率的充电环境，有效保障电池充电状态稳定，解决电池低温充电难题。新车提供两款车型，分别为充电版车型以及换电版车

型，搭载最大功率为 100 kW（换电版）与 140 kW（充电版）的电机，前轮驱动，电池能量为 54 kW·h/56 kW·h，欧洲续航测试标准——新欧洲驾驶周期（new European driving cycle，NEDC）续驶里程为 431 km。

图1-12　比亚迪汉EV纯电动轿车

图1-13　红旗E-QM5纯电动轿车

③ 北汽纯电动汽车。北汽新能源作为纯电动汽车领航者之一，专注纯电动汽车领域，已经推出 EH、EU、EX、EV、EC、LITE 六大系列 10 余款车型的纯电动乘用车。北汽 301 EV 电动汽车曾经出现在 2008 年 4 月的北京车展上，当时命名为 C30 EV。该车型配备可输出 47 kW 的交流感应电机，峰值转矩为 82 N·m，聚合物锂电池的容量为 100 A·h。301 EV 电动汽车的最高车速为 160 km/h，一次充电可行驶 200 km 以上，最大可爬 30°的斜坡。

北汽新能源 EH 300 是一款主打高端商务的纯电动汽车，总体来说更适合商务接待或是有公务需求的人群。北汽新能源 EH 300 搭载一台最大功率为 100 kW 的电机，配备三元锂电池，电池能量为 54.6 kW·h。综合工况续驶里程可达 300 km，60 km/h 等速工况下续驶里程超过 380 km，具有快充和慢充两种充电方式，普通慢充 10 h 可将电池充满，快充 45 min 即可充到电池总电量的 80%。

北汽 ET 400 是北汽推出的一款纯电动 SUV。动力方面，新车搭载北汽新能源 e-Motion Drive 超级电驱技术，配备更大功率的电池组，最大续驶里程超过 400 km。新车还将搭载一套全新人工智能（artificial intelligence，AI）语音服务系统。

北汽极狐阿尔法 S（见图 1-14）是北汽集团高端新能源品牌极狐汽车主打的智能豪华纯电轿车车型，续驶里程达 700 km，具备独特的智能语音互动系统和人性化功能配置，能够通过语音互动操控车内温度、座椅等，有效提升用户乘坐的舒适度与体验。

④ 五菱宏光纯电动汽车。宏光 MINIEV（见图 1-15）是上汽通用五菱旗下五菱品牌的首款四座纯电动汽车，聚焦短途便捷出行场景。宏光 MINIEV 整车小巧，驾驶灵活，在小巷或是城市拥堵路段都能行驶，同时，宏光 MINIEV 充电模式不依赖传统充电桩，用家用 220 V 电源即可完成便捷充电，且每行驶 1 km 花费仅 0.05 元左右，实现出行"轻成本"。

图1-14　北汽极狐阿尔法 S 纯电动轿车

图 1-15　宏光 MINIEV 纯电动汽车

宏光 MINIEV 搭配 20 kW 电机，三元锂离子动力电池组则有 13.82 kW·h 和 9.2 kW·h 两个版本，比能量分别为 110 W·h/kg 和 100 W·h/kg。宏光 MINIEV 续驶里程有 170 km 和 120 km 两种，主要用于城市代步通勤。

⑤ 长安纯电动轿车。继第一款纯电动汽车奔奔 MINI 纯电动汽车研发成功后，经历欧尚、欧力威、逸动、长安 CS15 EV 等车型的发展，2022 年，长安推出长安深蓝 SL03 纯电动轿车，如图 1-16 所示。

长安深蓝 SL03 是长安汽车旗下全新新能源品牌长安深蓝首款战略车型，新车基于长安 EPA1 纯电平台打造，定位于中型电动轿车，采用后轮驱动；搭载多项行业率先量产的技术，实现了在智能、续航、"三电"领域的三大突破。新车共推出纯电版、增程版、氢电版 3 种能源形式。长安深蓝 SL03 纯电版综合工况续驶里程为 515 km/705 km，0～100 km/h 加速最快 5.9 s，峰值功率可达 190 kW。

⑥ 吉利纯电动轿车。继吉利熊猫纯电动微型汽车（A00 级）之后，2015 年首款吉利系列帝豪 EV 纯电动轿车正式上市。吉利帝豪 EV 300、帝豪 EV 450 等车型相继推出，其中，EV 450（见图 1-17）搭载一台最大功率为 120 kW 的永磁同步驱动电机，峰值转矩为 250 N·m，电池能量为 52 kW·h，比能量提升至 142 W·h/kg，综合工况下的续驶里程超过 400 km，在 80 km/h 等速状态下的续驶里程可达 450 km。帝豪 EV450 还搭配了电池智能温控系统（intelligent temperature control system，ITCS），让电池组能够更加有效地对抗极寒或极热的天气。

图 1-16　长安深蓝 SL03 纯电动轿车　　　　图 1-17　吉利帝豪 EV 450 纯电动轿车

⑦ 荣威纯电动轿车。荣威 i6 MAX EV（见图 1-18）是上汽荣威品牌专为年轻消费者打造的"新国潮智联网纯电座驾"，搭载全新上汽 e1 "三电"系统，由第二代 8 层发卡电机、69.9 kW·h 大模组电池、新一代高效智能电控组成高效可靠的自研"三件套"，赋予其名副其实的 605 km NEDC 纯电续驶里程、135 kW 电机峰值功率、185 km/h 最高车速，在实现高性能与轻量化的同时，安全性也有充分保障。

⑧ 广汽埃安纯电动汽车。广汽埃安前身为广汽新能源，其在 2020 年广州车展上正式发布进行品牌独立，定位为高端智能电动车品牌，曾经拥有 AION LX Plus、AION V Plus、AION S Plus、AION Y 这 4 款产品。

2019 年，AION S 全球上市，AION S 是广汽新能源第二代纯电专属平台下的首款战略车型，采用前置单电机驱动方式，搭配固定传动比变速器，最大输出功率为 135kW，最大转矩为 300 N·m，最大车速为 130 km/h。

2021 年，AION LX Plus（见图 1-19）迎来全球首发亮相，新车定位"智行千里纯电旗舰"，主打智能、续航和豪华。作为广汽埃安的旗舰 SUV 车型，AION LX Plus 的到来，标志着 AION 家族全面进入 Plus 化的新产品 2.0 时代。

⑨ 蔚来纯电动汽车。蔚来汽车品牌于 2014 年成立，代表国产高端电动汽车参与全球竞争，旗下主要产品包括蔚来 EC6、蔚来 ES8、蔚来 ES6、蔚来 EP9、蔚来 EVE 等。

图 1-18　荣威 i6 MAX EV 纯电动轿车

图 1-19　广汽埃安 AION LX Plus 纯电动汽车

蔚来 ES8（见图 1-20）是蔚来汽车的一款中大型纯电动 SUV 车型，是一款双电机车型，前后轴各搭载一台电机，每台电机功率为 240 kW、最大转矩为 420 N·m，合计动力达 480 kW、840 N·m，可以实现 4.4 s 的 0～100 km/h 加速。全系列车型使用三元锂电池，电池的能量为 70 kW·h，续驶里程达到了 355 km。

2021 年蔚来推出首款纯电动轿车 ET7（见图 1-21），定位于豪华中大型纯电动轿车，搭载前永磁同步电机、后交流感应电机的四驱版本，综合功率为 480 kW，最大转矩为 850 N·m，0～100 km/h 加速时间为 3.9 s，NEDC 续驶里程分别为 500 km 和 700 km。

图 1-20　蔚来 ES8 纯电动汽车

图 1-21　蔚来 ET7 纯电动轿车

六、纯电动汽车基本安全注意事项

纯电动汽车高压系统的电压高达数百伏，放电电流高达 200 A 以上。整个高压系统有直流高压电和交流高压电，对绝缘安全性要求较高。车身和电器存在高压危险。

学习、使用、维护和检修纯电动汽车时，应该严格按纯电动汽车高压安全操作规程进行。操作不当可能会发生人员触电、火灾甚至爆炸等事故，导致人身伤亡和财产损失。

1. 高压安全注意事项

① 在地面或车辆附近明显位置放置安全警示牌，以明示高压工作区域。不同企业生产的安全警示牌形式不同，图 1-22 所示为典型的高压安全警示牌。

② 正确选择和佩戴高压安全防护用具。维修带有高压电的车辆时，工作人员必须做好防止被高压电击伤的安全防护。虽然现有的纯电动汽车都设计有防止意外触电功能，但是事故车辆及这些车辆的高压动力电池组总成始终是存在高压电的。

防止触电的个人防护装备主要有绝缘手套、护目镜、绝缘鞋以及绝缘工作服等。

a. 绝缘手套。图 1-23 所示为用于高压车辆维修的绝缘手套，其通常有两种独立的性能：一是在进行各种有关高压组件或线路的操作时，需要使用橡胶制成的电工绝缘手套，并能够承受 1000 V 以上的工作电压；二是具备抗碱性，当工作人员接触到来自高压动力电池组的氢氧化物等化学物质时，防止这些物质对人体组织的伤害。

图 1-22　高压安全警示牌

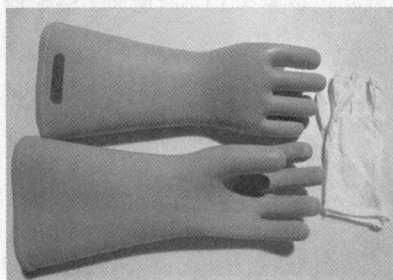

图 1-23　绝缘手套

绝缘手套在使用期间需注意以下事项。

- 用户购进绝缘手套后，如发现在运输、储存过程中遭雨淋、受潮湿发生霉变，或有其他异常变化，应到法定检测机构进行电性能复核试验。
- 在使用绝缘手套前必须进行充气检验，发现有任何破损都不能使用。
- 作业时，应将衣袖口套入绝缘手套筒口内，以防发生意外。
- 绝缘手套使用后，应将内外污物擦洗干净，待干燥后，撒上滑石粉放置平整，以防受压受损。
- 绝缘手套应储存在干燥通风、室温−15～30℃、相对湿度 50%～80%的库房中，远离热源，离开地面和墙壁 20 cm 以上；避免受酸、碱、油等腐蚀品的影响；不要露天放置，避免阳光直射，勿放于地上。
- 绝缘手套使用 6 个月必须进行预防性试验。偶尔使用的绝缘手套需在每次使用前进行测试，在任何情况下，保存在仓库中的绝缘手套应该每隔 12 个月就测试一次，间隔时间不能超过 12 个月，而且在每次使用前必须自行进行泄漏检查。检查的方法是向手套内吹入一定的空气，观察手套是否有漏气。

图 1-24 所示为绝缘手套的使用、检查流程与注意事项。

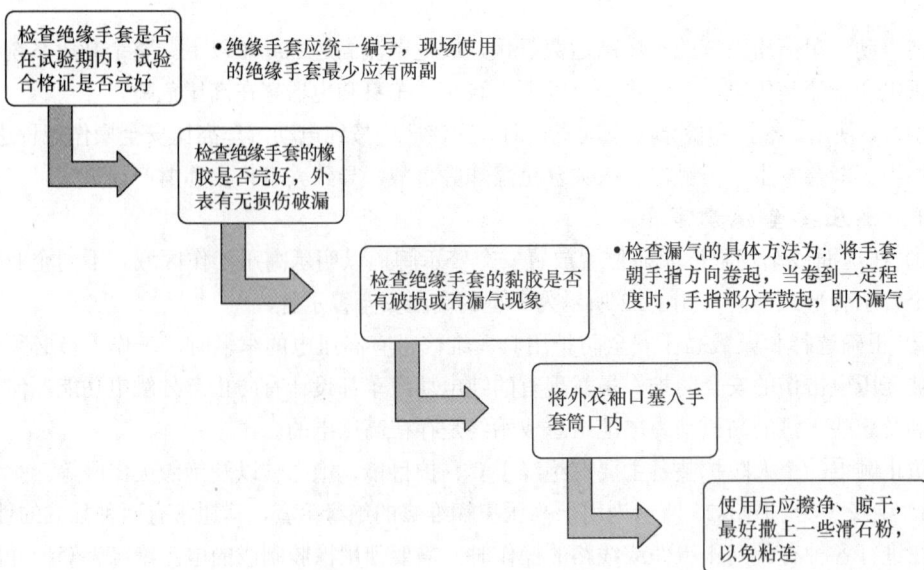

检查绝缘手套是否在试验期内，试验合格证是否完好 → 绝缘手套应统一编号，现场使用的绝缘手套最少应有两副

检查绝缘手套的橡胶是否完好，外表有无损伤破漏

检查绝缘手套的黏胶是否有破损或有漏气现象 → 检查漏气的具体方法为：将手套朝手指方向卷起，当卷到一定程度时，手指部分若鼓起，即不漏气

将外衣袖口塞入手套筒口内

使用后应擦净、晾干，最好撒上一些滑石粉，以免粘连

图 1-24　绝缘手套的使用、检查流程与注意事项

b. 护目镜。图 1-25 所示为护目镜，护目镜可防止电池液飞溅而损伤人眼。高压电车辆维修用的护目镜应该具有侧面防护功能，防止维修过程中产生的电火花对眼睛的伤害。

c. 绝缘鞋。绝缘鞋的作用是使人体与地面绝缘，防止电流通过人体与大地构成通路，从而对人体造成电击伤害，把触电时的危险程度降到最小。因为触电时电流是经接触点通过人体流入地面的，所以电气作业时不仅要戴绝缘手套，还要穿绝缘鞋。

图 1-26 所示为绝缘鞋。绝缘鞋根据《足部防护　安全鞋》（GB 21148—2020）进行生产，电阻值范围为 100 kΩ～1000 MΩ，具有透气性能好、防静电、耐磨、防滑等特性。

图 1-25　护目镜　　　　　　　　　　　　图 1-26　绝缘鞋

绝缘鞋也要定期进行检验，图 1-27 所示为绝缘鞋的使用、检查流程与注意事项。

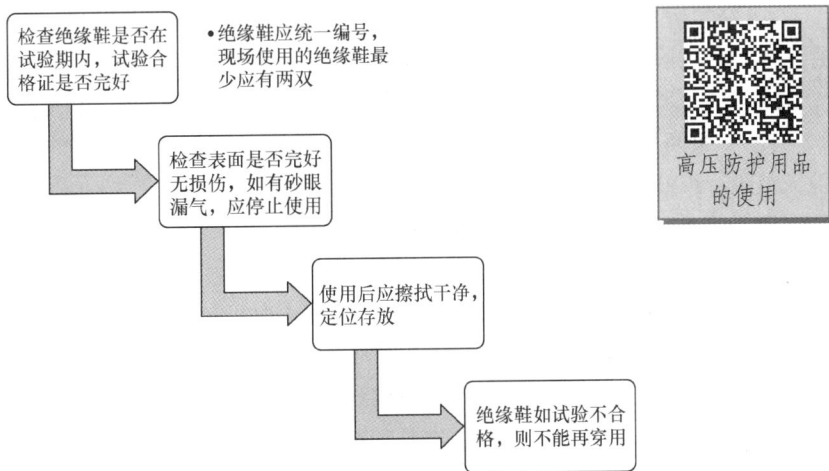

图 1-27　绝缘鞋的使用、检查流程与注意事项

d. 绝缘工作服。维修高压系统时，必须穿非化纤类的绝缘工作服，如图 1-28 所示。化纤类的工作服易产生静电，并且当发生火灾事故时，化纤会在高温环境下粘连人体皮肤，导致维修人员受到严重的二次伤害。

③ 使用绝缘的维修工具。维护高电压类车辆时，必须使用带有绝缘功能的工具，这些工具包括常用的套筒、呆扳手、螺钉旋具、钳子、电工刀等，也包括专用的仪表，如数字万用表等，如图 1-29 所示。

使用绝缘工具可以有效防止意外触电事故的发生，我国的绝缘电动工具分为Ⅰ类、Ⅱ类和Ⅲ类 3 个类型，具体要求如下。

图1-28　绝缘工作服

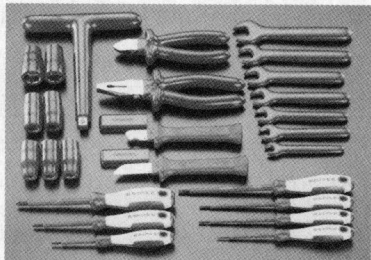

图1-29　绝缘工具与绝缘仪表

a. Ⅰ类工具是指采用普通基本绝缘体的电动工具。在防触电保护方面不仅依靠基本绝缘体，还应附加安全防护措施，即对正常情况下不带电而在其基本绝缘体损坏时变为带电体的外露导电部分做保护接零。为了可靠，保护接零应不少于两处，并且还要附加漏电保护，同时要求操作者使用绝缘防护用品。

b. Ⅱ类工具是指采用双重绝缘或加强绝缘的电动工具。在防触电保护方面不仅依靠其基本绝缘体，而且有将其正常情况下的带电部分与可触及的不带电的可导电部分做双重绝缘或加强绝缘的隔离措施，相当于将操作者个人绝缘防护用品以可靠的、有效的方式设计制作在工具上。

c. Ⅲ类工具是指采用特低安全电压供电的电动工具。在防触电保护方面依靠安全隔离变压器供电。

在进行高电压电动汽车维修时，要求使用Ⅱ类及以上绝缘电动工具。

④ 注意分辨高压电缆和高压部件。橙色电缆及其所连接部件为交、直流高压电系统，存在高压电危险，严禁身体直接接触。

⑤ 车主及非电动汽车专业维修人员不得私自开启、拆装高压电气设备。

⑥ 如果高压熔断丝熔断，表明高压系统存在较大的故障，应与授权经销商联系，由专业人员进行维修。

2．纯电动汽车使用注意事项

（1）充电

纯电动汽车不宜过充电或过放电，理想的充电时机是动力电池放电深度为50%～70%时，建议每天充一次电，使电池经常处于浅循环状态，可延长电池寿命。要用16 A的专用电线来接线，充电线路要选择合适的线径，线路敷设应固定安装，要加装短路和漏电保护装置。长期使用快充会造成电池寿命衰减，在具备充足充电时间的情况下，建议使用慢充补电。若纯电动汽车长期不用，要保持定期充电。

（2）停放

纯电动汽车长时间停放时应将辅助蓄电池的电源线拔下来，不要长时间放置于潮湿、高温、阳光暴晒等环境下。

（3）使用

启动车辆之前（上电之前）检查所有的线路连接是否紧固、正确。确保动力电池电量充足，避免过放电。开车时尽量避免急加速、急制动等情况的出现。假如出现撞车等事故，首先要拔下钥匙，切断电源，并远离车辆，再寻求厂家或汽车维修4S店的帮助。

（4）检修

纯电动汽车专业维修人员需有国家颁发的强电低压（1000 V以下）电工维修资质证

书才能进行维修操作。维修前，应首先拔下动力电池高压输出回路的维修开关（一般正规厂家生产的纯电动汽车的电池包上都有一个维修开关），然后进行维修操作。操作步骤是：拔下钥匙，拔下维修开关，等 5 min 以上（不同厂家生产的纯电动汽车要求不同），让高压部件中的电容器件充分放电，然后对纯电动汽车电气零部件及电缆线路进行检查、维修。

【任务实施】

一、准备工作

在技能学习工位准备好纯电动汽车（经高压终止并检验合格）及其相关技术资料。工具箱和防护用品柜内需有足够的专用维修工具和各类防护用品。

1．劳动保护

① 穿好绝缘工作服。

② 穿好高压绝缘鞋。

③ 检查并佩戴绝缘手套。

2．车辆防护

① 打开主驾驶车门，铺设脚垫、转向盘套、座椅套。

② 打开发动机罩，固定支架，铺设翼子板布和格栅布。

二、操作流程

1．学生工作

① 在各自工位分组学习。

② 在充分学习本任务相关知识的基础上，通过查阅相关技术资料和观察纯电动汽车，完成技能学习工单 1-1（见本书配套教学资源）。

③ 5S（整理、整顿、清洁、清扫、素养）工作。

④ 自我评价和小组互评。

2．指导教师工作

学生在进行上述操作过程中，指导教师进行下列工作。

① 向学生讲解安全注意事项，并要求学生在技能学习工单中做记录。

② 观察、指导学生进行相关操作，及时制止可能发生危险的操作。

③ 实操结束后审阅学生完成的工单，并结合其操作情况给出评价。

学习任务 1-2　认识纯电动汽车的结构及原理

【任务引入】

纯电动汽车与燃油发动机汽车的主要差别体现在四大部件上，即驱动电机、调速控制器、动力电池及车载充电机。也就是说，纯电动汽车的品质取决于这四大部件，其价格也取决于这四大部件的品质，纯电动汽车的用途也与这四大部件的选用和配置直接相关。

那么，纯电动汽车是由哪几部分构成的？它是如何驱动的呢？本学习任务主要介绍纯电动汽车的基本组成及其工作原理。

【学习目标】

1. 知识目标
（1）能够正确描述纯电动汽车的基本组成及各组成部分的功能。
（2）能够正确描述纯电动汽车基本驱动原理。

2. 能力目标
（1）能够通过观察具体纯电动汽车，找出代表纯电动汽车的主要零部件。
（2）说明主要零部件的作用，并根据零部件的位置说明整车结构特点。

3. 素质目标
（1）培养劳动保护、安全与环保意识。
（2）培养节约能源意识。

【相关知识】

一、纯电动汽车的基本组成

纯电动汽车由动力系统（动力电池及电池组管理系统、驱动电机及其控制系统、冷却系统等）、底盘（传动系统、行驶系统、转向系统和制动系统等）、车身和电气设备4部分组成。图1-30所示为典型纯电动汽车的主要总成布置。

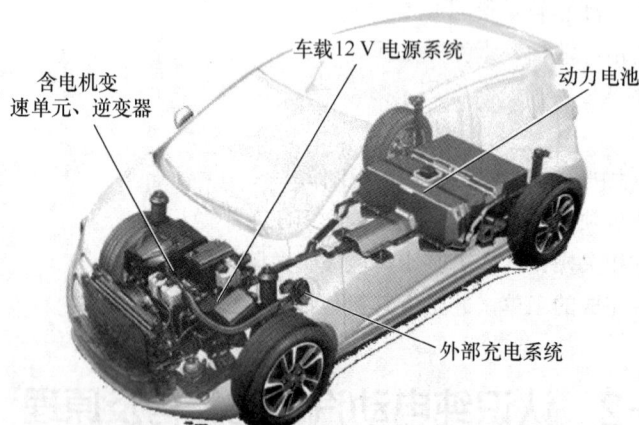

图1-30　典型纯电动汽车的主要总成布置

1. 动力系统

在研究分析纯电动汽车的结构时，通常将纯电动汽车动力系统分为3个子系统，即电力驱动子系统、能源子系统和辅助子系统，如图1-31所示。

电力驱动子系统的功能是通过电子控制器电路与制动踏板和加速踏板相连，将制动踏板信号和加速踏板信号输入电子控制器，以获得驾驶人的驾驶意图；通过控制电机驱动车辆并进行制动能量回收。

　　能源子系统的功能是为电力驱动子系统及辅助子系统供能，保证汽车上各元件有稳定的能量来源；能源子系统能够实时监测动力电池剩余电量，当动力电池能量不足时，能够提示对动力电池进行充电，以及时补充车辆的能量。

图 1-31　纯电动汽车动力系统的构成

　　同燃油发动机汽车一样，纯电动汽车也配备有助力转向、空调、音响等系统，不同的是这些系统完全利用存储在动力电池中的电能来工作。辅助子系统的作用就是完成助力转向、车内空调温度调节及夜间照明等功能。

　　（1）动力电池

　　动力电池的作用是提供辅助电池及驱动电机的用电。如图 1-32 所示，动力电池经高压控制盒输出高压电，一路高压电经电机控制器传输给驱动电机；一路高压电供给 PTC（正温度系数）加热器；一路高压电供给空调压缩机；一路经 DC/DC 转换器降压为 12 V 或 24 V 给辅助蓄电池充电及向其他低压电器（如喇叭、前照灯等）供电。

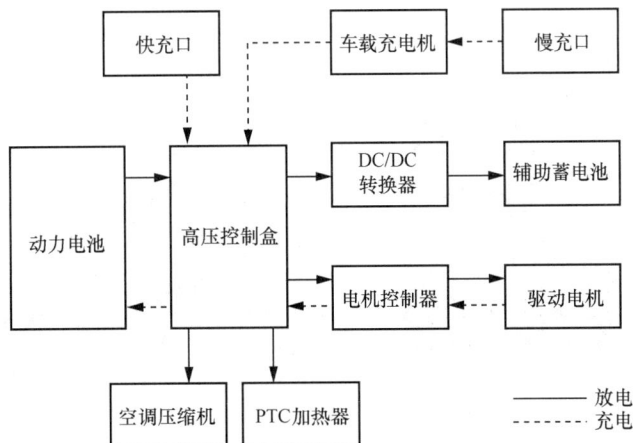

图 1-32　动力电池工作过程原理示意

当动力电池缺电时，电网电能通过慢充口经车载充电机（或由快充口）和高压控制盒为其充电。

为了满足纯电动汽车对高电压的需求，纯电动汽车大多数是以由多个单体电池串、并联形成的动力电池组作为动力源。单体电池也称为电池单元，是构成动力电池的最小单元，一般由正极、负极、电解质及外壳等构成，即常说的一节电池。几个单体电池并联在一起构成一个电池单元组，其电压与单体电池相同，但容量为并联单体电池容量的和。单体电池串联或单体电池与电池单元组串联以及电池单元组串联则构成相对独立的电池模块（也称电池包），模块的大小及电压（包括容量）取决于串联的单体电池和电池单元组的数量，连接方式常以字母 P 与 S 表示动力电池组的组成形式，其中字母 P 表示并联连接，字母 S 表示串联连接，数字表示连接单体或模组的数量。如以连接方式 3P91S 为例，每 3 个电池单体并联，再将 91 个并联组成的电池模组串联，最终组成动力电池组。

所以同一台纯电动汽车的各电池模块尺寸会不同。几个电池模块串联构成一个动力电池组，图 1-33 所示的动力电池组即由 8 个电池模块组成，其总电压为各电池模块的电压之和，通过周期性充电来补充电能。动力电池组是纯电动汽车的关键装备，它储存的电能及其自身的质量和体积对纯电动汽车的性能有决定性影响。

图 1-33　典型纯电动汽车动力电池组

1~8—电池模块；9—电池控制单元 ECU

动力电池组在纯电动汽车上占据了很大一部分有效的装载空间，在布置上有相当大的难度，通常有集中式布置和分散式布置两种形式。典型动力电池组的集中式布置形式如图 1-34 所示，动力电池组的支架为 T 形架，T 形架装在车辆的地板下面和行李舱下面的车架上，动力电池组固定在 T 形架上，有很好的稳定性。在 T 形架上装有动力电池组的通风系统、电线保护套等，用自动和手动断路器在停车和车辆出现故障时切断电源，保证高压电路的安全。

典型动力电池组的分散式布置形式如图 1-35 所示。动力电池组布置在纯电动汽车地板下面是十分常见的布置方法，这样方便安装和拆卸。

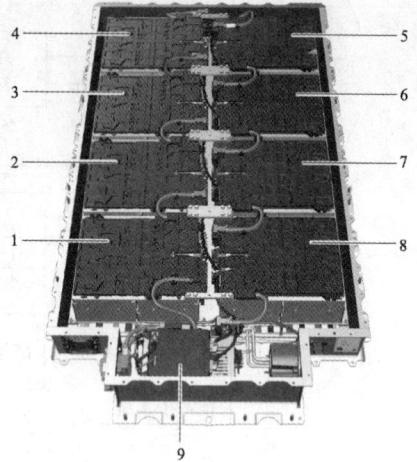

图 1-34　典型动力电池组的集中式布置形式

动力电池模块

图 1-35　典型动力电池组的分散式布置形式

（2）驱动电机

驱动电机是纯电动汽车的动力装置。它是根据电磁感应原理实现电能转换的一种电磁装置，在电路中用字母 M 表示。它的主要作用是产生旋转运动，作为用电设备或各种机械的动力源。

（3）冷却系统

纯电动汽车的动力电池、驱动电机及其控制器工作时会产生大量的热量，需要进行强制冷却。动力电池的冷却通常采用风冷，其主要装置为鼓风机。驱动电机多采用水冷却，主要装置为水泵和散热器。驱动电机也有采用风冷的。

2．底盘

（1）传动系统

纯电动汽车有多种传动系统布置形式，典型的纯电动汽车传动系统如图 1-36 所示。由于电机具有良好的牵引特性，因此纯电动汽车的传动系统可不需要离合器和变速器。车速控制由控制器通过调速系统改变电机的转速实现。

纯电动汽车的传动系统随驱动电机与机械系统组合方式不同有多种形式，通常可分为机械驱动式、电机-驱动桥组合式、电机-驱动桥整体式和轮毂电机分散式 4 种。

① 机械驱动式。机械驱动式是指驱动电机通过机械方式驱动汽车行驶。这一布置方

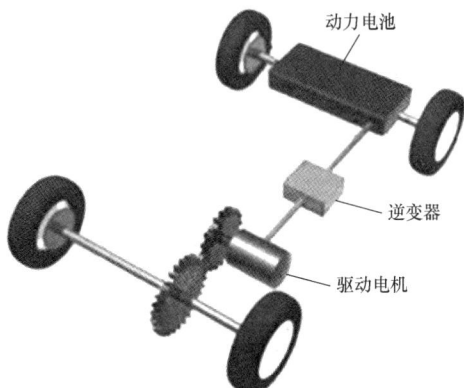

图 1-36 典型的纯电动汽车传动系统

式是在保持燃油发动机汽车传动系统基本结构不变的基础上，用驱动电机替换发动机，其驱动系统的整体结构与燃油发动机汽车的区别很小。图 1-37 所示为这种布置方式的基本原理示意。

② 电机-驱动桥组合式。在机械驱动方式的结构基础之上进一步简化，可以得到电机-驱动桥组合式结构，如图 1-38 所示，这也是目前纯电动汽车广泛采用的驱动系统布置方式。

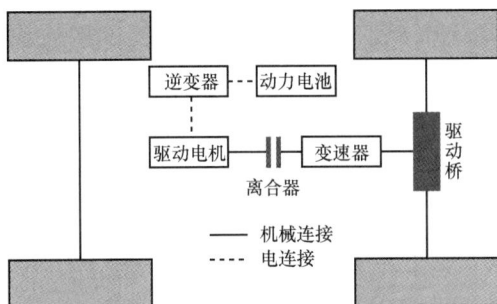

图 1-37 机械驱动式的基本原理示意

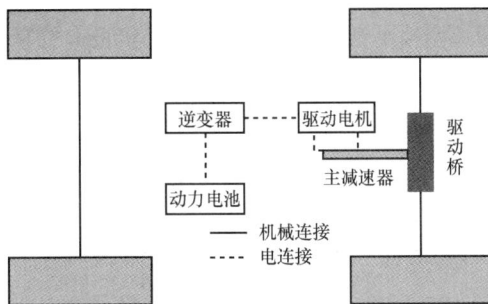

图 1-38 电机-驱动桥组合式驱动方式示意

同机械驱动式相比，电机-驱动桥组合式结构省掉了离合器和变速器，采用固定速比的主减速器，使传动系统更加简化，传动效率得到提高，同时还使整车机械系统的质量和体积得到减小，有利于整车布置。另外，减速器的使用还能够改善车辆行驶时驱动电机工作点的分布，从而提高驱动电机的效率。这种驱动系统布置形式是在驱动电机端盖的输出轴处加装主减速器和差速器等，驱动电机、固定速比减速器、差速器一起组合成驱动整体，如图 1-39所示，通过固定速比减速器来放大驱动电机的输出转矩。这种布置形式的传动部分比较紧凑，

效率较高，而且便于安装。

纯电动汽车的驱动电机具有比较宽的调速范围。此外，电机的输出特性曲线与车辆行驶时所要求的理想驱动特性曲线比较接近，电机-驱动桥组合式的驱动布置方式能够充分利用驱动电机的这一优点。这一结构的传动系统

图1-39　典型的整体式驱动桥

采用固定速比的减速器、差速器和半轴等较少的机械传动零部件来传递驱动电机的驱动转矩，使动力传动系统得到简化，因此能够有效地扩大动力电池的布置空间和汽车的乘坐空间。除此之外，此结构还具有良好的通用性和互换性，便于在燃油发动机汽车底盘上安装、使用，维修也较方便。但这种布置形式对驱动电机的调速性要求比较高，与机械驱动式相比，此结构要求驱动电机在较窄的速度范围内能够提供较大转矩。按照燃油发动机汽车的驱动模式，可以有驱动电机前置前驱（front-engine front-drive，FF）和驱动电机后置后驱（rear-engine rear-wheel drive，RR）两种方式。

③ 电机-驱动桥整体式。同电机-驱动桥组合式相比，电机-驱动桥整体式驱动系统进一步减少了动力传动系统的机械传动元件数量，使整个动力传动系统的传动效率进一步提高，同时可以节省很多的空间，其结构原理如图1-40所示。

电机-驱动桥整体式结构，不是在燃油发动机汽车驱动系统上进行改进的，其结构与燃油发动机汽车存在很大差异，其已成为纯电动汽车所独有的驱动系统布置形式。这一结构便于采用电子集中控制，使汽车网络化和自动化控制的逐步实现成为可能。

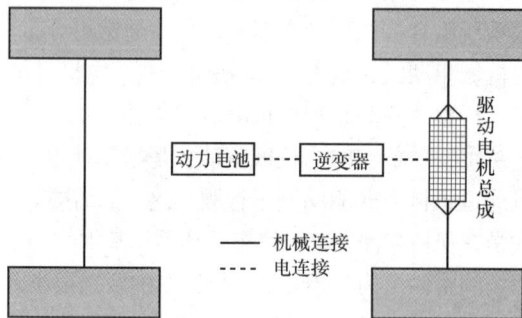

图1-40　电机-驱动桥整体式驱动方式示意

电机-驱动桥整体式驱动系统把驱动电机、固定速比减速器和差速器集成为一个整体，通过两根半轴驱动车轮，与发动机横向前置前轮驱动的燃油发动机汽车的布置方式类似。根据电机与驱动半轴的连接方式不同，电机-驱动桥整体式驱动系统的布置形式有同轴式和双联式两种，分别如图1-41和图1-42所示。

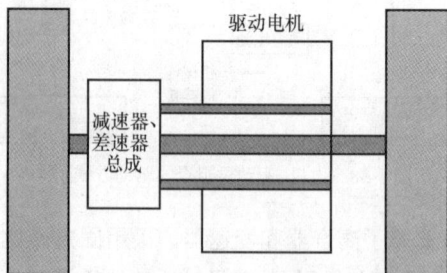

图1-41　同轴整体式驱动方式示意

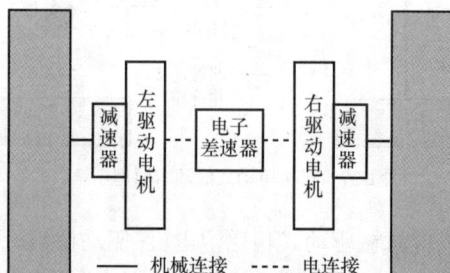

图1-42　双联整体式驱动方式示意

同轴整体式驱动系统的驱动电机轴是一种特殊制造的空心轴，在驱动电机一端输出轴处装有减速机构和差速器。半轴直接由差速器带动，一根半轴穿过驱动电机的空心轴驱动另一端的车轮。由于这种构型采用机械式差速器，所以转向时和燃油发动机汽车的类似，其控制比较简单。

双联整体式驱动系统也称双电机驱动系统，采用这一结构的汽车左右两侧车轮分别由两台驱动电机通过固定速比减速器直接驱动。这一结构取消了机械差速器，在左、右两台驱动电机中间安装有电子差速器，利用电子差速满足汽车的转向需求，每台驱动电机的转速可以独立调节控制。电子差速的一大突出优点是能使汽车获得更好的灵活性，而且可以方便地引入驱动防滑转系统（acceleration slip regulation，ASR）控制，通过控制车轮的驱动转矩或驱动轮制动等措施提高汽车的通过性和在复杂路况上的动力性。另外，电子差速器还具有体积小、质量小的优点，在汽车转向时可以通过精确的电子控制来提高纯电动汽车的性能。这种布置形式增加了驱动电机和功率转换器，使得初始成本增加，结构也较为复杂。与同轴整体式驱动系统相比，双联整体式驱动系统在不同条件下对两台驱动电机进行精确控制的可靠性还需要进一步提高。这种布置形式与前面的几种有很大的不同，纯电动汽车的驱动系统布置形式发展到这一步时，才有可能把纯电动汽车的优势充分地体现出来。

电机-驱动桥整体式驱动系统在汽车上的布局也有驱动电机前置前驱和驱动电机后置后驱两种形式。整体式驱动系统具有结构紧凑、传动效率高、质量小、体积小、安装方便等优点，并具有良好的通用性和互换性，已在小型纯电动汽车上得到了应用。

④ 轮毂电机分散式。在电机-驱动桥整体式基础上进一步地简化机械驱动系统、减少机械传动零件，便可得到轮毂电机分散式结构。这一驱动方式就是把驱动电机安装在轮毂中，如图 1-43 所示。驱动电机输出转矩直接带动驱动轮旋转，从而实现汽车的驱动。

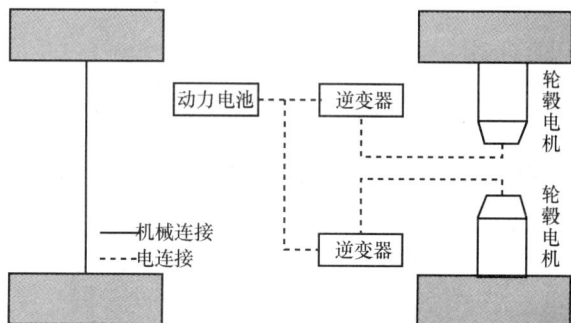

图 1-43 轮毂电机分散式驱动方式示意

这种布置方式把电机-驱动桥整体式驱动布置方式中的半轴也取消了，其结构更为简洁、紧凑，整车质量更小。同燃油发动机汽车相比，轮毂电机分散式纯电动汽车把燃油发动机汽车的机械动力传动系统所占空间完全释放出来，使动力电池、行李舱等有足够的布置空间。同时，它还可以对每台驱动电机进行独立控制，有利于提高车辆的转向灵活性和主动安全性，可以充分利用路面的附着力，便于引用电子控制技术。这种布置方式比前文介绍的布置方式更能体现出纯电动汽车的优势。采用轮毂电机分散式的动力系统必须要解决的问题就是如何保证车辆行驶的方向稳定性，同时，动力系统的驱动电机及其减速装置，必须能够布置在有限的车轮空间内，这要求驱动电机体积较小。

（2）行驶系统

纯电动汽车的行驶系统与燃油发动机汽车相似，主要包括车架、车桥、车轮和悬架等。

（3）转向系统

纯电动汽车的转向系统由转向操纵机构、转向器、转向传动机构等组成，具体包括转向盘、转向器、转向节、转向节臂、横拉杆、直拉杆等。纯电动汽车的转向系统多采用电动助力转向装置。

（4）制动系统

纯电动汽车的制动系统包括制动器、制动传动装置。现代纯电动汽车制动系统中，制动防抱死装置（antilock braking system，ABS）已经成为标配。与燃油发动机汽车相似，纯电动汽车的制动系统也由行车制动和驻车制动两套装置构成。纯电动汽车多采用电动真空助力。

3．车身

早期的纯电动汽车车身分为车头和车厢两个部分。车头是搭载驾驶人的位置，一般可乘坐驾驶人和副驾驶人两人；车厢是根据客户需求改装而来的，包括车厢配置、用料、空间设计等。

随着纯电动汽车的发展，现在多数纯电动汽车是某种燃料车型改型而成的，所以其车身结构基本与燃油发动机汽车相同。为了使乘客获得最大的舒适感，纯电动汽车一般采用单人座并排的方式，至于座椅的数量则根据具体车型而有所不同。随着纯电动汽车向 B 级车和 SUV 方向发展，乘客室空间尺寸有增大的趋势，座位数也逐渐增多。

4．电气设备

纯电动汽车电气设备主要包括发电机、充电装置、辅助电源（车载 12 V 电源）、灯具、仪表等。

（1）发电机

发电机的主要作用是将机械能转换为电能，它在电路中用字母 G 表示。纯电动汽车的发电功能基本上是由电机来提供的，即驱动电机为电动/发电机，可实现驱动和发电两种功能。

（2）充电装置

纯电动汽车的充电装置主要包括充电接口和车载充电器，如图 1-44 所示。充电系统通常利用外接 220 V 交流电源，通过充电接口进入车载充电器，车载充电器再通过交直流转换，使得 220 V 交流电转变成动力电池组充电所需的直流电提供给动力电池。纯电动汽车也有利用 380 V 交流电充电的，这种充电方式需要配备地面充电桩，将 380 V 交流电转换为直流电后给车辆充电。

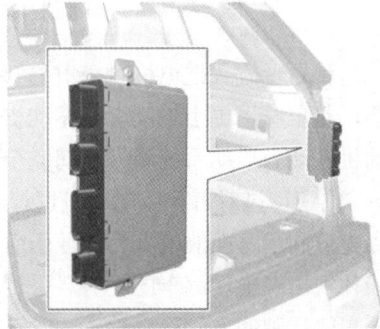

（a）充电接口   （b）车载充电器

图 1-44 充电接口与车载充电器

（3）辅助电源

辅助电源是指车载 12 V 蓄电池，其主要功能是为纯电动汽车的一些用电设备供电。

（4）灯具、仪表

灯具、仪表是提供照明并显示纯电动汽车状态的部件组合。仪表一般能够显示动力电池电压、整车速度、行驶状态、灯具状态等，智能型仪表还能显示整车各电气部件的故障情况。

　　工业用纯电动汽车除上述组成部分外，还需配备工业装置。工业装置是用来完成作业任务而专门设置的，如电动叉车的起升装置、门架、货叉等。

二、纯电动汽车的驱动原理

　　纯电动汽车的电力驱动系统替代了燃油发动机汽车的发动机和变速器，依靠动力电池、逆变器和电机变速单元实现车辆的驱动。

　　图 1-45 所示为纯电动汽车的基本驱动系统结构示意，当驾驶人踩下加速踏板时，车辆控制模块将控制动力电池输出电能，然后通过控制逆变器驱动电机运转，电机输出的转矩经齿轮机构带动车轮转动，实现车辆的前进或后退。纯电动汽车的能量流动如图 1-46 所示。

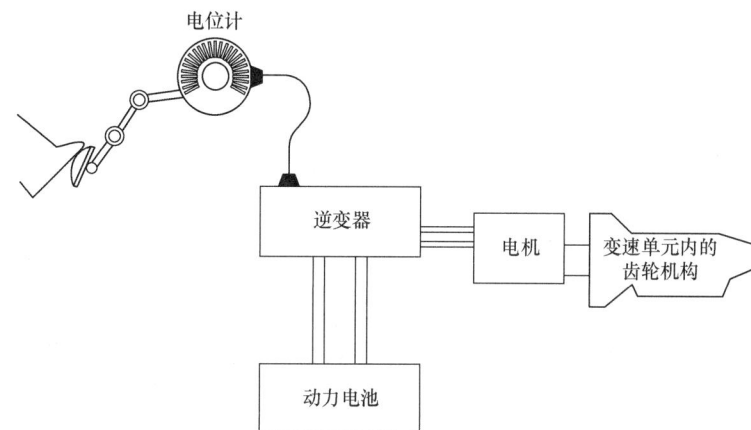

图 1-45　纯电动汽车的基本驱动系统结构示意

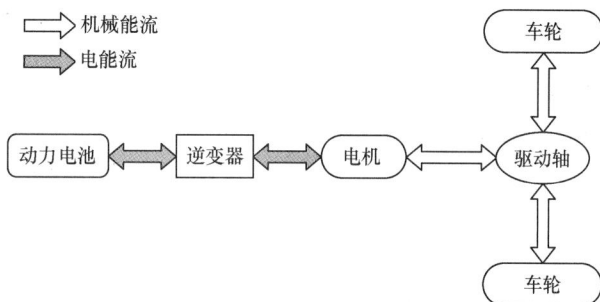

图 1-46　纯电动汽车的能量流动

　　典型纯电动汽车工作原理如图 1-47 所示。电源接通汽车行驶时，主控电子控制单元（electronic control unit，ECU）接收挡位控制器、加速踏板传感器等传来的各方面信息，判断、计算后发出指令传递给电机控制器，以控制流向驱动电机的电流。此时，电池组电流通过应急开关、配电箱/继电器之后，一路经过电机控制器向驱动电机提供需要的电流，另一路经过 DC/DC 转换器，将 330 V 高压直流电转换为低压 42 V，提供给电动助力转向系统（electric power steering system，EPS）电机使用。同时，电池组接受电源管理器管理，将电池组的瞬时电压、电流、温度、存电情况等信息传递给电源管理器，以防止电池组过放电或温度过高而损坏。如果发生漏电情况，漏电保护器便起作用。一旦发生短路等紧急情况，保护装置（熔断丝）即可熔断。

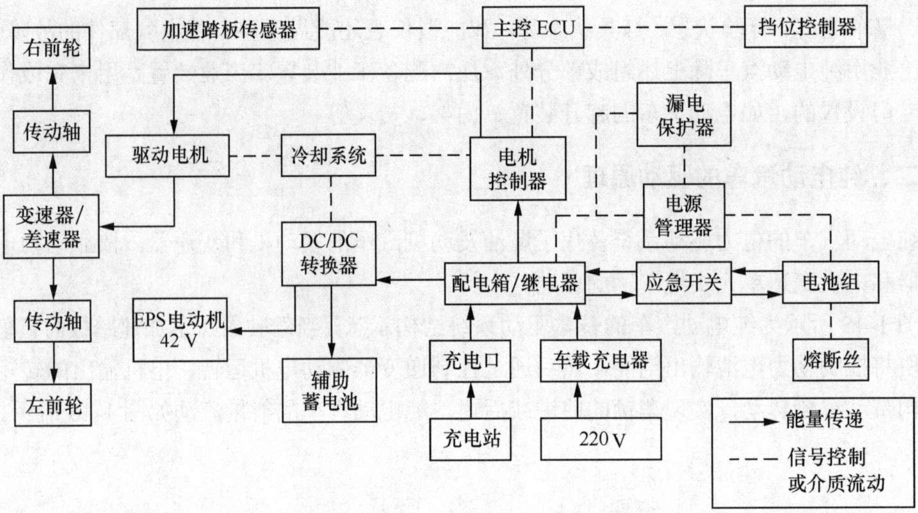

图 1-47　典型纯电动汽车工作原理

【任务实施】

一、准备工作

在技能学习工位准备好纯电动汽车（包括增程式电动汽车，经高压终止并检验合格）及其相关技术资料。工具箱和防护用品柜内需有足够的专用维修工具和各类防护用品。

1．劳动保护

① 穿好绝缘工作服。

② 穿好高压绝缘鞋。

③ 检查并佩戴绝缘手套。

2．车辆防护

① 打开主驾驶车门，铺设脚垫、转向盘套、座椅套。

② 打开发动机罩，固定支架，铺设翼子板布和格栅布。

二、操作流程

1．学生工作

① 在各自工位分组学习。

② 在充分学习本任务相关知识的基础上，通过查阅相关技术资料和观察纯电动汽车，完成工单 1-2。

③ 5S 工作。

④ 自我评价与小组互评。

2．指导教师工作

学生在进行上述操作过程中，指导教师进行下列工作。

① 向学生讲解安全注意事项，并要求学生在技能学习工单中做记录。

② 观察、指导学生进行相关操作，及时制止可能发生危险的操作。

③ 实操结束后审阅学生完成的工单，并结合其操作情况给出评价。

项目二
纯电动汽车高压安全与维修工具/检测仪器的使用

学习任务 2-1　纯电动汽车高压安全

【任务引入】

　　纯电动汽车存在高压电，尽管在设计时给汽车加装了很多安全装置，但在使用中仍然存在很多安全隐患。电动汽车维修人员必须熟知这些安全隐患，以便有效防止各类安全事故发生，同时要熟悉电动汽车各类特殊情况的应急处理方法及发生触电事故时人员的急救方法。

　　那么，纯电动汽车存在哪些安全隐患？为了有效防止各类安全事故发生，应采取哪些应对措施呢？本学习任务主要介绍纯电动汽车高压安全隐患、防止人员触电的措施和应急情况处理方法。

【学习目标】

1. 知识目标
（1）能够正确描述国家标准对高压与低压的规定。
（2）能够正确描述电击事故的类型。
（3）能够正确描述纯电动汽车可能存在的安全隐患及安全防护措施。
（4）能够正确描述电动汽车专用车间安全管理的内容。
（5）能够正确描述电动汽车维修规范。
（6）能够正确描述纯电动汽车的高电压存在形式及各存在形式下涉及的系统或装置。

2. 能力目标
（1）能够正确进行纯电动汽车高压终止与检验操作。
（2）能够正确处理纯电动汽车的救援，火灾、泄漏车辆和跨接启动等应急处理。
（3）能够根据不同触电症状，采用正确的方法急救。

3．素质目标

（1）培养良好的劳动保护及团队协作的职业素养。

（2）培养救死扶伤的人道主义精神素养。

【相关知识】

一、高压与其对人体的伤害

1．高压与低压

高压与低压指的是电压的高低。在电力工业或电气工程中，由于低压电器被定义为用于交流电压 1200 V 以下或直流电压 1500 V 以下的电器，因此通常交流 1200 V 以下或直流 1500 V 以下都称为低压，交流 1200 V 以上或直流 1500 V 以上则称为高压。

在电动汽车安全用电方面，高压和低压的概念与电力工业或电气工程中的概念有一定的区别，通常将低于对人体没有伤害的最高安全电压值的电压称为低压，而将高于最高安全电压值的电压称为高压。

2．安全电压

依据国家标准《电动汽车安全要求》（GB 18384—2020）中的人员触电防护要求，考虑到空气的湿度和人体在不同工作环境下的电阻，并根据不同电压等级可能对人体产生的伤害和危险程度，基于安全考虑，在电动汽车中，将电压分为 A 和 B 两个等级，见表 2-1。

表 2-1　　　　　　　　　　电压的级别及工作电压范围

电压级别	工作电压/V	
	DC（直流）	50～150 Hz AC（交流）
A	$0<U\leqslant60$	$0<U\leqslant30$
B	$60<U\leqslant1500$	$30<U\leqslant1000$

A 级被认为是较安全的电压等级，为小于等于 60 V 的直流电和在规定的 50～150 Hz 频率下小于等于 30 V 的交流电。在 A 级电压下操作，维护人员不需要采取特殊的防电保护措施。

B 级电压对人体会产生伤害，被认为是高压，为大于 60 V 而小于等于 1500 V 的直流电和在规定的 50～150 Hz 频率下大于 30 V 而小于等于 1000 V 的交流电。在该电压下操作，必须使用必要的防护设备对维护人员进行保护。

3．高压的特点

电动汽车的高压具有如下特点。

① 高压一般设计在 200 V 以上。大多数的电动汽车或混合动力汽车的动力电池电压在 280 V 以上，如特斯拉 Model S 动力电池总电压为 400 V。

② 高压存在的形式既有直流，也有交流。这包括动力电池的直流，也包括充电时的 220 V（或 380 V）电网交流电，以及电机工作时的三相交流电。

③ 高压对绝缘的要求更高。大多数燃油发动机汽车上设计的绝缘材料，当电压超过 200 V 时可能就变成导体，因此电动汽车上的绝缘材料需要具有更高的绝缘性能。

④ 高压要求正、负极距离大。在 12 V 电压下，正、负极之间的距离需要很小时才会有

击穿空气的可能；但是当电压高到 200 V 以上时，正、负极之间在还有很大的距离时就会击穿空气而导电，如在 300 V 电压下，两根导线距离 10 cm 时就会发生击穿导电。

4．高压电对人体伤害的本质

通常，当人体接触到 30 V 以上的交流电或 60 V 以上的直流电时，就有可能发生触电事故。人体的触电并不是指人体接触到了很高的电压，而是指因为过高的电压通过人体这个电阻后，会在人体中形成电流，从而对人体产生伤害，因此高压电伤害人体的本质是电流。

一般，人们认为 36 V 是人体的安全电压。但实际上，在高压的电动汽车中，这个电压值并不是绝对安全的，主要原因有两个方面：一方面，人体电阻存在个体的差异性，例如胖的和瘦的，男性和女性，其电阻值会不一样；另一方面，人体所处的工作环境不同也会导致人体的电阻值发生变化，例如在潮湿的夏天和干燥的冬天，人体表现的电阻值就不一样，环境越潮湿，人体的电阻值就会越小。此外，每个人对电流流过身体的反应也不一样，有一部分人能够承受较大的电流。因此，目前国际上对安全电压通常的认识是直流 60 V 以下、交流 30 V 以下。

当电压高到一定值以后，会有相应的电流流过人体。如图 2-1 所示，当有 1～5 mA 的电流流过人体时，人体肌肉收缩，产生麻木感，就可视作"电气事故"。当人体内通过的电流在 3～10 mA 时，人体开始有疼痛感觉。10～40 mA 时，达到导出电流的极限，无法再导走电流，电流的滞留时间也相应增加。30～75 mA 交流电的长时间滞留会导致呼吸停止，75～100 mA 交流电会导致心室纤维性颤动。经过人体的电流达到大约 80 mA 时，就可能致命。

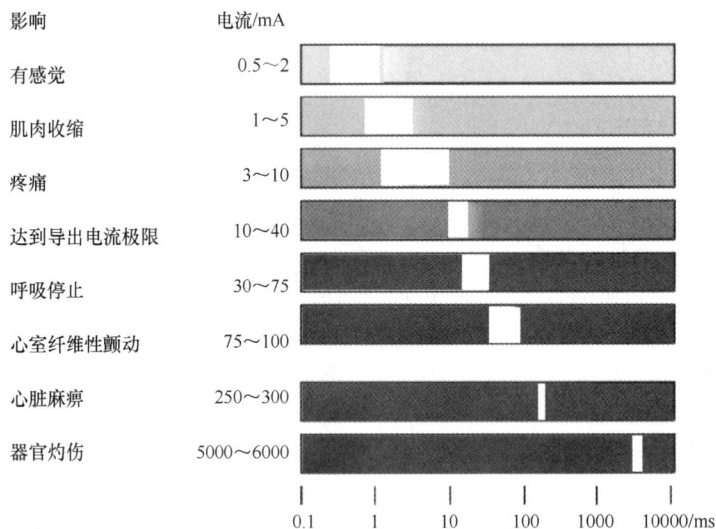

图 2-1　人体对电流的反应示意

注：图中的白色区域表示电流在人体内滞留的时间

需要注意的是，人体之所以能导电，其主要原因是血液含有电解液成分。此外，人体的皮肤、肌肉也具有一定的导电能力。对大多数人来说，整个身体的总电阻值是很低的，特别是有主动脉的地方（如胸腔部位和躯干），最大的危险发生在电流通过人体心脏时刺激心脏产生的异常颤动。

5．高电压对人体的伤害形式

能够最终对人体产生伤害的是电流，电流对人体的伤害有 3 种形式：电击、电伤和电磁场伤害。

① 电击是指电流通过人体，破坏人的心脏、肺及神经系统的正常功能。

② 电伤是指电流的热效应、化学效应和机械效应对人体的伤害，主要指电弧烧伤、熔化金属溅出烫伤等。

③ 电磁场伤害是指在高频磁场的作用下，人会出现头晕、乏力、记忆力减退、失眠、多梦等方面的症状。

一般认为，电流通过人体的心脏、肺部和中枢神经系统时危险性较大，特别是电流通过心脏时，危险性最大。所以从手到脚的电流路径最危险。因为沿该条路径有较多的电流通过心脏、肺部等重要器官。其次是从一只手到另一只手的电流路径。

此外，触电还容易使人因剧烈痉挛而摔倒，并造成摔伤、坠落等二次事故。

通常，发生最多的伤害形式是电击事故，主要有以下类型。

① 电击效应。电流低于导通限值时，会有相应的电击反应，从而容易因人的肢体不受控制和失去平衡而导致受伤。

② 热效应。电流导入导出点处会发生烧伤和焦化，也会发生内部烧伤。这会导致肾脏负荷过大，甚至造成致命的伤害。

③ 化学效应。电流经过人体时，血液和细胞液成为电解液并被电解，导致人体严重中毒，而且中毒情况在几天后才能被发现，因此伤害极大。

④ 肌肉刺激效应。所有的身体功能和人体肌肉运动是由大脑通过神经系统的电刺激来控制的。如果通过人体的电流过高，肌肉开始抽搐，大脑无法控制肌肉组织，可能会引发呼吸停止、心脏的跳动中断等。

⑤ 发生静态短路的热效应。发生短路时电流异常增大，工具急剧发热，会导致材料熔化，从而可能造成烧伤事故。

⑥ 短路引起火花。金属很快熔化，产生飞溅的火花，飞溅出来的金属颗粒温度超过5000℃，可能会导致烧伤以及严重的眼睛伤害。

⑦ 带电高压线路接通和断开时所产生的弧光。光辐射可能造成电光性眼炎。

直流电压与交流电压都会对人体产生伤害，但是交流电压对人体伤害的阈值却只有直流的50%。交流电压在人体内产生交流电，会触发肌肉组织和心脏颤动。交流电压的频率越低，危险性越高。交流电压会触发心室纤维性颤动，如果不进行急救，触电者很快就会死亡。

二、纯电动汽车安全隐患与防护措施

纯电动汽车安全隐患与防护措施与其他类电动汽车类似，因此，以下以电动汽车的形式进行阐述。

1. 电动汽车的安全隐患

电动汽车安全隐患包括高压触电、动力电池安全隐患，以及车辆危险运行工况下可能存在的安全隐患等。

（1）高压触电

电动汽车的电压和电流等级都比较高。动力电池的电压一般在 280 V 以上，正常工作时，电流可达几百安培。

人体能承受的安全电压的高低取决于人体允许通过的电流和人体的电阻。人体电阻主要是由体内电阻和体表电阻组成的。人体电阻随着条件的不同在很大范围内变化。但是人体电阻一般不低于 1000 Ω。我国民用电网中的安全电压多采用 36 V，大体相当于人体通过的电流

电动汽车的
安全隐患

为 30 mA（以人体电阻为 1200 Ω）的情况，这就要求人体可接触的电动汽车任意两个带电部位的电压要小于 36 V。

在电动汽车中，人体常见的高压触电形式如图 2-2 所示。

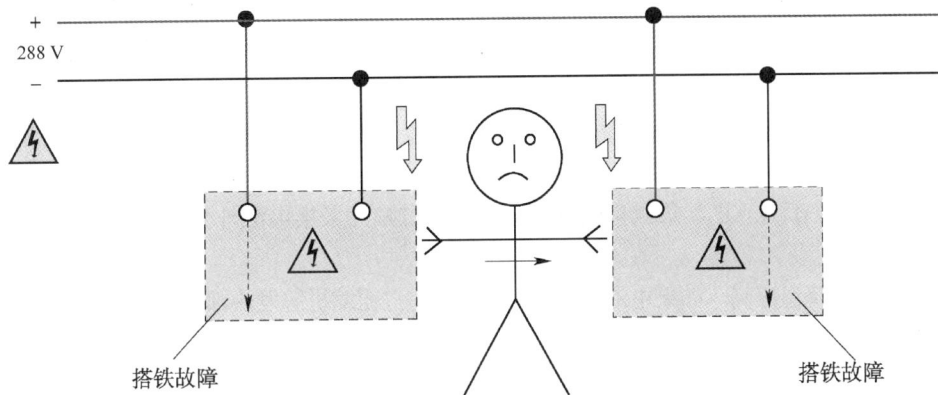

图 2-2　高压触电常见形式

对于系统中的高电压元件，如果内部破损或者潮湿，有可能会传递给外壳一个电势。如果形成两个这样的外壳具有不同电势的部件，在两个外壳之间会形成具有危险性的电压，此时，如果用手触及这两个部件，人体会有触电的危险。

人体没有任何感觉的阈值是 2 mA。这就要求如果人或其他物体构成动力电池系统（或"高电压"电路）与地之间的外部电路，最坏的情况下泄漏电流不能超过 2 mA，即人直接接触电气系统任意一点的时候，流过人体的电流应当小于 2 mA 才认为车辆绝缘合格。

（2）动力电池安全隐患

以目前电动汽车广泛应用的锂电池为例，锂电池在正常使用过程中不会出现安全问题，但电池的不正确使用会导致电池的热效应加剧，这是锂电池出现安全问题的导火索，最终表现为电池的"热失控"，从而引起安全事故。导致热失控有以下几种情况。

① 过充电与过放电。在进行车辆充电时，特别是在电池充电末期，电池内部离子的浓度增加，扩散性能下降，浓差极化增加，电池接受能力下降，电池再充电就会出现过充电。过充电时如果电池的散热较好，或者过充电电流很小，此时电池的温度较低，过充电后只发生电解液的分解，电池仍然安全；如果此时电池的散热较差，或者高倍率充电导致电池温度很高而引发化学反应，往往会存在安全隐患。

当电池剩余电量不足而又需要大电流放电时，就会使电池过放电。在发生过放电时，电池负极的锂离子减少，脱出能力下降，极化电压增加，此时很容易导致电池负极的活性物质脱落，造成电池内部短路。电池内部短路的直接表现就是迅速产生热量而引发着火。

② 过电流。锂电池过电流主要有以下几种情况。

a. 低温环境下充放电。在低温环境下，电池的导电性和扩散性下降，特别是电池负极的锂离子活动能力下降，电池可接受电流的能力下降，容易导致电池出现过电流。

b. 电池老化、电池的性能下降（包括容量降低、内阻增加、倍率特性下降等）后，仍按照原来电流充电容易导致产生的相对电流过大。

c. 电池并联成组。在并联充电过程中，电池一致性存在差异，单体电池的内阻各不相同，分配到各单体电池的充电电流也不同，可能会导致分配到某些单体电池的电流远大于充电电流。

　　d．电池的内外部短路。电池短路会在瞬间产生很大的电流，电池内部温度急剧升高，而使电池发生泄漏、起火等安全事故。

　　③ 电池过温（温度过高）。除上述提到的过充电、过放电、过电流会导致电池过温外，以下几种情况也会引起电池过温。

　　a．电池的热管理系统失效。电池的热管理系统失效主要为动力电池组总成内电池温度传感器损坏，或者是检测控制电路失效或散热风扇损坏。

　　b．电池温度采样点有限。车辆上电池数量众多，很难对每个单体电池实现温度检测。

　　c．温度采样位置受限制。由于电池本身结构的原因，电动汽车的电池管理模块对电池的温度采样点一般在电池正、负极接线柱上，或者通过贴片采集电池外壳的温度，不能反映实际的电池内部温度。

　　d．工作环境温度高。如果电池靠近驱动电机或空气压缩机等发热部件，会导致电池过温。

　　电池温度升高会引发的隐患包括电池本身性能的逐步下降，这会进一步加剧电池内部的短路。此外电池本身温度过高，会导致电池产生热变形，从而导致泄漏等事故的发生。

　　（3）危险运行工况下的安全隐患

　　电动汽车由于存在高电压，因此在行驶中发生事故时，如果没有很好的安全设计，很容易造成安全隐患，这些安全隐患主要体现在以下几个方面。

　　① 高压系统短路。当动力系统的高压线短路时，将会导致动力电池瞬间放出大电流，此时，动力电池和高压线束的温度迅速升高，将会导致动力电池和高压线束的燃烧，严重时还可能会引起电池爆炸。

　　若动力电池的高压母线与车身短路，乘员可能会触碰到动力电池的高压电，从而产生触电伤害。

　　② 发生碰撞或翻车。当电动汽车发生碰撞或翻车时，可能导致动力系统高压短路，此时，动力系统瞬间产生大量热量，存在发生燃烧甚至爆炸的风险；此外还可能造成高压零部件脱落，对乘员造成触电伤害。如果动力电池受到碰撞或燃烧导致温度过高，有可能造成电池电解液的泄漏，对乘员造成伤害；发生碰撞或翻车还会对乘员造成机械伤害。

　　③ 涉水或遭遇暴雨。当电动汽车遇到涉水、暴雨等工况时，由于水汽侵蚀，高压的正极与负极之间可能出现绝缘电阻变小甚至短路的情况，可能引起电池的燃烧、漏液甚至爆炸；若电流流经车身，还可能使乘员面临触电风险。

　　④ 充电时车辆的无意识移动。当车辆在充电时，如果车辆发生移动，可能会造成充电缆断裂，使乘员以及车辆周围人员面临触电风险；若充电电缆断裂前正在进行大电流充电，还可能造成电池的高压接触器粘连，从而进一步增加人员的触电风险。

2．电动汽车高压安全防护措施

　　电动汽车的高压安全防护措施主要体现在维修安全、碰撞安全、电气安全和功能安全 4 个方面。

　　（1）维修安全

电动汽车高压
安全防护措施

　　维修安全主要包含两方面，即类似燃油发动机汽车的维修安全和针对电动汽车的特殊维修安全。电动汽车的维修安全主要是防止高压触电。因此，维修人员在对高电压类型汽车进行操作之前应当保证不会有触电风险。为此大多数汽车在系统上设计有维修开关，图 2-3 所示为比亚迪 e6 纯电动轿车的维修开关。当关闭维修开关时，动力电池的动力输出立即中断，但仍需等待 5 min 以上才能接触高压部件（此期间用于系统电容放电）。

（2）碰撞安全

当车辆发生碰撞时，车辆的安全系统必须在碰撞过程中以及碰撞后保证相关人员的人身安全。为此有些车辆设计有图 2-4 所示的电路，将惯性开关串联到高压接触器的供电回路中，当发生碰撞时惯性开关断开，从而切断高压接触器的供电电源，此时动力电池的高压输出便会被断开，以保证乘员、行人、维护人员和救援人员的安全。

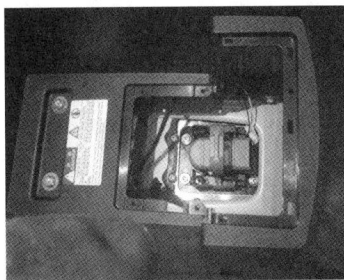

图 2-3　比亚迪 e6 纯电动轿车的维修开关

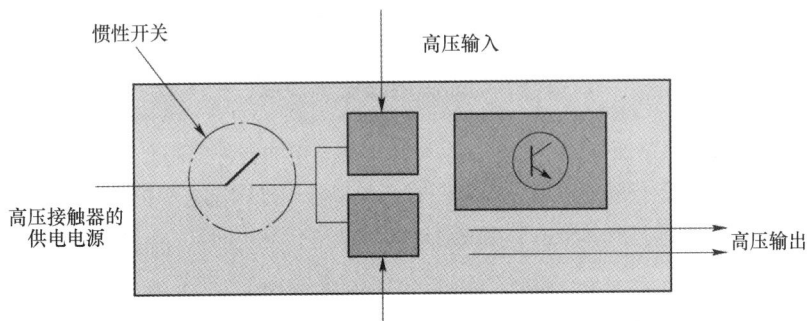

图 2-4　惯性开关在电路中的位置

（3）电气安全

在电气系统上主要采用以下安全措施。

① 高压线颜色统一为橙色。用不同颜色的线代表不同电压，所以一定要高度重视高压部件上的橙色高压线路。图 2-5 所示为比亚迪 e6 纯电动轿车控制器上的高压线。

② 高压部件上面设置警示标识。每辆电动汽车的高压部件壳体上带有一个高压警示标识，售后服务人员或车主均可通过标识直观看出该部件为高压部件。所用高压警示标识为国际标准规定的图案，如图 2-6 所示。

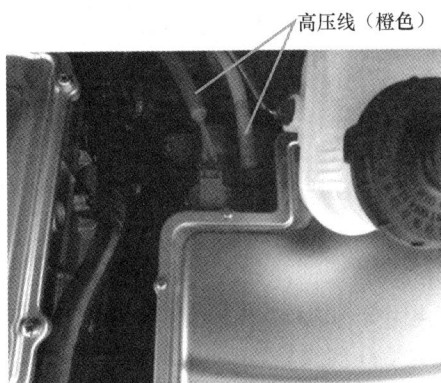

图 2-5　比亚迪 e6 纯电动轿车控制器上的高压线

图 2-6　比亚迪 e6 纯电动轿车电机控制器上的高压警示标识

③ 带高压电零件的防接触保护。防接触保护采用多层（3 层）绝缘，防止人员意外直接或间接接触带电零件。

④ 电隔离。高压电采用正、负极与车辆搭铁绝缘。发生简单故障时，这种保护可以防止电击。

⑤ 高压零部件的接插件采用安全设计方式，如图 2-7 所示，既可防止人员直接接触到高压，还可防水、防尘，降低高压系统绝缘出现问题的风险。

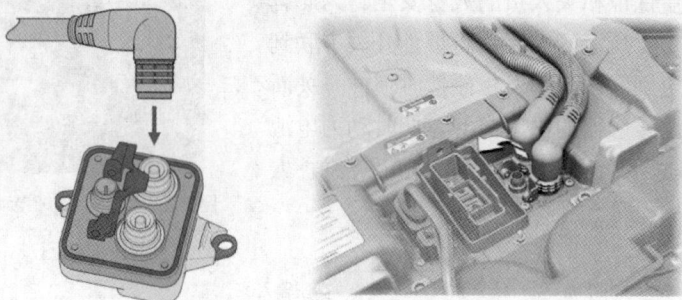

图 2-7　高压插头的安全设计方式

⑥ 高压接触器和短路保护器。如图 2-8 所示，动力电池与外部高压回路之间设计有高压接触器，以保证在驾驶人无行驶意图或充电意图时，车辆除电池内部之外的高压系统不带高压电。只有当驾驶人将车辆钥匙打到"Start"挡或对动力电池进行充电时，高压接触器才会闭合。

图 2-8　高压接触器和短路保护器设计方式

当高压系统出现短路等危险情况时，为保护乘员和关键零部件，需设计短路保护器。当流过短路保护器的电流大于某个值时，该保护器便会熔断。

⑦ 预充电回路。如图 2-9 所示，在动力电池输出高压电之前，先通过预充电回路对电池外部的高压系统进行预充电。预充电回路主要由预充电阻等构成。由于高压零部件的高压正、负极之间设计有补偿电容，如果没有预充电阻，那么在高压回路导通瞬间，补偿电容将会由于瞬间电流过大而烧毁。车辆上电过程中首先闭合负极继电器，同时检测负极继电器状态，如果确认负极继电器状态正常，闭合预充继电器，进入预充电状态。在此阶段，检测预充继电器状态、高压绝缘状态以及母线电压，当母线电压达到其标称值的 90% 时，先闭合正极继电器，再断开预充继电器，同时检测正极继电器状态，如果其正常，进入放电模式。

⑧ 绝缘电阻监测。绝缘电阻监测系统可检测整个高压系统有无绝缘故障，并在仪表中用声音或光表现故障。若绝缘电阻值过小，整车控制器发出接触器断开指令。

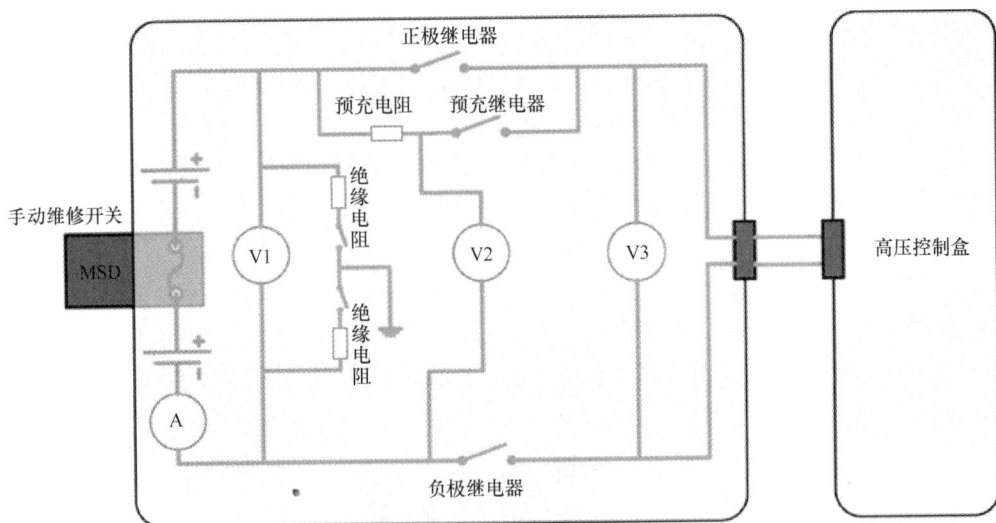

图 2-9　预充电回路的设计方式

电动汽车的绝缘状况以直流正、负母线对地的绝缘电阻来衡量。电动汽车的国际标准规定：绝缘电阻值除以电动汽车直流系统标称电压 U，结果应大于 $100\ \Omega/V$，才符合安全要求。标准中推荐的牵引蓄电池绝缘电阻测量方法适用于静态测试，而不满足实时监测的要求。

⑨ 高压互锁。在车辆高压系统设置一个导通环（闭环线路），如图 2-10 所示，如果导通环传送的信号中断，则切断电压并对高压系统的电容进行放电。

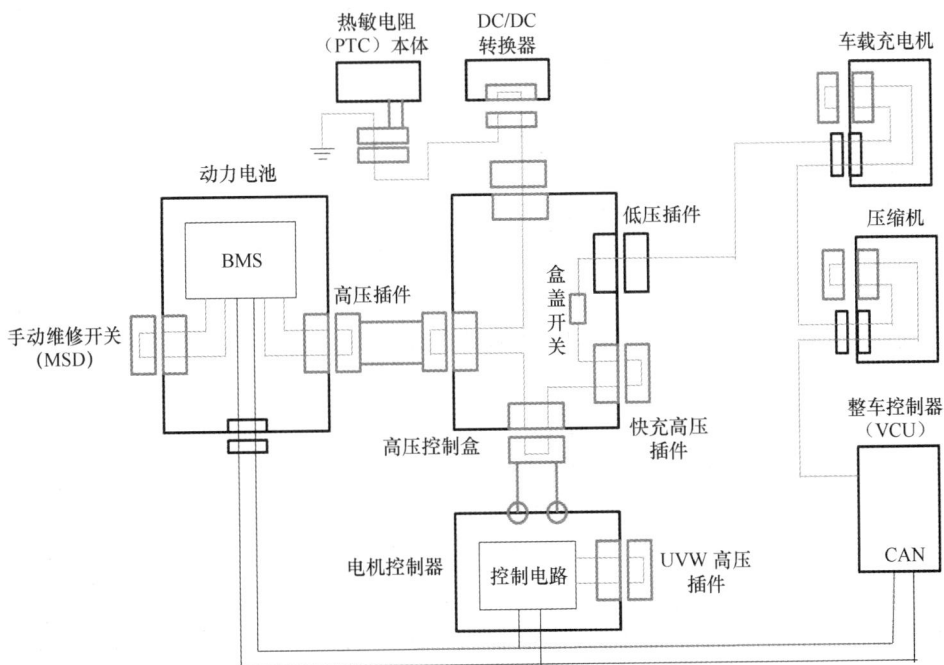

图 2-10　高压互锁原理

高压互锁具有结构互锁、功能互锁和开盖检测的功能。

结构互锁是指在主要高压电器接插线插头和电器盒盖上带有互锁回路，当某一电器被带电断开，整车控制器（vehicle control unit，VCU）会检测到电路，立即报警并会断开母线高压回路，同时主动泄放电路电量。

功能互锁是指当车辆在进行充电或插上充电枪时，会限制整车不能通过自身驱动系统驱动，以防止可能发生的充电线束拖拉或安全事故。

车辆高压部件具有开盖检测功能，当在整车高压回路连通的情况下打开盒盖时，系统会立即报警。高压互锁装置会自动断开主继电器，从而断开整车高压系统，并快速释放电机控制器内的大电容电量。

⑩ 服务断开/高压接通锁。工作人员使用诊断辅助系统断开电压后，不仅要确保关闭整个高压系统（高压互锁打开），还要防止高压系统通过"点火开关开启"重新接通。借助高压接通锁的插入（连接），对高压系统又加了一道防止接通的保险。图 2-11 所示为奔驰电动汽车高压接通锁外形和安装位置。

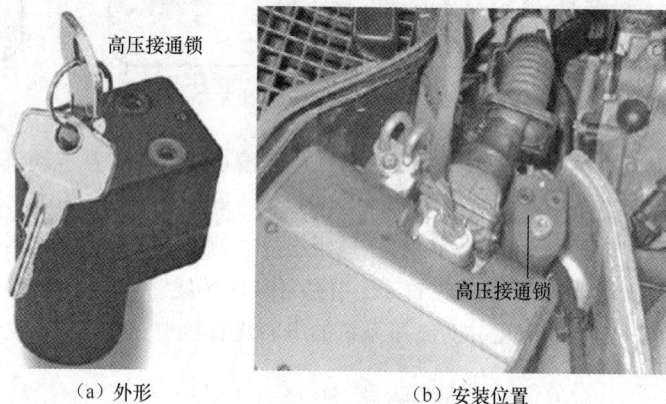

（a）外形　　　　　　　　　　　（b）安装位置

图 2-11　奔驰电动汽车高压接通锁

⑪ 电源极性反接保护。意外接错电源正、负极，系统将自动切断高电压。

⑫ 主动泄放与被动泄放。通过主动与被动监测是否存在对车身短路，自动、快速地将电池组电能泄放掉，避免电池发热燃烧。

此外，电动汽车高压系统的每一个高压回路均有熔断丝作为过电流保护。动力电池总成内部增加了一定数量的熔断丝盒和接触器进行保护，动力电池的每根采样线也有单独的熔断丝保护。即使发生短路，也可保证电池组等高压器件及线束不会短路损坏或起火。

（4）功能安全

① 转矩安全管理。为防止车辆出现不期望的运动，需要在整车控制器中加入转矩安全控制策略，具体转矩安全控制策略如下。

a. 整车控制器负责计算整车的需求转矩，计算的需求转矩的差值大于某个标定值，则认为转矩输出存在安全风险，此时整车控制器会将车速限制在安全范围内。

b. 若整车控制器计算的需求转矩与电机的实际转矩的差值大于某个标定值，则认为电机的转矩控制存在风险，此时整车控制器将会限制电机的转矩输出，若两者差值一直过大，则会切断动力电池的动力输出。

② 充电安全措施。在充电时需要防止车辆移动以及避免快充、慢充、行驶模式之间的冲突，为此采取如下措施。

a. 只有挡位放在 P 挡时才能充电。

b. 在充电过程中，需求转矩及实际转矩输出都为 0。

c. 当插上充电枪时，不能闭合控制高压电输出的接触器。

d. 当充电回路绝缘电阻小于标准要求的阻值时，停止充电并断开高压接触器。

③ 电池组安全管理。

a. 电池可用容量修正。电池管理系统（battery management system，BMS）根据单体电池在环境温度下的放电容量，以及慢充过程中电芯一致性变差导致电池系统电量并未真正充满等因素，确定可用容量并上报给整车控制器（VCU），VCU 根据该值计算续驶里程。

b. 荷电状态（state of charge，SOC）估算及修正。根据车载充电模式和行车模式下单体电池最高电压进行 SOC 修正。

c. 放电过程电流控制。行车放电过程中，放电电流不能超过 BMS 给 VCU 上报的最大允许放电电流值。放电过程中电流控制策略是，BMS 根据动力电池当前的 SOC 及最高温度实时调整最大允许放电电流值。

④ 能量回馈过程控制。BMS 通过上报最大允许充电电流给 VCU 来表现动力电池当前状态可以接受最大回馈电流的能力。

⑤ 车载充电电流控制。车载充电时，BMS 根据当前最小温度请求允许最大充电电流。当单体最高电压充电到 3.6 V（针对锂电池，下同）时，BMS 请求充电电流降到 5 A。单体最高电压达到 3.7 V，停止充电，并把 SOC 修正为 100%。

⑥ 地面充电控制。快充时，动力电池系统与地面充电桩之间的交互信息及工作流程按照《非车载传导式充电机与电动汽车之间的数字通信协议》（GB/T 27930—2023）执行（不同时期生产的车辆，执行的标准不同，也有的执行的是 GB/T 27930—2015 标准）。受限于动力电池的充电能力，为了更好地实现快充功能，在快充过程中设计有加热功能。

⑦ 保温过程控制。车载充电完成之后，根据电池的温度判断是否需要保温，如果需要保温，进入保温过程。

⑧ 动力电池故障处理。动力电池系统在行车模式/车载充电模式/地面充电模式下诊断和上报处理的故障及处理措施和恢复条件。

3. 电动汽车高压部件

（1）高压部件的特点

① 高压部件主要集中在车身的外部。除了少数的混合动力汽车的动力电池安装在车辆后部位置外，大多数车辆动力电池、逆变器等布置在乘客舱外部，而且高压导线是沿着底盘外布置的。

电动汽车高压部件与高压操作

② 高压部件都具有明显的橙色标识，或者部件的醒目位置粘贴有高压警示标识。

（2）高压部件的位置

电动汽车的高压部件主要集中在驱动系统、空调与加热系统、充电系统、电源系统等。

① 驱动系统包括动力电池和三相电机，以及电机控制器和逆变器。

② 空调与加热系统包括高压电驱动的压缩机和高压的正温度系数（positive temperature coefficient，PTC）加热器。

③ 充电系统包括车载充电机和充电插头。

④ 电源系统主要是动力电池及 DC/DC 转换器。

⑤ 用于连接高压部件的导线也属于高压部件。

电动汽车高压部件的位置如图 2-12 所示。

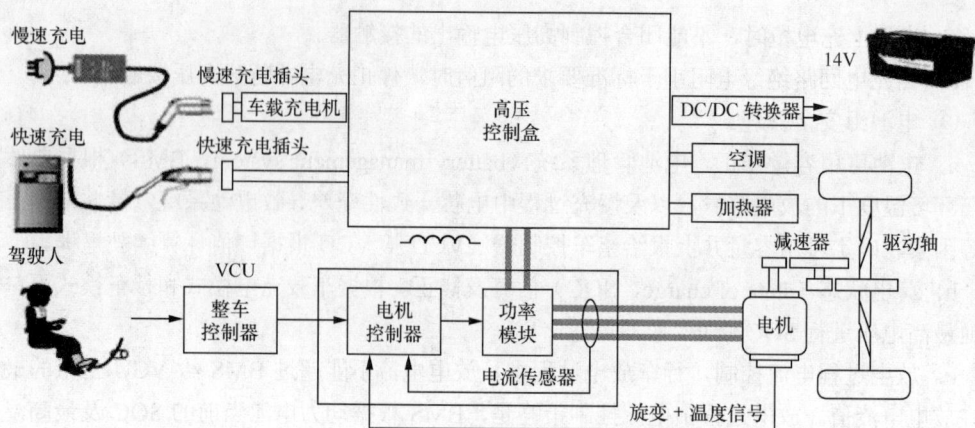

图 2-12　电动汽车高压部件的位置

4. 电动汽车高电压存在形式

根据高电压存在的时间进行分类，电动汽车高压系统的高电压主要有 3 种存在形式，即持续存在、运行期间存在和充电期间存在，如图 2-13 所示。

图 2-13　高电压存在形式

（1）持续存在

电动汽车的动力电池持续存在高电压，即使车辆停止运行。由于动力电池始终存储有电能，因此当满足动力电池的放电条件时，该部件会继续对外放电。

（2）运行期间存在

运行期间存在高电压的部件，是指当点火开关（电门）处于 ON、RUN、OK 或其他运行状态下，部件存在高电压。

运行期间存在高电压的系统或部件有以下两种类型。

① 只要点火开关（电门）处于 ON 或 RUN 等运行状态下就会存在高电压，这类部件包括逆变器、DC/DC 转换器和连接的高压导线。

② 虽然点火开关（电门）处于 ON 等运行状态，但是由于系统所运行的功能没有被接通，因此此时相关的部件仍然不会接通有高电压。如纯电动汽车中的高压压缩机和 PTC 加热器，在驾驶人没有运行车辆的空调或暖风功能时，这些部件上是不会存在高电压的。

（3）充电期间存在

充电期间存在高电压主要指的是插电式混合动力汽车和纯电动汽车，此类车辆的车载充电器以及连接的导线只有在车辆连接有外部 220 V（或 380 V）电网充电期间才会具有高电压。

需要注意的是，有些车辆的车载充电器和动力电池设计有独立的空调式冷却系统。在车辆充电期间，由于动力电池可能产生很高的温度，因此车载空调会运行以降低动力电池的温度，此时车辆的高压压缩机也会在充电期间运行，也存在高电压。

5．高电压的接通与关闭

在电动汽车中，除动力电池外，其他部件都是由整车控制器或混合动力控制单元通过接触器控制高电压的接通与关闭的。

接触器即大功率的继电器，它用于控制高压正、负极导线之间的接通与断开。接触器通常被布置在动力电池组总成内部或者是独立布置在一个电池配电单元（battery distribution unit，BDU，即配电箱）中，其内部电路如图 2-14 所示，接触器如果断开，整车仅动力电池上存在高电压，位于接触器下游的高压系统部件没有高电压。

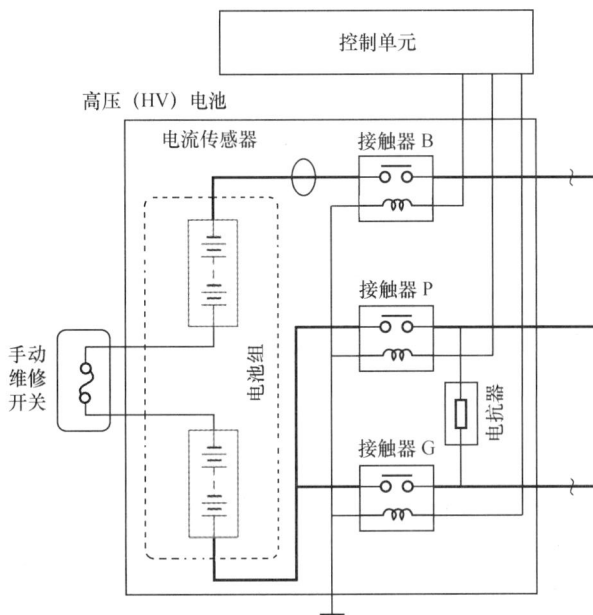

图 2-14　电动汽车的接触器内部电路

（1）接触器接通条件

① 点火开关（电门）处于 ON 等运行状态。

② 高压系统自检没有漏电等故障。

（2）接触器断开条件

① 点火开关（电门）处于 OFF 状态。

② 高压系统检测到存在故障。

系统自检到存在故障，主要是指系统根据自身设定的检验程序，在以下情况下，会因异常情况自动切断高压，避免人员触电。

① 高压系统自检到部件的互锁开关断开。

② 高压系统自检到部件或高压电缆对车辆的绝缘电阻过低。

③ 车辆发生碰撞，且安全气囊已弹出。

6．电动汽车高压操作规定

① 如果员工没有接受过高压意识培训，不允许其在电动汽车上执行操作。

② 如果员工在车辆上的工作仅限于操作或客户咨询，如启用冬季轮胎的限速或阐述驾驶室管理及数据（COMAND）系统，则不必进行高压意识培训。此外，只是简单驾驶车辆时

也没有必要进行高压意识培训。

③ 如果员工在车辆上执行操作、阐述或简单驾驶车辆之外的工作，一定要进行高压意识培训。甚至开启发动机罩，如清洗发动机或添加风窗玻璃清洗液，也要求进行高压意识培训。

④ 如果不具备高压电工作业操作资格和高压产品资格，员工不得在高压网络上作业。不遵守相关注意事项会导致严重后果。

⑤ 接受过高压意识培训的非电工技术专业人员可以在高压系统外执行作业。

⑥ 接受过附加资格认证（高压电工作业操作资格和高压产品培训）的汽车技师、电气技师、机械电子工程师可以在高压系统上执行作业。

三、维修车间高压作业安全

1. 高压维修车间安全管理

电动汽车高压维修车间安全管理，除了普通车间的安全要求外，还有一些特殊的注意事项。

（1）车辆焊接维修。

① 首先要切断低压电源和动力电池插头。

② 操作人员要具备特种作业操作证。

③ 清理周围易燃物品，并申请动火证。

④ 做好车身的保护，预防飞溅及着火。

⑤ 严格按照焊接工艺进行操作。

（2）火灾预防与灭火。

① 火灾发生将产生不可估量的危害，因此必须预防车辆自燃等火灾的发生，及时处理前机舱内的油污、接插件松动或线束老化等隐患。

② 火灾发生后不要惊慌，要及时采取正确的方法来灭火，将火灾消灭在萌芽状态。首先要切断电源，所有人员立即离开车辆并站在远离车辆的上风位。

③ 经常检查车上的灭火器是否在固定的位置，是否在有效期内。要充分了解灭火器的性质和正确使用方法。在采取救火措施的同时立刻报警（电话 119、110）。

④ 当电动汽车发生火灾时，最有效的灭火方式是采用大量的水灭火。因为电动汽车起火多为电路短路起火，这种情况下为了保证人员安全，使用水基灭火器可以快速对短路产生的热量降温，使电能耗尽来有效灭火。

2. 车间维修人员要求

（1）具备应急管理部颁发的"特种作业操作证"（低压电工证）。

（2）必须经过相关新车型培训，并通过考核。

3. 高压维修作业标准

电动汽车涉及高压电，在维修过程中必须按照工作流程进行，才能有效保护车辆和设备，避免发生操作人员人身安全事故。

（1）电动汽车维修流程。典型的高压车辆维修流程如图 2-15 所示。

（2）电动汽车维修规范。维修高压车辆时，必须遵循高压安全操作规范和机动车维修操作规范。

① 操作人员必须穿戴好高压防护用品。

② 必须使用绝缘工具。

③ 对于车辆维修过程中拆下的高压配件必须立即标记明显的"高压勿动"警示标识，

并禁止将带有高压电的部件放置在无人看管的环境。

④ 高压车辆维修过程中，维修人员身上禁止携带手表、金属笔等金属物品。

⑤ 严禁非专业人员对高压部件进行移除及安装。

⑥ 未经高压安全培训并取得许可证的维修人员，不允许对高压部件进行维修等操作。

⑦ 车辆在充电过程中不允许对高压部件进行拆装、维修等工作。

⑧ 维修前必须进行高压禁用操作。

⑨ 维修完毕上电前，确认车辆内无操作人员。

⑩ 更换高压部件后，检测搭铁是否良好。

⑪ 电缆接口必须按照标准力矩拧紧。

⑫ 在执行车辆维修期间，必须同时有两名持有上岗证的人员进行工作，其中一名人员作为工作的监护人，其工作职责为监督维修的全过程。当发生触电事故时，监护人应该立即采取有效措施执行急救。

高压维修作业标准

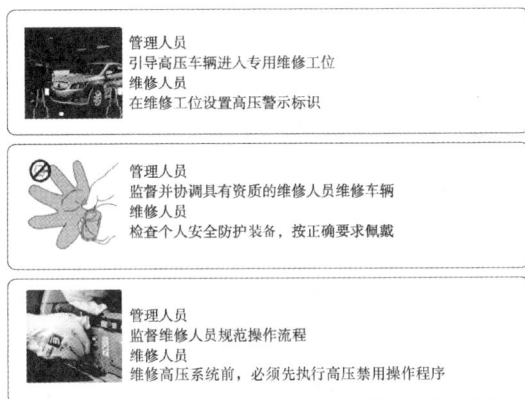

图 2-15 典型的高压车辆维修流程

（3）高压禁用操作程序。拆解维修高压系统前，必须首先执行高压禁用流程。高压禁用操作程序如下。

① 移：移除车辆上所有外部电源，包括 12 V 蓄电池充电器。

② 拔：拔出充电枪。

③ 关：关闭点火开关，把钥匙放到安全区域。

④ 断：断开 12 V 蓄电池负极，并远离负极区域。

⑤ 取：取下 MSD（手动维修开关），将其放到安全区域。

⑥ 等：等待 5 min，以保证高压能量全部被释放。

⑦ 查：佩戴个人安全防护设备，拆卸高压连接器，开始下一步的电压验证。

（4）外出救援电动汽车时的注意事项。外出救援抛锚的电动汽车时，应注意以下事项。

① 在车辆能动的情况下将车移到不影响其他车辆通行的、安全的地带。

② 在条件许可的情况下打开双闪警示灯（夜间也可以用其他发光体代替）。

③ 按照规定的距离立即正确放置三角警示牌。

④ 如果在现场不能维修，应采用硬连接将车辆拖回维修点。

⑤ 如果确定无法移动，应联系救援车辆。

⑥ 等待救援时，所有人员勿待在车内。

（5）对维修车辆的规定。

① 防止车辆前后移动。

② 在车辆前方执行作业前，将钥匙从钥匙开关锁中取出。

③ 在前机舱实施作业时，务必要使用翼子板护垫。

④ 在车底作业时，必须将蓄电池负极拆开。

⑤ 顶起车辆时，不可顶在动力电池处。

a. 不要在只靠一个千斤顶支撑的车底工作。

b. 维修手册提供的举升要求适用于整车，对于一辆拆除了驱动电机或动力电池的汽车，重心发生变化，使举升情况不稳定，此时要将汽车支撑或固定在举升设备上。

⑥ 不要把工具、换下来的配件遗留在工作区域或周围，保持工作区域干净整洁。

⑦ 在车上实施焊接操作时，必须要拆除蓄电池接线，避免造成相关零部件损坏，同时周边要配备适当的灭火设备。

（6）跨接启动。跨接启动的方式并不建议使用，但在某些情况下这是可以将车辆启动的唯一方法，跨接启动放电后的辅助蓄电池必须立即充电，以避免电池永久性的损坏。

① 不要跨接冻结的蓄电池，否则会造成人身伤害。

② 不要跨接指示窗口为黑色或白色的免维护蓄电池。

③ 不要跨接电解液液位低于极板顶部的蓄电池。

④ 蓄电池不要靠近明火。

⑤ 戴上护目镜，摘掉手指或手腕上的金属饰品，以免电池偶然碰火使人受伤。

⑥ 使用大功率启动设备时，不要使蓄电池电压高于 16 V。

⑦ 蓄电池电解液是腐蚀性溶液，不要让电解液接触到眼睛、皮肤或衣服。连接线夹时不要倾斜蓄电池或使线夹彼此接触。如果电解液溅入眼中或皮肤上，要立即用大量的清水进行冲洗。

⑧ 蓄电池可能产生易燃、易爆的氢气，一定要使火苗或火花远离通气口。

⑨ 不要用输出电压超过 12 V 的启动辅助蓄电池或其他启动辅助电源。

⑩ 利用另一辆车启动时，要防止跨接启动车辆的车身相互接触。否则可能会损坏汽车的电气系统。

在将跨接线连接至蓄电池时，切勿使跨接线彼此接触或碰触到车身搭铁。一个充满电的蓄电池，如果经过跨接线短路，会以高于 1000 A 的放电电流放电，造成电弧并使跨接线与端子的温度快速上升，甚至可能会造成蓄电池的爆炸。未遵守这些说明，可能会造成人员的伤害。

【任务实施】

一、技能学习

在技能学习工位准备好纯电动汽车及其相关技术资料。工具箱和防护用品柜内需有足够的专用维修工具和各类防护用品。

1. 安全防护

（1）劳动保护

① 穿好绝缘工作服。

② 穿好高压绝缘鞋。

③ 检查并佩戴绝缘手套。

（2）车辆防护

① 打开主驾驶车门，铺设脚垫、转向盘套、座椅套。

② 打开发动机罩，固定支架，铺设翼子板布和格栅布。

2. 高压系统的终止与检验

由于电动汽车具有高电压，因此在维修电动汽车前，必须首先按照高电压操作章程执行系统电压的终止操作。终止系统高电压以后，可以在一定程度上确保汽车高压系统各部分之间不再具有高电压，从而保证维护人员的安全。

维修车辆时，需要根据高电压存在的形式来区别对待。例如，在纯电动汽车的动力电池中会一直存在高压，因此无论什么时候对动力电池进行维修，都需要佩戴个人安全防护用品。当执行了正确的高压终止程序以后，例如逆变器、高压压缩机等系统不再具有高压电了，此时对这些部件的维修可以不用预防被高压击伤的危险。

（1）手动切断动力电池高压

在动力电池上，按照国家新能源汽车安全标准都会设计一个串联的手动维修开关，用于人工切断整个动力电池的回路。

当该开关被断开后，整车的高压部件将不再具有高压，同时动力电池的总输出正、负极端口也不再有高压。

需要注意的是，即使手动维修开关被断开，动力电池内的电路及其连接电路在串联的位置仍然具有高压。

此外，手动维修开关由于能够在物理上直接切断动力电池的高电压回路，因此汽车制造厂商都会为该开关设计特殊的锁止结构，避免人为意外触发或者行驶中因为振动等因素断开。手动维修开关的断开方法一般会标在开关上面，或者在车主的用户手册中，图 2-16 所示为典型纯电动汽车手动维修开关的断开方法。

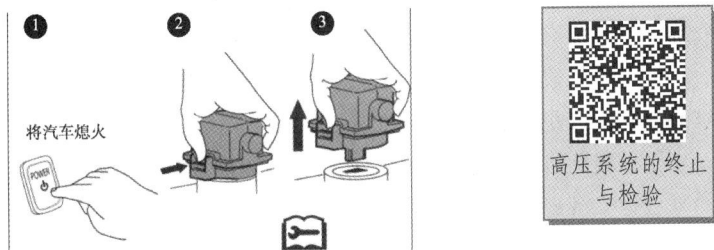

图 2-16　典型纯电动汽车手动维修开关的断开方法

（2）高压系统的终止与检验操作步骤

在维修带有高电压的电动汽车前，务必执行高电压的终止和检验（见图 2-17）操作，避免因意外高压触电。

高压系统的终止与检验操作主要分为高压终止和高压检验两个部分。

① 高压终止。高压终止主要是通过正确的操作步骤来关闭车辆高压系统。正常情况下，执行高压终止后，车辆除了动力电池外，其他部件应该都不具有高电压。

高压终止的基本步骤如下。

a. 关闭点火开关。关闭点火开关后，将钥匙放到安全的区域，通常应该远离被维修的汽车。

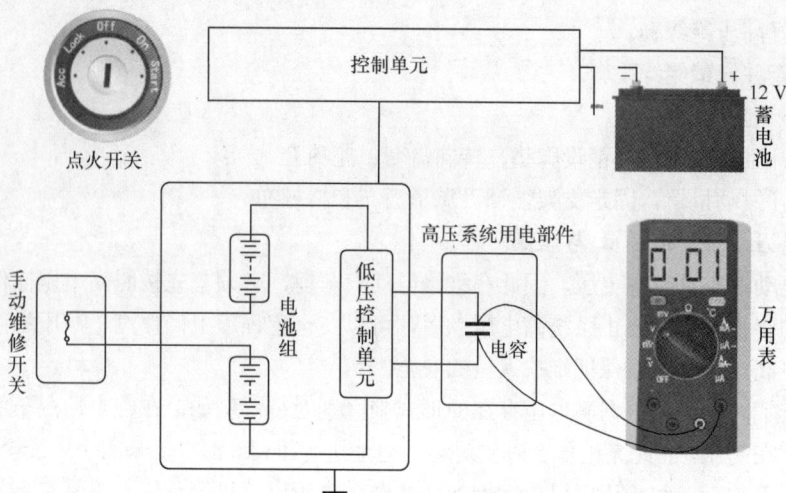

图 2-17 高压的终止与检验

> **⚡ 注　意**
>
> 如果使用按钮启动，把钥匙放到离车至少 5 m 远的地方，防止汽车意外被启动。

b．断开蓄电池负极端子。找到 12 V 蓄电池，断开其负极，并固定搭铁线，以防止移动蓄电池负极端子。

c．拆除手动维修开关。找到手动维修开关并断开。

当处理橙色高压部件和线路时，确保戴着绝缘橡胶手套。将拆下的手动维修开关放在口袋中以防止其他人将它安装回车上去，并将裸露的手动维修开关槽使用绝缘胶布封住。

d．等待 5 min。拆下手动维修开关后，须等待 5 min，使得高压部件中的电容器充分放电，才可以继续对车辆进行高压检验操作。

② 高压检验。高压检验是利用数字万用表再次确认高压终止以后，对具体维修的部件上确定已不再有高压，该步骤符合高压的检验操作标准。

使用万用表测量高压部件的连接器各个高压端子，在执行高压终止以后，每个端子对车身的电压应该小于 3 V，且端子正、负极之间的电压也应该小于 3 V。

如果测量的电压超过 3 V，说明系统内部存在高压黏结情况，需要有经过特殊培训的工程师来进行处理。

> **⚡ 注　意**
>
> 在检验高电压端子期间，必须佩戴好个人安全防护用品。

3．急救

援救触电事故中的触电者时，自身的安全是第一位的，绝对不要去触碰仍然与电压有接触的人员。如果可能，马上将电气系统断电，或用不导电的物体（木板、木质扫帚把等）把事故触电者或者导电体与电压分离。基本的高压触电急救流程如图 2-18 所示。

（1）迅速脱离电源

人体触电以后，可能由于痉挛或失去知觉等而紧抓带电体，不能自己摆脱电源。抢救触电者的首要步骤就是使触电者尽快脱离电源。在电动汽车中脱离电源的方法是戴上绝缘手套将触电者拖开或者切断高压电源。总之，要因地制宜，灵活运用各种方法，快速切断电源，防止事故扩大。

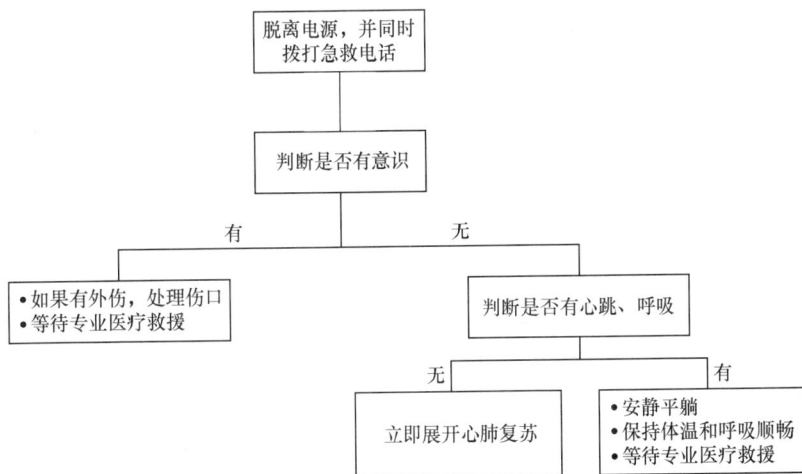

图 2-18　高压触电急救流程

（2）现场急救

当触电者脱离电源后，应根据触电者的具体情况迅速对症救护，力争在触电后 1 min 内进行救治。国内外一些资料表明，触电后在 1 min 内进行救治的，90%以上有良好的效果，而超过 12 min 再开始救治的，基本无救活的可能。现场应用的主要方法是口对口人工呼吸和胸外心脏按压法，严禁打强心针。

口对口人工呼吸法是用人工的方法来代替肺的呼吸活动，使空气有节律地进入和排出肺脏，供给体内足够的氧气，并排出二氧化碳，以维持正常的通气功能。

胸外心脏按压法是指在胸壁外有节律地对心脏进行间接按压，用人工的方法代替心脏的自然收缩，使心脏恢复搏动功能，维持血液循环。

（3）急救方法

① 触电事故。触电者一般有以下 4 种症状，可分别给予正确的对症救治。

a. 神志尚清醒，但心慌力乏，四肢麻木。对该类人员一般只需将其扶到清凉通风之处休息，让其自然地慢慢恢复。但要派专人照料护理，因为有的触电者在几小时后可能会发生病变。

b. 有心跳，但呼吸停止或极微弱。对该类人员应该采用口对口人工呼吸法进行急救。

c. 有呼吸，但心跳停止或极微弱。对该类人员应该采用胸外心脏按压法来恢复触电者的心跳。

d. 心跳、呼吸均已停止。该类人员的危险性最大，抢救的难度也最大。应该同时采用人工呼吸和胸外心脏按压法进行急救。最好是两人一起抢救，如果仅有一人抢救，应先吹气 2～3 次，再按压心脏 15 次，如此反复交替进行。

② 电池事故。如果发生电池事故，应按以下要求进行处理。

a. 如果发生了皮肤接触，应用大量的清水进行冲洗。

b. 如果吸入了电池释放的有害气体，必须马上呼吸大量新鲜空气。

c. 如果眼睛接触到了电池泄漏物，应用大量的清水进行冲洗（至少 10 min）。

d. 如果吞咽了蓄电池内溶物，应喝大量清水，并且避免呕吐。

二、任务考核

1．学生工作

两名学生为一小组，在充分学习本任务相关知识与技能的基础上，选择性地完成下列工作，并随时填写工单 2-1。

（1）终止与检验高压系统。

（2）人工呼吸。

（3）5S 工作。

（4）自我评价与小组互评。

2．指导教师工作

学生在进行上述操作过程中，指导教师进行下列工作。

（1）向学生讲解安全注意事项，要求学生在技能学习工单中做记录。

（2）观察、指导学生进行相关操作，及时制止可能发生危险的操作。

（3）实操结束后审阅学生完成的工单，并结合其操作情况（工作成果）给出评价。

学习任务 2-2　纯电动汽车维修工具/检测仪器的使用

【任务引入】

除了传统的维修工具和检测设备外，纯电动汽车因为存在高压电路，有专用的维修工具及检测设备，如绝缘工具、高压绝缘测试仪等。纯电动汽车维修技师必须熟练识别和使用各类型纯电动汽车维修工具，才能正确维修纯电动汽车，保证人身安全。因为纯电动汽车维修工具和检测仪器的使用方法及注意事项与其他类电动汽车通用，所以，以下均以电动汽车的形式进行阐述。

本任务重点介绍电动汽车维修工具及检测仪器的使用方法。

【学习目标】

1．知识目标

（1）能够正确描述电动汽车维修工具和检测仪器的类型和功能。

（2）能够正确描述绝缘拆装工具的使用条件与注意事项。

2．能力目标

（1）能够识别电动汽车维修工具和检测仪器。

（2）能够正确使用钳形电流表测量直流电流、交流电流。

（3）能够正确使用绝缘测试仪测量绝缘电阻。

（4）熟悉某一车型电动汽车专用故障诊断仪的操作方法。

3．素质目标

（1）培养良好的劳动保护、安全意识等职业素养。

（2）培养科学严谨的工匠精神。

【相关知识】

一、拆装工具

常用的电动汽车维修工具及检测仪器见表 2-2。

表 2-2　　　　　　　　　　　电动汽车常用维修工具及检测仪器

序号	类型	工具设备名称	规格要求	单位	备注
1	拆装工具	绝缘拆装工具套装	高压电维修绝缘拆装工具，耐压 1000 V	套	—
2	检测仪表	数字万用表	符合 CAT Ⅲ 要求	个	如 FLUKE 系列万用表
3		钳形电流表	符合 CAT Ⅲ 要求	台	如 FLUKE 321
4		绝缘测试仪	符合 CAT Ⅲ 要求	台	FLUKE 1587
5	诊断仪器	专用车型诊断仪	对应车型	套	如北汽 BDS，比亚迪 ED400、ED1000
6	防护用品	绝缘台	耐压≥10 kV	台	—
7		绝缘手套	耐压≥10 kV	副	—
8		绝缘鞋	耐压≥10 kV	双	—
9		护目面罩（护目镜）	耐压≥10 kV	副	—

说　明

万用表、钳形电流表等在说明书和表体上标注了它的 CAT 等级和耐压值，并且整个表体的电子、机械、保护电路、耐压设计都严格遵守 CAT 等级的规定。根据国际电子电工委员会 IEC1010-1 的定义，把电工工作的区域分为 4 个等级，即 CAT Ⅰ、CAT Ⅱ、CAT Ⅲ 和 CAT Ⅳ。CAT 等级是向下单向兼容的，也就是说，一个 CAT Ⅳ 的万用表在 CAT Ⅰ、CAT Ⅱ 和 CAT Ⅲ 下使用是完全安全的，但是一个 CAT Ⅰ 的万用表在 CAT Ⅱ、CAT Ⅲ、CAT Ⅳ 的环境下使用就不保证安全了，万用表可能发生爆炸、燃烧等危险情况。

CAT 等级严格规定了电气工作人员在不同级别的电气环境中可能遇到的电气设备的类型，以及在这样的区域中工作所使用的测量工具必须要遵循的安全标准。对万用表、钳形电流表、过程校准仪表等手持表来说，它们所标注的 CAT 等级表明了它们各自所归属的最高的安全区域，CAT 后面的电压数值则表示它们能够承受的电压冲击的上限。

例如，一个 CAT Ⅲ 600 V 的万用表，表示它可以在 CAT Ⅰ、CAT Ⅱ 和 CAT Ⅲ 区域安全使用，在这 3 个区域里如果表受到最高 600 V 的电压冲击，表不会对人体安全产生威胁。但是这款表在 CAT Ⅳ 区域使用的时候，或者说受到高于 600 V 的高压冲击的时候，就不能保证同样的安全。

所以要求电动汽车维修人员应充分了解并熟悉电气工作环境所属的 CAT 安全等级和耐压等级，并选择与其 CAT 等级和耐压等级对应的手持仪表。

1．绝缘

（1）绝缘的概念

绝缘是指用不导电的物质（绝缘材料）将导电体隔离或包裹起来，以对触电起保护作用的一种安全措施。

（2）绝缘的必要性

良好的绝缘是保证设备和线路运行的必要条件，也是防止触电事故、漏电、短路的重要措施。良好的绝缘材料还有散热冷却、机械支撑和固定、储能、灭弧、防潮、防霉以及保护导体等作用。

2. 绝缘拆装工具

绝缘拆装工具是采用绝缘材料进行加工并适用于电气系统拆装等操作的工具。电动汽车涉及高压部分的零部件拆装必须使用绝缘拆装工具，如绝缘钳子、绝缘螺钉旋具、高压专用拆装工具组等，如图 2-19 所示。绝缘拆装工具必须装有耐压 1000 V 以上的绝缘柄。

二、检测仪表

电动汽车维修中使用的检测仪表有数字万用表、绝缘电阻测试仪（如手摇绝缘电阻表、高压绝缘测试仪）等。

1. 数字万用表

数字万用表应符合 CAT Ⅲ 安全等级的要求，图 2-20 所示是 UT505A 型数字万用表。

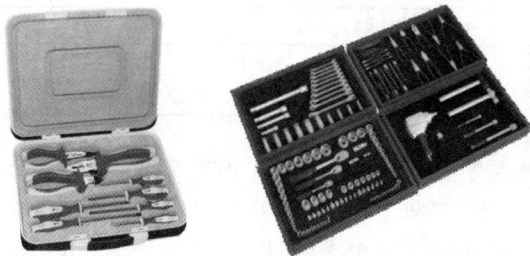

图 2-19　绝缘拆装工具

图 2-20　UT505A 型数字万用表

数字万用表通常具备以下检测功能：测试交流/直流（AC/DC）电压、电流、电阻、频率（Hz）、温度（TEMP）、二极管的好坏、连通性、电容、绝缘测试（低压）。有些汽车专用的数字万用表，还具有转速（RPM）、百分比（占空比，%）、脉冲宽度（毫秒）以及其他功能（如利用蜂鸣器等进行故障码读取）。

2. 绝缘电阻表

电动汽车的运行情况非常复杂，在运行过程中难免会出现部件间的相互碰撞、摩擦、挤压，导致高压电路与车辆底盘之间的绝缘性能下降。电源正、负极引线通过绝缘层和底盘构成漏电流回路。当高压电路和底盘之间发生多点绝缘性能下降时，还会导致漏电回路的热积累效应，可能造成车辆的电气火灾。因此，高压电气系统相对车辆底盘的电气绝缘性能的实时检测是电动汽车电气安全技术的核心内容。电气绝缘性能检测时需要使用专用的绝缘测试仪器，测量高压电缆及零部件对车身绝缘电阻是否处于规定值范围内。

能够进行绝缘测试的仪器很多，如数字万用表、绝缘电阻表、绝缘测试多用表和耐压测试仪等，最常用的测试仪器之一就是绝缘电阻表。

绝缘电阻表的种类有很多，但其作用大致相同。常用的绝缘电阻表是手摇绝缘电阻表，俗称"摇表"，是用来测量大电阻和绝缘电阻的检测仪表，计量单位是兆欧（MΩ），故又称"兆欧表"，如图 2-21 所示。

选用绝缘电阻表时，规定绝缘电阻表的电压等级应高于被测物的绝缘电压等级。测量额定电压在 500 V 以下的设备或线路的绝缘电阻时，可选用 500 V 或 1000 V 的绝缘电阻表；测量额定电压在 500 V 以上的设备或线路的绝缘电阻时，应选用 1000～2500 V 的绝缘电阻表；测量绝缘子时，应选用 2500～5000 V 的绝缘电阻表。一般情况下，测量低压电气设备绝缘电阻时可选用 200 MΩ 量程的绝缘电阻表。

绝缘电阻表只要在指针不为零的情况下，匀速摇（约 120 r/min）手摇柄，指针就会稳定在表盘的某个位置，根据表盘的显示数值和空格，就可以正确读出所测线路的绝缘电阻。

3．钳形电流表

钳形电流表也称为数字电流钳。在电动汽车维修与诊断时，经常会需要测量导线中的电流。由于驱动系统的导线（如逆变器与电机之间的导线）存在较大的交变电流，必须使用钳形电流表进行间接测量。

典型的钳形电流表如图 2-22 所示，是根据电流互感原理制成的一种便携式电气测试仪表。其工作部分主要由一只电流表和穿心式电流互感器组成。穿心式电流互感器的铁心制成活动开口，且呈钳形，故称"钳形电流表"。钳形电流表是一种不需要断开电路就可直接测量电路交流电流的携带式仪表。

图 2-21　手摇绝缘电阻表

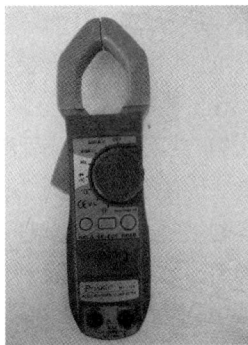

图 2-22　典型的钳形电流表

三、诊断仪器

1．动力电池维修诊断仪

在更换电动汽车高压电池组内部的某组电池后，需要对更换的这组电池执行性能匹配，以保证新的电池组和整个电池包性能一致，这便需要使用专用的电池维修诊断工具来辅助完成。通常动力电池维修诊断仪支持高压动力电池的放电、电池单元维修等操作，并支持电池组数据的检测和通过通用串行总线（universal serial bus，USB）进行车型软件的升级。

2．故障诊断仪

汽车电控系统故障诊断仪用于对应车型的故障诊断，也称解码器、故障扫描仪等。不同车型采用的故障诊断仪不同，如北汽新能源汽车采用故障诊断系统（BAIC BJEV Diagnostic System，BDS），将诊断软件安装在计算机终端上，通过通信电缆（诊断盒子）与车载诊断系统（on-board diagnosis，OBD）诊断座连接，与车辆的控制模块通信进行故障诊断。比亚迪电动汽车用故障诊断仪为 ED400，可以完成读取及清除故障码，数据流读取，执行元件动作测试，系统基本设定，控制模块的软件升级、编程、编码及 ABS 主缸排气等功能。宝马电动汽车采用的故障诊断仪为 EOS。

【任务实施】

一、技能学习

1. 安全防护

（1）劳动保护

① 穿好绝缘工作服。

② 穿好高压绝缘鞋。

③ 检查并佩戴绝缘手套。

（2）车辆防护

① 打开主驾驶车门，铺设脚垫、转向盘套、座椅套。

② 打开发动机罩，固定支架，铺设翼子板布和格栅布。

（3）高压终止与检验

① 按标准流程进行纯电动汽车的高压终止操作。

② 按标准流程进行纯电动汽车的高压检验操作。

2. 使用绝缘拆装工具

绝缘拆装工具的使用方法与普通工具相同，但是需特别注意以下事项。

① 应有专门的工具室存放，室内应通风良好，清洁、干燥。

② 如发现绝缘拆装工具损伤或受潮，应及时进行检修和干燥处理，试验合格后方可使用。

③ 绝缘拆装工具必须按规定定期进行绝缘性能的试验，不符合试验要求的，禁止使用。

3. 用钳形电流表测量电流

① 估算电流大小，选择正确挡位与电流类型。例如，如果需要测量三相电机的一相电流，应选择交流电流挡。

② 打开钳形电流表，将被测量线路放入钳口之中。

⚡ **注　意**

测量时，钳形电流表应该保持钳口闭合，否则将测量出不正确的电流，如图 2-23 所示。

图 2-23　钳口闭合测试

③ 启动被测量装置，读取电流值。如需测量一个变化的电流，应在第②步的基础上按下"MAX"键后再启动钳形电流表。

④ 测量结束后，取下钳形电流表。

4. 用数字式绝缘测试仪测量相关数据

下面以应用广泛的 FLUKE 1587 数字式绝缘测试仪为例，介绍其使用方法。

（1）仪表使用注意事项

为了避免触电或人身伤害，应遵守以下指南操作。

① 严格按仪表使用手册操作，否则可能会破坏仪表。

② 如果仪表或测试导线已经损坏，或者仪表无法正常操作，则请勿使用。若有疑问，请将仪表送修。

③ 在将仪表与被测电路连接之前，始终记住选用正确的端子、开关位置和量程挡。

④ 用仪表测量已知电压来验证仪表是否正常。

⑤ 端子之间或任何一个端子与搭铁点之间施加的电压不能超过仪表上标明的额定值。

⑥ 电压在 AC 30 V RMS（交流真均方根）、AC 42 V（交流）峰值或 DC 60 V（直流）以上时应格外小心。这些电压有造成触电的危险。

⑦ 出现电池低电量指示符时，应尽快更换电池。

⑧ 测试电阻、连通性、二极管或电容以前，必须先切断电源，并将所有的高压电容器放电。

⑨ 切勿在爆炸性气体或蒸汽附近使用仪表。

⑩ 使用测试导线时，手指应保持在保护装置后面。

⑪ 打开表壳或电池盖以前，必须先把测试导线从仪表上拆下。不能在未安装好表壳或电池盖打开的情况下使用仪表。

⑫ 在危险的场所工作时，必须遵循国家主管部门及当地的安全规范。

⑬ 在危险的区域工作时，必须依照国家主管部门或当地的要求，使用适当的保护设备。

⑭ 不要一个人单独工作，维修时必须设专职监护人。

⑮ 仅使用指定的替换熔断丝来更换熔断的熔断丝，否则仪表保护措施可能会遭到破坏。

⑯ 使用前先检查测试导线的连通性。如果读数高或有噪声，则不要使用。

仪表及使用手册中涉及的安全符号见表 2-3。

表 2-3　　　　　　　　　　　仪表及使用手册中涉及的安全符号

符号	含义	符号	含义
~	AC（交流）	⏚	搭铁点
- - -	DC（直流）	▭	熔断丝
⚠	警告：有造成触电的危险	▢	双重绝缘
▬+	电池（在显示屏上出现时表示电池电量低）	⚠	重要信息，请参阅手册

（2）仪表功能了解

① 旋转开关功能。选择任意测量功能挡即可启动仪表。仪表为各功能挡提供了一个标准显示屏（量程、测量单位、组合键等）。用蓝色按钮指示旋转开关选择的功能挡（用蓝色字母标记），旋转开关选择的功能挡如图 2-24 所示，对应的功能介绍见表 2-4。

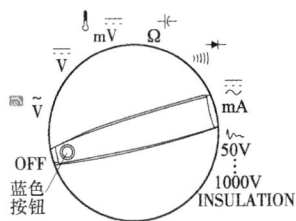

图 2-24　仪表旋转开关选择的功能挡

表 2-4　　　　　　　　　　　　　　　　旋转开关的选择功能

开关位置	测量功能
$\widetilde{V}$	测量 AC（交流）电压，量程介于 30.0 mV～1000 V
（仅 1587 型）	测量 AC（交流）电压及 800 Hz "低通" 滤波器
$\overline{\overline{V}}$	测量 DC（直流）电压，量程介于 1 mV～1000 V
$\overline{\overline{mV}}$	测量 DCmV（直流毫伏）电压，量程介于 0.1～600 mV
（仅 1587 型）	测量温度，量程介于 –40～537 ℃（–40～998 ℉）。摄氏度为默认测量单位，关闭仪表后，所选择的温度测量参数仍会保留在内存中
Ω	测量电阻（欧姆），量程介于 0.1 Ω～50 MΩ
（仅 1587 型）	测量电容，量程介于 1 nF～9999 μF
)))	连通性测试，蜂鸣器在电阻小于 25 Ω 时启动，在大于 100 Ω 时关闭
（仅 1587 型）	二极管测试，该功能挡没有量程规定，超过 6.6V 时显示 OL
$\overline{\overline{mA}}$	测量 ACmA（交流毫安）电流，量程介于 3.00～400 mA（600 mA 过载最长持续 2 min）；测量 DCmA（直流毫安）电流，量程介于 0.01～400 mA（600 mA 过载最长持续 2 min）
INSULATION	测量电阻（欧姆），量程介于 0.01 MΩ～2 GΩ。1587 型选用 50 V、100 V、250 V、500 V（默认）和 1000 V 电源进行绝缘测试，1577 型选用 500 V（默认）和 1000 V 电源进行绝缘测试，关闭仪表后，最后一次选择的高压设置值仍会保留在内存中，在绝缘测试时，按蓝色按钮可激活仪表的 "平稳化" 功能

② 按钮功能。使用仪表按钮来激活可扩充旋转开关所选功能的特性。按钮如图 2-25 所示，对应的功能介绍见表 2-5。

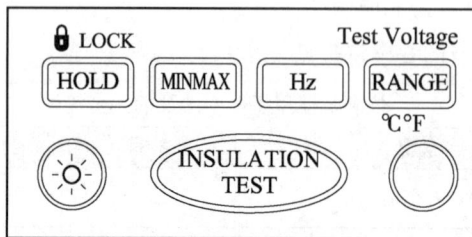

图 2-25　仪表按钮

表 2-5　　　　　　　　　　　　　　　　仪表按钮功能

按钮	说明
HOLD	该按钮可冻结显示屏，再按一次释放显示屏。当读数改变时，显示屏会自动更新，仪表发出蜂鸣声，在 "MIN"（最小值）、"MAX"（最大值）、"AVG"（平均值）或 "Hz"（赫兹）模式下，该按钮控制显示保持。在 "INSULATION TEST"（绝缘测试）模式下，该按钮用来确定下一次用户按仪表或远程探头上的 INSULATION TEST 按钮时启动测试锁的时间，测试锁的作用是把按钮按住，直到用户再按一次 HOLD 或 INSULATION TEST 按钮来开锁

按钮	说明
MINMAX	按此按钮开始记录最大值、最小值和平均值。持续按此按钮可显示最大值、最小值和平均值。按住此按钮取消显示最大值、最小值、平均值
Hz （仅 1587 型）	激活频率测量
RANGE	将量程模式从"Auto Range"（自动量程，默认）模式改为"Manual Range"（手动量程）模式。按住该按钮可返回"Auto Range"（自动量程）模式
☀	打开或关闭背光灯，背光灯在 10 min 后熄灭
INSULATION TEST	当旋转开关处于"INSULATION TEST"（绝缘测试）位置时，启动绝缘测试，使仪表供应（输出）高电压并测量绝缘电阻
○	蓝色按钮，其功能相当于 Shift 键，按此按钮可使用旋转开关上有蓝色标记的功能

③ 显示屏的介绍。仪表的显示屏指示符如图 2-26 所示，对应的信息介绍见表 2-6。

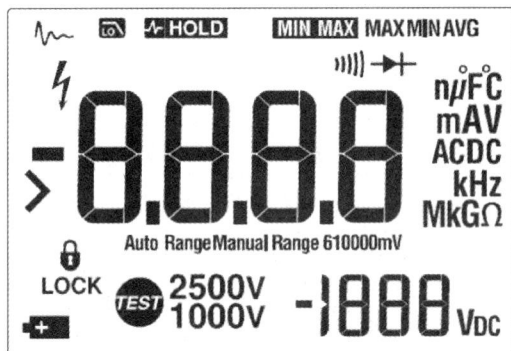

图 2-26　仪表的显示屏指示符

表 2-6　　　　　　　　　　　　仪表的显示屏指示符信息

仪表指示符	测量功能
➕🔋	电池低电量。指示应何时更换电池，当显示此符号时，背光灯按钮被禁止以延长电池寿命。警告：为了避免读数出错导致触电或人身伤害，当显示电池低电量指示符时，应尽快更换电池
🔒 LOCK	表示下一次用户按下仪表或远程探头上的 INSULATION TEST 按钮时，测试锁将被投入使用。测试锁的作用是将按钮按住，直到用户再按一次 HOLD 或 INSULATION TEST 按钮
＞	负号，或大于符号
⚡	危险电压警告，表示在输入端检测到 30 V 或更高电压（交流或直流取决于旋转开关的位置）；当在 ṽ、v̄、mV 开关位置上，OL 及 bɑtt 显示在显示屏上时，同样会出现该指示符；当绝缘测试正在进行，或处于 Hz 模式时，此符号也会出现
∿	平稳化功能被启用。平稳化功能是利用数字过滤消除快速变化的输入值的显示波动，仅 1587 型仪表的绝缘测试可使用平稳化功能，有关平稳化功能的更详细信息，请参阅开机通电选项
🔳	表示选择了 AC（交流）电压的低通滤波功能

续表

仪表指示符	测量功能
⎍·HOLD	表示 Moto Hold（自动保持）功能已启用
HOLD	表示 Display Hold（显示保持）功能已启用
MIN MAX MAX MIN AVG	表示已经使用 MINMAX 按钮选择了最大读数、最小读数或平均数
·)))	已选择连通性测试功能
➞⊢ （仅 1587 型）	已选择二极管测试功能
nF，μF，°C，°F， Hz，kHz，Ω，kΩ， MΩ，GΩ	测量单位
ACDC	交流/直流
0.0.0.0	主显示
V_DC	伏特（V）
1000	辅显示
Auto Range Manual Range 610000mV	显示当前使用的量程挡
2500V 1000V	绝缘测试所用的电源电压额定值：50 V/100 V/250 V/500 V（默认）或 1000 V（1587 型）。500 V（默认）和 1000 V 量程挡（1577 型）
TEST	绝缘测试指示符，当施加绝缘测试电压时该符号会显示在显示屏上
bɑtt	出现在主显示位置，表示电池电量过低，不足以可靠运行，更换电池之前仪表不能使用。当主显示位置出现此符号时，[+] 也会显示
bɑt	出现在辅显示位置，表示电池电量过低，不足以运行绝缘测试，在更换电池之前，INSULATION TEST 按钮被禁用，把旋转开关转到其他任何功能挡，该信息消失
OL	表示超出量程范围的数，当检测到开路的热电偶时，也会出现此符号
LEAd	测试导线警告，当用户将开关调至或移开 m̄A 位置时，该信息将会短暂显示在显示屏上，并且仪表发出一声蜂鸣
d ſc	仪表不能将电容放电
EPPr Err	EEPROM（electrically-erasable programmable read-only memory，电可擦编程只读存储器）数据无效，请将仪表送修
CAL Err	校准数据无效，请校准仪表

④ 仪表输入端子的介绍。仪表输入端子如图 2-27 所示，对应的端子功能介绍见表 2-7。

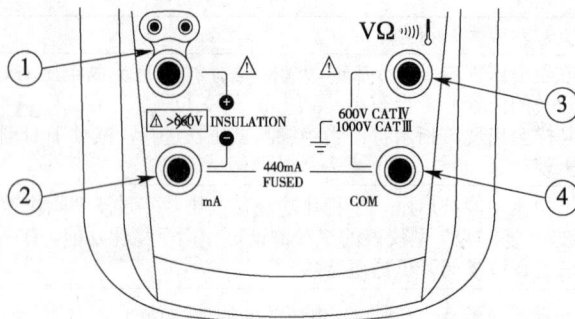

图 2-27　仪表输入端子

表 2-7　　　　　　　　　　　　　仪表输入端子功能

端子	说明
①	"+"用于绝缘测试的输入端子
②	"−"用于绝缘测试的输出端子。用于 400 mA 以内的交流和直流电流测量，以及电流频率测量
③	用于电压、连通性、电阻、二极管、电容、电压频率及温度（仅 1587 型）测量的输入端子
④	用于绝缘测试以外的所有测量的公共（返回）端子

（3）基本测量操作步骤

在将测试导线与电路或设备连接时，在连接带电导线之前先连接公共（COM）测试导线；当拆下测试导线时，要先断开带电的测试导线，再断开公共测试导线。

① 测量交流和直流电压。交流和直流电压测量方法如图 2-28 所示。

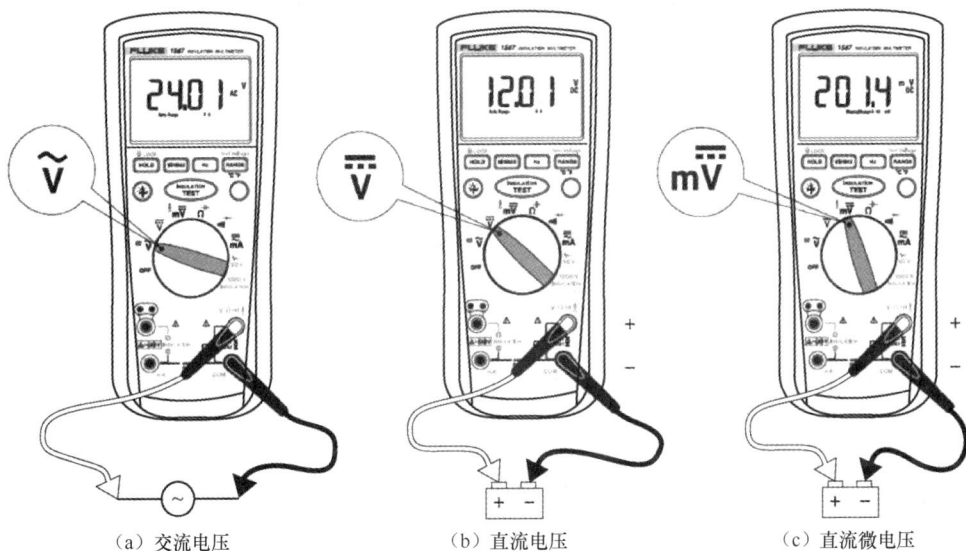

（a）交流电压　　　　　（b）直流电压　　　　　（c）直流微电压

图 2-28　交流和直流电压测量方法

② 测量温度。仪表可以测量设备随附的 K 型热电偶的温度，按"RANGE"键可以在摄氏度（℃）和华氏度（℉）之间切换。为了避免损坏仪表或其他设备，尽管仪表的额定值为 −40～537℃，仪表所带的 K 型热电偶的额定值却为 260℃。要测量该量程以外的温度，应使用额定值更高的热电偶。温度的测量方法如图 2-29 所示。将旋转开关转至 mV 挡，将热电偶探头插入图 2-27 所示的③、④插孔，另一端插入需要测量温度的部位，从显示屏上读取温度数据。

③ 测量电阻。电阻的测量方法如图 2-30 所示。

④ 测量电容。电容的测量方法如图 2-31 所示。

⑤ 连通性测试。连通性测试利用蜂鸣器的声音来表示电路导通。当检测到短路（电阻值 25 Ω 以下）时，蜂鸣器发出蜂鸣声。为了避免仪表或被测试设备损坏，测试连通性以前，必须先切断电路电源并把所有高压电容器放电。连通性的测试方法如图 2-32 所示。

⑥ 二极管测试。二极管的测试方法如图 2-33 所示。

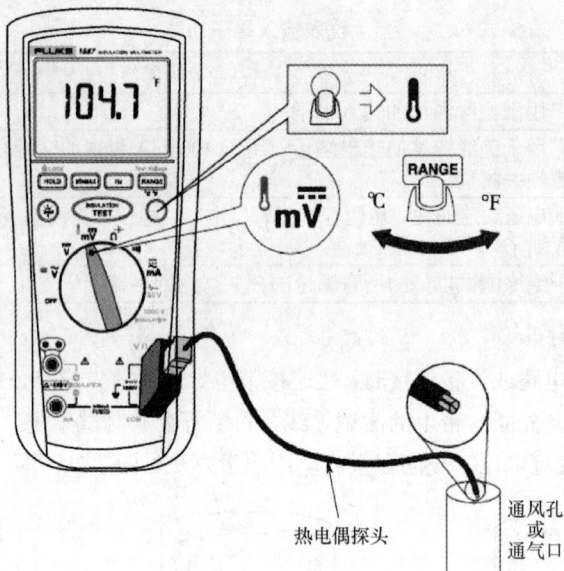

图 2-29　温度的测量方法

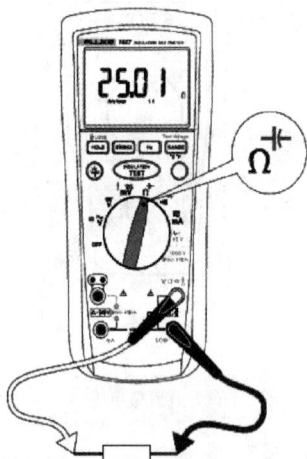

数字式绝缘
测试仪的使用

图 2-30　电阻的测量方法　　　图 2-31　电容的测量方法　　　图 2-32　连通性的测试方法

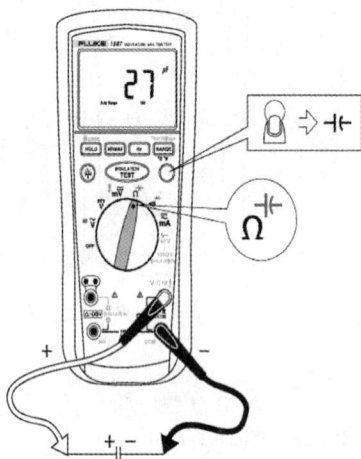

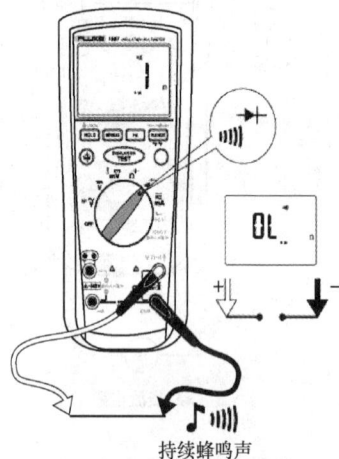

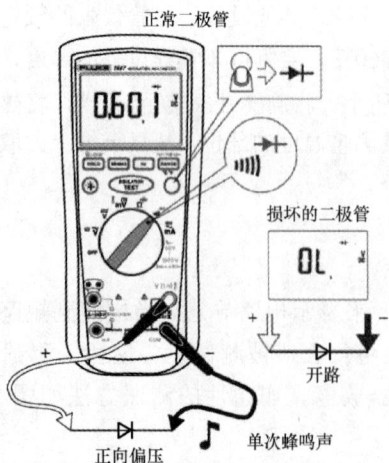

图 2-33　二极管的测试方法

⑦ 测量交流或直流电流。为了避免人身伤害或损坏仪表，务必遵守以下事项。

a. 当开路电势至搭铁点之间的电压超过 1000 V 时，切勿尝试在电路上测量电流。

b. 测量电流之前，先检查仪表的熔断丝。

c. 测量时应使用正确的端子、开关位置和量程。

d. 当导线插在电流端子的时候，切勿把探头与任何电路并联。

电流测量方法如下：关闭（OFF）被测电路的电源，断开电路，将仪表以串联的方式接入，再打开（ON）电源，如图 2-34 所示。

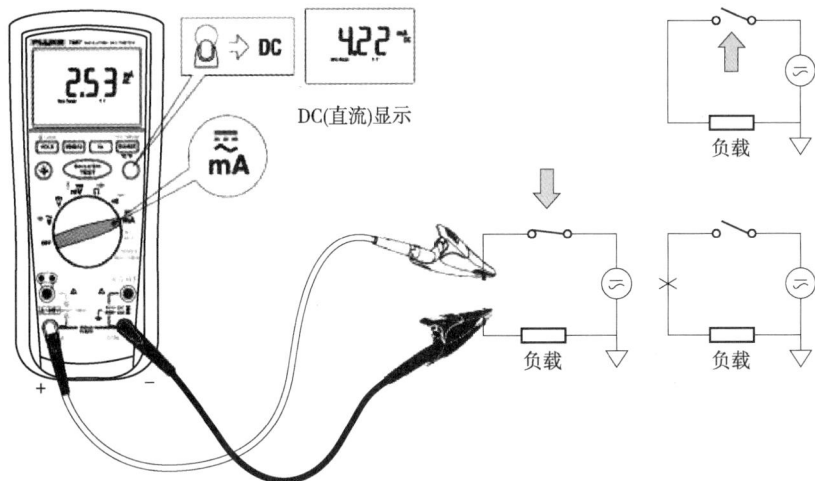

图 2-34　直流或交流电流测量方法

⑧ 测量频率。频率测量方法如图 2-35 所示。

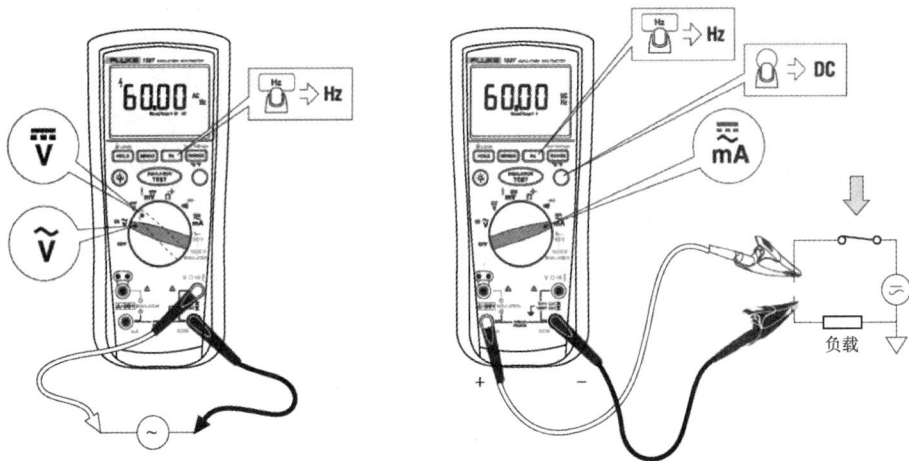

图 2-35　频率测量方法

⑨ 绝缘测试。绝缘测试只能在不通电的电路上进行。测试之前先检查熔断丝。绝缘测试方法如图 2-36 所示，具体操作步骤如下。

a. 将测试探头插入"＋"和"－"端子。

b. 将旋钮转至 INSULATION（绝缘）位置。当旋钮调至该位置时，仪表将启动电池负载检查。如果电池未通过测试，显示屏下部将出现"电池"符号，在更换电池前不能进行绝缘测试。

c. 按，即 $\boxed{\text{RANGE}}$ 按钮选择电压。

d. 将探头与待测的电路连接。仪表会自动检查电路是否通电。

e. 主显示位置显示 "----" 直到按下 $\overset{\frown}{\underset{\text{TEST}}{\text{INSULATION}}}$ 按钮，此时将获取一个有效的绝缘电阻读数。

f. 如果电路电源超过 30 V（交流或直流），主显示区显示超过 30 V 警告，同时，显示高压符号，测试被禁止，必须立即关闭电源。

5．用绝缘电阻表测量绝缘电阻

（1）接线柱的功能说明

如图 2-37 所示，绝缘电阻表有 3 个接线柱，两个较大的接线柱上分别标有 "E"（搭铁）和 "L"（线路），较小的一个接线柱上标有 "G"（"保护环" 或 "屏蔽"）。

① E 接线柱。搭铁端，接被测设备的搭铁部分或外壳。

② L 接线柱。接线端，接被测设备的导体部分。

③ G 接线柱。保护环，主要用于电力电缆绝缘电阻的测量。

（2）开路和短路试验

① 使 L、E 两接线柱处于断开状态，摇动绝缘电阻表手摇柄，指针应指向 "∞"。

② 将 L 和 E 两个接线柱短接，慢慢地转动手摇柄，指针应指在 "0" 处。

图 2-36　绝缘测试方法　　　　　　图 2-37　绝缘电阻表的接线柱

这两项都满足要求，说明绝缘电阻表是好的。

（3）绝缘电阻的测量方法

① 测量电机的绝缘电阻。

a. 确认电机电源已切断并已进行了设备放电。

b. 将绝缘电阻表 E 接线柱接机壳（即搭铁），L 接线柱接到电机某一相的绕组上，如图 2-38（a）所示。确认引线没有相互绞在一起。

实际使用中，E、L 两个接线柱也可以任意连接，即 E 可以与被测物连接，L 可以与接地体连接（即搭铁），但 G 接线柱绝不能接错。

c. 如图 2-38（b）所示，将绝缘电阻表放在水平位置，并用力按住绝缘电阻表顺时针摇动手摇柄，观察转速表，使其保持在约 120 r/min 后匀速摇动，当转速稳定表的指针稳定后，指针所指示的数值即电机该相线缆的对地绝缘电阻值。

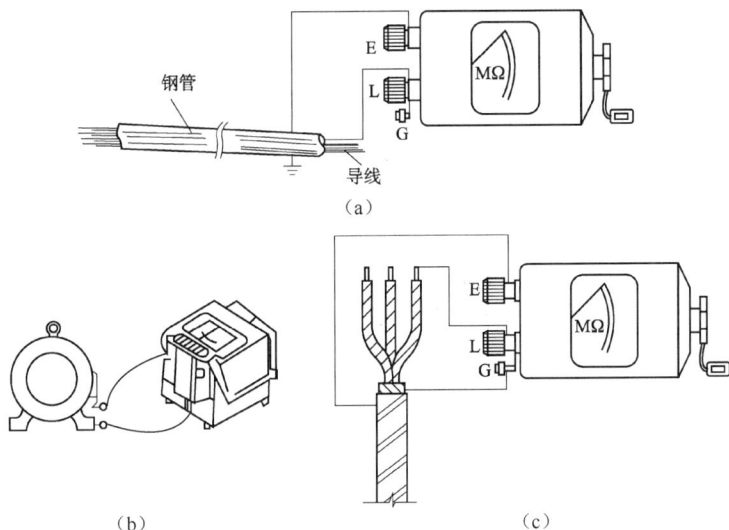

图 2-38 绝缘电阻表的接线方法

d. 对被测物放电。

⚠ **注 意**

在绝缘电阻表的手摇柄未停止转动和被测物未放电时，不可用手去触及被测物的测量部分或拆除导线，以防触电。不能将绝缘电阻表的 L 接线柱和 E 接线柱直接短接放电。

e. 拆下绝缘电阻表的连接线。

② 测量电缆的绝缘电阻。

a. 确认电缆电源已切断并已进行了放电。

b. 将 E 接线柱与电缆外壳连接，L 接线柱与线芯连接，同时将 G 接线柱与电缆外壳、线芯之间的绝缘层连接，如图 2-38（c）所示。

c. 将绝缘电阻表放在水平位置，并用力按住绝缘电阻表顺时针摇动手摇柄，观察转速表，使其保持在约 120 r/min 后匀速摇动，当转速表的指针稳定后，指针所指示的数值即被测线缆的绝缘电阻值。

d. 对被测物放电。

e. 拆下绝缘电阻表的连接线。

6. 用故障诊断仪诊断纯电动汽车故障

以北汽新能源故障诊断仪为例。

北汽新能源汽车故障诊断系统（BDS），将诊断软件安装在计算机终端上，通过通信电缆（诊断盒子）与车载诊断系统（OBD）诊断座连接，与车辆的控制模块通信进行故障诊断，如图 2-39 所示。

（1）软件运行环境

① 硬件要求：笔记本计算机、台式计算机或 Pad，系统盘空间不小于 5 GB，内存不小于 1 GB。

② 操作系统：Windows XP SP3、Windows 7 或 Windows 8，暂不支持 Windows RT。

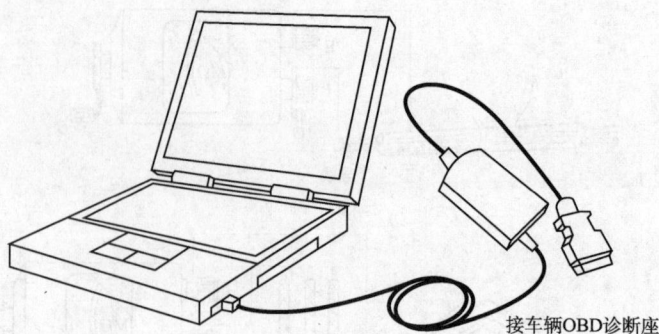

图 2-39　BDS 连接方式

③ 网络要求：本软件需要在线激活和网络下载，务必保证连接互联网正常。

④ 安装条件：Windows 登录账户必须是管理员身份。

（2）软件下载与安装

① 在北汽指定的网址进行软件下载与软件安装后，将安装文件"BDS setup.exe"复制到所要安装的计算机中。

② 双击即可进行软件安装。具体操作根据计算机"安装向导"的提示进行，如图 2-40 所示。

③ 安装结束后（见图 2-41），单击"结束"按钮，进入 BDS 启动界面，如图 2-42 所示。

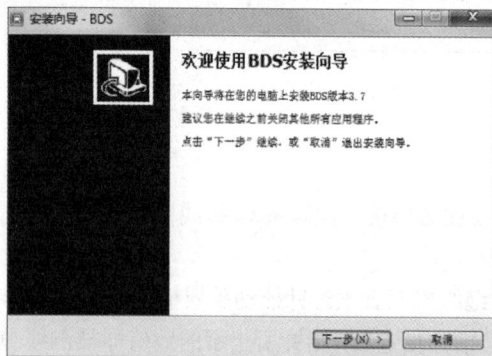

图 2-40　BDS"安装向导"开始界面

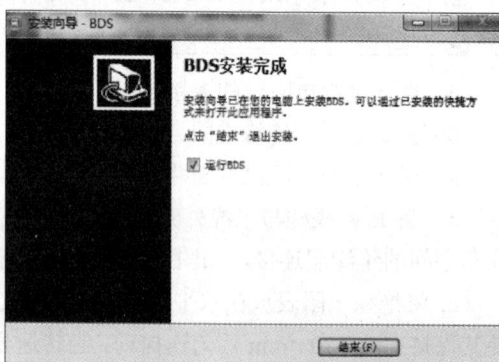

图 2-41　BDS"安装向导"完成界面

④ 软件启动成功后，进入 BDS 主界面，如图 2-43 所示。

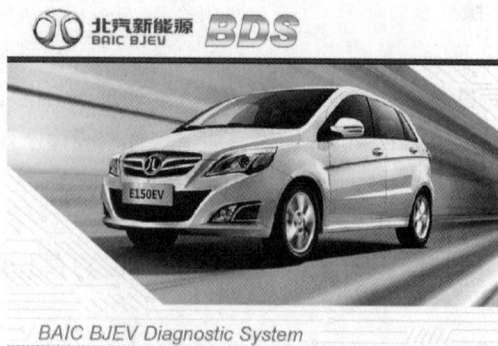

图 2-42　BDS 启动界面

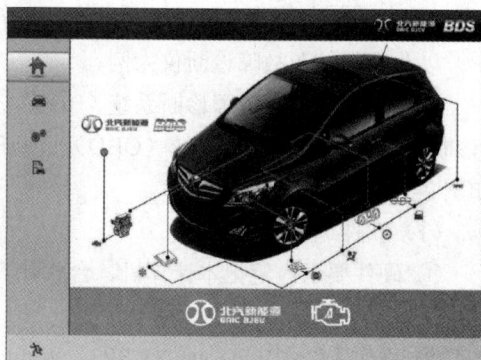

图 2-43　BDS 主界面

（3）软件功能说明

BDS 软件功能说明见表 2-8。

表 2-8   BDS 软件功能说明

功能图标	功能介绍	功能描述
	主界面	BDS 主界面，介绍和描述产品性能和品牌
	汽车智能诊断系统	BDS 的核心功能，它提供了简易而专业的汽车综合诊断功能，包括读 ECU 信息，故障码分析，数据流分析，数据流冻结帧，元件执行，计算机编程、匹配、设定和防盗等功能
	系统设定	BDS 的系统设定功能，它提供多种功能操作模式，连接方式，米制、英制单位切换和语言选择等功能，从而丰富用户体验
	软件管理	产品软件管理，用于甄别汽车 BDS 的版本信息，以便客户升级软件；用于客户管理汽车 BDS；用于注册客户信息，以加强客户的安全性，以及客户打印测试报告时显示客户信息
	系统退出	安全退出 BDS

（4）注册、激活与升级

① 注册。第一次使用 BDS 时，必须填写完整的客户信息，以便记录客户基本信息，加强客户与厂家联系，及时共享厂家资源，增加客户对产品的使用安全，方便客户投诉和反馈建议。

如图 2-44 所示，产品未注册时，BDS 中不包括车型软件，客户需先激活产品，才可以下载相关软件。

② 激活。在激活产品或进行软件升级时，都是采用 USB 模式，因此，需确定 USB 连接和网络是否正常工作。激活操作请根据计算机提示进行。

③ 软件升级。进行软件升级时，需采用 USB 模式，因此，需确定 USB 连接和网络是否正常。升级操作请根据计算机提示进行。

（5）诊断操作

① 将诊断盒子连接到汽车的 OBD 诊断座，连接完后，电源指示灯会被点亮。固定的无线局域网为 UCANDAS，如果现场 Wi-Fi 自动连接没有成功，可手动设置 Wi-Fi 连接到 UCANDAS，Wi-Fi 连接成功后，Wi-Fi 图标会被点亮，如图 2-45 所示。

图 2-44 BDS 注册界面

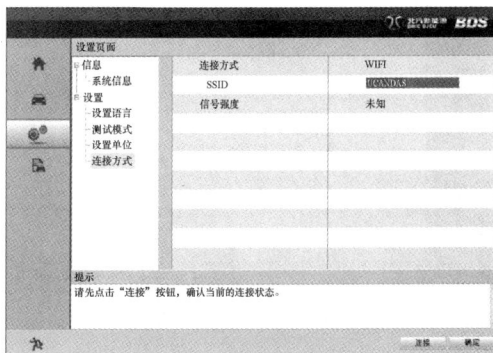

图 2-45 BDS 连接界面

② 启动 BDS 软件，显示 BDS 诊断主界面，如图 2-46 所示。

③ 单击汽车诊断图标（即图 2-46 中的"水汽新能源"），进入 BDS 车型诊断程序界面，如图 2-47 所示。

图 2-46　BDS 诊断主界面

图 2-47　BDS 车型诊断程序界面

④ 选择需要的车型图标，单击软件版本，进入对应的车型诊断界面，如图 2-48 所示。

⑤ 下载结束后，单击"确定"按钮，进入车辆信息选择界面，如图 2-49 所示。

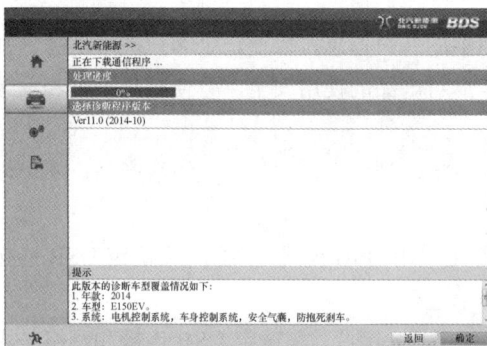

图 2-48　BDS 车型诊断界面

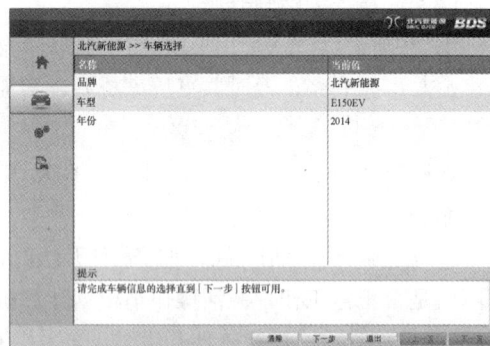

图 2-49　BDS 车辆信息选择界面

⑥ 单击车辆信息，进入快速测试界面，如图 2-50 所示。

⑦ 单击"快速测试"选项，进入车辆系统选择界面，如图 2-51 所示。

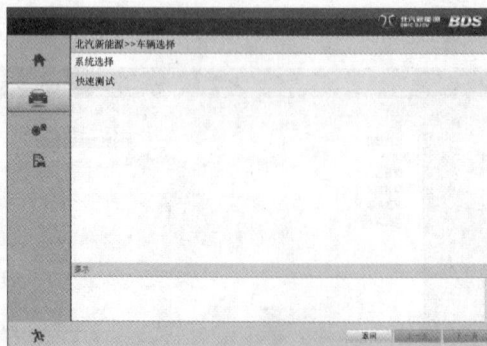

图 2-50　BDS 快速测试界面

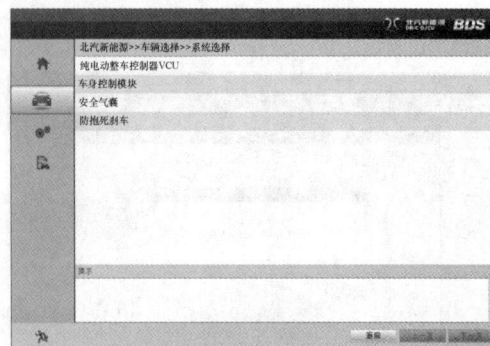

图 2-51　BDS 车辆系统选择界面

⑧ 单击要测试的系统，进入车辆系统功能选择界面，如图 2-52 所示。界面显示"故障

码""数据流""特殊功能"3个可选择的系统功能。

⑨ 单击要进行的系统功能(如单击"故障码"),进入下一级功能选择界面,如图 2-53 所示。界面显示"读取故障码""清除故障码""故障码冻结帧数据"3个可选择的功能。

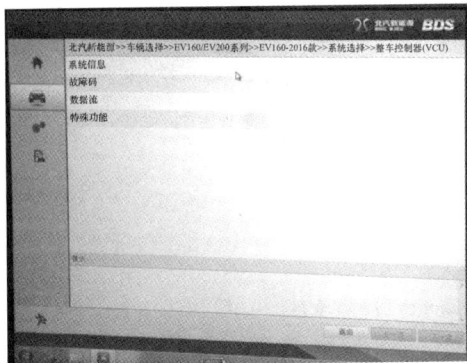

图 2-52 选择需要的功能

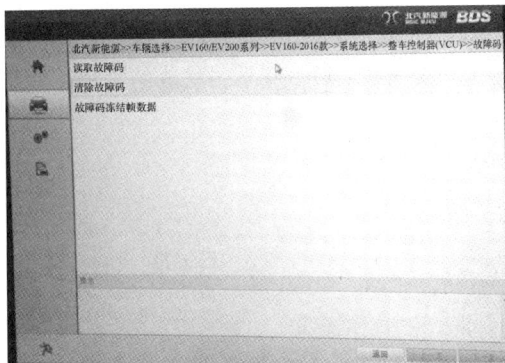

图 2-53 故障码功能选择界面

⑩ 单击选择需要完成的功能(如单击"读取故障码"),屏幕将显示相应车辆系统存储的故障码,如图 2-54 所示。

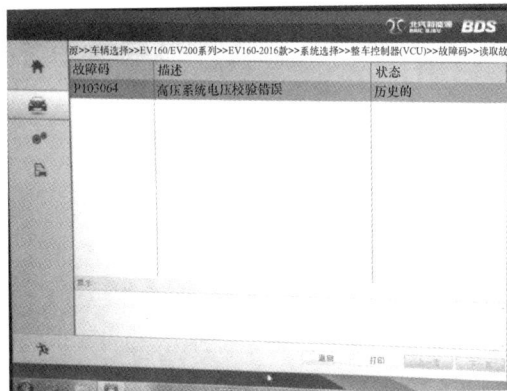

图 2-54 故障码显示

其他功能测试操作方法与读取故障码相似,可参照执行。

二、任务考核

1. 学生工作

两名学生为一小组,在充分学习本任务相关知识与技能的基础上,完成下列工作,并随时填写工单 2-2。

① 使用绝缘拆装工具。

② 使用钳形电流表测量电流。

③ 使用数字式绝缘测试仪。

④ 使用手摇绝缘电阻表。

⑤ 使用故障诊断仪。

⑥ 5S 工作。

⑦ 自我评价与小组互评。

2．指导教师工作

学生在进行上述操作过程中，指导教师进行下列工作。

① 向学生讲解安全注意事项，要求学生在技能学习工单中做记录。

② 观察、指导学生进行相关操作，及时制止可能发生危险的操作。

③ 实操结束后审阅学生完成的工单，并结合其操作情况（工作成果）给出评价。

项目三

纯电动汽车电源系统、充电系统及驱动电机系统检修

学习任务 3-1　电源系统检修

【任务引入】

纯电动汽车的电源系统包括动力电池、辅助储能装置、辅助电池、电池管理系统等。电动汽车维修人员必须充分熟悉所维修电动汽车电源系统的结构特点，并熟练掌握动力电池的检测、安装、连接、使用、维护以及电源系统常见故障和检修方法。

本学习任务主要介绍纯电动汽车动力电池及辅助储能装置、电池管理系统的结构和原理，动力电池技术状况检测、安装、连接、使用、维护及电源系统常见故障的诊断排除方法。

【学习目标】

1．知识目标

（1）能够正确描述纯电动汽车储能装置的种类。

（2）能够正确描述纯电动汽车动力电池的种类。

（3）能够正确解释动力电池的各项性能指标。

（4）能够正确描述纯电动汽车各类动力电池的结构、原理、特点及应用。

（5）能够正确描述纯电动汽车辅助储能装置的种类及各类型储能装置的特点。

（6）能够正确描述电池管理系统的功能及组成。

2．能力目标

（1）能够规范地进行电池容量测试。

（2）能够规范地进行动力电池的安装和连接。

（3）能够初步对电池管理系统和电池组常见故障进行检修。

3．素质目标

（1）能够注意培养劳动保护、工作安全等职业素养。

（2）培养科技创新、辩证思维等综合素养。

【相关知识】

一、电源系统总体认识

1.纯电动汽车储能装置的种类

电动汽车储能装置存储的能量，一方面为电动汽车的驱动电机提供电能，驱动电机将电源的电能转换为机械能，通过驱动传动装置或直接驱动车轮工作；另一方面为汽车其他电力设备提供必要的电能。

应用于纯电动汽车的储能装置有动力电池、超级电容、飞轮电池等，目前应用较多的是动力电池和超级电容两种。

2.纯电动汽车动力电池的种类

纯电动汽车所需要的理想能源应该满足以下要求。

① 持续稳定的大电流放电，能够使汽车保持一定的行驶速度。

② 有短暂大电流放电的能力，保证汽车在加速、上坡时有足够的动力。

③ 能一次性提供足够的能源，保证汽车有一定的续驶里程。

通过几十年的努力，符合上述条件的新型电池不断地被研制出来，并且涵盖物理电池、生物电池和化学电池三大类。

物理电池是指利用物理原理制成的电池，其特点是能在常温常压条件下进行能量转换，如太阳能电池、超级电容和飞轮电池等；生物电池是利用生物酶、微生物或叶绿素制成的电池，如微生物电池、生物太阳能电池等；化学电池是一种直接把化学能转换为电能的电池。目前，世界上研发最成功的电动汽车电池就是化学电池。化学电池因电解质、正负极材料和功能的不同可分为三大类，而这三大类又可具体细分为很多小类，如图 3-1 所示。

目前，应用于纯电动汽车的动力电池主要有铅酸蓄电池、镍氢电池、锂电池、锌空气电池和石墨烯电池等。

3.化学电池基本结构

化学电池一般由电极（正极、负极）、电解质和容器（外壳）4 部分组成，如图 3-2 所示。电极是电池的核心部分，一般由活性物质和导电骨架组成。所谓活性物质，是指能够通过化学变化释放出电能的物质，如铅酸蓄电池负极板上的铅为活性物质，燃料电池质子交换膜（隔膜）上的氢为活性物质。导电骨架主要起传导电子和支撑活性物质的作用。单个电池或电池组上常标有"＋""－"符号，用于指示电池的正极端和负极端，便于使用者分辨和外电路接线，以免接错。

电解质通常为固体或液体，液体电解质常称为电解液，一般是酸、碱、盐的水溶液；固体电解质一般为盐类，由固体电解质组成的电池称为干电池。

二、动力电池的性能指标

1.电压

① 电动势。电动势指电池正极和负极之间的电位差，通常用符号 E 表示，常用单位为伏（V）。

② 开路电压。开路电压指电池在开路时的端电压，一般开路电压与电池的电动势近似相等。

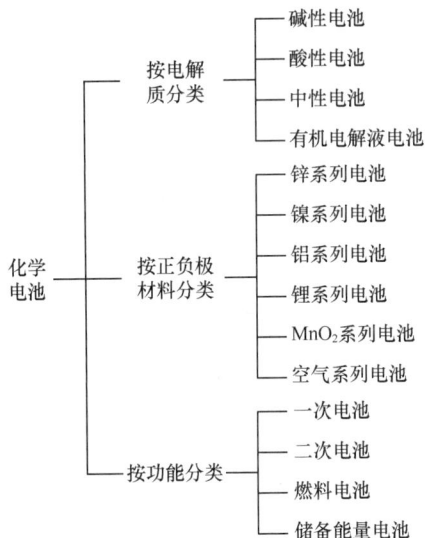

图 3-1 化学电池的分类

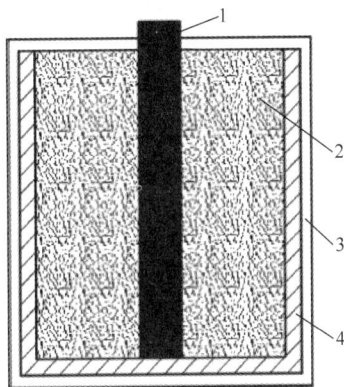

图 3-2 化学电池的组成

1—正极；2—电解质；3—外壳；4—负极

③ 额定电压。额定电压指电池在标准规定条件下工作时应达到的电压。

④ 工作电压（负载电压、放电电压）。在电池两端接上负载后，电池在放电过程中释放的电压称为工作电压。

⑤ 终止电压。电池在一定标准所规定的放电条件下放电时，电池的电压将逐渐降低，当电池不再适宜继续放电时，电池的最低工作电压称为终止电压。

放电曲线是指在一定的放电条件下电池连续放电时，其工作电压随时间的变化曲线，如图 3-3 所示。在曲线图上可以表征出电池放电过程的变化情况，同时也可通过放电曲线计算出电池的放电时间和放电容量。放电时率小者，其工作电压下降速度快，终止电压低，放电时间短，影响电池的实际使用效果。工作电压下降速度慢的电池往往能输出较多的能量。工作电压的变化速度有时也称作"放电曲线的平稳度"。

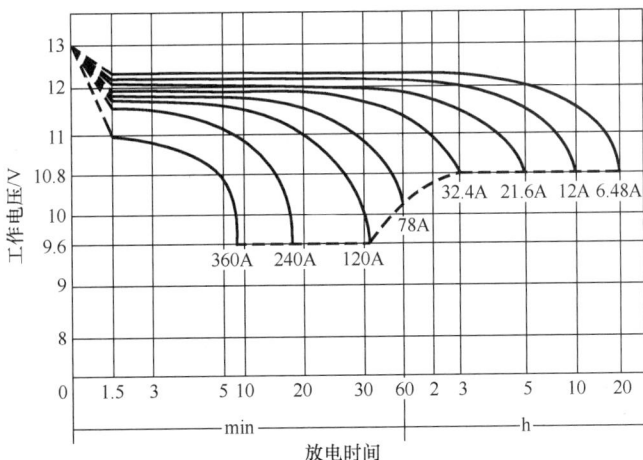

图 3-3 不同电流情况下电池的放电曲线

2. 电池容量

电池在一定放电条件下所能放出的电量称为电池容量，以 C 表示，其单位常用安时（A·h）

或毫安时（mA·h）来表示。电池的容量参数有以下几种。

① 理论容量。根据蓄电池活性物质的特性，按法拉第定律计算出的最高理论值称为理论容量。理论容量一般用质量容量（A·h/kg）或体积容量（A·h/L）来表示。

说 明

这里所说的法拉第定律指的是法拉第第一定律，即在电极界面上发生化学变化物质的质量与通入的电量成正比。

② 实际容量。实际容量是指电池在一定条件下所能输出的电量，等于放电电流与放电时间的乘积。

③ 标称容量（公称容量）。标称容量用来鉴别电池适当的近似容量值，由于没有指定放电条件，因此，只标明电池的容量范围而没有确切值。

④ 额定容量（保证容量）。额定容量是指在按一定标准所规定的放电条件下，电池应该放出的最低限度的容量。

⑤ 荷电状态（SOC）。荷电状态是指电池容量的变化情况，是电池在一定放电条件下，剩余电量与相同条件下额定容量的比值。SOC=1 即表示电池为充满状态。随着蓄电池的放电，其电荷逐渐减少，此时可以用 SOC 的百分数的相对量来表示蓄电池中电荷的变化状态。一般蓄电池放电高效率区的荷电状态为 SOC=50%～80%。对 SOC 精确的实时辨识，是电池管理系统的一个关键技术。

⑥ 放电深度（depth of discharge，DOD）。放电深度是指放电容量与额定容量的百分比，它与 SOC 之间存在如下关系：

$$DOD=1-SOC$$

放电深度的高低对二次电池的使用寿命有很大影响，一般情况下，二次电池常用的放电深度越深，其使用寿命就越短，因此在电池使用过程中应尽量避免二次电池深度放电。

3. 功率

在一定的放电制度（放电条件）下，电池在单位时间内所输出的能量称为电池的功率，常用单位有瓦（W）、千瓦（kW）。电池的功率决定电动汽车的加速性能。电池的功率常用比功率和功率密度来表示。

① 比功率（单位为瓦/千克，W/kg）。比功率指单位质量电池所能发出的电功率。

② 功率密度（单位为瓦/升，W/L）。功率密度指单位体积电池所能发出的电功率。

4. 能量

电池在一定放电条件下所能释放出的能量称为电池的能量，常用单位为千瓦时（kW·h）。电池的能量决定电动汽车的行驶距离。电池的能量具体有以下指标。

① 标称能量。标称能量是指在标准规定放电条件下，电池所能输出的能量。电池的标称能量是电池的额定容量与额定电压的乘积。

② 实际能量。实际能量是指在一定条件下电池所能输出的能量。电池的实际能量是电池的实际容量与平均工作电压的乘积。

③ 比能量（单位为瓦时/千克，W·h/kg）。比能量是指单位质量电池所能输出的能量。电池的质量包括电池本身结构件质量和电解质质量。

④ 能量密度（单位为瓦时/升，W·h/L）。能量密度指单位体积电池所能输出的能量。

动力电池在电动汽车的应用过程中，由于电池组的安装需要配备电池箱、连接线、电流电压保护装置等元器件，因此，实际的电池组比能量比单体电池比能量低20%以上。

5．内阻

电流通过电池内部时受到阻力，使电池的电压降低，此阻力称为电池的内阻。电池的内阻作用使得电池在放电时端电压低于电动势和开路电压，在充电时的端电压高于电动势和开路电压。

6．寿命

蓄电池的工作过程是不断充电、放电的循环过程，按标准规定放电，当电池的容量降低到某一个规定值以前，就会停止继续放电，需要充电才能继续使用。在每一个循环中，电池中的化学活性物质要发生一次可逆的化学反应。随着充电和放电次数的增加，电池中的化学活性物质会发生老化变质，其化学功能逐渐被削弱，使得电池的充电和放电效率逐渐降低，直到电池丧失全部功能而报废。

电池的寿命即从开始使用到报废所经历的时间，常用循环次数和使用年限来表示。

① 循环次数。从蓄电池开始第一次充电到报废时所经历的充/放电次数称为循环次数，也称为循环寿命。蓄电池的循环次数与电池的充电和放电的形式、电池的温度及放电深度有关，放电深度浅时，有利于延长电池的寿命。特别是电池在电动汽车上的使用环境，包括电池组中各个电池的均衡性、安装方式、固定方式、所受的振动和线路的安装方式等，都会影响电池的循环次数。

② 使用年限。使用年限是指从蓄电池开始使用到报废所经历的年数。

7．放电制度

放电制度就是电池放电时所规定的各种条件，主要包括放电率（电流）、终止电压和温度等。

（1）放电率

电池放电的快慢称为放电率。放电率有时率和倍率两种表示方法。

① 时率。时率也称小时率，是以放电时间表示的放电率，即电池以一定的放电电流放电直到电池的电压降低到终止电压时（放完电池额定容量时）所经过的时间。时率常用"C/n"来表示，其中，C为额定容量，n为放电电流。例如，电池的额定容量为50 A·h，以5 A电流放电，则时率为50/5=10（h），即电池以10小时率放电。由计算方法可知，放电率所表示的时间越短，所使用的放电电流越大。

② 倍率。倍率实际上是指电池在规定的时间内放出其额定容量所输出的电流值，它在数值上等于额定容量的倍数。例如，3倍率放电（3C），其表示放电电流的数值是额定容量数值的3倍，若电池的容量为15 A·h，则放电电流应为3×15=45（A）。

当放电电流大于或等于额定容量的数值时，该放电电流值用倍率表示；当放电电流小于额定容量的数值时，该放电电流值用时率表示。蓄电池的额定容量常用"C"来表示，则放电率用在C前加系数表示。例如，2倍率，即2C，其放电电流值为额定容量电流值的2倍，而额定容量约0.5 h放完；2小时率，即0.5C，其放电电流值为额定容量电流值的1/2，而额定容量约2 h放完。

（2）终止电压

终止电压与电池材料直接相关，并受到电池结构、放电率、环境温度等多种因素影响。一般来说，电池在低温、大电流条件下放电时，电极的极化大，活性物质不能被充分利用，电池的电压下降较快。因此，电池在低温或大电流（高倍率）条件下放电时，终止电压可规定得小一些；小电流放电时，电极的极化小，活性物质能够得到充分利用，终止电压可规定得大一些。

8. 自放电率

自放电率指电池在存放期间，在没有负荷的条件下自身放电，使得电池容量损失的速度。自放电率用单位时间（月或年）内电池容量下降的百分数来表示。

9. 不一致性

电池的不一致性是指同一规格、同一型号的单体电池组成电池组后，在电压、内阻及其变化率、荷电量、容量、充电接受能力、循环寿命、温度影响、自放电率等参数方面存在的不同。在现有的电池技术水平下，电动汽车必须使用多块单体电池构成电池组来满足使用要求。由于不一致性的影响，动力电池组在电动汽车上使用的性能指标往往达不到单体电池原有水平，使用寿命可能缩短至原来的几分之一甚至十几分之一，严重影响电动汽车的性能和应用。

10. 成本

电池的成本与电池的技术含量、材料、制作方法和生产规模有关，目前新开发的高比能量的电池成本较高，使得电动汽车的造价也较高，开发和研制高效、低成本的电池是电动汽车发展的关键。

11. 其他

除上述主要性能指标外，还要求电池无毒性，对周围环境不会造成污染或腐蚀，使用安全，有良好的充电性能，充电操作方便，耐振动，无记忆效应，对环境温度变化不敏感，易于调整和维护等。

> **说 明**
>
> 电池记忆效应是指电池长期不彻底充电、放电，易在电池内留下痕迹，即电池对日常的充电、放电幅度形成记忆，日久就很难改变这种模式，不能再进行大幅度充电或放电，从而使电池的容量降低的现象。

目前电池技术的瓶颈在于如何造出容量大（满电可以连续行驶 400 km 以上）、体积小、质量小、价格低的电池，以及如何实现快速充电。

三、纯电动汽车用动力电池

1. 铅酸蓄电池

（1）定义

正极板活性物质为二氧化铅，负极板活性物质为铅，以酸溶液为电解质的蓄电池称为铅酸蓄电池。

（2）种类

根据电池的使用环境，铅酸蓄电池可分为固定式和移动式两种。固定式铅酸蓄电池由于体积和质量较大，一般仅用于不间断电源、位置相对固定的场所；电动汽车上使用的蓄电池均为移动式。

根据电池的作用，铅酸蓄电池可分为启动型和牵引型两种。启动型铅酸蓄电池一般作为汽车的辅助低压电源；牵引型铅酸蓄电池容量相对较大，可深度充/放电，比能量较高，适合

铅酸蓄电池的认知

作为汽车的主动力电源。

根据电池的结构原理，铅酸蓄电池可分为开口式（普通式）、阀控密封式、胶体式、双极式、水平式、卷绕式及超级蓄电池等类型。

（3）结构

铅酸蓄电池由正极柱、负极柱、正极板、负极板、隔板、穿壁连接板、电池盖、电解液、加液孔盖和外壳等组成，如图 3-4 所示。正、负极板浸入稀硫酸电解液中成为单格电池。每个单格电池的标称电压为 2 V，因此，6 格串联起来成为 12 V 蓄电池。

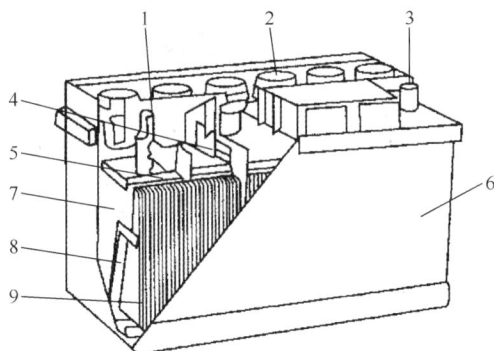

图 3-4　铅酸蓄电池的基本结构

1—负极柱；2—加液孔盖；3—正极柱；4—穿壁连接板；5—汇流条；

6—外壳；7—负极板；8—隔板；9—正极板

（4）型号

电动汽车使用的动力电池型号为××V-××Ah。例如 "12V-120Ah"，以其中的半字线为界，前面部分表示铅酸蓄电池的标称直流电压，后面部分表示铅酸蓄电池的额定容量。

（5）常用动力铅酸蓄电池

应用于电动汽车的动力铅酸蓄电池主要有阀控密封式铅酸（valve-regulated lead acid，VRLA）蓄电池、胶体式铅酸蓄电池、水平式铅酸蓄电池与双极式铅酸蓄电池 4 种。

① 阀控密封式铅酸蓄电池。阀控密封式铅酸蓄电池属于免维护型蓄电池，所谓免维护型蓄电池是指在使用寿命期限内，除要保持表面清洁外，不需其他维护的蓄电池。这与它自身的结构特点密切相关。

② 胶体式铅酸蓄电池。胶体式铅酸蓄电池是指其电解液是由稀的硫酸钠溶液和硅酸溶液混合成的胶状物质的蓄电池。这种蓄电池因为其电解液的流动性不强，所以在储存、保管、运输及使用过程中都比较安全，但其容量与普通蓄电池相比有所降低。

③ 水平式铅酸蓄电池与双极式铅酸蓄电池。水平式铅酸蓄电池就是极板水平安置的电池，其结构如图 3-5（a）和图 3-5（b）所示。双极式铅酸蓄电池则是将原蓄电池的隔板去掉，正、负极板合一构成双极板，一面涂正极活性物质，另一面涂负极活性物质，如图 3-5（c）所示。

（6）特点

① 优点。

a．电压高，单体电压为 2 V。在常用的蓄电池中，电压仅次于锂电池。

b．价格低廉。

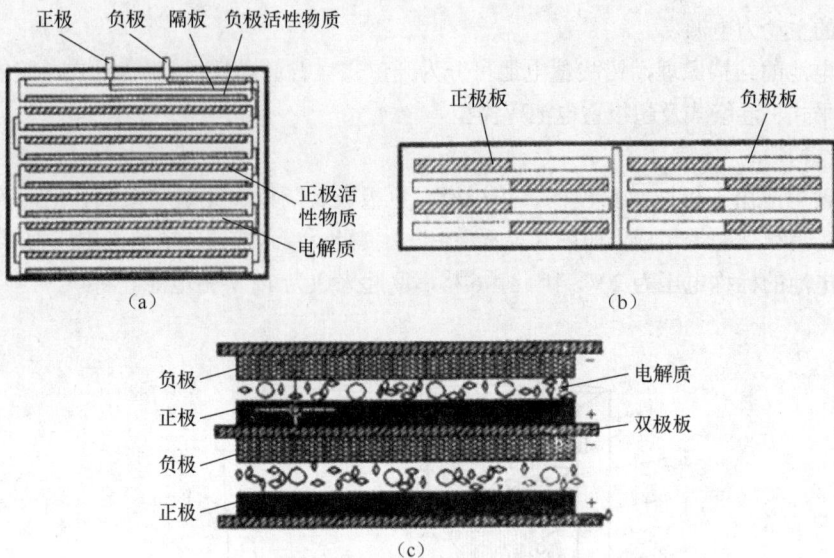

图 3-5 水平式铅酸蓄电池及双极式铅酸蓄电池的结构

c. 可制成容量小至 1 A·h、大至几千安时的各种尺寸和结构的蓄电池。

d. 高倍率放电性能良好，可用于发动机启动。

e. 高低温性能良好，可在 -40～60 ℃ 条件下工作。

f. 电能效率高，可达 60%。

g. 易于浮充使用，没有记忆效应。

h. 易于识别荷电状态。

② 缺点。

a. 比能量低，在电动汽车中所占的质量和体积较大，一次充电续驶里程短。

b. 使用寿命短，使用成本高。

c. 充电时间长。

d. 存在铅污染。

（7）应用

早期生产的电动汽车大多采用铅酸蓄电池，如五十铃 Elf Resort、大发 HijetVan、铃木奥拓等。低速纯电动汽车多采用 VRLA 蓄电池，如山东时风电动汽车即采用 10 块 GD04B 铅酸蓄电池串联成的电池组，额定电压为 60 V。采用铅酸蓄电池的典型纯电动乘用车代表是风靡一时的美国通用汽车公司的纯电动汽车 EV-1。我国株洲时代集团公司研发的 TEG6120EV-2 型电动大客车采用水平式铅酸蓄电池为动力电源，工作电压为 384 V。

2．镍氢电池

（1）定义

以镍化合物（通常为氢氧化镍）为正极板活性材料，以储氢合金为负极板材料（活性物质为氢），以水溶性氢氧化钾和氢氧化锂的混合物为电解质的电池称为镍氢电池，镍氢电池是碱性电池的一种。

（2）构造

镍氢电池的正极是球状氢氧化镍粉末与添加剂钴等金属、树脂和黏合剂等制成的涂膏，用自动涂膏机涂在正极板上，然后经过干燥处理成发泡的氢氧化镍正极板。在正极材料氢氧

镍氢电池的认知

化镍（Ni(OH)$_2$）中添加钙（Ca）、钴（Co）、锌（Zn）或稀土元素，对稳定电极的性能有明显的改进。采用高分子材料作为黏合剂或经挤压和轧制成的泡沫镍电极，并采用镍粉、石墨等作为导电剂时，可以提高大电流时的放电性能。

镍氢电池的负极的关键技术是储氢合金，要求储氢合金能够稳定地经受反复的储气和放气的循环。储氢合金是一种允许氢原子进入或分离的多金属合金的晶格基块，用钛-钒-锆-镍-铬（Ti-V-Zr-Ni-Cr）5 种基本元素与钴、锰等金属元素烧结的合金，经过加氢、粉碎、成型和烧结成负极板。储氢合金的种类和性能，对镍氢电池的性能有直接的影响。负极在充电或放电过程中既不溶解，也不再结晶，电极不会有结构性的变化，在保持自身化学功能的同时，还保证本身的机械坚固性。储氢合金一般需要进行热处理和表面处理，以增强储氢合金的防腐性能，这有利于提高镍氢电池的比能量、比功率和使用寿命。

镍氢电池的基本单元是单体电池，每个单体电池由正极、负极及装在正极和负极之间的隔膜组成，其外形有圆形和方形两种，如图 3-6 所示。每节电池的额定电压为 13.2 V（充电时最大电压为 16.0 V），可将镍氢单体电池按使用要求组合成不同电压和不同容量的镍氢电池总成（电池组）。

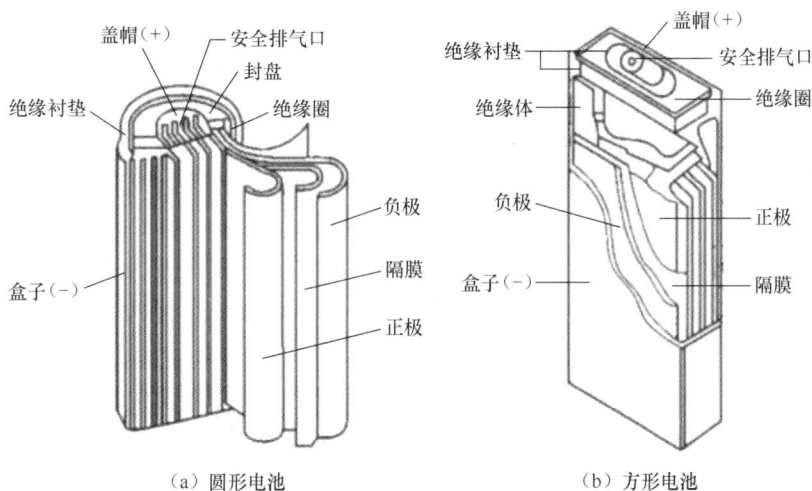

（a）圆形电池　　　　　　（b）方形电池

图 3-6　镍氢单体电池的基本构造

（3）基本原理

如图 3-7 所示，镍氢电池充电时，水在碱性电解质溶液中分解为氢离子（H$^+$）和氢氧根离子（OH$^-$），氢离子被负极吸收，负极金属转化为金属氢化物（吸附氢）；氢氧根离子被正极吸收，氢氧化镍转化为亚氢氧化镍。在放电过程中，氢离子离开负极，氢氧根离子离开正极，氢离子和氢氧根离子在电解质氢氧化钾中结合成水并释放电能。

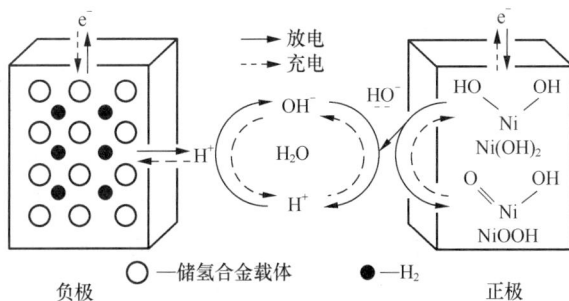

图 3-7　镍氢电池在碱性电解液中进行反应的模型

（4）特点

与铅酸蓄电池相比，镍氢电池具有以下特点。

① 比功率高。比功率可达到 200 W/kg 以上，约是铅酸蓄电池的 2 倍，能够提高车辆的启动性能和加速性能。目前商业化的功率型镍氢电池的比功率已经达到 1350 W/kg。

② 比能量高。镍氢电池的标称电压为 1.2 V，比能量可达到 70～80 W·h/kg，有利于延长电动汽车的续驶里程。

③ 寿命长。在 80% 的放电深度下，循环寿命可达到 1000 次（或 10 年）以上，是铅酸蓄电池的 3 倍。100% 放电深度循环寿命也在 500 次以上，在混合动力汽车中可使用 5 年以上。

④ 无重金属污染。镍氢电池中没有铅（Pb）和镉（Cd）等重金属元素，不会对环境造成污染。

⑤ 耐过充电、过放电。有高倍率的放电特性，短时间可以以 3C 放电，瞬时脉冲放电率很大。镍氢电池的过充电和过放电性能好。

⑥ 可以快速充电。在 15 min 内可充入 60% 的电量，1 h 内可以充满，应急补充充电的时间短。

⑦ 无记忆效应。可以随充随放。

⑧ 使用温度范围宽。正常使用温度范围为 -30～55 ℃；存储温度范围为 -40～70 ℃。

⑨ 安全性好。短路、挤压、针刺、安全阀工作能力、跌落、加热、耐振动等安全可靠性试验无爆炸、燃烧现象。采用全封闭外壳，可以在真空环境中正常工作。

镍氢电池的主要缺点是充电时发热量大，需采用有效的散热系统。

（5）应用

汽车动力电池组经常处于充电、放电状态，而且充电、放电是不规则地进行的，这给电池的寿命带来了严重的影响。有电池生产企业用模拟混合动力汽车行驶工况对镍氢电池进行过仿真试验，证实镍氢电池的特性几乎不发生变化，镍氢电池用于混合动力汽车是比较合适的，但也有企业将其应用于纯电动汽车上，如日本丰田汽车公司的 RAV4 EV 配置动力电池组由 24 节 12 V 的镍氢电池组成，总电压为 288 V。

3. 锌空气电池

（1）结构

锌空气电池的结构如图 3-8 所示。其中，图 3-8（b）为空气极板的放大图，由该图可知，空气极板由 4 层组成：一层为隔离层；二层为催化剂层，是表面改性的活性炭或炭黑材料；三层为集电层，用导电良好的金属网和塑料制成；四层为空气扩散层，该层用纤维素制成。催化剂层和空气扩散层之间有用聚四氟乙烯树脂制成的含水膜。成品锌空气电池由一组单体电池串联而成，车载锌空气动力电池组还包括空气流通保障系统和电池组热管理系统，确保动力电池组能够长期稳定运转。空气流通保障系统用于调节进入锌空气电池正极的空气量，当不使用电池时可以自动切断空气。热管理系统主要用来保证锌空气电池组能够可靠工作。

锌空气电池的充电概念和其他电池的不一样，这里的"充电"，就是把已经发生过化学反应生成氧化锌的锌粒清除出来，重新填入锌粒而已，方法简单，时间不长。车载锌空气动力电池组通常采用机械式充电模式，即用变换锌板或锌粒电解质的办法。更换下来的氧化锌在专门的工厂进行回收和处理，实现锌的再循环。这种特殊的"充电"一般换一次仅需数分钟，如更换一块 20 kg 的电池组仅需 100 s。因此，只要在公路沿线设置锌板或锌粒箱以及电解质容器

锌空气电池的认知

匣的机械式整体更换站，其效果如同现在内燃机汽车的加油站，可为车主提供很大的便利。

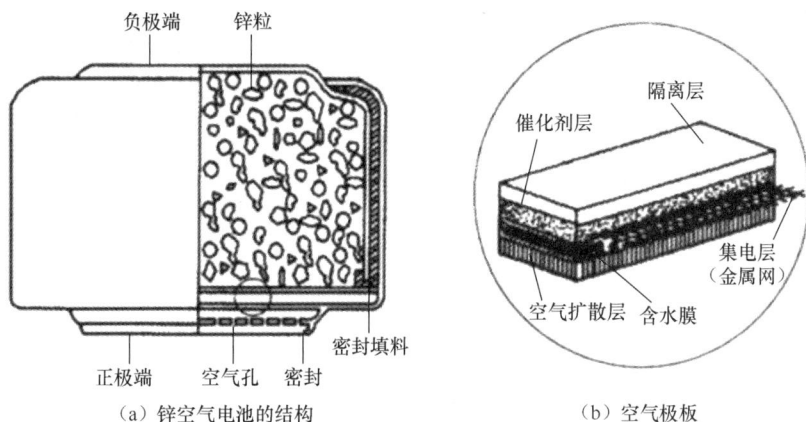

（a）锌空气电池的结构　　　　　（b）空气极板

图 3-8　锌空气电池的结构

（2）基本原理

如图 3-9 所示，锌空气电池以锌（Zn）为负极，空气电极为正极（活性物质为空气中的氧气），以 KOH 溶液为电解液。锌空气电池的化学反应与普通碱性电池类似，在特殊催化剂的作用下，当电池放电时，锌摄取输送炭块内从空气中吸附到的氧气，锌和氧气发生化学反应生成氧化锌（ZnO）。

正、负极之间发生的化学反应是不可逆的，不像其他形式的碱性电池，其没有充电过程，反应过的物质要清除掉，所以锌金属的消耗量较大。单体锌空气电池的工作电压为 1.1～1.4 V。

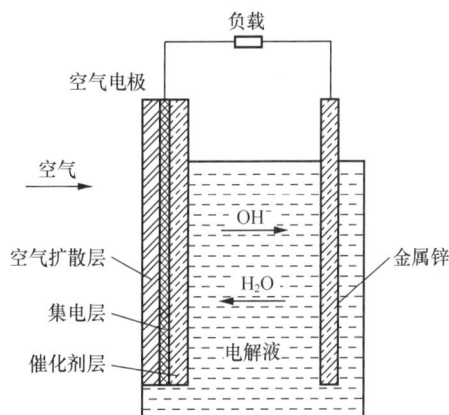

图 3-9　锌空气电池原理

锌空气电池实际上是一种半蓄电池半燃料电池。首先，负极活性物质同锌锰、铅等蓄电池一样封装在电池内部，具有蓄电池的特点；其次，正极活性物质来自电池外部的空气中所含的氧，理论上有无限容量，是燃料电池的典型特征。

（3）分类

锌空气电池根据其充电的方式以及在电动汽车及其他领域上应用的特点可分为 3 类，即直接再充式锌空气电池、机械充电式锌空气电池和注入式锌空气电池。

①　直接再充式锌空气电池。直接再充式锌空气电池是直接对锌空气电池的锌电极充电的，在此过程中，锌在碱性溶液中的电化学活性很大，同时热力学性质不稳定，充电产物锌酸盐在强碱溶液中的溶解度较高，容易出现电极变形、枝晶生长、自腐蚀及钝化等现象，从而导致电极逐渐失效。另外，空气电极可逆性差，在大气环境中电解液容易碳酸化，且电解液受空气湿度的影响较大。当空气相对湿度较低时，电池将损失水分，导致电解液不足从而使电池失效；当空气相对湿度较高时，电解液变稀，导电率降低，还有可能淹没空气电极的催化剂层，降低电极活性，从而导致电池失效。因此，直接再充式锌空气电池的应用受到了一定的限制。但新研制的可再充式锌空气电池的循环使用寿命已经达到 100 次以上。

②　机械充电式锌空气电池。鉴于直接再充式锌空气电池存在的问题，根据锌空气电池的放电特征及自身的特点，可以采用机械式充电。机械式充电是指在电池完全放电后，将电

池中使用过的锌电极取出，换入新的锌电极，或者将整个电池组完全更换，整个过程控制在较短的时间内（3～5 min）。该方式对普及锌空气电池电动汽车非常有利。使用过的锌电极或锌空气电池可以在专门的锌回收利用工厂进行回收再加工，实现绿色环保无污染生产。

③ 注入式锌空气电池。注入式锌空气电池的基本原理与机械充电式锌空气电池相似，本质上都是更换锌极活性物质。该种电池是将配制好的锌膏源源不断地通过挤压或压力输送送入电池内，同时将反应完毕的混合物抽取到电池外，这样在电动汽车上应用时，电池系统只需携带盛放锌膏的燃料罐，燃料罐加注足够的锌膏燃料就可实现车辆的连续行驶。

（4）特点

① 优点。

a．比能量大。锌空气电池的理论比能量为 1350 W·h/kg，实际比能量为 180～230 W·h/kg；能量密度为 230 W·h/L。

b．充电时间短。采用机械充电模式，充电时间只需几分钟。

c．性能稳定。单电池有良好的一致性，可以深度放电，电池容量不受放电强度和温度的影响，可以在 −20～80 ℃的环境条件下工作。放电时不产生压力，没有气体生成，可以实现密封免维护，便于电池组能量的管理。

d．安全性好。即使外部遇到明火、短路、穿刺、撞击等情况，都不会发生燃烧、爆炸。

e．环保。电池正极采用活性炭、铜网，负极采用金属锌，没有使用有毒物质。

f．可再生利用。锌电极使用完后，可通过再生还原而再次使用。

g．充电方便。由于锌空气电池的充电主要是更换极板，所以极板的再生可以集中进行。极板的分发可以像商店那样布点，不必建立专用的充电站。这不但可以节约大量先期投资，而且给用户带来很多方便。

② 缺点。锌空气电池对水分、二氧化碳非常敏感，如果相对湿度发生变化，电池的特性也会发生相应变化。锌空气电池的临界相对湿度约为 60%，如果偏离过高就会严重影响电池的使用效果。经研究，如果相对湿度小于 60%，电池会失去水分；大于 60%时水分又会过多，电池可能出现泄漏。随空气进入的二氧化碳将会与电解质（KOH）发生化学反应，使电解液酸化，生成碳酸（或亚碳酸）盐在电极上结晶，负极会受到损坏，并会有堵塞空气通路的危险。

（5）应用

锌空气电池多应用于纯电动商用车上，如德国研发的锌空气电池邮政车，采用了以色列电燃料有限公司开发的锌空气电池。美国 Dreisback Electromotive 公司开发的锌空气电池，已在公共汽车和总质量为 9 t 的货车上使用。德国奔驰汽车公司的 MB410 型电动厢式车，标准总质量为 4000 kg，采用 150 kW·h 的锌空气电池。瑞典斯德哥尔摩市的电动货车、电动客车和电动服务车辆上，采用的锌空气电池比能量为 180 W·h/kg，能量密度为 100 W·h/L，续驶里程为 350～425 km。国内部分厂家已经在注入式锌空气电池方面开展了多年的研究工作，并且在部分电动汽车上进行了实验性装车测试。2010 年，应用于北京市的电动大客车和环卫车，投入市公交和环卫系统的试验运行。

4．锂电池

（1）概述

以锂化合物为正极板活性材料，以石墨等为负极板材料，以无水有机物为电解质的电池称为锂离子电池，简称锂电池。

锂电池的认知

根据锂电池所用电解质材料不同，锂电池可分为液态锂电池（lithium ion battery，LIB）

和聚合物锂电池（polymer lithium ion battery，PIB）两大类。上述两种锂电池的正、负极材料是相同的，基本原理也相似。

锂电池的正极材料有很多种，主要有钴酸锂、锰酸锂、镍酸锂、三元材料（镍、钴、锰）、磷酸铁锂等，相应的电池称为钴锂电池、锰锂电池等，用三元材料作为正极材料的锂电池则称为三元锂电池。

（2）结构

锂电池内部主要由正极、负极、电解质及隔膜组成，正、负极及电解质材料的不同及工艺上的差异使电池具有不同的性能，尤其是正极材料对电池的性能影响较大。

锂电池有方形和圆柱形两种，如图 3-10 和图 3-11 所示。

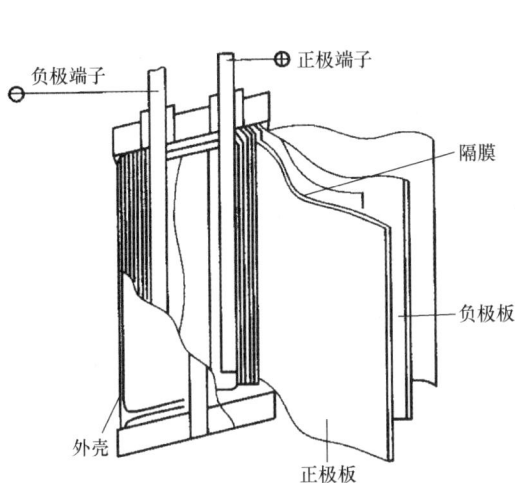

图 3-10　方形锂电池

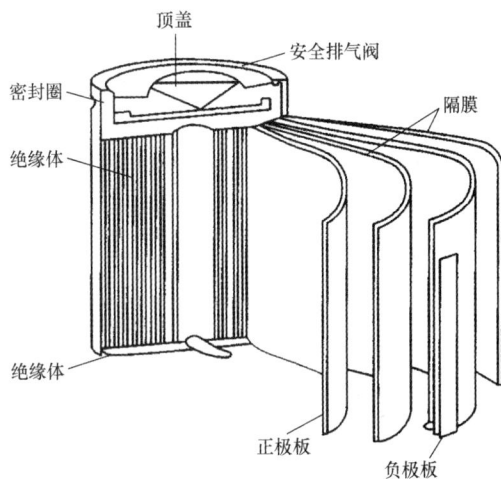

图 3-11　圆柱形锂电池

① 正极材料。液态锂电池的正极材料是一类能使锂离子较为容易地嵌入和脱出，并能同时保持结构稳定的化合物，即嵌入式化合物。目前被用来制作电极材料的嵌入式化合物均为过渡金属氧化物，如锰酸锂、磷酸铁锂、钴酸锂、镍钴锰锂等。

② 负极材料。液态锂电池的负极材料采用碳材料，主要有石墨、微珠碳、石油焦、碳纤维、裂解聚合物和裂解碳。石墨锂电池碳材料是应用最早、研究最多的一种，其具有完整的层状晶体结构，这种层状结构有利于锂离子的脱嵌，能与锂形成锂-石墨层间化合物，是一种性能较好的锂电池负极材料。正在研究的负极材料还有氧化物材料和金属合金类材料。

③ 电解质。为提高电池的综合性能，电解质通常为不同性质的几种溶剂的混合物。液态锂电池的电解质为液态，其溶剂为无水有机物。

④ 隔膜。隔膜的作用是关闭或阻断通道。所谓关闭或阻断作用，是指电池出现温度异常上升时，阻塞或阻断作为离子通道的细孔，使电池停止充/放电反应，从而有效防止因外部短路等引起的过大电流而使电池产生异常发热现象。隔膜通常采用聚烯多微孔膜，如聚乙烯（polyethylene，PE）、聚丙烯（polypropylene，PP）或复合膜。

⑤ 外壳。外壳采用钢或铝材料，盖体组件具有防焊断电的功能。在外壳上设置有安全阀（排气阀），当电池内气压过高时，安全阀打开（破裂），以释放气体，防止电池破裂。

聚合物锂电池又称为高分子锂电池，属第二代锂电池。聚合物锂电池由多层薄膜组成：第一层为金属箔集电极，第二层为负极，第三层为固体电解质，第四层为正极，第五层为绝缘层。负极采用高分子导电材料、聚乙炔、人造石墨、聚苯胺或聚对苯酚等制成。正极采用二氧化钴锂（$LiCoO_2$）等制成，电解质为胶体电解质，如有机碳酸酯混合物等。

（3）基本原理

如图 3-12 所示，锂电池在充电时，锂离子从正极脱嵌经过电解质嵌入负极，负极处于"富锂"状态，正极处于"贫锂"状态，同时电子的补偿电荷从外电路供给到负极，保持负极的电平稳。放电时则相反，锂离子从负极脱嵌，经过电解质嵌入正极，正极处于"富锂"状态，负极处于"贫锂"状态。锂电池在充电时，正极中的锂离子通过聚合物隔膜向负极迁移，在放电过程中，负极中的锂离子通过隔膜向正极迁移。锂电池就是因锂离子在充/放电时来回迁移而命名的。

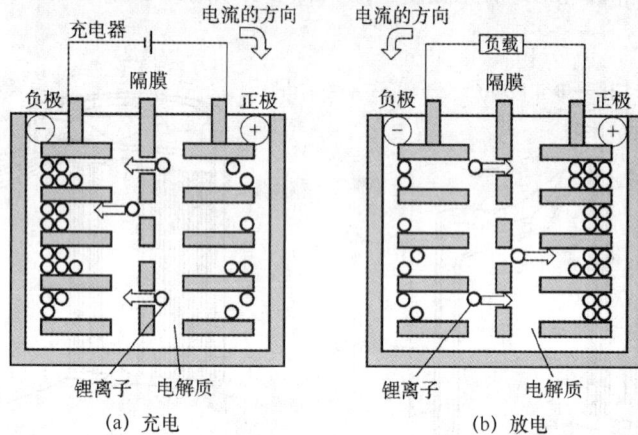

图 3-12　锂电池的工作原理示意

（4）特点

锂电池有多个种类，各类锂电池的特点有所差异，具体性能指标比较见表 3-1。

表 3-1　　　　　　　　　　　各类锂电池的性能指标比较

性能指标	三元材料电池		磷酸铁锂电池（LFP）	锰酸锂电池（LMO）	钴酸锂电池（LCO）
	镍钴铝电池（NCA）	镍钴锰电池（NCM）			
质量容量/（mA·h·g^{-1}）	160～190	160～190	130	90	145
电压平台/V	3.7	3.6	3.2	3.8	3.7
现阶段比能量/（W·h·kg^{-1}）	>180	160～180	120～130	130～150	150～180
循环寿命	>2000 次	>2000 次	>2000 次	500～800 次	>1000 次
工作温度/℃	−30～65	−30～65	−20～75	−20～45	−20～80
成本	低	低	高	最低	较高
材料资源	钴资源缺乏	钴资源缺乏	丰富	丰富	钴资源缺乏
综合性能	优	优	良	差	良
优点	高能量密度，低温性能好	电化学稳定，循环性能好	高安全性，循环寿命长	锰资源丰富，价格较低，安全性好	充/放电稳定，生产工艺简单
缺点	高温性能差，安全性差，生产技术门槛高	用到部分金属钴，价格昂贵	低温性能较差	能量密度低，电解质相溶性较差	钴价格高，循环寿命较短

尽管各类锂电池性能有所不同，但总体上表现出以下特点。

① 优点。

a. 工作电压高。单体锂电池的工作电压为 3.6 V，是镍氢电池的 3 倍，是铅酸蓄电池的近 2 倍。

b. 比能量高。比能量高达 150 W·h/kg，约是镍氢电池的 2 倍，约是铅酸蓄电池的 4 倍，因此质量是具有相同能量的铅酸蓄电池的 1/4～1/3；体积小，能量密度高达 400 W·h/L，体积是铅酸蓄电池的 1/3～1/2。

c. 循环寿命长。循环次数可达 1000 次（10 年以上或 200000km）。以容量保持 60% 计，电池组 100% 充/放电循环次数可以达到 600 次以上，使用年限可达 5 年，寿命约为铅酸蓄电池的 2～3 倍。

d. 自放电率低。锂电池每月自放电率仅为 6%～8%，远低于其他类型的动力电池。

e. 无记忆效应。锂电池可以随时随地进行充电。

f. 无污染。锂电池中不存在有毒物质，因此被称为"绿色电池"。

g. 质量小。锂电池提供了更合理的结构和更美观的外形设计条件、设计空间和可能性。

② 缺点。

a. 成本高。主要是正极材料的价格高，按单位瓦时价格来计算，高于铅酸蓄电池。

b. 必须有特殊的保护电路，以防止电池过充电。

（5）应用

目前，全球汽车制造商应用的锂动力电池主要为磷酸铁锂电池和三元锂电池，例如比亚迪汉 EV、秦 EV 及海豚、海豹等车型均配备了以磷酸铁锂电池为基础设计的"刀片电池"，特斯拉 2022 款 Model 3、Model Y 及蔚来 ES8 等则有分别装配磷酸铁锂电池和三元锂电池的车型版本。

5. 石墨烯电池

（1）概述

石墨烯电池是利用锂离子在石墨烯表面和电极之间快速、大量穿梭运动的特性，开发出的一种新能源电池。这种新的电池可将数小时的充电时间压缩至 1 min 内。分析人士认为，未来 1 min 快充石墨烯电池实现产业化后，将带来电池产业的变革，从而促进新能源汽车产业的革新。

目前石墨烯的研究总体上分两方面：一是在传统锂电池上进行应用，目的是改进、提升锂电池的性能，这类电池不会产生颠覆性的影响；二是依据石墨烯制造新体系电池，它是一个崭新的系列，在性能上是颠覆性的，称作"超级电池"。因此可以认为，目前研发的石墨烯电池仍属于锂电池系列。

石墨烯的微观结构，是由碳原子组成的网状结构（见图 3-13）。因为其具有极限的厚度（只有一层原子的厚度），所以阳离子的移动所受的限制很小。同时正因为具有网状结构，所以由石墨烯制成的电极材料拥有充分的孔洞，使用石墨烯作为电池的正极材料，其充/放电速度将超过锂电池的 10 倍。

图 3-13　石墨烯的微观结构

研究发现，将 6 个石墨烯电路串联，放在氯化铜溶液中，就可产生所需的 2 V 电压，使

LED 灯发光。石墨烯电池原理示意如图 3-14 所示。

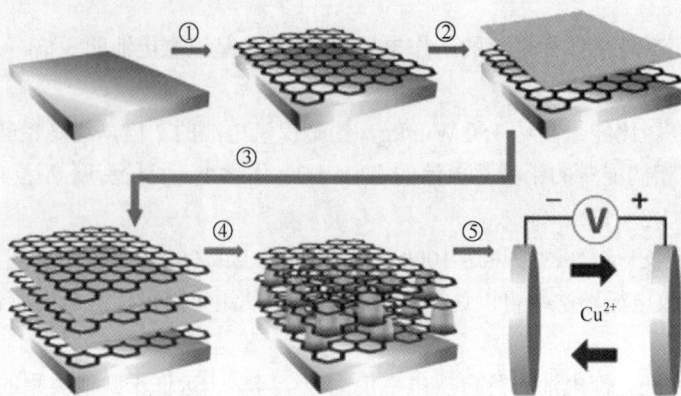

图 3-14　石墨烯电池原理示意

（2）应用

据报道，2014 年，西班牙一家以工业规模生产石墨烯的公司同西班牙科尔多瓦大学合作研究出首例石墨烯聚合材料电池，其储电量是当时市场上最好产品的 3 倍，用此电池提供电力的电动汽车续驶里程可达 1000 km，而其充电时间不到 8 min。虽然此电池具有各种优良的性能，但其成本并不高。该公司相关负责人称，此电池的成本将比锂电池低 77%，完全在消费者承受范围之内。此外，在汽车燃料电池等领域，石墨烯还有望带来革命性进步。

2014 年 12 月，美国电动汽车制造商特斯拉发布了两年前停产的第一代车型 Roadster 的升级版，续驶里程达到 644 km，高出原版 60%。电池技术的进步提升了特斯拉产品的性能，此前 Roadster 的续驶里程是 393 km。特斯拉首席执行官马斯克称，特斯拉的高性能石墨烯电池的容量比目前的容量增长近 70%。

四、应用于纯电动汽车的其他电能源

1．超级电容

超级电容属于物理电池。物理电池在储存能量、释放能量时不发生化学反应。

（1）结构原理

超级电容也称为电化学电容器、双电层电容器，是一种新型储能装置，可以在大电流下快速充/放电，提供很大的瞬时充/放电功率，循环寿命长，工作电压和温度范围宽。

超级电容的储能方式与传统电容器的不同，传统电容器由电极和电介质构成，电极间的电介质在电场作用下产生极化效应而储存能量；而电化学电容器不存在介质，它依靠电解质与电极接触界面上形成的特有双电层结构储存能量。电化学电容器的容量远大于传统电容器，达到 $1 \times 10^3 \sim 1 \times 10^4$ F。

德国物理学家亥姆霍兹（Helmholtz）在进行固体与液体界面现象的研究中发现，当导体电极插入电解液中时，导体电极即与电解液接触，由于库仑力、分子间作用力（范德华力）或原子间作用力（共价力）的作用，其表面上的静电荷将从电解液中吸引部分不规则分配的带异种电荷的离子，使它们在电极/电解液界面的电解液一侧，与电极保持一定距离并排成一排，形成一个电荷数量与电极表面剩余电荷数量相等而符号相反的界面层，从而形成一层在电极上、另一层在电解液中的两个电荷层，称为双电层，如图 3-15 所示。由于界面上存在一个位垒，因此两层电荷都不能越过边界彼此中和。双电层结构形成一个平板电容器。

　　超级电容的结构如图 3-16 所示。超级电容的电极有多孔化结构，采用活性炭粉或活性炭纤维制成，电解液采用有机电解质。多孔的活性炭有极大的表面积，在电解液中吸附着电荷，因而具有极大的电容量，并可以储存很大的静电能量。双电层超级电容的充/放电过程始终是物理过程，没有化学反应，因此其性能是稳定的，与利用化学反应的蓄电池是不同的。

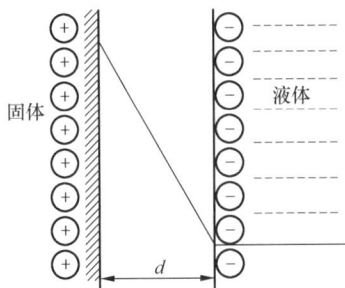

图 3-15　双电层电容器的电荷分布　　　　图 3-16　超级电容的结构

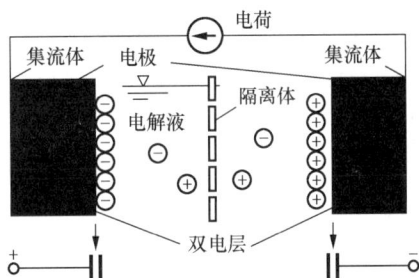

　　目前主要的双电层结构超级电容主要有炭电极双电层电容器、金属氧化物电极双电层电容器和有机聚合物电极双电层电容器。但是由于金属氧化物（氧化钌）电极电容价格高昂，有二次污染等，因此目前其主要用于军事领域，而有机聚合物技术尚未成熟，因此在电动汽车上广泛使用的主要是炭电极超级电容。

　　炭电极超级电容的表面积较大是基于多孔炭材料实现的，该材料的多孔结构允许其每克的表面积达到 2000 m^2，通过一些措施还可以实现更大的表面积。炭电极超级电容电荷分离的距离是由被吸引到带电电极的电解质离子尺寸决定的，该距离比传统电容器薄膜材料所能实现的距离更小。庞大的表面积再加上非常小的电荷分离距离使得超级电容较传统电容器而言有巨大的静电容量。尽管能量密度比传统电池低，但是这种能量储存方式有快充电、快放电的特点，可以应用在传统电池难以应对的短时高峰值电流应用之中。图 3-17 所示为 Maxwell 公司生产的超级电容外形。

超级电容
的认知

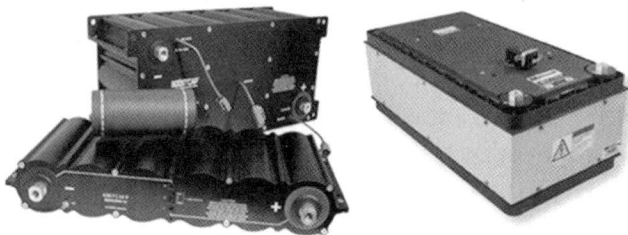

图 3-17　Maxwell 公司生产的超级电容外形

　　双电层电容本质上是一种静电型能量储存方式，目前已经研制出活性炭材料的每克表面积可以达到 2000 m^2，每克的电容量可达 100F，并且电容的内阻能保持在很低的水平，而活性炭材料还具有成本低、技术成熟等优点，使得该类超级电容在汽车上应用广泛。

　　因为传统的蓄电池（如铅酸蓄电池）功率密度偏低，不能满足车辆频繁起步、加速和制动的工况要求，而且加速时浪费了过多的能量，致使车辆的续驶里程不能满足要求。加装超级电容的车辆可以有效地解决这一问题，既可以提供较大的驱动电流，满足车辆的行驶工况要求，又可以节省电池的能量，延长车辆的续驶里程，同时减少了电池的频繁充/放电的次数，提高了电池的使用寿命。

（2）使用方式

超级电容和直流/直流（DC/DC）转换器搭配是常用的使用方式。超级电容和动力电池采用并联的连接方式。超级电容在车辆正常行驶的时候，不参与工作；当车辆进行加速或上坡时，超级电容通过直流/直流转换器的控制提供短期的大电流，并与动力电池共同供电，两者再经过电机控制器的调控，将电供给电机以驱动车辆。当超级电容的电压低于动力电池的端电压时，直流/直流转换器通过工作电路降压，使得超级电容达到能量饱和状态。在动力电池急需能量时通过控制电路对超级电容能量进行升压输出到动力电池正负端。

图 3-18 所示为动力电池和超级电容复合能量结构示意。

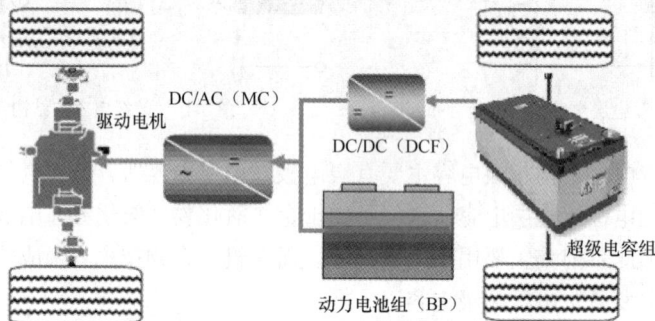

图 3-18　动力电池和超级电容复合能量结构示意

（3）特点

① 充电速度快。充电 10 s～10 min 可充至其额定容量的 95%以上。

② 循环使用寿命长。深度充/放电循环使用次数最高可达 50 万次，没有记忆效应。

③ 大电流放电能力超强，能量转换效率高。大电流能量循环效率超过 90%。

④ 比功率高。比功率可达 300～5000 W/kg，相当于铅酸蓄电池的 5～10 倍。比能量可达 20 W·h/kg。

⑤ 环保。产品原材料构成、生产、使用、储存以及拆解过程均没有污染，是理想的绿色环保电源。

⑥ 安全。充/放电线路简单，不需要充电电路，安全系数高，可长期使用免维护。

⑦ 超低温特性好。温度范围宽（−40～70 ℃）。

⑧ 检测方便。剩余电量可直接读出。

⑨ 电容量范围宽。电容量范围通常在 0.1～1000 F。

（4）应用

2004 年 7 月，我国首辆"电容蓄能变频驱动式无轨电车"在上海张江作为公交车投入试运行，该公交车利用超级电容比功率大和公共交通定点停车的特点，当电车停靠站时在 30 s 内快速充电，充电后就可持续提供电能，车速可达 44 km/h。哈尔滨工业大学和哈尔滨巨容新能源有限公司研制的超级电容电动公交车，可容纳 50 名乘客，最高速度为 20 km/h，2010 年上海世博会期间，在世博园内也运行了采用超级电容驱动的电动客车。

在纯电动汽车和混合动力汽车上采用超级电容与动力电池复合电源系统被认为是解决未来电动汽车动力问题的最佳途径之一。随着对电动汽车用超级电容的进一步研究和开发，超级电容与动力电池复合电源系统在满足性能和成本要求上更具有实用性,其市场前景广阔。

英国伦敦大学帝国理工学院正在研发一种聚合树脂和碳化纤维的复合物,首先把纳米结构的碳纤维材料制成薄片,然后成型、烘干、硬化,再把超级电容植入其间。可以通过叠加的方式,将其做成电池模块,并做成车身面板的样子,布置在车身框架之上。研究显示,这种新型材料电池的充电速度比常规电池组更快,而且强度更好,适用性更强,可以取代车身面板,比如车门、行李舱盖、发动机罩、车顶等,从而节省电池组所需空间。如果用这种新材料来代替传统的钢板车身,整个汽车的质量将会减少 15%,除此之外,还能储存更多能量。

除了用于动力驱动系统,超级电容在汽车零部件领域也有广泛的应用。例如,未来汽车设计使用的 42 V 电系统(转向、制动、空调、高保真音响、电动座椅等),如果使用长寿命的超级电容,可以使得需求功率经常变化的子系统性能大大提高,另外还可以减少车内用于电制动、电转向等子系统的布线,减少汽车子系统对电池的功率消耗,延长电池使用时间。

2．飞轮电池

（1）概述

飞轮电池就是以机械飞轮来储存能量的装置,也称高速飞轮、储能飞轮等。典型的飞轮电池结构如图 3-19 所示,其基本工作原理如图 3-20 所示。外界输送过来的电能通过电动机转换为飞轮转动的动能储存起来,当外界需要电能的时候,通过发电机将飞轮的动能转换为电能输出到外部负载,而空闲运转时的损耗非常小。为了减少空闲运转时的损耗,提高飞轮的转速和飞轮储能装置的效率,飞轮储能装置轴承的设计一般使用非接触式的磁悬浮轴承技术,而且将电机和飞轮密封在一个真空容器内以减少风阻。

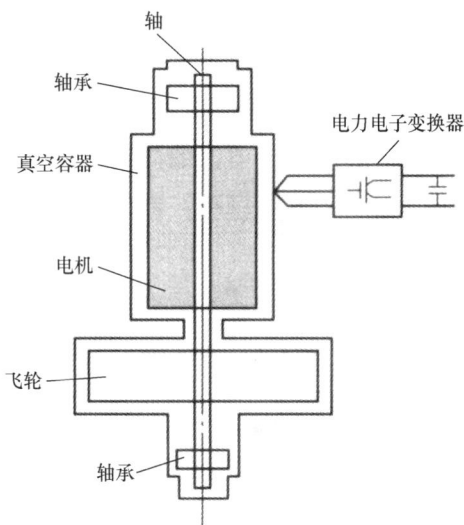

图 3-19　典型的飞轮电池结构

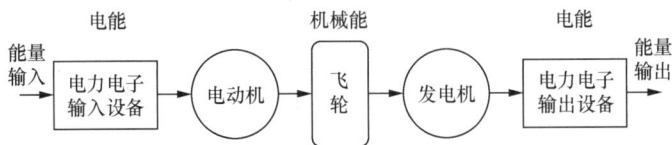

图 3-20　飞轮电池工作原理

发电和电动功能通常使用一台电机来实现,并通过轴承和飞轮连接在一起。这样,实际常用的飞轮储能装置主要包括飞轮、轴、轴承、电机、真空容器和电力电子装置。

（2）特点

① 比能量高。飞轮电池比能量可达 150 W·h/kg,约是镍氢电池的 2 倍。

② 比功率高。飞轮电池比功率达 10000 W/kg,高于一般化学动力电池和燃油发动机。

③ 充电时间短。其快速充电可在 18 min 内完成且能量储存时间长。

④ 寿命长。整个电池的使用寿命远长于各种化学动力电池，可达 25 年，可供电动汽车行驶 5000000km。

⑤ 环保。飞轮为纯机械结构，不会像发动机产生排气污染，同时也没有化学动力电池的化学反应过程，不会引起腐蚀，也无废料的处理回收问题。

（3）使用方式

飞轮电池与具有两种工作模式（电动、发电）的电机转子相结合，能够将电能和机械能进行双向转换。图 3-21 显示了这种飞轮电池和动力电池构成的复合能量结构，所选用的动力电池应能提供高比能量。飞轮最好与无刷交流电机结合使用，因为这种电机的效率比直流电机高，因而应在动力电池和飞轮之间加一个直流/交流（DC/AC）转换器。

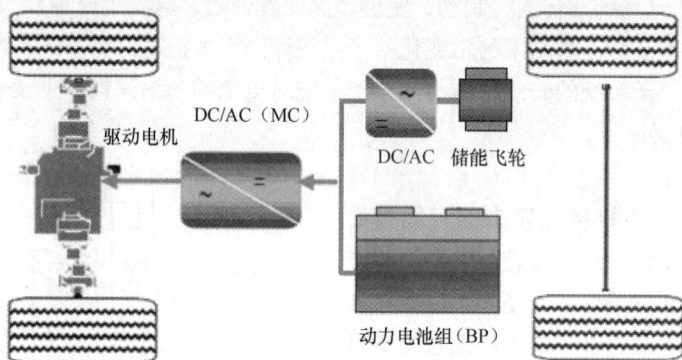

图 3-21　动力电池和飞轮电池复合能量结构

（4）应用

就目前的技术来看，飞轮电池电动汽车还不能广泛应用，由于飞轮储能装置本身的特点，它更加适用于复合动力汽车和混合电动汽车技术中。

20 世纪 80 年代初，瑞士欧瑞康（Oerlikon）公司研制成功了完全由飞轮电池供电的电动公交客车，飞轮直径为 163 mm，可载乘客 70 人。1992 年，美国飞轮系统公司（ASF）采用纤维复合材料制造飞轮，并开发了飞轮电池电动汽车，该车一次充电续驶里程达到 600 km。

五、电池管理系统

1. 配置电池管理系统的必要性

电动汽车的电池具有以下缺点。

（1）大容量单体电池容易产生过热

汽车动力电池采用大容量单体锂电池容易产生过热。单体电池有一定的温度耐受范围，在实际应用中如果体积过大，会产生局部过热，从而影响电池的安全和性能。因此，单体电池的大小受到限制，动力和储能电池不可能采用超大的单体锂电池。在苛刻的使用环境下，110 mm×110 mm×25 mm 的 20 A·h 锂电池，局部最高温度为 135 ℃，而 110 mm×220 mm×25 mm 的 50 A·h 锂电池，局部温度高达 188 ℃，更容易发生安全问题，所以有必要监测和控制温度。

（2）电池的性能不完全一致

基于现有的正极材料和电池制造水平，单体电池之间尚不能达到性能的完全一致，在通过串并联方式组成大功率大容量动力电池组后，苛刻的使用条件也易诱发局部偏差，从而引发安全问题。电池性能在生产和使用过程中的不一致情况见表 3-2。

表 3-2 电池性能在生产和使用过程中的不一致情况

生产过程	使用过程	造成的差异
生产工艺、材质有差异	长时间使用，材质老化不同步	电压、内阻、容量
生产的批次不同	—	容量、内阻
个别电池内部短路	电池自放电	电流、内阻
—	电池组内不同区域温度不同	电压、内阻、电流承受能力
	串并联充放电工作电流不同	电压分布不均匀
	系统局部漏电	SOC 变化不同

（3）电池成组后的主要问题

① 过充电/过放电。串联的电池组充/放电时，部分电池可能先于其他电池充满或放完。继续充/放电就会造成过充电或过放电，锂电池的内部副反应将导致电池容量下降、热失控或者内部短路等问题。

② 过大电流。并联、老化、低温等情况，均会导致部分电池的电流超过其承受能力，缩短电池的寿命。

③ 温度过高。局部温度过高，会使电池的各项性能下降，最终导致内部短路和热失控，产生安全问题。

④ 短路或者漏电。振动、湿热、灰尘等因素可能造成电池短路或漏电，威胁驾乘人员的人身安全。

2．电池管理系统的功能

电池管理系统（battery management system，BMS）的功能之一就在于避免电池组出现上述问题，需要动态监测动力电池组的工作状态，实时采集每块电池的端电压和温度、充/放电电流及电池组总电压，估算出各电池的荷电状态（state of charge，SOC）、健康状态（state of health，SOH）和能量状态（state of energy，SOE）。然后通过控制相关器件，防止电池发生过充电或过放电现象，同时能够及时给出电池状况，找出有故障电池所在箱号和箱内位号，挑选出有问题的电池，保持整组电池运行的可靠性和高效性。

此外，BMS 还需要设定面向用户端的显示，将估算的剩余电量换算成可行驶里程，同时，还需要有自动报警和故障诊断功能，方便驾驶人员操作和处理。因此，BMS 的任务可归纳为：数据采集电路首先采集电池状态信息数据，再由电子控制单元（ECU）进行数据处理和分析，然后根据分析结果对系统内的相关功能模块发出控制指令，并向外界传递信息。

BMS 包含多个处理模块：数据采集模块、SOC 估算模块、电气控制模块、安全管控模块、热管理模块、数据通信和显示模块等。BMS 的主要任务、输入信号和执行元件见表 3-3。

表 3-3 BMS 的主要任务、输入信号和执行元件

BMS 的主要任务	输入信号	执行元件
防止过充电	电池电压、电流、温度	充电机
避免过放电	电池电压、电流、温度	电机功率转换器
温度控制	电池温度	冷热空调（风扇等）
电池组件电压和温度的平衡	电池电压和温度	平衡装置
预测电池的 SOC 和剩余行驶里程	电池电压、电流、温度	显示装置

充电站对储能性能的要求是大容量、长寿命、快速响应、可涓流充电，因此对 BMS 的要求有所不同，但总体功能要求仍与动力电池 BMS 类似，具有监控电池 SOC 和 SOH、动态充/放电、智能管理和输出控制等功能。

3．BMS 结构

BMS 最基本的作用是进行电池组管理，还包括电线线路管理、热（温度）管理和电压平衡控制。图 3-22 所示为 BMS 结构。

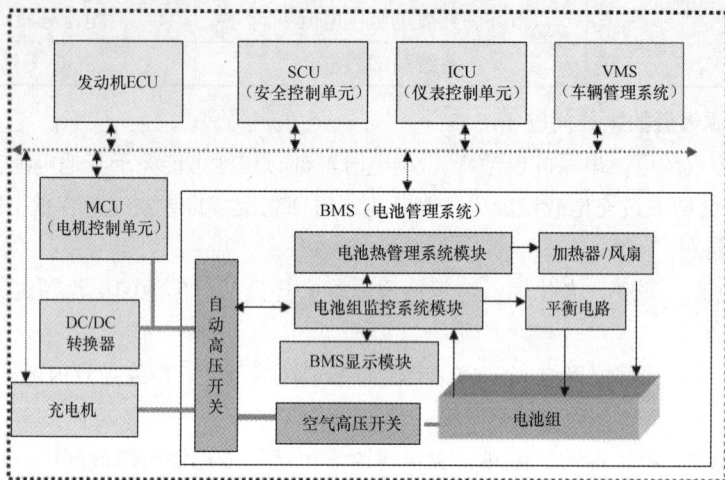

图 3-22　BMS 结构

（1）电池组管理系统

电池组管理系统的作用是：管理电池的工作情况，避免出现过放电、过充电、过热，对出现的故障应能及时报警，以便最大限度地利用电池的存储能力和循环寿命。该系统包括电池组电压测试、电池组电流测试、电池组和单节电池的温度测试、SOC 计算及显示、电池组剩余电量显示、车辆在线可行驶里程显示、自动诊断系统和报警系统、安全防护系统。

（2）电线线路管理系统

电线线路管理系统的作用是管理动力电池组分组及连接、动力电线束、手动或自动断电器、传感器的类型、传感器线束。

（3）热（温度）管理系统

热（温度）管理系统的作用是管理电池组组合方式、电池组分组和支架布置、通风管理系统和风扇、温度管理 ECU 及温度传感器、热能的应用。

（4）电压平衡控制系统

电压平衡控制系统的作用是平衡各电池的充电量，延长电池寿命，并对更换后的新电池进行容量平衡。

【任务实施】

一、安全防护

（1）劳动保护

① 穿好绝缘工作服。

② 穿好高压绝缘鞋。

③ 检查并佩戴绝缘手套。

（2）车辆防护

① 打开主驾驶车门，铺设脚垫、转向盘套、座椅套。

② 打开发动机罩，固定支架，铺设翼子板布和格栅布。

（3）高压终止与高压检验

① 按标准流程进行纯电动汽车的高压终止操作。

② 按标准流程进行纯电动汽车的高压检验操作。

二、测试电池容量

下面以德工仪器 C103 型电池容量测试仪测试手机锂电池为例，说明测试电池容量的方法。

（1）仪器连接

① 电源线与仪器尾部的插槽连接，并插入三角插座。

② 测试夹子和仪器面板的红、黑色接口对应连接：红色为"+"，黑色为"－"，测试时红色夹子连接电池正极，黑色夹子连接电池负极（注意：测试时切勿正、负极接反）。

（2）仪器操作使用

① 打开仪器尾部电源开关开机。在"开机界面"按"确定"键进入"主菜单界面"。

② 电压及内阻测试。

a. 通过"▲""▼"键移动光标至"2.电压内阻测试"，按"确定"键进入。

b. 通过"▲""▼"键移动光标，直接用数字按键设置电压及内阻的上限值、下限值，设置好后按"确定"键。

c. 红色夹子接触电池正极，黑色夹子接触电池负极（注：测试时尽量完全接触充分），仪器将显示出测试结果。

③ 测试电阻设定。测试设备可能本身存在一定的阻值，为了减少设备本身对测试结果的影响，可以在这里设定。仪器内部程序会自动处理，抵消掉仪器的电阻值，从而使测试尽可能精准（如果是直接使用所配套的测试夹子进行测试，则可忽略此步骤）。

a. 参照电压内阻测试的测试方法，测试出仪器的具体电阻值，如测试出电阻值是 8 mΩ。

b. 通过"▲""▼"键移动光标至"电阻设定"，按"确定"键进入，通过"▲""▼"键移动光标调节数值。如测试出的是 8 mΩ，则可以在此调到"8"。

④ 恢复厂家设置。如需将各个参数恢复到厂家默认值，可选择"恢复厂家设置"。通过"▲""▼"键移动光标至"恢复厂家设置"，按"确定"键进入。

⑤ 电池容量测试。电池上都标有"×××mA·h"，例如，某一块电池上标有额定容量 1000 mA·h，即表示以 1000 mA（1C）放电时，理想状态下时间可持续 1 h；如以 200 mA（0.2C）放电，可持续 5 h。测试方法如下。

a. 在主菜单界面将光标移动至容量测试界面，按"确定"键选择。

b. 通过"▲""▼"键移动光标，直接用数字键盘输入数字，依次设置"充电电流大小""充电时间""放电电流大小""充电截止电压""放电截止电压"。

c. 设置好后按"确定"键，进入充电界面，界面显示"充电电流""时间""电池电压"。

d. 随着充电的进行，此时电池电压数值跳动升高。当电池充满电后，仪器"滴"地响一声，自动跳至界面"充电完成，延时中……"，此时延时为 30 min，30 min 后仪器会自动跳转至放电界面，如不想等待可直接按"取消"键。

e. 进入"容量（放电）测试界面"。屏幕显示电流为之前设置的"放电电流大小×××mA""电池电压×××V"。随着放电量逐步减小，放电时间逐步增加，"容量×××mA·h"逐步递增，直至最后放电停止，仪器"滴"地响一声，跳转至容量测试完成界面。此时屏幕静态显示的容量即所测电池／电芯的实际容量（电量）大小。

（3）注意事项

① 设备在测试中，设备外壳必须搭铁，以确保安全正常工作。所以请使用三角插座及配套的三角插头电源线，并确保插座所连接线路已搭铁。

② 设备在通电中，不得强行拆拔任何器件，否则可能会导致设备损坏。

③ 充电电流、充电时间、放电电流、充/放电终止电压等参数请严格按照电池规格及电池特性来设置，避免设置参数不合理而损害所测电池的性能。

④ 切勿设置过大的充电电流、过长时间、过高电压给电池充电。

⑤ 切勿设置过大的放电电流、过低电压对电池进行放电。

⑥ 测试时请勿正、负极接反。

一般电池充/放电性能检测仪器可通过液晶屏幕显示及键盘直接操作，也可通过连接计算机，直接由计算机软件设置、操作。测试过程可以由计算机软件实时记录（记录频率可设），并自动生成电压–时间（V-T）、电流–时间（A-T）、电压–容量（V-C）曲线图。各曲线图可导出保存或直接打印，已保存的曲线图可调回软件。测试完毕后系统自动生成最终测试结果报告以供保存和打印。

三、测试电池内阻

下面以福禄克（FLUKE）BT 521 系列蓄电池内阻测试仪为例，说明测试电池内阻的方法。

（1）仪器连接

选取 BLT10 测试探头，按图 3-23 所示连接测试探头到主机。

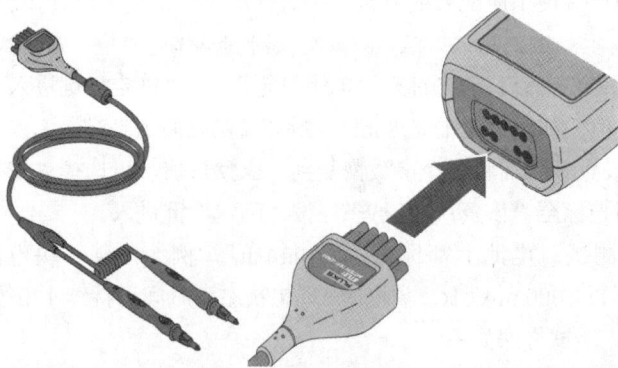

图 3-23　测试探头连接

内阻测试仪
的使用

（2）零位校准

每次更换测试探头之后，都需要进行零位校准。

① 将零位校准板水平放在平面上，如图 3-24 所示。

图 3-24　零位校准设置

② 在"设置"菜单中设置零位校准。

a. 按 **SETUP** 键。

b. 按 ▼ 键直到选中 General（通用）。

c. 按"Select"（选择）功能键。

d. 按 ▼ 键直到选中"Zero calibration"（零位校准）。

e. 按"Zero"（零位）功能键。

③ 将红色和黑色探头端部插入校准孔中。

④ 按"Calibrate"（校准）功能键。

（3）内阻测试

要测试电池的内部电阻，先将旋钮开关拨到"MΩ"位置，将测试探头连接至电池极柱。

① 用测试探头的笔尖内圈接触目标表面，如图 3-25 所示。

② 推进测试导线以回拨笔尖内圈，直到笔尖内圈和外圈完全接触被测目标。

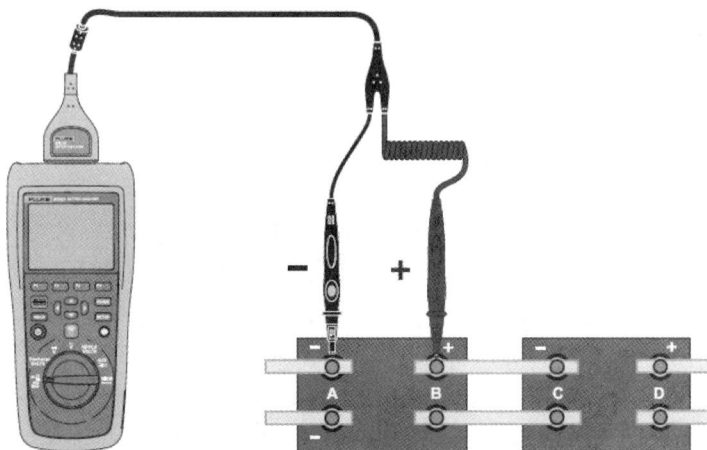

图 3-25　测试电池内阻

（4）内阻读取

测试读数的读取分为普通数据存储（METER）模式和序列（Sequence）模式，如图 3-26 所示。

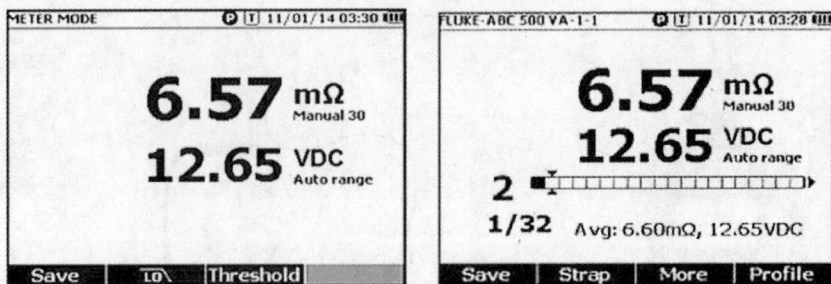

图 3-26　Meter 普通数据存储模式和序列模式测试屏幕

以序列模式为例分别解读参数的含义如下。

电池数量：表示已测试电池的数量。

进度条：根据档案中的电池总数生成进度条。每一格对应一个电池。空心方格表示还未测试的电池。实心方格表示已测试并保存读数的电池。实心方格中若有十字则表示已启用阈值功能。

光标：使用和移动光标。当前测试的电池数量随之变化，当光标位于实心方格上时，该电池的相应读数将显示在进度条下方。

平均读数：保存两组或更多测试读数之后，将显示平均读数，包括平均电阻和平均电压。

四、安装与连接动力电池

由于不同类型的纯电动汽车结构存在差异，因此其动力电池的安装与连接方式也有所不同。维修人员必须查阅相关车辆的维护指导手册，按要求进行操作。动力电池的基本安装与连接方法如下。

（1）检查与组装

① 观察电池箱外观是否有破损等异常情况。

② 观察电池箱的正、负极与标识是否一致。

③ 检测电池箱的绝缘电阻及高压导线绝缘电阻。当绝缘电阻表的挡位选择为"AC1000V"时，测试的箱体绝缘电阻值应大于 50 MΩ。

④ 用手持数据采集器检查电池电压，静置时同一箱内各单体电池电压差应小于 300 mV。

⑤ 确定电池正常后，揭开电池箱正、负极的封条。

⑥ 根据电池组需要，连接（串、并联）单体电池为电池组（见图 3-27），连接高压继电器、高压熔断器、电压传感器和温度传感器。

图 3-27　组装动力电池组

（2）安装与调试

① 检测是否存在短路或断路等故障。

② 检测是否存在漏电现象。

③ 紧固安装螺栓，连接安装管路。

④ 连接电池组正、负极。

⑤ 连接电池管理器及控制线路。

（3）安装后的检测与测试

① 电池装车后，首先用专用万用表检测电池组的电压是否符合要求，确定电压正常后才可以打开高压开关。

② 查看电动汽车仪表板显示屏的显示信息是否正常。如果存在电池故障提示信号，则需要立即切断电源，检查电池及电路以排除故障。

③ 通过检测故障码，查看电池箱数量、总电压以及电池温度是否正确。

④ 对比车辆信息显示屏上的单体电池电压和实际测量电压值，如果电压差超过 30 mV，则需要更换、调试。

⑤ 单体电池电压、温度应该在车辆的均衡范围内。电源系统各参数均正常时方可启动车辆。

（4）注意事项

① 按照电池箱的编号将其装配到车上对应的电池舱内，不得混装。

② 将电池箱推入电池舱时应顺畅，注意位置要对正，防止将电池箱挤压变形。

③ 为防止高压触电，安装人员不得徒手接触电池极柱。

④ 安装过程中，应断开电池组维修开关。

⑤ 要在无尘室内安装调试，以免遇到雨雪天气，导致电池系统进水。

五、维护电源系统

纯电动汽车电源系统的维护包括常规维护、重点维护、储存维护等。维护人员在进行操作时必须戴好绝缘手套等防护用品，使用前必须熟悉电源系统的结构、工作原理和使用说明书。

（1）维护准备

① 专用工具/仪器的准备。在车辆检修和电源系统维护过程中，需要准备好以下专用工具/仪器。

a. 检修仪器。有些电动汽车配备专门的检修仪器。

b. 常用仪表。如绝缘测试仪等。

c. 专用工具。如螺钉旋具、扳手等，这些常用工具必须有绝缘措施。

d. 常用物料。如绝缘胶带、扎带等。

e. 可能的专用设备。如充电器等。

② 个人防护。纯电动汽车具有高压电路，在检修前必须做好以下个人防护措施。

a. 佩戴绝缘手套。

b. 穿绝缘鞋、绝缘工作服等。

c. 手腕、身上不能佩戴金属物件，如金属手链、戒指、手表、项链等物品。

（2）检修注意事项

电动汽车系统使用高压电路，不正确的操作可能导致电击或漏电。所以，在检修过程中

（如安装、拆卸、检查、更换零件等），必须注意下列事项。

① 检修前必须熟悉车辆说明书和电源系统说明书。

② 对高压系统进行操作时应断开电源。断开电源时需注意，通常断开高压或辅助电源，系统内的故障码有可能会被清除，所以需检查、读取故障码后再断开电源。

③ 断开电源后等待 5 min，对车辆系统内的高压电容器进行放电。

④ 佩戴绝缘手套，并确保绝缘手套没有破损。不要戴湿手套。

⑤ 高压电路的线束和连接器通常为橙色，高压零部件通常贴有高压警示标识，操作这些线束和部件时需要特别注意。

⑥ 对高压系统进行操作时，在旁边放置"高压工作，请勿靠近"的警告牌。

⑦ 不要携带任何类似卡尺或测量卷尺等金属物件，因为这些物件可能掉落从而引起短路。

⑧ 拆下任何高压配线后，立刻用绝缘胶带将其包裹绝缘。

⑨ 一定要按规定转矩将高压螺钉端子拧紧。转矩不足或过量都会导致故障。

⑩ 完成对高压系统的操作后，应再次确认在工作平台周围没有遗留任何零件或工具，以及确认高压端子已拧紧和连接器已连接。

（3）常规维护

常规维护是对电源使用过程中的安全隐患进行检查和排除，避免发生事故。通过制订常规的预防性维护计划，可以更好地了解所使用电池的健康状况和寿命，确定电池的更换或重点维护计划。常规维护一般每月进行一次。

① 维护程序。

a. 电源系统在使用 1~2 个月后，维护人员需要对电源系统的外观和绝缘性能进行维护。

b. 电源系统在使用 3 个月后，有条件的话，对电源系统进行一次充/放电维护。在进行充/放电维护时，应注意以下事项。

- 维护人员在进行操作时必须戴好绝缘手套等防护用品，操作前必须熟悉动力电源产品的结构、工作原理和使用说明书。
- 在进行充/放电维护时，将电源系统按正常工作要求连接到位，接通电池管理系统的电源，监测电池的状态，根据监测的数据判定电池所处的环境温度、电池温度及电池电压等是否正常。
- 维护人员应先检查电源系统各部分的情况，在确保各部分正常的情况下才能进行充/放电维护。
- 维护均应在温度为 15~30℃，相对湿度为 45%~75%，大气压为 86~106 kPa 的环境中进行。
- 在充/放电维护过程中，检查电池管理系统的功能是否正常。
- 在充/放电维护过程中，检查风扇是否在规定的温度下开启和关闭，是否运转正常。
- 在充/放电维护结束后，检测蓄电池包的绝缘电阻，测得的绝缘电阻应满足指标要求。用电压表分别测量蓄电池包的正极端子、负极端子与蓄电池包的最大电压，同时测得的电压值应不超过上限要求。
- 维护后，如果电源系统的功能都正常，再进行使用；如果有异常情况和故障出现，应立即排除，无法排除故障时应及时与厂家联系。

② 维护内容。

a. 检查电源系统的状态。

b. 检查电池管理系统的功能是否正常。

c. 对电池进行充/放电维护。

③ 维护方法。

a. 外观维护。对电源系统的外观做如下检查，如有问题应及时排除，无法排除的应及时与厂家联系。

- 检查电池包箱体是否完好，有无损坏或腐蚀。
- 检查各紧固件螺栓、螺母是否松动。
- 检查电池包之间的连接线是否松动。
- 检查插头是否完好，各种线束有无损坏擦伤、有无金属部分外露。
- 检查电池包的冷却通道是否异常。

b. 绝缘检测。断开电池组与整车的高压连接，用数字电压表测量各个电池包的总正端子、总负端子对车体的电压，是否小于上限值。如发现电压偏高，应测试电池包箱体与车体是否绝缘，如有问题，应由专业人员进行维修。通常可以根据系统总正端子、总负端子对车体的电压大致确认多个电池包组成的电源系统中哪一个对车体绝缘出现问题；通过测量电池包的总正端子、总负端子对电池包外壳的电压可以大致确定电池包内绝缘故障的电池模块。例如，由 60 只镍氢电池组成的电池包，正常电压为 75 V（60 只镍氢电池电压总和），若总正端子对电池包外壳的电压为 28 V，则大致可以判断是从总正数第 22 至 23 只电池（单体）之间出现了漏电（75/60=1.25，28/1.25=22.4），拆包进行检查，检查漏电点并消除。若同一个电池包出现多个漏电点，则电池包内可能会出现部分电池放电严重（内部形成短路），可以按照上面的方法逐个进行消除。

如果绝缘性能正常，再进行充/放电维护。

c. 电池管理系统维护。

- 接通电池管理系统，采集并记录开路状态下电池组的总电压、各个电池模块的电压以及各个电池模块的温度。
- 按厂家推荐的充/放电制度对系统进行充/放电测试。
- 在充/放电过程中检查电池管理系统显示的电流、电压、温度和 SOC 是否正确；车辆正常运行过程中，检查电池管理系统数据显示是否正常。如有故障应进行故障排除（通常由汽车授权服务店来完成）。
- 接通辅助电源，运行车辆直至冷却系统工作，观察冷却通道是否通畅。
- 检查电池管理系统与各部分连接是否有松动。

注　意

在气温较高的情况下，在充/放电过程中应打开车内空调，并开启电池包冷却风扇通风。充电过程中应注意监测各电池模块的电压和温度，如温度超过温度上限，应停止充电。

d. 冷却系统维护。检测进出风通道是否顺畅，风机是否能正常工作。清除防尘网上的灰尘及杂物，或更换防尘网。

④ 注意事项。

a. 电源系统在使用时，必须正确识别其正、负极，不得接反，不得短接；动力电源系统充电应按照指定的充电条件进行。

b．建议在 0～30 ℃环境温度下进行充电。

c．电源系统在使用时，应严格控制放电终止电压不低于放电最低电压，否则会引起电池性能下降和循环寿命缩短等。

d．电源系统的连接均应牢固可靠，动力电池应避免在倒置状态下工作。

e．避免对动力电池长时间过度充电。

f．环境温度过高或过低均会对电源系统的充电效率、放电容量、电压的稳定及使用寿命等有不良影响。

g．电源系统在使用中发生异常情况，应立即断开电源，并及时与厂家联系进行维修。

h．严禁用金属或导线同时接触电源系统的正、负极，以免造成短路。充足电的电源系统要防止短路，否则会严重损坏电池，甚至发生危险。在运输和使用时，不要损坏或拆卸电池组，以免电池组短路。

i．电源系统应储存在干燥通风、温度不高于 35℃的环境中，勿接近火源，并避免与酸性或其他腐蚀性气体接触。

j．电源系统在充/放电过程中，如果出现异味、异常声响，请立即停止充/放电。

（4）重点维护

重点维护是对电源系统进行较详细的测试及检查，目的是保证电源系统满足继续使用的要求，消除系统存在的安全隐患，延长电源系统的使用寿命。重点维护一般 6～8 个月进行一次。重点维护前先按常规维护进行检查。

① 拆卸。将电池包从车上拆卸下来。若电池包在车上安装位置合适，利于开包检查和维护，可不进行拆卸。

② 开包。

a．观察电池包外观，看是否有燃烧、漏液、撞击等痕迹。

b．拧下电池包上盖的固定螺钉，将电池包上盖取下，打开电池包。

⚠ **注　意**

打开电池包时不要使电池包上盖与电池接触，也不要损伤电池包。

③ 检查及处理电池包内部状况。

a．绝缘检测。用数字电压表测量各个电池包的总正端子、总负端子对车体的电压，是否小于规定数值。如发现电压偏高，应查找漏电点，更换绝缘部件或采取补救措施，消除安全隐患。

b．检查电池包底盘和支架是否有电解液泄漏、积水等异常情况，如果存在这些异常，需更换电池，同时清理电池包安装部位，确保电池包与底盘绝缘。

c．观察电池外观整洁程度，是否有漏液、腐蚀等现象。同时使用毛刷、干抹布清洁电池表面及零部件。

d．检查电池之间的连接是否有松动、锈蚀等现象，如果存在这些现象，需清理或更换电池。

e．检查系统输出端子的连接、电池管理系统各连接插件是否牢固，如发现有松动应紧固。

f．清理防尘网上的灰尘或杂物。对于采用外进风的冷却系统，电源系统经较长时间使用的电池包，其内部可能会积存大量灰尘或杂物，必须进行清理，清理后再次进行绝缘检测。

g．检查各电池外观是否有损坏、漏液、严重变形等现象，对这些电池进行标记，并进行更换。

　　h. 检测每只电池的电压，对电压异常的电池进行维护或更换。

　　i. 数据采集系统的检查。

- 检查各连线是否连接牢固。
- 检查各焊点是否有松动、脱焊现象，若存在则进行补焊。

> ⚡ **注　意**
>
> 　　本部分工作因与电池直接接触，操作过程中注意避免发生触电事故，不要使电池发生短路。
>
> 　　电池包的开包检查与更换必须由专业人员进行。

（5）储存维护

　　储存维护是对长期储存（时间超过 3 个月）的电源系统进行测试及检查，目的是避免电池因长期不使用引起的性能衰降，同时消除电池组存在的安全隐患。

　　① 环境要求。环境温度范围：15～30 ℃。环境相对湿度范围：最大为 80%。

　　② 维护方法。有条件的话对动力电源系统进行一次全充电、全放电，以使电池性能得到活化。在没有放电设备的条件下，通常进行充电维护，按照常规充电方法或厂家推荐的充电方法将电源系统充满电，对于经历长期储存的电池，首次充电必须采用较小电流进行。其主要目的是：a. 各类电池均不适宜在较低电压下进行储存，定期补充电将提高电池的储存性能；b. 通过充电调整电池的电压一致性。

　　对于铅酸蓄电池，储存时荷电状态一般保持在满充电状态；对于镍氢电池，一般保持在20%～60%的荷电状态；对于锂系列电池，荷电状态保持在 40%～80% 为宜。

六、诊断 BMS 常见故障

　　在电源系统使用过程中，尤其在使用初期，BMS 经常会出现一些故障。典型的 BMS 常见的故障以及其解决措施见表 3-4。

动力电池管理
系统故障检修

表 3-4　　　　　　　　　　BMS 常见故障及其解决措施

故障现象	故障原因		解决措施
主控单元无输出	无低压输入电源	整车未供电	要求整车供电
		低压输入电源回路接触不良	检查接触不良点，并加以排除
	CAN 总线线路故障	CAN 总线回路接触不良	检查接触不良点，并加以排除
		主控板外 CAN 电路故障	更换主控板外 CAN 电路板
	主控板故障		更换主控板
主控单元输出电流值异常	电流传感器损坏		更换电流传感器
	电流检测回路接触不良		检查接触不良点，并加以排除
	主控板故障		更换主控板
	电流模/数（A/D）转换电路损坏		更换主控板
	电流采集程序失效		刷新程序

续表

故障现象	故障原因		解决措施
主控单元输出总电压值异常	电压传感器损坏		更换电压传感器
	电压检测回路接触不良		检查接触不良点，并加以排除
	主控板故障		更换主控板
	电压 A/D 转换电路损坏		更换主控板
	电压采集程序失效		刷新程序
	电池包间空气开关未合上		合上
	高压接触器未合上		合上
主控单元输出SOC 值异常	主控板故障		更换主控板
	SRAM 电路损坏，不保存 SOC 值		更换主控板
	电流传感器损坏，电量不积分		更换电流传感器
	电压传感器损坏，SOC 会修正出错		更换电压传感器
	误差累积		刷新程序
主控单元输出温度值异常	采集单元输出异常		见后面"采集单元输出温度值异常"的分析
	采集单元无输出		见后面"采集单元无输出"的分析
	主控板内 CAN 电路故障		更换主控板内 CAN 电路板
	主控板故障		更换主控板
采集单元无输出	无 24V 输入电源	整车未供电	要求整车供电
		24V 输入电源回路接触不良	检查接触不良点，并加以排除
	CAN 总线线路故障	CAN 总线回路接触不良	检查接触不良点，并加以排除
		采集母板 CAN 电路故障	更换采集母板
采集单元输出温度值异常	温度传感器损坏		更换温度传感器
	温度检测回路接触不良，断路或短路		检查接触不良点，并加以排除
	采集母板故障		更换采集母板
	温度 A/D 转换电路损坏		更换采集母板
	温度采集程序失效		刷新程序
	内 CAN 连接线脱落		检查脱落点，并加以排除
采集单元输出模块电压值异常	模块电压检测回路接触不良		检查接触不良点，并加以排除
	采集子板与采集母板连接不良		检查接触不良点，并加以排除
	采集子板故障		更换采集子板
	采集母板故障		更换采集母板
采集单元风扇控制异常	散热风扇损坏		更换散热风扇
	风扇电源回路接触不良		检查接触不良点，并加以排除
	采集母板故障		更换采集母板
与多能源或母板通信失效	外 CAN 连接线脱落		检查脱落点，并加以排除
	外 CAN 电路损坏		更换外 CAN 电路板

故障现象	故障原因	解决措施
与多能源或母板通信失效	外 CAN 节点数发生变化	根据新的节点数，更换 CAN 电阻
	内 CAN 连接线脱落	检查脱落点，并加以排除
	内 CAN 电路损坏	更换内 CAN 电路板
系统不工作	无工作电源	提供工作电源
	系统电源电路损坏	更换系统电源电路板
	电源线脱落	检查脱落点，并加以排除
电池包工作温度异常	电池温度上升，风道通风不畅	检查风道，确保风道通畅
	风机电源线脱落	检查脱落点，并加以排除
	风机损坏	更换风机
	温度传感器损坏	更换温度传感器
功率能力不足（充/放电电压异常）	电池之间连接松动	重新紧固
	长期储存未用	按储存维护方法进行维护
	电池包内有损坏的电池	更换损坏的电池
电池包漏电	天气潮湿	—
	电池模块与电池包之间的绝缘层损坏	更换绝缘层
	有电池漏液	清除漏出的液体，更换电池

七、诊断电源系统常见故障

（1）电池组容量降低

① 现象。纯电动汽车使用过程中，出现续驶里程短的现象，显示电池容量不足。

② 原因。

a. 单体电池电压不一致，容量差异大，单体电池过早保护。

b. 电池组处于寿命后期，容量下降。

c. 电池组出现温度保护。

d. 外围电路存在高能耗负载。

e. 电池（镍镉）长期浅充、浅放，存在记忆效应。

f. 放电平台性能过低达不到要求而过早失效。

g. 电池组放电环境温度低。

h. 长期在超出电池组能力的情况下使用，电池组性能会衰减加快。

③ 故障原因确定。

a. 确定充电是否正常，每次充电的充电量是否偏低，由于充电量偏低而导致放电容量下降，需要从充电方面去查找故障原因。

b. 检查放电环境温度记录，温度低时，放电容量会明显下降。

c. 若电池经过了长期储存，首先应按照维护制度进行维护，再进行使用。

d. 在电池组应用过程中，通过 BMS 检查记录电池组的电压、电流、温度等情况，观察放电末期是由何种原因（单体电压、温度等）引起的放电终止，根据引起放电终止的参数分析判断是何种原因。

e．对于存在记忆效应的电池组，如镍镉电池，按照系统的使用说明书或维护手册，进行定期维护，以小电流完全充/放电循环 2～3 次，可以消除记忆效应，恢复电池组的容量。

f．某些情况下电路中增加了高耗能负载，会引起电池组放电时间缩短，如开启空调、泊车时未关闭用电设备（车灯等）。在长期超过电池组正常应用能力的状况下使用，电池组性能会衰减很快，表现为电池内阻增大，放电电压低。

g．在应用过程中，若某些单体电池长期出现过充电、过放电，该电池会出现内阻升高、容量降低，使用中还会出现反极等情况，使整组电池放电容量降低，电池组中出现电池短路也会出现这种情况。每一种电池组有一定的适用电压和电流范围，长期超出其范围应用，其性能会出现迅速衰减，电池容量明显降低。

④ 故障处理措施。在车用电源系统中，一般单体电池出现故障，如内阻升高、漏液等，此时均已严重影响到电池性能，建议更换电池，并做好记录。更换的新电池在随后的应用中会比其他电池表现的性能好一些。

对于排除外部因素的故障原因，若大部分电池内阻有明显升高，出现电池组容量降低的情况，此时电池组寿命已经到末期，已经没有维修意义，建议直接更换电池组。

对于电压不一致，但各单体电压均在正常范围内，通常为电池自放电不一致引起荷电量差别较大的情况，可采用多次充电均衡的方法将电池调整一致。图 3-28 所示为低容量电池组处理流程。

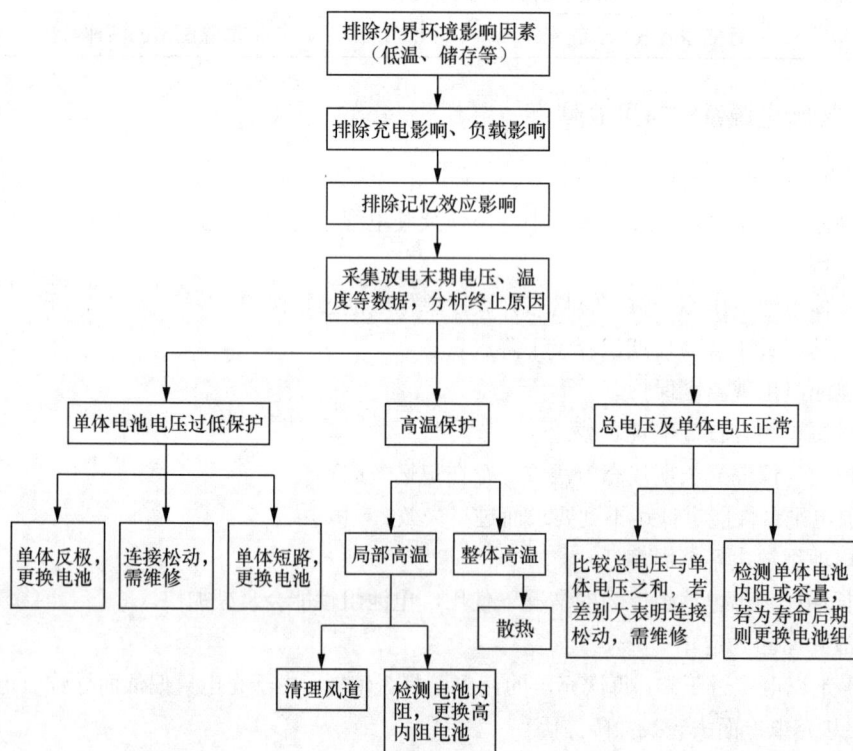

图 3-28　低容量电池组处理流程

（2）电池组充电异常

① 现象。电源系统充电过程中，显示充电电压高、充电时间短，或者根本充不进电，且已排除 BMS 问题。

② 原因分析。

a. 电池组充电电压过高。

• 电池或充电环境温度低。

• 电池寿命后期，内阻增加。

• 电池实际容量已下降，仍以原来的倍率进行充电，相对充电倍率大。

• 电池之间连接松动，连接内阻大。

• 电池组荷电量已经很高。

• 充电机故障，充电电流大。

• 电池组长期储存，首次充电即以较大电流进行充电。

b. 电池组充不进电。

• 电池内阻增加，或连接松动。

• 电池组内部出现断路。

• 电池组内部出现微短路状况。

③ 故障原因确定与故障处理。电池组充电异常故障的确定和处理流程与电池组容量降低故障基本相同。首先应排查外部因素，如环境温度和充电机，其次从电源系统方面查找问题，分 BMS 问题和电池组问题，排除 BMS 问题后，电池组问题再分为连接部件问题和单体电池问题，排除连接部件问题后，最终检查单体电池问题的原因。

确定电池使用的环境温度。一般动力电池的充电温度在 0～30 ℃，若低于 0 ℃，充电电压会明显升高，温度过低，可能电压直接上升到保护电压值，根本充不进电。若充电环境温度低，将电池组放置于室温环境中，搁置足够长时间，对于大型电池组可以用小电流充电使其温度较快回升，室温下检查是否充电正常。

若在正常温度下进行充电，电压仍偏高，可以通过阶跃充电检查系统的内阻是否明显增大。同时通过 BMS 检测单体电压数据，若有某些电池电压偏大，其他电压正常，则可能是这些电池长期过充电、过放电，造成内阻增大甚至断路，需更换此部分电池。若电压均一性比较好，检查单体电池电压之和与总电压数据是否相差过大，若差别较大表明电池组内部线路连接松动，需进行维修。

若上述均正常，并且排除了充电机故障，则可能是电池组实际容量已经偏低，仍按原来容量的倍率进行充电，相对电流大，电压升高。此时应修改充电制度，以较小电流进行充电。

对于车用电源系统，充电过程中应开启通风系统，否则会出现高温保护。

（3）电池组放电电压低

① 现象。输出功率下降，以正常电流放电，电压明显下降，荷电量低时不能启动。

② 原因分析。

a. 电池内阻增大。

b. 内部发生微短路或有电池短路，串联数量减少。

c. 电池包内或环境温度低。

d. 连接松动。

e. 荷电量低。

f. 长期储存，未有效活化。

g. 部分类型的电池（如镍镉电池）长期浅充电、浅放电，存在记忆效应。

③ 故障原因确定与处理措施。一般放电电压低与充电电压高的原因是一致的，处理方式和处理措施一样。有两个原因不同，一是电池内部发生微短路，或者电池包内部有电池短路，表现为串联电池数量减少。一般微短路的电池充电后搁置时电压会明显降低，或者充电时电压低，在充/放电过程中进行监测便可查到这些电池。二是若电源系统本身发生漏电现象，也会出现放电电压低的现象，此时检查电池组与车体的电压，找出漏电点，进行排除。对于电池包内部出现的内短路现象，大多是由电池漏液等引起的，此时拆开电池包进行检查，清理电池包内部，更换坏电池。

（4）自放电过大

① 现象。车辆经较长时间搁置（如晚上停车），能够较明显感觉电池电量下降，搁置前后系统 SOC 显示差别过大。

② 原因分析。

a．SOC 模型判断不准确。

b．高温储存，时间较长。

c．系统中有较大的漏电现象。

d．电路中有较大的耗电设备。

③ 故障原因确定与处理措施。SOC 模型判断不准确，表现为经常性现象，在进行台架检测时就应当能发现，如停止使用后，搁置较短时间（1～2 天），SOC 显示下降明显，电池实际性能并没发生变化。高温情况下，电池自放电加大，可以检查电池组的储存环境，直接判断。电池组中部分电池出现微短路等，将电池组放完电后搁置，有明显微短路的电池搁置一段时间（如 2～7 天）后，电压会明显下降甚至为 0 V。对于搁置后电压有下降，但仍在正常范围内（如镍氢电池电压 1.0 V，其他电池电压 1.2 V，或者磷酸铁锂电池电压 2.5 V，其他3.0 V 以上等）的，其一般不会影响到电池组的正常应用。对充满电的电池进行搁置，电压变化不明显，所以建议放电后进行搁置，有条件的可以高温搁置以缩短搁置时间。

漏电损失受到电池的使用和维护操作的影响。影响的主要因素是电池表面的清洁程度。电池泄漏、外部空气带来的水分、灰尘等都会在电池表面形成回路，使电池发生漏电。由此引起的电池组自放电是不可预见的，但可以通过良好的维护予以预防。表面漏电往往只影响到电池组中的部分电池，但影响非常恶劣，因为电池组的容量受电池中容量最低的单体电池的限制，并且部分漏电会引起电池组内部各单体电池 SOC 的不均衡。

电源系统的漏电（与车体之间）往往可以通过漏电保护装置来发现，但电池包内模块的漏电不容易被发现，只有参考电池的充/放电情况进行判断，拆包进行维护。

系统与车体的漏电点可以通过测量电源系统总正端子或总负端子对车体的电压进行判断，例如总正端子对车体的电压为 25 V，采用的为镍氢电源系统，则可能的漏电点在 25/2＝12.5，即从总正端子数第 12 或第 13 只电池。有可能系统存在多个漏电点，此时要一个一个依次排查解决。首先将系统断开，将高压系统分成几个低压系统，然后分别进行排查。自放电过大故障维修流程如图 3-29 所示。

（5）电源系统局部高温

① 现象。车辆行驶过程中，电源系统某部位温度高于其他部位 5℃以上，并且多次表现为同一部位。

② 原因分析。

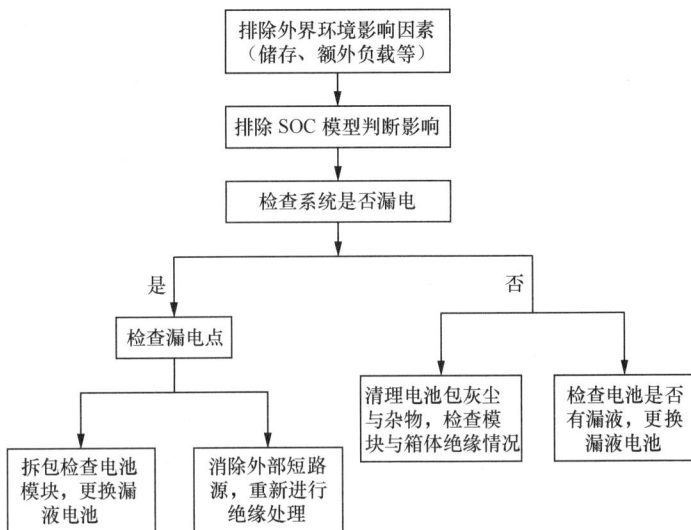

图 3-29　自放电过大故障维修流程

a. 冷却通道受阻或该位置的冷却风扇有故障。

b. 局部连接片松动，连接电阻大。

c. 该部位电池内阻明显增大，产热高。

d. 设计缺陷，冷却系统存在温度死角。

e. 外围局部环境影响。

③ 故障原因确定及处理措施。电池组局部高温，除了设计造成的冷却系统存在死角问题外，冷却系统（如风扇）损坏、进/出风口由于灰尘等堵塞是常见的因素。风机若有故障，则需要更换，风道应定期清理。另外若在电池组使用过程中，外围设备影响电池包局部位置，如局部位置靠近发动机等，可能会引起电池包内局部温度过高。局部高温另一个主要因素是使用过程中局部产生了热，热主要是高电阻引起的，引起高电阻的原因一般有两个，一是电池本身内阻加大，充/放电过程中产热高，另一方面是连接片或接线端子松动，电阻升高。因此对于主电流回路的线路连接，应定期进行检查，否则松动后很容易出现打弧烧坏接线柱，并且容易影响到电池性能。

（6）电源系统单体电压一致性较差

① 现象。在电动系统使用或搁置过程中，电压一致性明显偏大，经常出现单体电池放电保护或充电保护，而其他电池电压仍较正常。

② 原因分析。

a. 长期搁置，各单体电池自放电不一致。

b. 系统内部有微短路现象。

c. 有个别电池本身微短路。

d. 长期循环电池性能衰减不一致。

③ 故障原因确定与处理措施。单体电池电压一致性差是电源系统使用中常遇到的问题。一致性变差的主要原因是各电池的自放电不一致。在某些应用中，如混合动力汽车，电压略有差别并不影响系统的正常使用，只要在使用过程中单体电池的充/放电电压达不到上、下限值。解决电压一致性差的问题主要靠维护。

（7）电池变形

电池变形一般指电池出现鼓胀，原因是电池内部产生大量气体，不能自身消除，析气速度大大超过气体的复合速度，并且电池泄气阀没有打开或打开滞后。对于镍氢电池或锂电池，电池出现变形，表明电池内部电极已经发生较大的变化，电解液损失（分解）较严重，已经不具有维修价值，需更换电池。此类电池一般内阻比较大。

（8）结构件损坏

系统结构件因跌落、碰撞、振动、冲击等环境因素而损坏。故障主要分两种情况，一种是只限于结构件损坏，并不影响电池本身和电池的充/放电；另一种是不仅损坏结构件，而且对电池的电性能有负面影响，如电池组与外界联系的回路断路、电池发生挤压等都会对电池性能有影响，严重的还可能导致安全事故。

一般视损坏的程度和损坏的性质来判定电池组是否还有维修价值。外部结构件损坏的原因很多，需要具体问题具体分析，确定是未合理使用造成的还是设计本身有问题造成的，并进行处理和修复。

在电动汽车使用中，电池出现故障或损坏有以下方面的原因。一是电池自身的原因，如电池内部的短路、电池之间连接不可靠等，这样的故障一般是偶然出现的，而且也只是整套系统中某个或某些电池出现问题。二是电池管理系统（BMS）出现问题，如管理策略有问题、判断方法不准确等，也会使电池出现故障，这种故障有可能会造成整组电池出现过充电、过放电等，或者 SOC 经常超出控制的范围。另外，整车控制策略也会影响到电池，同样影响的是整个系统而不是单体电池。所有这些原因最终都表现为电池故障，应从根本上分析解决问题。

（9）电池打弧击穿

采用金属壳体的电池，某些情况下可能会出现打弧击穿现象。这种现象与电池出现内部短路的情况不同，一种情况是由电池外部因素引起的，从外部打弧使电池受损害；另一种情况是由电池内部因素引起的，从电池内部开始出现短路，使电池受到破坏。这两种情况可以通过对电池受损点的观察以及电池的解剖分析进行分辨。打弧由两方面的因素造成，一方面是电池组合设计不合理，相邻的导体之间有较高的电压差；另一方面是电源系统的绝缘设计不合理，在电池包内部受潮或者电池出现漏液等情况下，引起系统漏电。出现此问题需要对电源系统的设计进行改进。

（10）其他故障

电池组其他故障现象、原因及处理方法见表 3-5。

表 3-5 电池组其他故障现象、原因及处理方法

电池类别	故障名称	故障现象	故障原因	故障处理
铅酸蓄电池	外壳或封胶裂纹、渗液	裂纹；渗液	剧烈振动；老化；质量问题	更换
	极柱氧化、腐蚀	极柱表面出现白色氧化物或出现烧蚀	接线不牢固	用砂纸磨去氧化物，紧固连接线
	极柱松动	松动	使用不当；老化；质量问题	更换
	极板硫化	放电时，电压急剧降低；充电电压上升过快，电解液温度迅速升高，过早产生气泡	长期过放电或充电不足；电解液液面过低；电解液密度过高、成分不纯	轻度硫化可用小电流充电和换加蒸馏水来解决，硫化严重者应更换蓄电池

电池类别	故障名称	故障现象	故障原因	故障处理
铅酸蓄电池	极板拱曲、活性物质脱落	正极板表面有褐色物质；电解液浑浊	充电电流过大；经常低温大电流放电；汽车行驶颠簸振动	更换
	自放电	充足电的蓄电池放置不久就没有电	电解液不纯；电解液堆积在电池盖上	更换电解液；清洁电池盖
	极板短路	端电压为零	隔板损坏；活性物质沉积过多；极板拱曲	更换
镍氢电池、锂电池	单体电池极板短路	出现故障显示；检测出现故障码；单体电池端电压为零；总电压偏低	隔板或隔膜损坏；极板变形	更换单体电池
	各单体电池失衡	检测出现故障码；检测各单体电池的电压、内阻差大于标准值	单体电池损伤、老化、质量问题	更换失衡的单体电池
	电池管理系统失效	出现故障显示；检测出现故障码	电池管理系统内部电路或电气元器件失效	维修或更换电池管理系统
	ECU 失效	检测出现故障码	ECU 内部电路或电气元器件失效	维修或更换 ECU
	电池冷却鼓风机损坏	检测出现故障码；电池冷却鼓风机不转或转速过低	鼓风机损坏	维修或更换鼓风机
	充电电压偏高	检测出现故障码；电池电压超过规定值	电极材料老化、变质	维修或更换单体电池
	温度等传感器失效	检测出现故障码；检测传感器失效	传感器损坏、老化、变质	更换传感器
	电池组漏电	检测电池组绝缘电阻过低	绝缘不良、老化	维修或更换单体电池
	外壳或封胶裂纹、渗液	裂纹；渗液	剧烈振动；老化；质量问题	更换外壳
	极柱氧化、腐蚀	极柱表面出现白色氧化物或出现烧蚀	接线不牢固	用砂纸磨去氧化物，紧固连接线
	极柱松动	松动	使用不当；老化；质量问题	更换极柱

八、任务考核

在技能学习工位准备好纯电动汽车，配套的故障诊断仪、电池容量测试仪及其相关技术资料，绝缘电阻表及其相关技术资料。工具箱和防护用品柜内需有足够的专用维修工具和各类防护用品。

（1）学生工作

① 在各自工位分组学习。

② 在充分学习本任务相关知识的基础上，通过查阅相关技术资料等完成下列工作，并随时完成工单 3-1。

a．观察纯电动汽车电源系统配置及其动力电池技术说明。

b．测试电池容量。

c．测试电池内阻。

d．安装与连接动力电池。

　　e．电源系统的维护。

　　f．电源系统故障诊断。

③ 5S 工作。

④ 自我评价与小组互评。

（2）指导教师工作

学生在进行上述操作过程中，指导教师进行下列工作。

① 向学生讲解安全注意事项，指导学生设置高压安全警示牌，并要求学生在技能学习工单中做记录。

② 观察、指导学生进行相关操作，及时制止可能发生危险的操作。

③ 实操结束后审阅学生完成的工单，并结合其操作情况给出评价。

学习任务 3-2　充电系统检修

【任务引入】

　　车载动力电池需要不断地充电。不同的汽车生产厂商所生产的纯电动汽车往往需要采用某一特定的充电方法或者配备专用的充电设备。动力电池有多种充电方法和充电设备，对于电动汽车的使用及维修人员，应该充分了解各类型充电方法的原理及充电设备的特点，以便合理使用电动汽车或进行正确的故障检修。

　　本任务主要讲解动力电池的充电方法及充电基础设施的种类、特点。

【学习目标】

1．知识目标

（1）能够正确描述动力电池充电应该完成的功能。

（2）能够正确描述常规充电的 3 种方法的特点。

（3）能够正确描述常用的快速充电方法种类及各类型充电方法的特点。

（4）能够正确描述蓄电池成组充电的方法及各方法的特点。

（5）能够正确描述充电机的类型及各类型充电机的特点。

（6）能够正确描述充电站的组成及各组成部分的功能。

2．能力目标

（1）能够正确地对纯电动汽车进行充电。

（2）能够对纯电动汽车充电系统的常见故障进行诊断与排除。

3．素质目标

（1）培养劳动保护、安全与环保意识和团队协作意识。

（2）培养充分利用能源的思想。

【相关知识】

一、动力电池充电功能

动力电池充电通常应该实现以下 3 个功能。

（1）尽快使动力电池恢复额定容量，即在恢复动力电池容量的前提下，充电时间越短越好。

（2）消除动力电池在放电过程中引起的不良后果，修复深放电、极化等导致的动力电池性能破坏。

（3）对动力电池补充充电，克服动力电池自放电引起的不良影响。

充电系统

二、纯电动汽车充电系统结构

广义的纯电动汽车的充电系统分为两大部分：一部分为车辆以外的充电装置，主要包括城市交流电网、固定充电桩；另一部分是纯电动汽车车辆（内部）充电系统。通常所说的纯电动汽车充电系统一般就是指车辆内部的充电系统，主要由动力电池、车载充电机、DC/DC转换器、高压控制盒、充电接口及线束等组成，如图 3-30 所示。

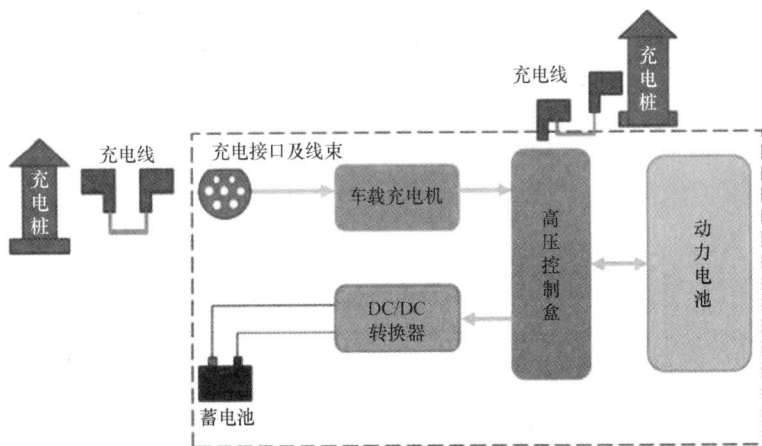

图 3-30　纯电动汽车充电系统结构

1. 充电桩

充电桩是安装在充电站、停车场、车库等固定位置并与交流电网相连，为电动汽车充电提供的充电装置。充电桩可分为交流充电桩、直流充电桩和交直流充电桩 3 种。

（1）交流充电桩。交流充电桩是指固定在电动汽车之外，与交流电网连接，采用传导方式为具有车载充电装置的电动汽车提供交流电源的专用供电装置。交流充电桩只提供电力输出，没有充电功能，需要连接车载充电机为电动汽车充电。交流充电桩具备计量计费功能。交流充电桩连接的电网为 220 V 交流电网。

（2）直流充电桩。直流充电桩是安装于充电站等固定位置，与交流电网连接，不需要车载充电机即可为电动汽车充电的专用装置。直流充电桩可以看作具有计量计费等控制功能的直流充电机，不仅能提供充电电源，还具有充电、计费等功能，可实时监视并控制被充电电池状态。直流充电桩采用直流充电模式为电动汽车动力电池充电，即直流充电桩输出的是直流电。直流充电桩的输出端在充电操作时与电动汽车直接连接，对电动汽车充电，不需要通过车载充电机。直流充电桩的功率较大，可以提供几十到几百千瓦的充电功率，可以为电动汽车进行快速充电，同时，可以对充电电量进行计量。直流充电桩连接的电网为380 V交流电网。

（3）交直流充电桩。交直流充电桩采用交直流一体结构，既可实现直流充电，也可采用交流充电。通常白天充电业务多的时候，使用直流方式进行快速充电；当夜间充电站用户少时，可用交流方式进行慢速充电。

另外，有些电动汽车生产商为其生产的纯电动汽车配备了移动式地面充电机，其也属于非车载充电机，图3-31所示为比亚迪纯电动汽车配套的移动式充电机。

2. 车载充电机

车载充电机具有为纯电动汽车动力电池安全并自动充满电的功能，充电机依据电池管理系统提供的数据，能动态调节充电电流等参数，执行相应的动作，完成充电过程。

车载充电机安装于电动车辆上，通过插头和电缆与交流插座连接。车载充电机的优点是在蓄电池需要充电的任何时候，只要有可用的供电插座，就可以进行充电。其缺点是受车上安装空间和质量限制，功率小，只能提供小电流慢速充电，充电时间较长，图3-32所示为典型的车载充电机（充电器）外观。

图3-31　比亚迪纯电动汽车配套的移动式充电机

3. 充电接口

世界各地区生产的纯电动汽车，由于执行的标准不统一，所以充电接口也各不相同。随着纯电动汽车的普及，各国家或地区的汽车企业都在着手标准的统一，如福特、通用、克莱斯勒、奥迪、宝马、奔驰、大众和保时捷于2012年发布了"联合充电系统"充电接口，即CCS标准充电接口，如图3-33所示。联合充电系统可将现行所有充电接口统一起来，这样，用一种接口就能够实现单相交流充电、快速三相交流充电、家用直流充电和超速直流充电4种模式。

图3-32　典型的车载充电机外观

图3-33　CCS标准充电接口

我国在2006年就发布了《电动汽车传导充电用插头、插座、车辆耦合器和车辆插孔通用要求》（GB/T 20234—2006）。该要求规定了两种充电接口：一种是将交流供电电网连接到车载充电机上进行充电的交流充电接口；另一种是利用非车载充电机（充电桩）对电动汽车进行直流充电的接口。按该标准生产的充电枪如图3-34所示。2015年，新标准《电动汽车传导充电用连接装置　第1部分：通用要求》（GB/T 20234.1—2015）发布，对充电连接装置的结构及性能等提出了新的要求。2023年，该标准再次更新，即GB/T 20234.1—2023，但由于目前市面上的车辆大部分是按2015年标准生产的，故后文仍按此标准介绍。

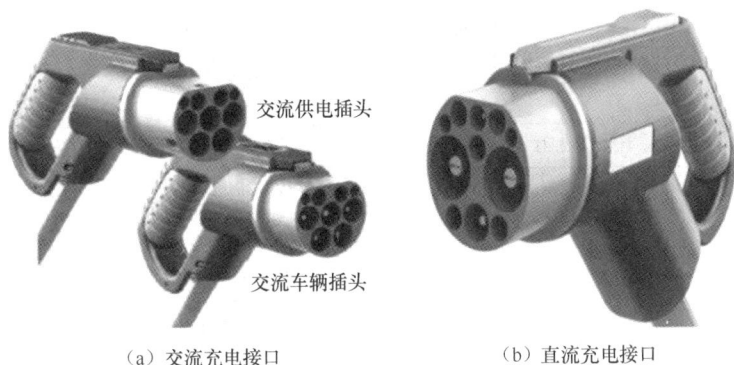

（a）交流充电接口 （b）直流充电接口

图 3-34 电动汽车充电枪（GB/T 20234—2006 标准）

（1）交流充电接口

国家标准 GB/T 20234.1—2015 规定，我国交流充电接口为 7 对端子，如图 3-35 所示。

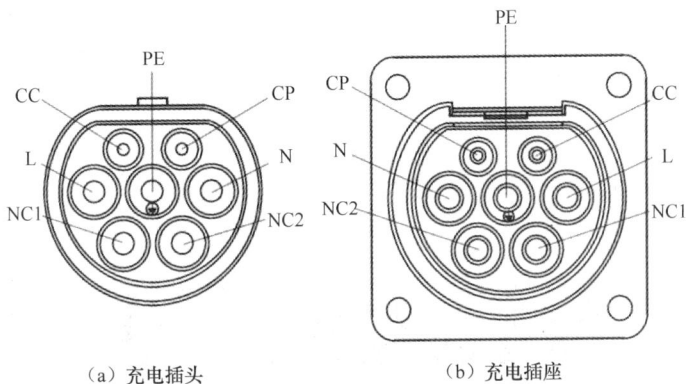

（a）充电插头 （b）充电插座

图 3-35 交流充电接口（GB/T 20234.1—2015 标准）

L—交流电（220 V，16 A/32 A）；N—中线（交流电 220 V，16 A/32 A）；CC—充电连接确认（电压 36 V，电流 2 A）；
CP—控制确认（电压 36 V，电流 2 A）；PE—保护搭铁；NC1—备用端子 1；NC2—备用端子 2

（2）直流充电接口

国家标准 GB/T 20234.1—2015 规定的直流充电接口为 9 对端子，如图 3-36 所示。

国家标准的直流充电接口各端子功能定义见表 3-6。

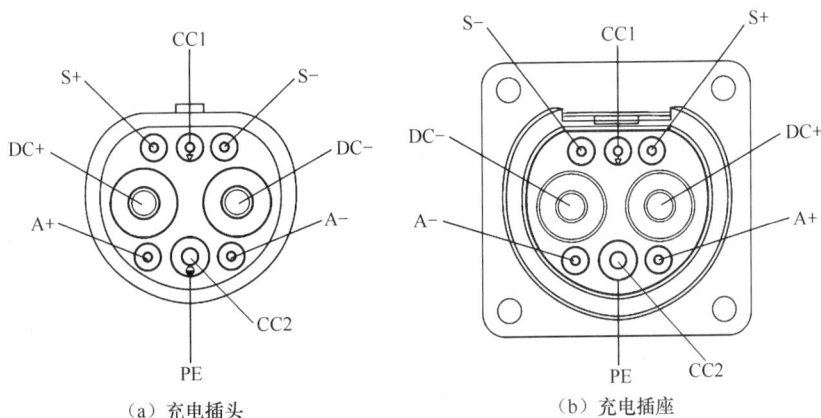

（a）充电插头 （b）充电插座

图 3-36 直流充电接口（GB/T 20234.1—2015 标准）

表 3-6　　　　　　　　　　　　　国家标准直流充电接口各端子功能定义

端子编号/标识	额定电压和额定电流	功能定义
1/（DC+）	750 V　125 A/250 A	直流电源（正），连接直流电源正极与电池正极
2/（DC−）	750 V　125 A/250 A	直流电源（负），连接直流电源负极与电池负极
3/（⏚）	—	保护搭铁，连接供电设备地线和车辆底盘搭铁线
4/（S+）	36 V　2 A	充电通信 CAN_H，连接非车载充电机与电动汽车的通信线
5/（S−）	36 V　2 A	充电通信 CAN_L，连接非车载充电机与电动汽车的通信线
6/（CC1）	36 V　2 A	充电连接确认 1
7/（CC2）	36 V　2 A	充电连接确认 2
8/（A+）	36 V　20 A	低压辅助电源（正），非车载充电机为电动汽车提供低压辅助电源（正）
9/（A−）	36 V　20 A	低压辅助电源（负），非车载充电机为电动汽车提供低压辅助电源（负）

注：非车载充电机控制装置和车辆控制装置应有 CAN 总线终端电阻，建议为 120 Ω。通信线宜采用屏蔽双绞线，非车载充电机端屏蔽层搭铁。

　　已经商业化生产的电动车辆，为了满足这两种充电机的应用要求，通常在车辆上同时设置车载充电机和快充接口。图 3-37 所示为比亚迪 e6 纯电动汽车充电接口，图中左侧接口为快充接口，右侧的为慢充接口。

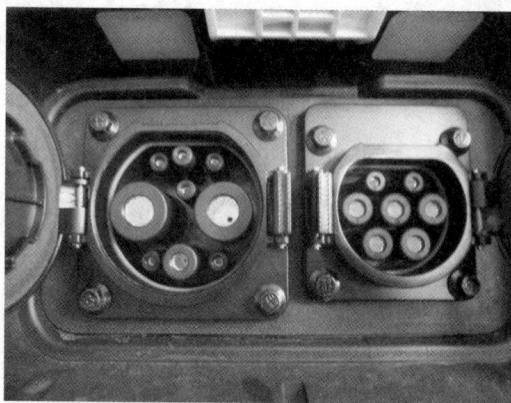

图 3-37　比亚迪 e6 纯电动汽车充电接口

三、纯电动汽车充电方式

按不同的分类标准，纯电动汽车的充电可分为多种方式。

1．按充电快慢分类

按充电速度的快慢，纯电动汽车充电可分为慢充、快充和更换电池充电 3 种方式。

（1）慢充

慢充又称为常规充电法、传统充电法，只需将车载充电机的插头插到停车场或家中的电源插座上即可进行充电，因此充电过程一般由车主自己独立完成。其特点是直接从低压照明电路取电，充电功率较小，由 220 V/16 A 规格的标准电网电源供电，典型的充电时间为 8～10 h（SOC 达到 95%以上）。

　　这种充电方式对电网没有特殊要求，只要能够满足照明要求的供电系统就能够使用。由于在家中充电通常是在晚上或者是在用电低谷期，有利于电能的有效利用，因此电力部门一般会给予电动汽车用户一些优惠，例如用电低谷期充电打折。

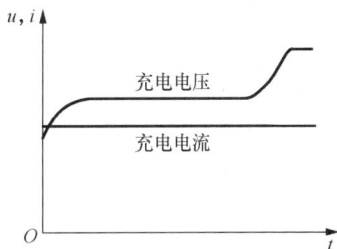

图 3-38　定流充电曲线

　　常规充电方法有定流充电法、定压充电法和阶段充电法 3 种。

　　① 定流充电法。充电过程中，充电电流保持恒定的充电，称为定流充电。其充电曲线如图 3-38 所示。

　　定流充电具有以下特点。

　　a. 充电过程中，充电电流恒定，但充电电压是变化的（充电过程中，电池的端电压不断升高，为保证充电电流的恒定，充电电源电压或调节负载应随时变化）。

　　b. 充电电流的大小可根据充电类型及电池的容量确定。

　　c. 不同端电压的电池可以串联充电。

　　d. 充电时间长。

　　② 定压充电法。充电过程中，加在蓄电池两端的电压保持不变的充电，称为定压充电。其充电曲线如图 3-39 所示。

　　定压充电具有以下特点。

　　a. 充电过程中，充电电压保持不变（充电开始时，充电电流很大，随着电池电动势的不断升高，充电电流逐渐减小，直至为零）。

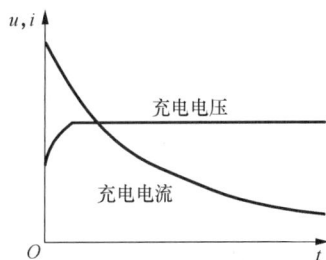

图 3-39　定压充电曲线

　　b. 一般单格电池的充电电压选择 2.5 V（铅酸蓄电池），若充电电压选择过低，则电池会出现充电不足的现象；若充电电压选择过高，则电池充足电后还会继续充电，此时的充电则为过充电。

　　c. 定压充电开始时，电池电动势小，所以充电电流很大，对电池的寿命造成不良影响，且容易使电池极板弯曲，造成电池报废；在充电中后期，由于电池极化作用的影响，正极电位变得更高，负极电位变得更低，电动势增大，而充电电流过小，因此形成长期充电不足，影响电池使用寿命。

　　鉴于这些缺点，定压充电很少使用，只有在充电电源电压低、工作电流大时才采用。

　　③ 阶段充电法。此方法包括两阶段充电法和三阶段充电法。

　　a. 两阶段充电法是采用恒电流和恒电压相结合的充电方法，首先，以恒电流充电至预定的电压值，然后，改为恒电压完成剩余的充电。一般两阶段之间的转换电压就是第二阶段的恒电压。

　　b. 三阶段充电法在充电开始时（第一阶段）和结束时（第三阶段）采用恒电流充电，中间（第二阶段）用恒电压充电。当电流衰减到预定值时，由第二阶段转换到第三阶段。这种方法可以将出气量减到最少，但作为一种慢速充电方法使用，其受到一定的限制。

　　阶段充电法由于同时采用了定流充电和定压充电，综合了这两种充电方法的优点，因此其充电速度比定流充电和定压充电快。

（2）快充

快充即以较高的充电电流，在短时间内使电池达到充满电的状态的方法。快充机功率很大，一般都大于 30 kW，采用三相四线制 380 V 供电，其典型的充电时间是 10～30 min。这种充电方式对电池寿命有一定的影响，特别是普通蓄电池不能进行快充，因为在短时间内接受大量的电量会导致蓄电池过热。

常用的快速充电方法有脉冲充电法、Reflex TM 快速充电法、变电流间歇充电法、变电压间歇充电法和调幅/调频式充电法等。

① 脉冲充电法。该方法首先用脉冲电流对电池充电，然后停充一段时间，再用脉冲电流对电池充电，如此循环，如图 3-40 所示。间歇期可使电池经化学反应产生的氧气和氢气有时间重新化合成水，减小电池极化现象，使下一轮的定流充

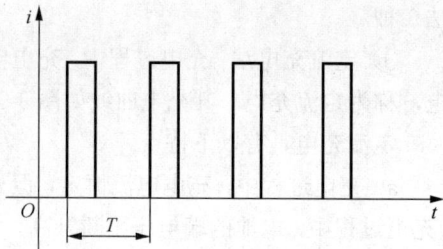

图 3-40　脉冲充电法充电曲线

电能够更加顺利地进行，提高蓄电池的存储能量。由于有较充分的反应时间，减少了析气量，因此提高了蓄电池的充电电流接受率。

② Reflex TM 快速充电法。该法对应的技术是美国的一项专利技术，最早主要面对的充电对象是镍镉电池。这种充电方法缓解了镍镉电池的记忆效应问题，并大大缩短了蓄电池快速充电的时间。Reflex TM 快速充电的一个周期包括正向脉冲充电、反向瞬间脉冲放电和停充维护 3 个阶段。与脉冲充电法相比，该法加入了负脉冲。这种充电方法在其他类型的电池上也开始大量应用，用于提高充电速度并降低充电过程中的极化。

如图 3-41 所示，Reflex TM 快速充电的过程是（以铅酸蓄电池为例）：先用（0.8～1）I_c（I_c 为倍额定容量电流）进行恒流充电，使电池在短时间内充至额定容量的 50%～60%，当单格电池电压升至 2.4 V 且开始冒气泡时，由充电机的控制电路自动控制，开始脉冲快速充电，首先停止充电 25 ms（称为"前停充"），然后放电或反向充电，使电池反向通过一个较大的脉冲电流（脉冲深度一般为充电电流的 1.5～2 倍，脉冲宽度为 150～1000 ms），然后再停止充电 40 ms（称为"后停充"）。以后的过程为：正脉冲充电→前停充→负脉冲瞬间放电→后停充→正脉冲充电……直至充足电。

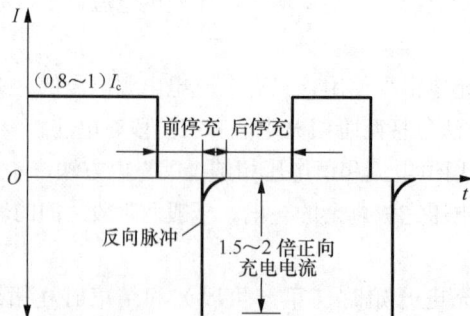

图 3-41　Reflex TM 快速充电电流波形

③ 变电流间歇充电法。这种充电方法建立在定流充电和脉冲充电的基础上，如图 3-42 所示。其特点是将定流充电段改为限压变电流间歇充电段。充电前期的各段采用变电流间歇充电的方法，保证加大充电电流，获得绝大部分充电量。充电后期采用定电压充电段，获得

过充电量,将电池恢复至完全充电状态。通过间歇停充,电池经化学反应产生的氧气和氢气有时间重新化合而被吸收掉,减少极化现象,使下一轮的定流充电能够更加顺利地进行,提高电池的存储能量。

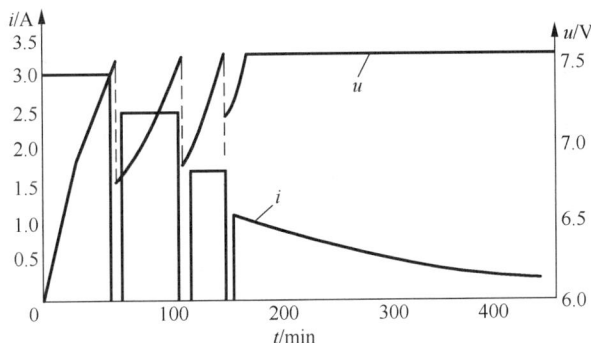

图 3-42 变电流间歇充电法曲线

④ 变电压间歇充电法。在变电流间歇充电法的基础上形成了变电压间歇充电法,如图 3-43 所示。变电压间歇充电法与变电流间歇充电法的不同之处在于第一阶段不是间歇定电流,而是间歇定电压。

比较上述各类充电方法,图 3-43 所示的变电压间歇充电曲线更加符合最佳充电的需要,在每个定电压充电阶段,由于电压恒定,充电电流自然按照指数规律下降,符合电池电流可接受率随充电过程逐渐下降的特点。

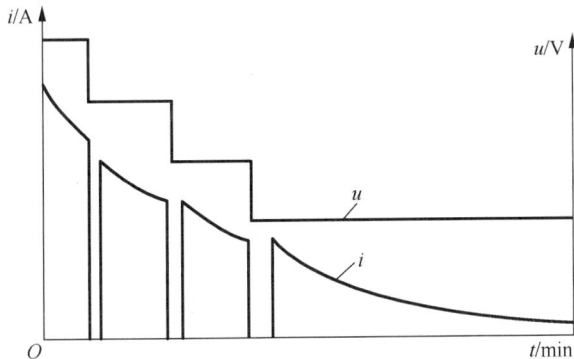

图 3-43 变电压间歇充电曲线

⑤ 调幅/调频式充电法。调幅/调频式充电法综合了各种充电方法的优点,通常采用以下 3 种控制方法。

a. 脉冲电流的幅值可变,驱动充/放电开关管的信号(PWM 信号)的频率固定。

b. 脉冲电流的幅值不变,PWM 信号的频率可调。

c. 脉冲电流的幅值不变,PWM 信号的频率固定,PWM 信号的占空比可调。

图 3-44 所示为第三种控制方法的充电曲线,在调整 PWM 信号的占空比的同时,加入间歇停充阶段,能够在较短的时间内充入更多的电量,提高电池的充电接受能力。

(3)更换电池充电

更换电池充电方式也称为地面充电。地面充电就是当车辆进行补充充电时,将需要充电的电池从车辆上拆下,安装已充满电的电池,车辆即可离开继续运行,对拆卸下来的电池采用地面充电系统进行补充充电。

采取地面充电方式有利于电池维护，提高电池使用寿命和车辆使用效率，但对车辆及电池更换设备提出了更高的要求。地面充电有分箱充电和整组充电两种方法。

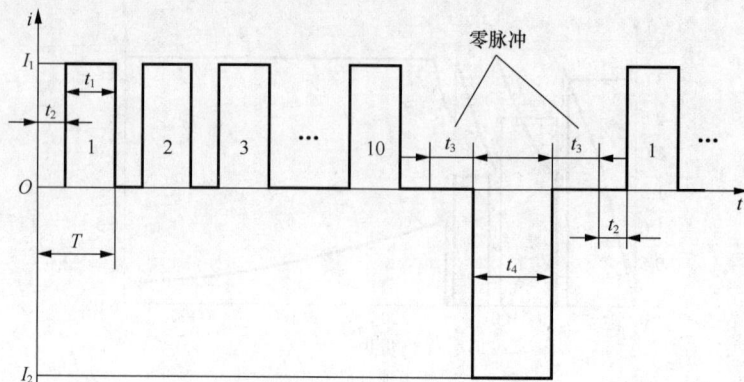

图 3-44　调幅/调频式充电曲线

① 分箱充电。分箱充电时，每台充电机对电池组中的一箱电池充电，并和该箱的电池管理单元通信，完成充电控制。采用这种方法，有利于提高电池组的均衡性，延长电池组使用寿命，但充电机数量多，电池组与充电机间的连线多，监控网络复杂，成本较高。地面分箱充电结构如图 3-45 所示。

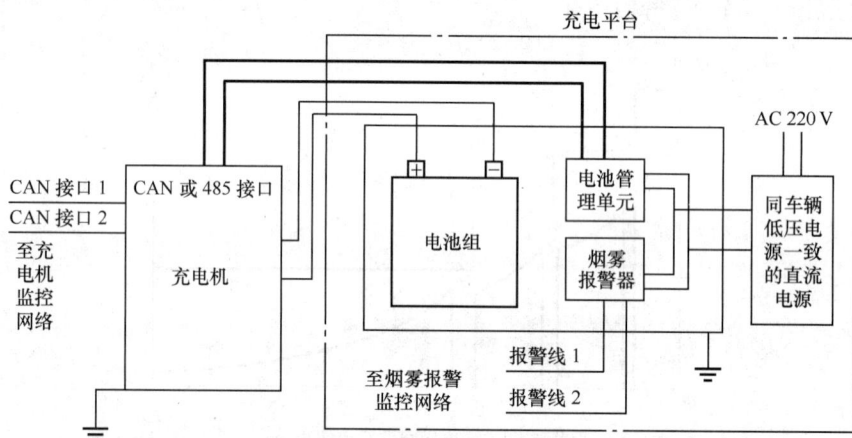

图 3-45　地面分箱充电结构

其中，充电平台包括与车辆低压电源一致的直流电源、电池存储架、充电机通信接口连接器、充电机输出连接器、电池管理单元、烟雾传感器、温度传感器等。当单箱电池放置在充电平台上时，低压电源为电池管理单元提供供电电源，充电机和电池管理单元通信实现充电控制，能量通过充电机输出连接器从充电机传输到电池。烟雾传感器、温度传感器等实现在充电过程中的现场监控。

当采用分箱充电时，需要电池调度系统对所有的电池实时进行数量、质量和状态的监控和管理，完成电池存储、更换、重新配组和电池组均衡、实际容量测试及电池故障的应急处理等功能。

② 整组充电。采用整组充电时，将从电动汽车上拆卸下的各箱电池按照车辆上的应用

方式连接，通过一台充电机给整组电池充电，所有的电池管理单元通过电池管理主机与充电机进行通信，完成充电控制。采用这种方法，充电机数量少，监控网络简单，但相对分箱充电而言，电池组的均衡性较差，使用寿命较短。地面整组充电结构如图 3-46 所示。

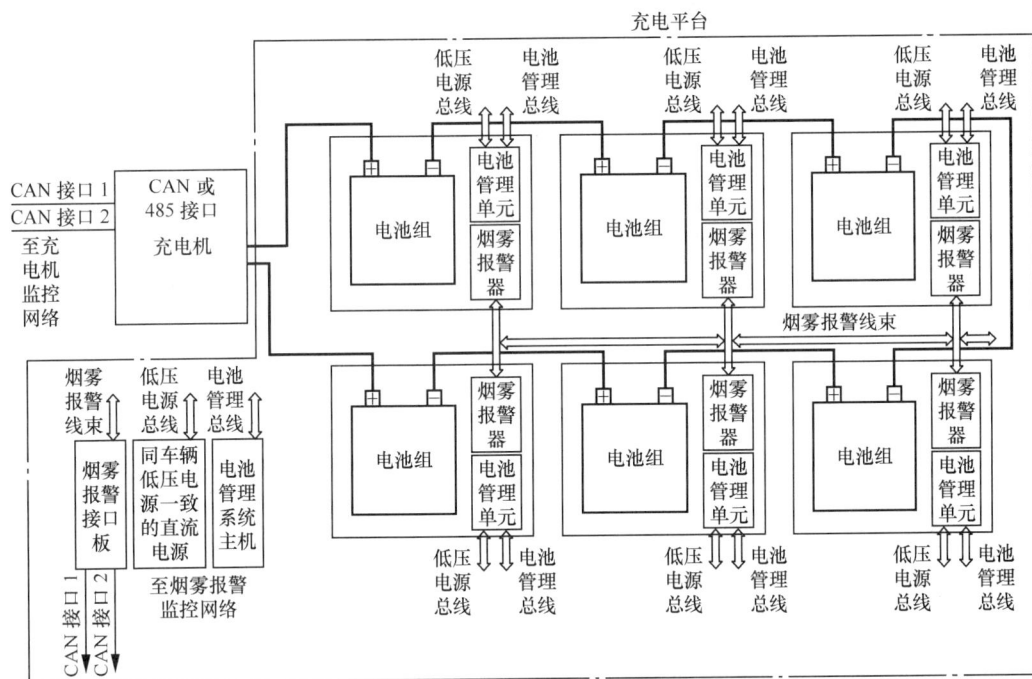

图 3-46　地面整组充电结构

分箱充电和整组充电方法的优缺点比较见表 3-7。

表 3-7　　　　　　　　　　　　　分箱充电和整组充电方法的优缺点比较

序号	分箱充电	整组充电
1	充电电压低，安全性好	充电电压高，安全性差
2	充电设备单机功率小，技术成熟，总体成本低	单台充电设备功率大，技术不成熟，设备成本高
3	减缓一致性差异增加	一致性差异增加快
4	谐波相对较小	谐波相对较大
5	适于更换模式下电池对称布置	不适于更换模式下电池对称布置
6	兼顾一致性，有效延长了电池使用寿命	电池使用寿命短

2．按电力传输方式分类

按充电时电力传输方式的不同，纯电动汽车充电可分为有线式充电和无线式充电两种。

（1）有线式充电

有线式充电也称为传导式充电，采用这种方式充电，充电机的供电部分与受电部分有着机械式的连接。上述提及的慢充和快充两种充电方式均属于有线式充电。有线式充电的充电机结构相对简单，容易实现，也是目前电动汽车应用最普遍的充电方式。采用这种充电方式，操作人员不可避免地要接触强电，所以容易发生危险。

（2）无线式充电

无线式充电即车辆和充电设备之间没有充电电缆连接的充电方式，主要有电磁感应充电、磁共振充电和微波充电 3 种。

① 电磁感应充电。电磁感应充电需使用电磁感应式充电机。电磁感应式充电机利用了电磁能量传递原理，以电磁感应耦合方式向电动汽车传输电能，供电部分和受电部分之间没有直接的机械连接，如图 3-47 所示，两者的能量传递只是依靠电磁能量的转换。这种结构设计比较复杂，受电部分安装在电动车辆上，受到车辆安装空间的制约，功率受到一定的限制，但由于不需要充电人员直接接触高压部件，因此安全性高。

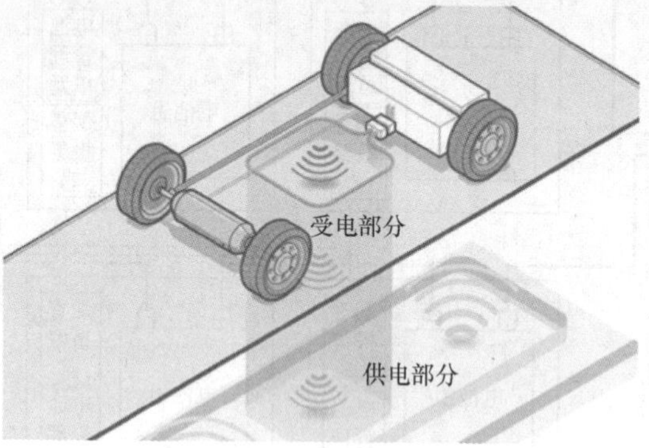

图 3-47　电磁感应式充电原理示意

② 磁共振充电。磁共振充电系统主要由电源、电力发送单元、电力接收单元、整流器等组成，基本原理与电磁感应充电相同。电源传输部分有电流通过时，所产生的交变磁束使接收部分产生电势，为电池充电时输出电流。与电磁感应充电方法的不同之处在于，磁共振充电系统加装了两个高频驱动电源，采用兼备线圈和电容器的 LC 共振电路。共振频率的数值会随发送单元与接收单元之间距离的变化而改变，当传输距离发生改变时，传输效率也会变化。因此，可通过控制电路调整共振频率，使两个单元的电路发生共振（也称作磁共鸣）。在控制回路的作用下改变发送与接收频率，可将电力传送距离增大至数米，同时将两单元电路的电阻降至最小以提高传输效率。传输效率还与发送单元和接收单元的直径有关，传送面积越大，传输效率越高。目前传输距离可达 400 mm，传输效率可达 95%。磁共振充电方法技术上的难点是小型、高效率化比较困难。现在的技术能力大约是直径 0.5 m 的线圈能在 1 m 左右的距离提供 60 W 的电力。

③ 微波充电。微波充电法使用 2.45 GHz 的电波发生装置传送电力。传送的微波也是交流电波，可用天线在不同方向接收，用整流电路转换成直流电为电动汽车动力电池充电，并且可以实现一点对多点的远距离传送。为防止充电时微波向外泄漏，充电部分装有金属屏蔽装置。微波充电法目前存在的主要问题是磁控管产生微波时的效率过低，造成许多电力变为热能损失掉。

目前，电动汽车无线式充电的实现方案是，将汽车停靠在配置有无线充电传感器的城市路面或车库里（见图 3-48），就可以不需要电源线为汽车充电。

图 3-48　在车库里的无线充电传感器

3. 按充电时车辆的运行方式分类

按充电时车辆的运行方式，电动汽车充电可分为停车充电和行车充电两种。

（1）停车充电。停车充电，即充电时车辆是静止的。有线式充电均为停车充电，部分无线式充电也是停车充电。

（2）行车充电。行车充电也称为移动式充电，即充电过程中车辆是行驶的。

移动式充电系统多为感应式或微波式。感应式移动充电是在一段路面下埋设一系列接通电流的线圈作为传感器，车辆上设置感应线圈。这样当车辆行驶在这段路面上时，即可进行行车充电，如图3-49所示。

图3-49　行车充电

四、充电连接方式及充电模式

1. 充电连接方式

（1）连接方式A

将纯电动汽车和交流电网连接时，使用和纯电动汽车永久连接在一起的充电电缆和车辆插头，如图3-50所示。

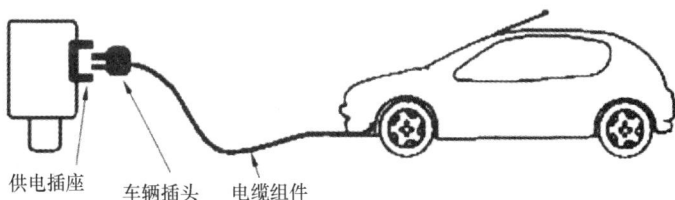

图3-50　充电连接方式A示意

（2）连接方式B

将纯电动汽车和交流电网连接时，使用带有车辆插头和供电插头的独立的活动电缆组件，如图3-51所示。例如多数纯电动汽车随车赠送的便携式充电器即采用该种连接方式。

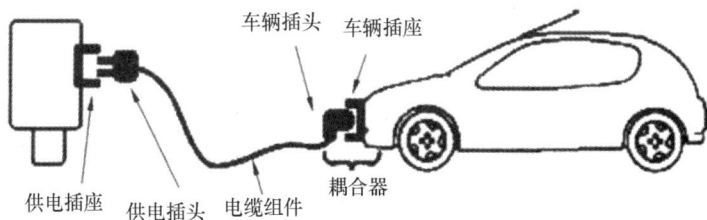

图3-51　充电连接方式B示意

（3）连接方式C

将纯电动汽车和交流电网连接时，使用和纯电动汽车永久连接在一起的充电电缆和供电插头，如图 3-52 所示。例如车主安装的壁挂式充电桩及在公共场所使用的交流充电桩即采用该种连接方式。

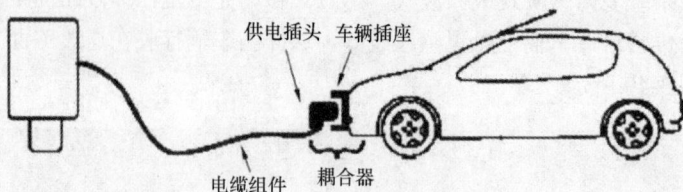

图 3-52 充电连接方式 C 示意

2．充电模式

（1）充电模式 1

模式 1 充电系统使用标准的插座和插头，能量传输过程中应采用单相交流供电，且不允许超过 8 A 和 250 V，在电源侧应使用符合 GB/T 2099.1—2021 和 GB/T 1002—2021 要求的插头和插座，在电源侧使用了相线、中性线和保护接地导体，并且在电源侧使用了剩余电流保护装置。从标准插座到电动汽车应提供保护接地导体。不应使用模式 1 对电动汽车进行充电。

（2）充电模式 2

模式 2 充电系统使用标准插座，能量传输过程中应采用单相交流供电。电源侧使用符合 GB/T 2099.1—2021 和 GB/T 1002—2021 要求的 16 A 插头和插座时输出不能超过 13 A；电源侧使用符合 GB/T 2099.1—2021 和 GB/T 1002—2021 要求的 10 A 插头和插座时输出不能超过 8 A。在电源侧使用了相线、中性线和保护接地导体，并且采用缆上控制与保护装置（IC-CPD）连接电源与电动汽车。从标准插座到电动汽车应提供保护接地导体，且应具备剩余电流保护和过电流保护功能。

（3）充电模式 3

模式 3 应用于连接到交流电网的供电设备将电动汽车与交流电网连接起来的情况，并且在电动汽车供电设备上安装了专用保护装置。电动汽车供电设备具有一个及一个以上可同时使用的模式 3 连接点（供电插座）时，每一个连接点应具有专用保护装置，并确保控制导引功能可独立运行。模式 3 应具备剩余电流保护功能。连接方式 A、连接方式 B、连接方式 C 适用于模式 3。采用单相供电时，电流不大于 32 A。采用三相供电且电流大于 32 A 时，应采用连接方式 C。

五、交流充电工作原理

1．控制导引电路的组成

以较为常见的充电模式 3 为例，当电动汽车使用充电模式 3 进行充电时，应使用图 3-53（连接方式 B）及图 3-54（连接方式 C）所示的控制导引电路进行充电连接装置的连接确认及额定电流参数的判断。该电路由供电控制装置，剩余电流保护装置，接触器 K1 和 K2，电阻 R1、R2、R3、R4、RC，二极管 VD1，开关 S1、S2、S3，车载充电机和车辆控制装置等组成，其中车辆控制装置可以集成在车载充电机或其他车载控制单元中。电阻 R4、RC 安装在车辆插头上。开关 S1 为供电设备内部开关。开关 S2 为车辆内部开关，在车辆接口与供电接口完全连接，并且配置了电子锁的接口被完全锁止后，当车载充电机自检测完成后无故障，并且电池组处于可充电状态时，S2 闭合（如果车辆设置有"充电请求"或"充电控制"功能，则同时应满足车辆处于"充电请求"或"可充电"状态）。开关 S3 为车辆插头的内部常闭开关，与插头上的下压按钮（用以触发机械锁止装置）联动，按下按钮解除机械锁止功能的同时，S3 处于断开状态。控制导引电路中也可以不配置开关 S2，无开关 S2 的车辆应采用单相充电，且最大充电电流不超过 8 A。我们以配置了开关 S2 的控制导引电路进行分析，对于未配置开关 S2 的控制导引电路，等同于开关 S2 为常闭状态。

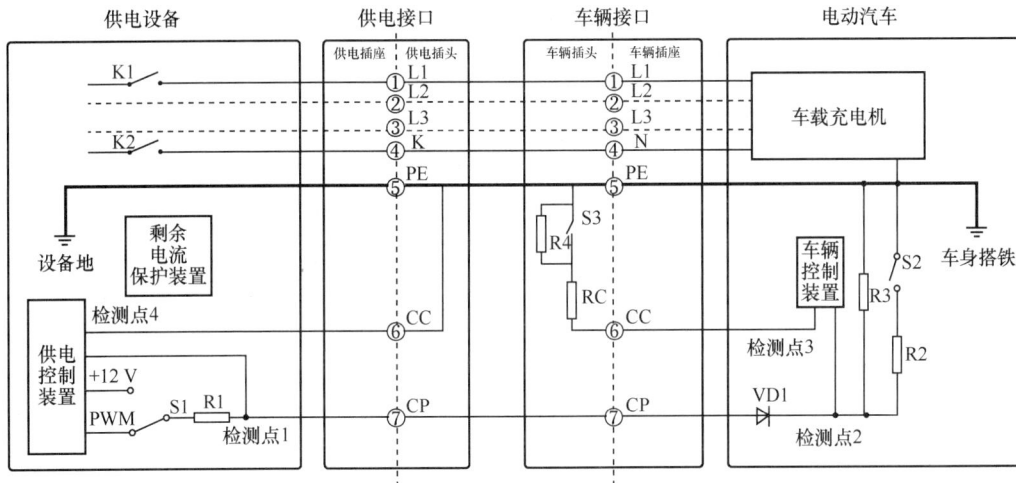

图 3-53 充电模式 3 连接方式 B 的控制引导电路原理

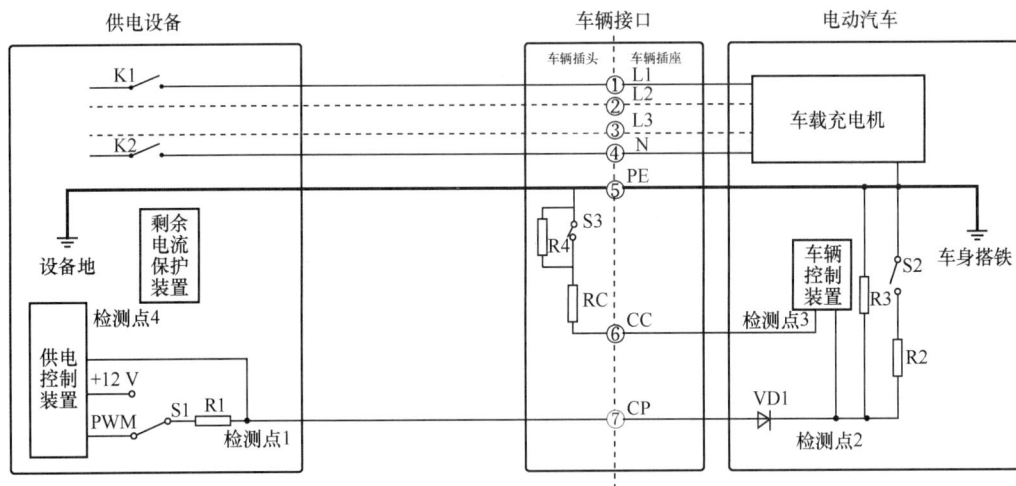

图 3-54 充电模式 3 连接方式 C 的控制引导电路原理

2．控制导引电路的功能

（1）连接确认与电子锁

车辆控制装置通过测量检测点 3 与 PE 之间的电阻值来判断车辆插头与车辆插座是否完全连接。完全连接后，如果车辆插座内配备电子锁，电子锁应在开始供电（K1 与 K2 闭合）前锁定车辆插头并在整个充电流程中保持。如果不能锁定，由电动车辆决定下一步操作，例如继续充电流程，通知操作人员并等待进一步指令或终止充电流程。供电控制装置通过测量检测点 1 或检测点 4 的电压来判断供电插头和供电插座是否完全连接。完全连接后，如供电插座内配备电子锁，供电插座内电子锁应在开始供电（K1 与 K2 闭合）前锁定供电插头并在整个充电流程中保持。如果不能锁定，终止充电流程并提示操作人员。

（2）充电连接装置载流能力和供电设备供电功率的识别

车辆控制装置通过测量检测点 3 与 PE 之间的电阻值来确认当前充电连接装置（充电电缆）的额定容量，对应关系如表 3-8 所示；通过测量检测点 2 的 PWM 信号占空比确认当前供电设备的最大供电电流，如表 3-9、表 3-10 所示。

表 3-8　　　　　　　　　　RC 的阻值与充电电缆额定容量关系

RC 的阻值/Ω	充电电缆额定容量/A
1500	10
680	16
220	32
100	63

表 3-9　　　　　　　　充电设施产生的占空比与充电电流限值对应关系

PWM 占空比 D	最大充电电流 I/A
$D=0\%$，连续的-12 V	充电桩不可用
$D=5\%$	5%的占空比表示需要数字通信，且需在电能供应之前在充电桩和电动汽车间建立通信
$10\%<D\leqslant85\%$	$I_{max}=D\times100\times0.6$
$85\%<D\leqslant90\%$	$I_{max}=(D\times100-64)\times2.5$ 且 $I_{max}\leqslant63$
$90\%<D\leqslant97\%$	预留
$D=100\%$，连续正电压	不允许

表 3-10　　　　　　　电动车辆检测的占空比与最大充电电流对应关系

PWM 占空比 D	最大充电电流 I/A
$D<3\%$	不允许充电
$3\%\leqslant D\leqslant7\%$	5%的占空比表示需要数字通信，且需在充电前在充电桩和电动汽车之间建立。没有数字通信不允许充电
$7\%<D<8\%$	不允许充电
$8\%\leqslant D<10\%$	$I_{max}=6$
$10\%\leqslant D\leqslant85\%$	$I_{max}=D\times100\times0.6$
$85\%<D\leqslant90\%$	$I_{max}=(D\times100-64)\times2.5$ 且 $I_{max}\leqslant63$
$90\%<D\leqslant97\%$	预留
$D>97\%$	不允许充电

（3）充电过程的监测

充电过程中，车辆控制装置应对检测点 3 与 PE 之间的电阻值及检测点 2 的 PWM 信号占空比进行监测，供电控制装置应对检测点 4 及检测点 1 的电压值进行监测。

（4）充电系统的停止

在充电过程中，当充电完成或因为其他原因不能满足继续充电的条件时，车辆控制装置和供电控制装置分别停止充电的相关控制功能。

3. 充电过程的工作控制

（1）车辆插头与车辆插座插合，使车辆处于不可行驶状态

当车辆插头与车辆插座插合后，车辆的总体设计方案可以自动启动某种触发条件（如打

开充电门、车辆插头与车辆插座连接或者对车辆的充电按钮、开关等进行功能触发设置），通过互锁或者其他控制措施使车辆处于不可行驶状态。

（2）确认供电接口已完全连接

供电控制装置通过测量检测点 1 或检测点 4 的电压值来判断供电插头与供电插座是否完全连接。

（3）确认车辆接口已完全连接

车辆控制装置通过测量检测点 3 与 PE 之间的电阻值来判断车辆插头与车辆插座是否完全连接。未连接时，S3 处于闭合状态，CC 未连接，检测点 3 与 PE 之间的电阻值为无限大；半连接时，S3 处于断开状态，CC 已连接，检测点 3 与 PE 之间的电阻值为 RC 的阻值+R4 的阻值；完全连接时，S3 处于闭合状态，CC 已连接，检测点 3 与 PE 之间的电阻值为 RC 的阻值。

（4）确认充电连接装置是否已完全连接

如供电设备无故障，并且供电接口已完全连接，则开关 S1 从+12 V 连接状态切换至 PWM 连接状态，供电控制装置发出 PWM 信号。供电控制装置通过测量检测点 1 的电压值或检测点 4 来判断充电连接装置是否完全连接。车辆控制装置通过测量检测点 2 的 PWM 信号，判断充电连接装置是否已完全连接。

（5）车辆准备就绪

在车载充电机自检完成，且没有故障的情况下，当电池组处于可充电状态时，车辆控制装置闭合开关 S2（如果车辆设置有"充电请求"或"充电控制"功能，则同时应满足车辆处于"充电请求"或"可充电"状态）。

（6）供电设备准备就绪

供电控制装置通过测量检测点 1 的电压值判断车辆是否准备就绪。当检测点 1 的峰值电压为表 3-11 中状态 3 对应的电压值时，则供电控制装置通过闭合接触器 K1 和 K2 使交流供电回路导通。

表 3-11　　　　　　　　　　充电过程中检测点 1 的电压变化表

充电过程状态	充电连接装置是否连接	S2	车辆是否可以充电	检测点 1 峰值电压（稳定后测量）/V	说明
状态 1	否	断开	否	12	车辆接口未完全连接，检测点 2 的电压为 0
状态 2	是	断开	可	9	S1 切换至与 PWM 连接状态，R3 被检测到
状态 3	是	闭合	可	6	车载充电机及供电设备处于正常工作状态

（7）充电系统的启动

① 当电动汽车和供电设备建立电气连接后，车辆控制装置通过判断检测点 2 的 PWM 信号占空比确认供电设备的最大可供电能力，并且通过判断检测点 3 与 PE 之间的电阻值来确认电缆的额定容量。车辆控制装置对供电设备当前提供的最大供电流值、车载充电机的额定输入电流值及电缆的额定容量进行比较，将其最小值设定为车载充电机当前最大允许输入电流。当车辆控制装置判断充电连接装置已完全连接，并完成车载充电机最大允许输入电流设置后，车载充电机开始对电动汽车进行充电。

② 在充电过程中，当接收到检测点 2 的 PWM 信号时，车载充电机最大允许输入电流设置取决于供电设备的可供电能力、充电电缆载流值和车载充电机额定电流的最小值。

六、直流充电工作原理

1. 控制导引电路的组成

直流充电控制导引电路的组成示意如图 3-55 所示，包括非车载充电机控制器，电阻 R1、R2、R3、R4、R5，开关 S，直流供电回路接触器 K1 和 K2，低压辅助供电回路［电压 12×（1±5%）V；电流 10 A］接触器 K3 和 K4，充电回路接触器 K5 和 K6 以及车辆控制器等，其中车辆控制装置可以集成在电池管理系统中。电阻 R2 和 R3 安装在车辆插头上，电阻 R4 安装在车辆插座上。开关 S 为车辆插头的内部常闭开关，当车辆插头与车辆插座完全连接后，开关 S 闭合。在整个充电过程中，非车载充电机控制装置应能监测接触器 K1、K2、K3、K4。电动汽车车辆控制装置应能监测接触器 K5 和 K6 并控制其接通及关断。直流充电控制导引电路的参数见表 3-12。

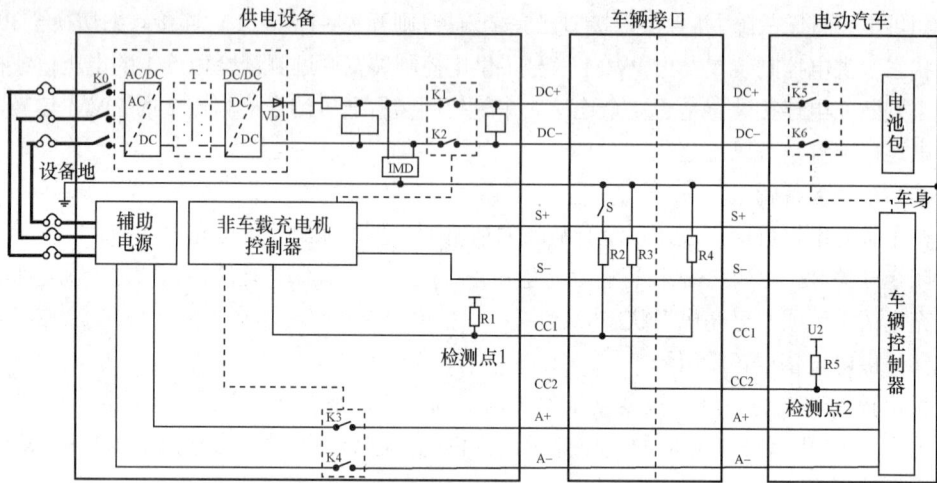

图 3-55　直流充电控制导引电路的组成示意

表 3-12　　　　　　　　　　直流充电控制导引电路的参数

对象	参数	符号	单位	标称值	最大值	最小值
非车载充电机	R1 等效电阻	R1	Ω	1000	1030	970
	上拉电压	U1	V	12	12.6	11.4
	检测点 1 电压	U1a	V	12	12.8	11.2
		U1b	V	6	6.8	5.2
		U1c	V	4	4.8	3.2
车辆插头	R2 等效电阻	R2	Ω	1000	1030	970
	R3 等效电阻	R3	Ω	1000	1030	970
车辆插座	R4 等效电阻	R4	Ω	1000	1030	970
电动汽车	R5 等效电阻	R5	Ω	1000	1030	970
	上拉电压	U2*	V	12	12.6	11.4
	检测点 2 电压	U2a*	V	12	12.8	11.2
		U2b*	V	6	6.8	5.2

注：*车辆厂家可自定义。

2．控制导引电路的功能

（1）车辆插头与车辆插座插合：使车辆处于不可行驶状态

将车辆插头与车辆插座插合，车辆的总体设计方案可以自动启动某种触发条件（如打开充电门、车辆插头与车辆插座连接或对车辆的充电按钮、开关等进行功能触发设置），通过互锁或其他控制措施使车辆处于不可行驶状态。

（2）车辆接口连接确认

操作人员对非车载充电机进行充电设置后，非车载充电机控制器通过测量检测点 1 的电压值判断车辆插头与车辆插座是否已完全连接，当检测点 1 电压值为 4 V 时，则判断车辆接口完全连接。

（3）非车载充电机自检

在车辆接口完全连接后，闭合 K3 和 K4 使低压辅助供电回路导通，闭合 K1 和 K2 进行绝缘检测。绝缘检测时的输出电压应为车辆通信握手报文内的最高允许充电总电压和供电设备额定电压中的较小值。绝缘检测完成后，将 IMD（绝缘检测）以物理的方式从强电回路中分离，并投入泄放回路对充电输出电压进行泄放，非车载充电机完成自检后断开 K1 和 K2。同时开始周期发送通信握手报文。如果车辆需要使用非车载充电机提供低压辅助电源，则在得到非车载充电机提供的低压辅助电源供电后，车辆控制装置通过测量检测点 2 的电压值判断车辆接口是否已完全连接。如果车辆不需要使用非车载充电机提供低压辅助电源，则直接测量检测点 2 电压值判断车辆接口是否连接。如检测点 2 的电压值为 6 V，则车辆控制装置开始周期发送通信握手报文。

（4）充电准备就绪

车辆控制装置与非车载充电机控制装置在配置阶段时，车辆控制装置闭合 K5 和 K6，使充电回路导通；非车载充电机控制装置检测到车辆端电池电压正常（确认接触器外端电压：与通信报文电池电压误差范围小于±5%，大于充电机最低输出电压且小于充电机最高输出电压）后闭合 K1 和 K2，使直流供电回路导通。

（5）充电阶段

在充电阶段，车辆控制装置向非车载充电机控制装置实时发送电池充电需求参数，调整充电电流下降时：若其下降值 $\Delta I < 20$ A，则最长在 1 s 内将充电电流调整到与命令值相一致；若 $\Delta I > 20$ A，则最长在 $\Delta I / dI_{min}$（dI_{min} 为最小充电速率，20 A/s）内将充电电流调整到与命令值相一致。非车载充电机控制装置根据电池充电需求参数实时调整充电电压和充电电流。此外，车辆控制装置和非车载充电机控制装置还相互发送各自的状态信息。在充电过程中，车端应能检测 PE 针是否断线。

七、智能充电管理

智能充电管理即无须过多人工干预，由充电机充电管理系统和车载 BMS（电池管理系统）联合进行的智能充电管理模式。

智能充电管理系统采用多种充电模式，充电电流大，充电热量小，充电速度快，还原效率高，超时充电无过充电危险。其较一般的充电方式充电效率提高 50%～60%，针对锂电池、铁锂电池抗过充电能力差的缺点，实现动态均衡充电功能，避免不平衡趋势恶化，提高电池组的充电电压，并对电池进行活化充电，有效延长电池使用寿命。其还具有快速充电功能，充电 10～15 min 即可充至额定电量的 80%以上。

充电策略的实现，需要电池系统与充电机间实现有效的数据传输和参数实时判断，BMS 完成电池系统中参数的采集工作。在现有的智能充电管理系统中，通过实现与充电机的通信，保证充电安全性，实现充电过程的有效控制。智能充电管理系统基本结构如图 3-56 所示。

BMS 的作用是实现对电池状态（电池的温度、单体电池电压、工作电压、电池和电池箱之间的绝缘情况）的在线监测、SOC 估算、状态分析（SOC 是否过高、电池温度是否过高/过低、单体电池电压是否超高/超低、电池升温是否有过快、绝缘是否有故障、是否过电流、电池的一致性分析、电池组是否存在故障以及是否有通信故障等），以便实施必要的热管理。充电机的主要任务是电源变换、输出电压和电流的闭环控制、必要的保护以及与 BMS 通信，实现对电池状态的全面了解和对输出电流的动态调节。当电池组需要充电的时候，除了充电机的输出总正动力线和总负动力线需要与电池组相连以外，BMS 和充电机之间还增加了用于实现数据共享的通信线。

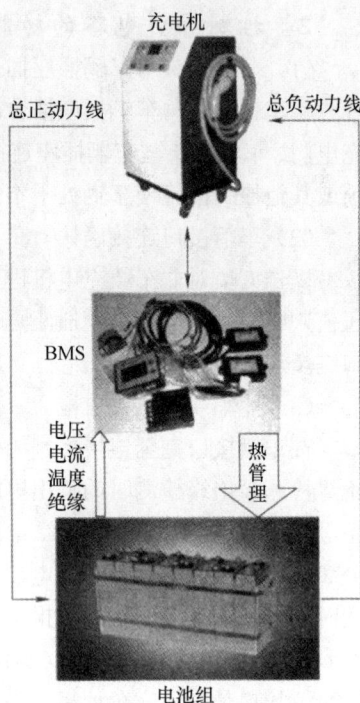

图 3-56　智能充电管理系统基本结构

智能充电模式的特点是：通过在 BMS 和充电机之间建立通信链路，实现了数据共享，使得在整个充电过程中，电池的电压、温度以及绝缘性能等安全性相关参数都能参与电池的充电控制和管理，使得充电机能充分地了解电池的状态和信息，并据此改变充电电流，有效地防止电池组中所有电池发生过充电和温度过高的情况，提高串联成组电池充电的安全性。另外，该充电模式完善了 BMS 的管理和控制功能，提高了充电安全性和智能化水平，简化了操作人员设置充电参数等烦琐的工作，使得充电机具有了更好的适应性。通过这一模式，充电机不需要区分电池的类型，只需要得到 BMS 提供的电流指令就能实现安全充电。

智能充电及管理系统能够实现电池的检测、维护，电量计费，联网监控，续驶里程估算，抗磁干扰，人机交互显示等功能。

（1）检测功能

检测功能包括智能电池单体检测、内阻检测技术，在线巡回检测每节单体电池的状况，预测各节电池的供电性能，及时发现劣化电池并报警，为电池组"精细"维护提供测量依据。

（2）防硫养护功能（针对铅酸蓄电池）

智能充电及管理系统可抑制硫化产生，降低硫化速度，可使电池组的容量恢复到标称容量的 95% 以上，达到长期在线对电池进行防硫养护和修复的作用。

（3）电量计费功能

智能充电及管理系统可实现充电站输入电量、充电机输入电量、输出电能总量，用户充电消费已充电量、计费单价、消费金额等的存储、显示和统计。

（4）联网监控

通过全球定位系统、控制器局域网（controller area network，CAN）总线装置、载波通信、监控中心对充电机、终端、充电桩进行远程控制，实时记录充电、配电、电池维护等监控数据，异常现象声控报警，并通过通信口输出到监控系统。

（5）续驶里程估算

智能充电及管理系统可对电动汽车车载电池的电压、内阻进行检测及对电量容量进行估算，实时评估电量信息，同时估算续驶里程，避免车主遭遇电量用完的尴尬，更加方便车主的出行。

（6）抗磁干扰

双绞屏蔽网络通信线，置于金属管中；超强滤波电路设计，严格执行通信协议，多重正确条件校验设置，全面差错校正。

（7）人机交互

触控数字液晶屏显示，语音提示，友好人机界面，显示 RFID（radio frequency indentification，射频识别）卡（选配）、IC（intergrated circuit，集成电路）卡卡号、计费单价、充电模式、充电电压、充电电流、已充电量、所剩余额、消费金额等，并打印单据。图 3-57 为典型直流充电机显示界面，充电机的插卡端口和打印端口如图 3-58 所示。

图 3-57　直流充电机显示界面

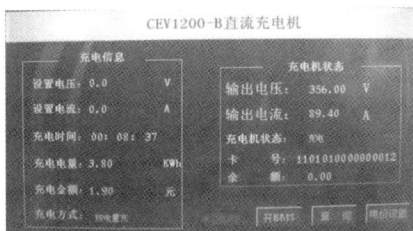

图 3-58　充电机的插卡端口和打印端口

八、充电站

充电站主要是指快速高效、经济安全地为各种电动车辆提供运行中所需电能的服务性基础设施。为提高车辆的使用率和便利性，除采用动力电池车载充电以外，还可采取电动汽车动力电池系统与辅助蓄电池更换的方案使电动汽车获得行驶必需的电能。

充电站的主要功能决定其总体布局。一般来说，一个功能完备的充电站由配电区、充电区、更换电池区、电池维护区和监控区 5 个基本部分组成，如图 3-59 所示。根据充电站的规模和服务功能，在功能区设置上存在一定的差异。例如，不需要对电池进行更换的充电站将不需设置更换区以及配备电池更换设备和大量电池的存储设备。

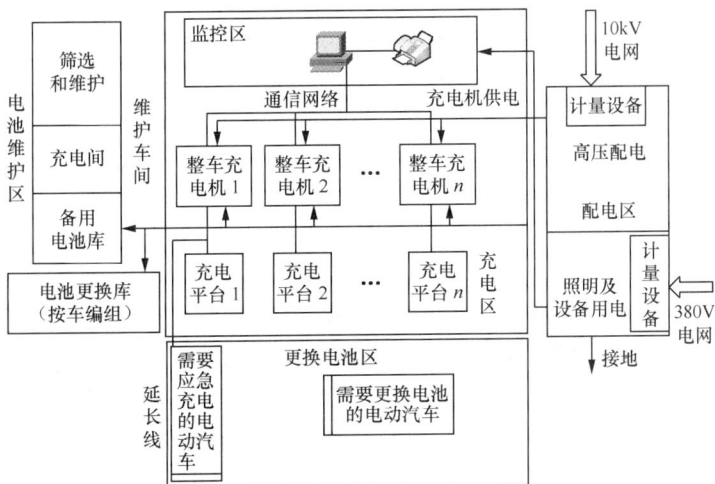

图 3-59　充电站总体结构

（1）配电区

配电区为充电站提供所需的电源，不仅给充电机提供电能，而且要满足照明、控制设备的需要。内部建有变配电设备、配电监控系统，相关的控制和补偿设备也需要加以考虑。配电区是整个充电站正常运行的基础，根据配电功率的需要，一般采用充电用负荷、监控和办公负荷分开供电的形式。

（2）充电区

充电区的功能是完成动力电池组电能的补给。充电区是整个充电站的核心部分，配备各种形式的充电机，建设充电平台以及充电站监控系统网络接口，满足多种形式的充电需求，提供方便、安全和快捷的全方位充电服务。

（3）更换电池区

更换电池区是车辆更换电池和电池调度的场所。需要配备电池更换设备，同时应建设电池存储区域用于存放备用动力电池组（备用动力电池是由电池维护区的备用电池库调过来的）。

（4）电池维护区

电池维护区的功能是对所有的电池进行数量、质量和状态实时管理，进行电池重新配组、电池组均衡、电池组实际容量测试、电池故障的应急处理和日常维护等工作。

（5）监控区

监控区用于监控整个充电站的运行情况，包括充电参数监控、烟雾监控、配电监控等，还可以扩展具备车辆运行参数监控、场站巡保监控等功能，并完成管理情况的报表打印等。各监控子系统可通过局域网和 TCP/IP 与中央监控室以及上一级监控中心进行连接，实现数据汇总、统计、显示及监控功能。充电站监控系统架构如图 3-60 所示，一般采用分层并行结构。

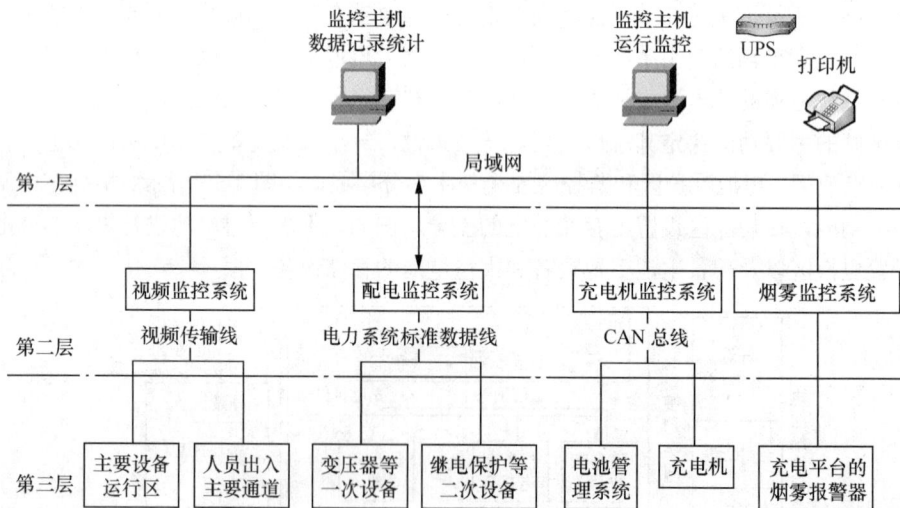

图 3-60　充电站监控系统架构

视频监控系统对整个充电站的主要设备运转以及人员进行安全监控。

配电监控系统要通过现场总线实现配电站供电系统信息的交换和管理，除实现常规的二次设备继电保护、安全自动装置、测量仪表、操作控制等功能外，该系统还需要和其他监控系统实现通信，保证当充电系统出现故障时，配电系统能够采取适当的措施进行处理。

充电机监控系统完成充电过程监控。充电机数据以及电池数据通过通信传输到监控主机，监控主机完成数据分析以及报表打印等。监控主机也可以通过通信对充电机的启停以及输出电流、电压实现控制。

烟雾监控系统主要监视充电平台上的电池状态，当电池发生冒烟、燃烧等危险情况时发出警报。该系统独立于电池管理系统，是电池安全措施的一部分。

【任务实施】

在技能学习工位准备好 3 个类型的纯电动汽车（只配备车载充电机的、不配备车载充电机的、既有车载充电机又可进行快速充电的）及其相关技术资料。

一、安全防护

（1）劳动保护
① 穿好绝缘工作服。
② 穿好高压绝缘鞋。
③ 检查并佩戴绝缘手套。
（2）车辆防护
① 打开主驾驶车门，铺设脚垫、转向盘套、座椅套。
② 打开发动机罩，固定支架，铺设翼子板布和格栅布。

二、纯电动汽车充电

以下仅以比亚迪 e6 纯电动汽车（以下简称比亚迪 e6）为例，说明充电操作方法及注意事项。
（1）注意事项
① 选择在相对较安全的环境下充电（如避免有液体、火源等）。
② 不要修改或拆卸充电端口和充电设备，否则可能导致充电故障，引起火灾。
③ 充电前应确保车辆充电口和充电连接器端口内没有水或杂物，金属端子没有生锈或被腐蚀。
④ 如果在充电时发现车里散发出一种异常气味或出现烟雾，应立即停止充电。
⑤ 不要接触充电端口或充电连接器内的金属端子。
⑥ 当有闪电时，不要给车辆充电或触摸车辆。
⑦ 充电结束后，不要用湿手或站在水里时去断开充电器，以免造成触电事故。
⑧ 在车内使用任何医学设备之前均应与制造商确认其充电不会影响设备的正常工作。
⑨ 不要等到电池电量耗尽时才充电，建议在电量降至警戒红格时就进行充电。
⑩ 家用交流充电（选配），应使用专门的线路。
⑪ 注意以下事项，以防止对充电设备造成破坏。
a. 不要在充电口盖打开的状态下关闭充电口舱门。
b. 不要用力拉或扭转充电电缆。
c. 不要使充电设备承受撞击。
d. 不要在温度高于 50 ℃的环境下存放和使用充电设备。
e. 不要把充电设备放在靠近加热器或有其他热源的地方。
⑫ 如果电网断电不超过 24 h，充电会自动重新启动，不用重新连接充电器。

⑬ 充电时，车内不应该有人。

⑭ 充电时，整车电源挡应处于"OFF"挡位。

⑮ 充电时，行李舱内的高压配电箱处于工作状态，此时会发出几次继电器闭合的"咔嚓"声，属于正常现象。

⑯ 动力电池充满电后，会自动停止充电。

⑰ 停止充电时，应先将充电柜或充电桩关闭，再断开充电器；家用交流充电时应先断开交流充电器，再断开插座端电源。

⑱ 启动车辆前应确保充电器已经断开，充电口盖和充电口舱门已经关闭。

⑲ 当环境温度低于 0℃时，充电时间要比正常时间长，充电能力较弱，具体充电时间以仪表显示时间作为参考。

⑳ 如果车辆长时间不使用，为了延长动力电池的使用寿命，每 3 个月对车辆充/放电一次。

㉑ 为了方便使用，仪表上会提示预计充满电的时间。在不同温度、剩余电量、充电设施等情况下，充满电所用时间可能有一定偏差，属于正常现象。

㉒ 如果充电口舱门因天气等原因被冻住，应使用热水或不高于 100 ℃的加热装置将冰融化后再开启舱门。

（2）充电说明

① 充电方式。比亚迪 e6 有 4 种充电方式，即充电桩或壁挂式充电盒三相（单相）交流充电、家用单相交流充电（选配）、车辆之间相互充电（选配）和充电桩直流充电（选配）。

a. 充电桩或壁挂式充电盒三相（单相）交流充电。该种充电方式需要配备符合当地电网的充电器，支持三相 208 V/380 V/400 V/415 V 交流电或单相 110 V/220 V/240 V 交流电，频率为 50 Hz 或 60 Hz。

b. 家用单相交流充电（选配）。该种充电方式需使用随车配备的充电连接装置（三芯转七芯），将车辆与家用标准 220 V、50 Hz、10 A 单相两极带接地插座相连接，为车辆充电。

c. 车辆之间相互充电（选配）。比亚迪同种配置车辆之间可以利用该种充电方式相互充电。

d. 充电桩直流充电（选配）。该种充电方式利用直流充电桩对车辆充电。输入电压为直流 200～350 V。

② 充电模式。比亚迪 e6 有即时充电和预约充电两种充电模式。

a. 即时充电（一般直接充电）。连接交流/直流充电连接器，充电设备启动充电。

b. 预约充电。在充电过程中，由客户设置充电时间后进行充电。

（3）充电操作

① 通过交流充电枪在公共充电桩或壁挂式充电盒上交流充电。

a. 使整车电源挡位处于"OFF"挡。

b. 解锁门锁开关，打开充电口舱门。

c. 打开交流充电口盖，如图 3-61 所示。

d. 拔下充电桩或壁挂式充电盒上的充电枪。

e. 将充电枪插入车上充电口，如图 3-62 所示，仪表点亮充电连接指示灯。

f. 充电桩或壁挂式充电盒设置（如刷卡）启动充电。

g. 停止充电。充电桩或壁挂式充电盒会自动结束充电或根据充电盒使用手册说明自行结束充电。

图 3-61　打开交流充电口盖

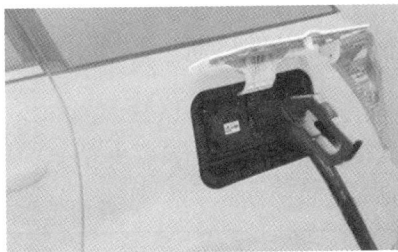

图 3-62　插入充电枪

h. 断开车辆端充电连接器，整理好充电枪并妥善放置。

i. 关闭充电口盖和充电口舱门。

② 家用交流充电（选配）。

a. 使整车电源挡位处于"OFF"挡。

b. 解锁门锁开关，打开充电口舱门。

c. 打开交流充电口盖。

d. 先连接供电端三芯插头，控制盒"Ready"指示灯点亮，同时"Charger"指示灯闪烁。

e. 将充电枪插入车上充电口，仪表点亮充电连接指示灯，开始充电。

f. 充电结束，断开车辆端充电连接器，断开充电插头，整理好充电装置并妥善放置。

g. 关闭充电口盖和充电口舱门。

③ 车辆对车辆充电（选配）。

a. 将相关的两辆车停放在安全区域，打开紧急警告灯。

b. 使放电车辆电源挡位处于"OFF"挡。

c. 使充电车辆电源挡位处于"OFF"挡，并使用驻车制动。

d. 放电车辆按下放电模式开关，选择"VTOV"放电模式。

e. 打开两辆车的充电口舱门和交流充电口盖。

f. 10 h 内通过车辆对车辆放电连接装置将两车辆连接在一起，即启动充电。

g. 充电结束，对放电车辆设置结束"VTOV"放电模式，断开放电车辆端插头，断开充电车辆插头，整理好充电连接装置并妥善放置。

h. 分别关闭两辆车的充电口盖和充电口舱门。

④ 直流充电。

a. 使整车电源挡位处于"OFF"挡。

b. 解锁门锁开关，打开充电口舱门。

c. 打开直流充电口盖，如图 3-63 所示。

d. 拔下充电桩或壁挂式充电盒上的充电枪。

e. 将充电枪插入车上充电口，仪表点亮充电连接指示灯。

f. 充电桩或壁挂式充电盒设置（如刷卡）启动充电。

g. 停止充电。充电桩或壁挂式充电盒会自动结束充电或根据充电盒使用手册说明自行结束充电。

图 3-63　打开直流充电口盖

h. 断开车辆端充电连接器，整理好充电枪并妥善放置。

i. 关闭充电口盖和充电口舱门。

三、充电系统故障诊断

（1）一般充电故障

对于一般的充电故障原因及解决方法，见表 3-13。

表 3-13　　　　　　　　　　　　一般的充电故障原因及解决方法

故障状态	可能原因	解决方法
不能交流充电，物理连接完成，已启动充电	电源置于"OK"挡	将电源挡位置于"OFF"挡
	动力电池已充满	动力电池已充满时，充电会自动停止
	环境温度过低或过高，处于特殊环境温度下	在充电前将车辆置于适宜温度的环境内，待温度正常后再充电
	低压电池过放电	寻找其他电源，如搭接其他车辆的低压电池，充电开始后，会同时给动力电池充电
	交流充电器没有正确连接	确认交流充电器的开关已弹起
	车辆或交流充电器有故障	确定仪表板上电池故障警告灯被点亮，或是有充电系统故障提示语，停止充电，建议与比亚迪汽车授权服务店联系
充电中途停止充电	电源断电	电源恢复后，充电会自动重新开始
	充电电缆没有连接好	确认充电电缆没有虚接
	充电器开关被按下	充电器开关被按下停止充电，则需重新连接充电器，启动充电
	达到预约充电的结束时间	充电前如果没有启动实时充电，且预约充电功能未关闭，则预约结束时间已到，无论动力电池是否充满，充电均会结束
	动力电池温度过高	仪表显示动力电池过热警告灯 被点亮，充电会自动停止，待电池冷却后再充电
	车辆或充电柜有故障	确认充电柜或车辆有故障提示，建议与比亚迪汽车授权服务店联系
预约充电不能实现，物理连接完成，已启动充电	预约充电时间没有设置	确认保存预约时间完成设置
	充电站直流充电不能预约充电	充电站直流充电没有预约充电功能
	仪表显示时间错误	由于低压电池过放电，会导致仪表初始化，确认仪表显示时间与全球定位系统时间一致。电源置于"OK"挡后，5 min 内仪表会自动校准时间
	车辆仪表故障	建议与比亚迪汽车授权服务店联系

（2）典型案例

以吉利 EV450 在慢充过程中的故障检修为例，说明纯电动汽车充电系统故障的检修过程。

① 故障现象。客户反映在使用便携式充电设备对车辆进行充电时，仪表上的充电连接指示灯工作正常，但车辆无法正常充电，代表充电正常的充电指示灯没有被点亮。

② 故障验证。根据客户描述，使用该便携式充电设备验证充电过程，现象与客户描述

一致。并通过使用该充电设备对其他工作正常车辆进行充电操作，充电正常。使用功能正常的充电设备对客户车辆进行充电操作，依然出现客户描述的故障现象。关闭车辆点火开关，连接诊断仪，车辆上电读取故障码，读取发现无故障码，读取车辆数据流信息。

③　故障分析。客户原有充电设备在其他车辆上工作正常，说明该充电设备功能正常，车辆无法正常充电的原因集中在车辆上，同时，使用功能正常的充电设备对客户车辆也无法进行充电也验证了故障集中在车辆端。根据诊断仪读取的数据流信息，结合车辆电路图（见图3-64），初步确认故障范围集中在 CP 信号线束及接插件处，对应本车为 BV24/7 端子到 BV10/50 端子线束，BV10 及 BV24 接插件。

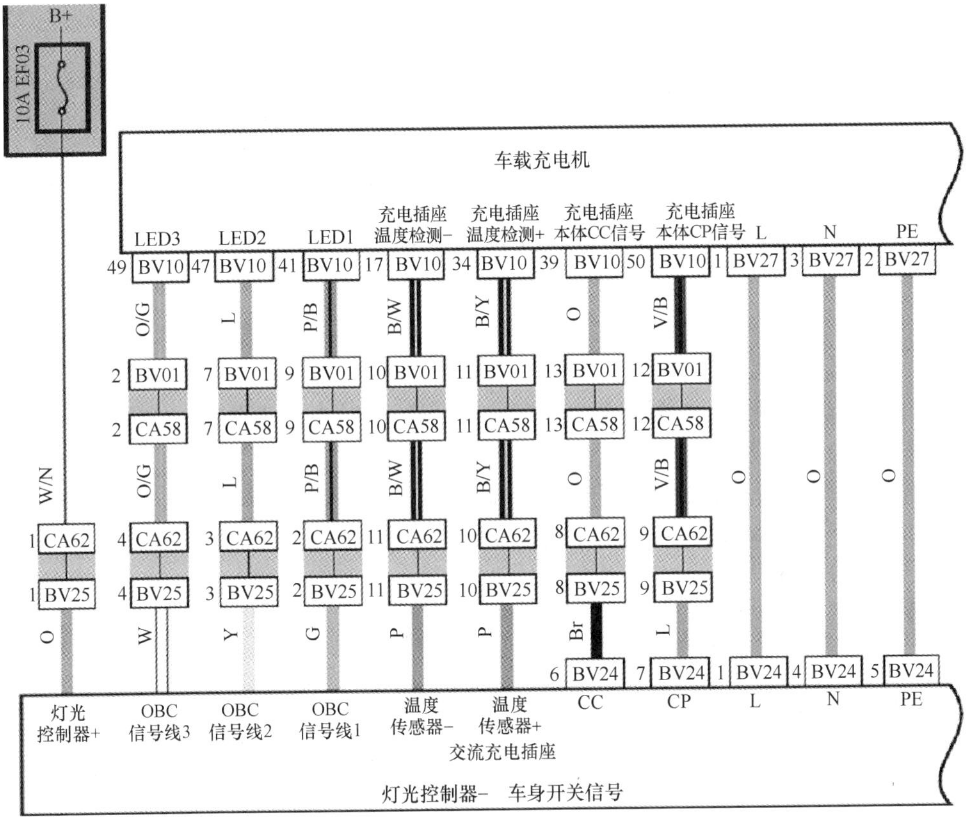

图3-64　交流充电接口电路原理图

④　故障查找。车辆断电，断开蓄电池负极，等待 5 min，初步检查对应接插件连接情况，确认完毕后连接故障转接设备到车辆。检查 BV24/7 端子到 BV10/50 端子间线束，正常情况下阻值应小于 1Ω，测量发现该线束异常，CP 信号线束断路。

⑤　故障修复。对故障线束进行更换修复，重新连接线束接插件，连接蓄电池负极，对车辆进行充电操作，车辆可以正常充电，故障修复完毕。

四、任务考核

（1）学生工作

两名学生为一小组，在充分学习本任务相关知识与技能的基础上，完成下列工作，并随时完成工单 3-2。

① 给纯电动汽车充电。

② 充电系统故障诊断与排除。

③ 5S 工作。

④ 自我评价与小组互评。

（2）指导教师工作

学生在进行上述操作过程中，指导教师进行下列工作。

① 向学生讲解安全注意事项，要求学生在技能学习工单中做记录。

② 观察、指导学生进行相关操作，及时制止可能发生危险的操作。

③ 实操结束后审阅学生完成的工单，并结合其操作情况（工作成果）给出评价。

交流充电故障检修（CC 故障）

交流充电故障检修（CP 故障）

学习任务 3-3　驱动电机系统检修

【任务引入】

驱动电机的作用是将电源的电能转换为机械能，通过传动装置或直接驱动车轮和工作装置。

电动汽车电机调速控制装置是为电动汽车的变速和方向变换等设置的，其作用是控制电机的电压或电流，完成电机的驱动转矩和旋转方向的控制。

那么，应用于纯电动汽车的驱动电机有哪些类型？它是如何驱动车轮行驶的呢？本任务主要介绍纯电动汽车驱动电机的结构原理及检修方法。

【学习目标】

1．知识目标

（1）能够正确描述电动汽车的驱动电机与工业电机的区别。

（2）能够正确描述直流电机的结构、工作原理、特点及在电动汽车上的应用。

（3）能够正确描述三相感应电机的结构、工作原理、特点及在电动汽车上的应用。

（4）能够正确描述永磁电机的结构、工作原理、特点及在电动汽车上的应用。

（5）能够正确描述开关磁阻电机的结构、工作原理、特点及在电动汽车上的应用。

（6）能够正确描述电机控制器的组成及各组成部分的功能。

2．能力目标

（1）能够正确识别驱动电机的类型。

（2）能够正确进行直流驱动电机的拆解、检查和组装。

（3）能够正确进行直流驱动电机的检测。

（4）熟悉电机控制系统故障诊断操作。

3．素质目标

（1）培养劳动安全防护等职业素养。

（2）培养国家信任感与自豪感等综合素养。

【相关知识】

一、概述

1．驱动电机系统结构

驱动电机系统主要由驱动电机、电机控制器（motor control unit，MCU）构成，通过高低压线束、冷却管路与整车其他系统连接，如图3-65所示。

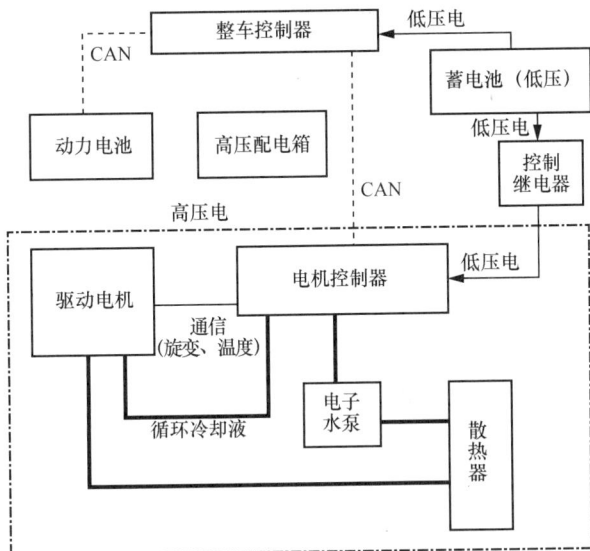

图 3-65　驱动电机系统结构

驱动电机也称为动力电机，其作用是将电源的电能转换为机械能，通过传动装置或直接驱动车轮和工作装置。

驱动电机具有电动机的驱动功能，也具有发电机的发电功能，驱动电机能根据车辆工作状态实时调整其功能状态。

电机控制器也称为电机调速控制装置，是为电动汽车的变速和方向变换等设置的，其作用是控制电机的电压或电流，完成电机的驱动转矩和旋转方向的控制。

整车控制器（vehicle control unit，VCU）根据加速踏板、制动踏板、挡位等信号通过 CAN 向电机控制器发送指令，实时调节驱动电机的转矩输出，以实现整车的怠速、加速、能量回收等功能。

电机控制器能对自身温度、电机的运行温度、转子位置进行实时监测，并把相关信息传递给整车控制器，进而调节水泵和冷却风扇工作，使电机保持在理想温度下工作。

2．驱动电机与工业电机的区别

用于电动汽车的驱动电机与常规的工业电机不同。电动汽车的驱动电机通常要求频繁的起/停、加速/减速，低速或爬坡时要求高转矩，高速行驶时要求低转矩，并要求变速范围大；工业电机通常优化在额定的工作点。因此，电动汽车驱动电机比较独特，应单独归为一类，对它们在负载、技术性能和工作环境等方面有着特殊的要求。电动汽车驱动电机与工业电机的主要区别如下。

① 电动汽车驱动电机需要有 4～5 倍的过载，以满足短时加速或爬坡的要求；工业电机

只要求有 2 倍的过载就可以了。

② 电动汽车驱动电机的最高转速要求达到在公路上巡航时基本速度的 4～5 倍；工业电机只需要达到恒功率是基本速度的 2 倍即可。

③ 电动汽车驱动电机需要根据车型和驾驶人的驾驶习惯设计；工业电机只需根据典型的工作模式设计。

④ 电动汽车驱动电机要求有高功率密度和好的效率图（在较宽的转速范围和转矩范围内都有较高的效率），从而能够降低车重，延长续驶里程；工业电机通常对功率密度、效率和成本进行综合考虑，在额定工作点附近对效率进行优化。

⑤ 电动汽车驱动电机要求工作可控性高、稳态精度高、动态性能好；工业电机只有某一种特定的性能要求。

⑥ 电动汽车驱动电机被装在机动车上，空间小，可能经常工作在高温、坏天气及频繁振动等恶劣环境下；工业电机通常在某一个固定位置工作。

3．电动汽车驱动电机的运行模式

电动汽车驱动电机具有电动和发电两种运行模式。

（1）电动模式

在电动模式时，电机将电能转换成机械能。

① 逆变器从电池获取电功率，电池放电。

② 电机从逆变器获取电功率。

③ 电机输出机械能，电机转矩与转速同向，电机推动车辆行驶。

（2）发电模式

在发电模式时，电机将机械能转换成电能。

① 车辆带动电机，电机转矩与转速反向，电机轴输入机械能。

② 电机输出电能。

③ 逆变器输出直流电，电池充电。

4．驱动电机的主要性能参数

驱动电机的主要性能参数有额定功率、额定电压、额定电流、额定频率、额定转速、额定效率、额定功率因数、绝缘等级、功率密度和过载能力等。

① 额定功率。额定功率指电机在制造厂所规定的额定条件下运行时，其输出端的机械功率，单位一般为千瓦（kW）。

② 额定电压。额定电压是指电机在额定条件下运行时，外加于定子绕组上的线电压，单位为伏（V）。一般规定电机的工作电压不应高于或低于额定电压的 5%。当工作电压高于额定电压时，电机容易发热；当工作电压低于额定电压时，会引起输出转矩减小，转速下降，电流增加，也会使绕组过热。

③ 额定电流。额定电流指电机在额定电压和额定输出功率时定子绕组的线电流，单位为安（A）。

④ 额定频率。额定频率是指电机使用电网的额定频率。我国电网的频率为 50 Hz，因此除外销产品外，国内用的电机额定频率均为 50 Hz。

⑤ 额定转速。额定转速指电机在额定电压、额定频率下，输出端有额定功率输出时，转子的转速，单位为转/分（r/min）。电动汽车所采用的感应电机的转速一般为 8000～12000 r/min。

⑥ 额定效率。额定效率指电机在额定条件下运行时的效率，是额定输出功率与额定输入功率的比值。电机在其他工况运行时的最大效率为峰值效率，整体效率越高越好。电动汽车还需要在车辆减速和制动时实现能量回收，再生制动回收能量一般可达到总能量的 10%～15%。

⑦ 额定功率因数。对于交流电机，定子相电流比相电压滞后一个角 φ，$\cos\varphi$ 就是交流感应电机的功率因数。三相感应电机的功率因数较小，在额定负载时约为 0.7～0.9，而在轻载和空载时更小。因此，必须正确选择电机的容量，防止出现"大马拉小车"的现象，并力求缩短空载时间。

⑧ 绝缘等级。绝缘等级是按电机绕组所用的绝缘材料在使用时容许的极限温度来分级的。所谓极限温度，是指电机绝缘结构中最热点的最高容许温度。绝缘等级与极限温度的对应关系见表 3-14。电机的绝缘等级越高，安全性越好。

表 3-14　　　　　　　　　绝缘等级与极限温度的对应关系

绝缘等级	A	E	B	F	H
极限温度/℃	105	120	130	155	180

⑨ 功率密度。功率密度指单位质量电机输出的功率，单位为千瓦/千克（kW/kg），功率密度越大越好。

⑩ 过载能力。过载能力指电机在超过额定载荷（功率、转矩、电流等）条件下工作的能力。电动汽车电机应具有较大的启动转矩和较大的调速性能，可以使汽车有良好的启动性和加速性，以获得所需要的启动、加速、行驶、减速、制动等的功率与转矩。

除了上面所述及的性能参数外，电动汽车电机还要求可靠性好，耐温和耐潮性好，运行噪声低，振动小，能够在较恶劣的环境下长时期工作，结构简单，适合大批量生产，使用维修方便，性价比高等。

5．电动汽车驱动电机的种类

电动汽车由电机驱动，电机是电动汽车的关键部件。要使电动汽车具有良好的使用性能，驱动电机应具有较宽的调速范围、较高的转速、足够大的启动转矩，还要具有体积小、质量小、效率高、动态制动性强和能量回馈的性能。目前在电动汽车上已应用的电机有直流电机、感应电机、永磁同步电机和开关磁阻电机。还有不少研究机构正在研究超导电机在电动汽车上的应用。表 3-15 所示为现代电动汽车电机的性能比较。

表 3-15　　　　　　　　　现代电动汽车电机的性能比较

项目	直流电机	感应电机	永磁同步电机	开关磁阻电机
功率密度	低	中	高	较高
过载能力/%	200	300～500	300	300～500
峰值效率/%	85～89	94～95	95～97	90
负荷效率/%	80～87	90～92	90～93	78～86
功率因数	—	0.82～0.85	0.90～0.93	0.60～0.65
恒功率区	—	1:5	1:2.25	1:3
转速范围/（r·min^{-1}）	4000～6000	12000～20000	4000～100000	>15000
可靠性	一般	好	优良	好
结构的坚固性	差	好	一般	优良
电机外形	大	中	小	小

项目	直流电机	感应电机	永磁同步电机	开关磁阻电机
电机质量	大	中	小	小
控制操作性能	最好	好	好	好
控制器成本	低	高	高	一般

二、驱动电机基本结构

1. 直流电机

直流电机是将直流电能转换为机械能的电机。因其良好的调速性能而在电力拖动中得到广泛应用。

（1）基本结构

直流电机主要由定子、转子、轴承、风扇等组成，如图 3-66 所示。其构造简图如图 3-67 所示。其中静止部分叫作定子；转动部分叫作电枢或转子。

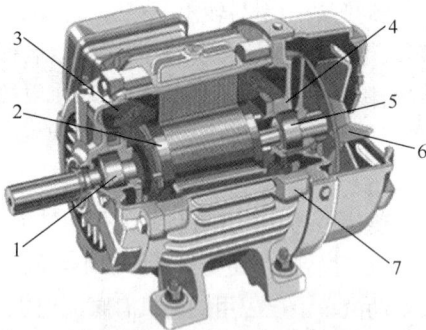

图 3-66　直流电机构造

1、5—轴承；2—转子；3—定子；4—端盖；

6—风扇；7—机座

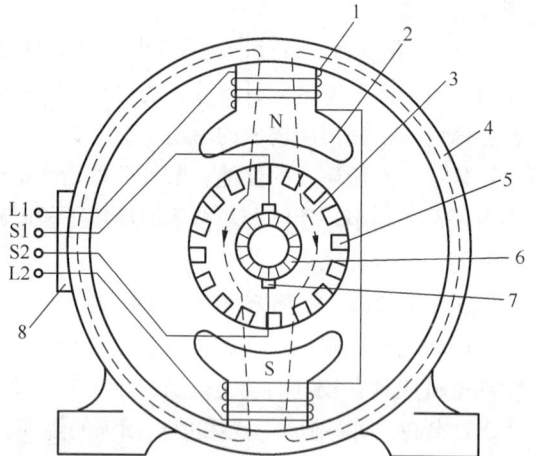

图 3-67　直流电机的构造简图

1—励磁绕组；2—磁极；3—电枢铁心；4—磁轭；

5—电枢绕组；6—换向器；7—电刷；8—出线盒

① 定子。定子由机座、主磁极和电刷装置等组成。

a. 机座。机座是用来固定主磁极、电刷架和端盖等部件的基体，起支撑、保护作用，与主磁极铁心、磁轭、电枢铁心一起构成电机的磁路，磁通通过整个磁路的情形如图 3-68 中的虚线所示。机座是用铸铁或铸钢等制成的。

b. 主磁极。主磁极的作用是产生气隙磁场。主磁极由主磁极铁心和励磁绕组两部分组成。铁心一般用 0.5～1.5 mm 厚的硅钢板冲片叠压铆紧而成，分为极身和极掌两部分，上面固定励磁绕组的部分称为极身，下面扩宽的部分称为极掌，极掌既可以

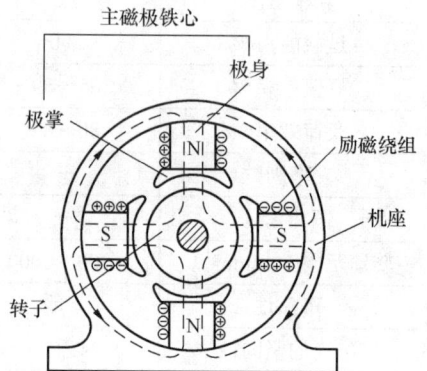

图 3-68　主磁极磁通

调整气隙中磁场的分布，又便于固定励磁绕组。励磁绕组用绝缘铜线绕制而成，套在主磁极铁心上。整个主磁极用螺钉固定在机座上，如图 3-69 所示。

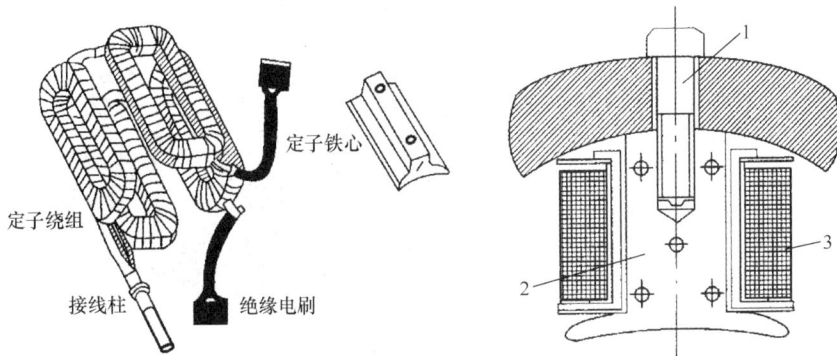

图 3-69　主磁极的结构

1—固定主磁极的螺钉；2—主磁极铁心；3—励磁绕组

c．电刷装置。电刷装置用来引入或引出直流电压和直流电流，它由刷握、电刷、压紧弹簧和铜丝辫等组成，如图 3-70 所示。电刷放在刷握内，用弹簧压紧，以使电刷与换向器之间有良好的滑动接触。电刷盒固定在刷杆上，刷杆装在圆环形的刷杆座上，相互之间必须绝缘。常常把若干个电刷盒装在同一个绝缘的刷杆上。在电路连接上，把同一个绝缘刷杆上的电刷盒并联起来，称为一组电刷。一般的直流电机中，电刷组的数目可以用刷杆数表示，刷杆数与电机的主磁极数相等。

各刷杆在换向器外表面上沿圆周方向均匀分布。正常运行时，刷杆相对于换向器表面有一个正确的位置，如果刷杆的位置放得不合理，将直接影响电机的性能。刷杆座装在端盖或轴承内盖上，圆周位置可以调整，调好以后加以固定。电刷装置实物如图 3-71 所示。

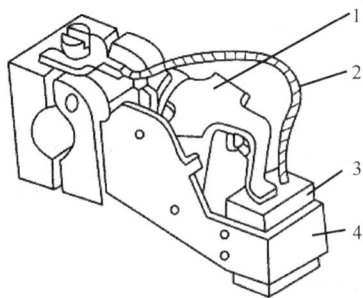

图 3-70　电刷装置的结构

1—压紧弹簧；2—铜丝辫；3—电刷；4—刷握

图 3-71　电刷装置实物

② 转子。直流电机的转子（电枢）主要由电枢铁心、电枢绕组、换向器、转轴等组成，其结构如图 3-72 所示。

a．电枢铁心。电枢铁心的作用有两个：一个是作为主磁路的主要部分；另一个是嵌放电枢绕组。由于电枢铁心和主磁场之间的相对运动会在铁心中引起

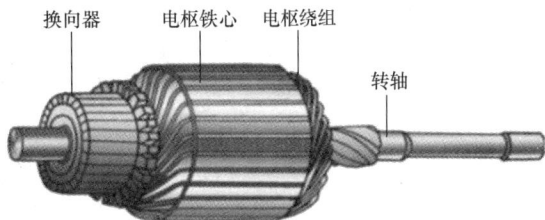

图 3-72　转子的结构

涡流损耗和磁滞损耗（这两部分损耗合在一起称为铁心损耗，简称"铁耗"），为了减少铁耗，电枢铁心通常用 0.5 mm 厚的涂有绝缘漆的冲压硅钢片叠压而成，并固定在转轴上。电枢铁心沿圆周有均匀分布的槽，里面可嵌入电枢绕组，如图 3-73 所示。

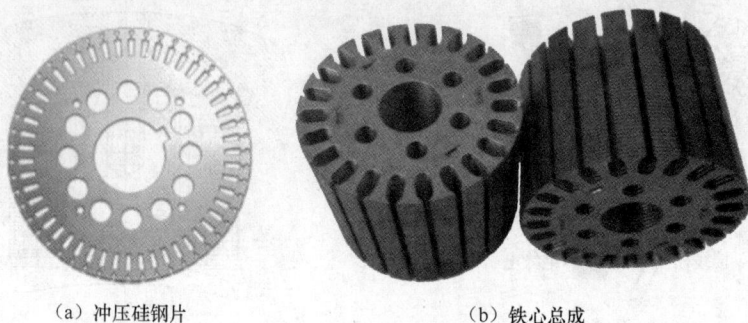

（a）冲压硅钢片   （b）铁心总成

图 3-73　电枢铁心的结构

b．电枢绕组。电枢绕组由许多按一定规律排列和连接的线圈组成，它是直流电机的主要电路部分，是通电后通过感应产生电动势以实现电机能量转换的关键部件。

线圈由包有绝缘材料的圆形和矩形截面导线绕制而成，也被称为"元件"，每个元件有两个出线端。电枢线圈嵌放在电枢铁心的槽中，每个元件的两个出线端以一定规律与换向器的换向片相连，构成电枢绕组，如图 3-74 所示。

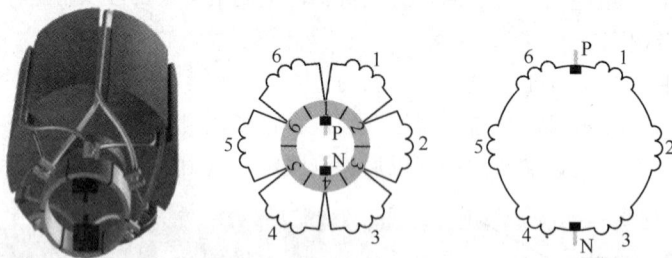

图 3-74　电枢绕组与换向器连接

c．换向器。换向器将电刷上所通过的直流电流转换为绕组内的交变电流。换向器安装在转轴上，与转轴过盈配合，主要由许多换向片组成，片与片之间用云母绝缘，换向片数与线圈数相等。换向器的结构如图 3-75 所示。

（a）换向片   （b）换向器

图 3-75　换向器的结构

1—换向片；2—云母片；3—V 形套筒；4—V 形云母环；5—连接片

（2）工作原理

直流电机是利用通电导体在磁场中受力这一基本原理制成的。

直流电机的物理模型如图 3-76 所示，图中 N、S 为定子磁极，*abcd* 是固定在可旋转导磁圆柱体上的线圈，线圈连同导磁圆柱体称为电机的转子或电枢。线圈的首末端 *a*、*d* 连接到两个相互绝缘并可随线圈一同旋转的换向片上。转子线圈与外电路的连接是通过放置在换向片上固定不动的电刷实现的。

电刷 A、B 接上直流电源，于是在线圈 *abcd* 中有电流流过，电流的方向如图 3-76 所示。根据电磁力定律可知，载流导体 *ab*、*cd* 上受到的电磁力 *F* 为

$$F = BIl$$

式中：*B*——导体所在处的气隙磁密，单位为韦伯每平方米（Wb/m²）；

    l——导体 *ab* 或 *cd* 的长度，单位为米（m）；

    I——导体中的电流，单位为安（A）。

导体受力的方向用左手定则确定，如图 3-76（b）所示。导体 *ab* 的受力方向是从右向左，导体 *cd* 的受力方向是从左向右，如图 3-76（a）所示。这一对电磁力形成了作用于电枢的一个力矩，这个力矩在旋转电机里称为电磁转矩，转矩的方向是逆时针方向，力图使电枢按逆时针方向转动。如果此电磁转矩能够克服电枢上的阻转矩（例如由摩擦引起的阻转矩以及其他负载转矩），电枢就能按逆时针方向旋转起来。当电枢转了 180°后，导体 *cd* 转到 N 极下，导体 *ab* 转到 S 极上时，由于直流电源供给的电流方向不变，仍从电刷 A 流入，经导体 *cd*、*ab* 后，从电刷 B 流出。这时导体 *cd* 的受力方向变为从右向左，导体 *ab* 的受力方向变为从左向右，产生的电磁转矩的方向仍为逆时针方向。因此，电枢一经转动，由于换向器配合电刷对电流的换向作用，直流电流交替地由导体 *ab* 和 *cd* 流入，使线圈边只要处于 N 极下，其中通过电流的方向总是由电刷 A 流入，而在 S 极上时，总是从电刷 B 流出。这就保证了每个极线圈边中的电流始终是一个方向，从而形成一种方向不变的转矩，使电机能连续地旋转。

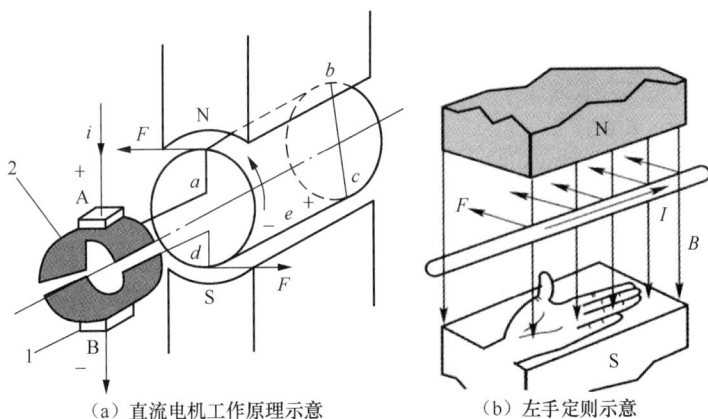

（a）直流电机工作原理示意   （b）左手定则示意

图 3-76 直流电机的物理构型

1—电刷；2—换向器

（3）分类

直流电机按励磁方式分为永磁、他励和自励 3 类，其中自励又分为并励、串励和复励 3 种。电动汽车上常用的有并励直流电机和串励直流电机。

① 并励直流电机。这种电机的励磁绕组同电枢绕组并联，如图 3-77 所示，其励磁绕组

称为并励绕组。由于并励绕组承受着电枢两端的全部电压，其值较高，为了减小它的铜损耗，并励绕组必须具有较大的电阻以减小励磁电流。因此，并励绕组的匝数较多，且用较细的导线绕成。

② 串励直流电机。这种电机的励磁绕组同电枢绕组串联，如图 3-78 所示，其励磁绕组称为串励绕组。为了减小其电压降及铜损耗，串励绕组应具有较小的电阻。因此，它总是用截面积较大的导线绕成，而匝数较少。

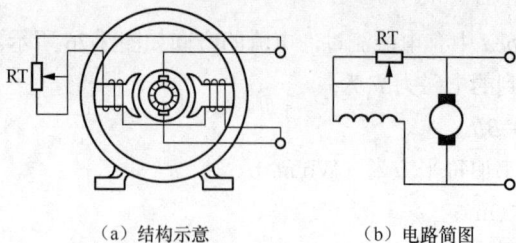

| （a）结构示意 | （b）电路简图 | （a）结构示意 | （b）电路简图 |
图 3-77　并励直流电机的电气原理　　　　　图 3-78　串励直流电机的电气原理

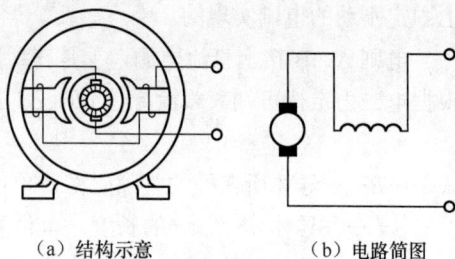

（4）特点

① 调速性能好。直流电机可以在重负载条件下实现均匀、平滑的无级调速，而且调速范围较宽。

② 启动转矩大。直流电机可以均匀而经济地实现转速调节，因此，凡是在重负载下启动或要求均匀调速的机械，如电动汽车，都可用直流电机拖动。

③ 控制比较简单。直流电机一般由斩波器控制，它具有效率高、控制灵活、质量小、体积小、响应快等优点。

④ 有易损件。由于存在电刷、换向器等易磨损器件，所以必须进行定期维护或更换。

（5）应用

串励直流电机是早期电动汽车上采用的电机，如斯巴鲁 Samber EV Classic 电动汽车即采用额定功率为 25 kW 的恒转矩串励直流电机作为驱动电机。

并励直流电机在早期电动汽车上应用较多，如五十铃 Elf/Resort、大发 Hijet Van、铃木奥拓等。

2．三相感应电机

三相感应电机是靠同时接入 380 V 三相交流电流（相位差 120°）供电的一类电机。三相感应电机在旧标准术语中的名称为三相异步电机。

（1）结构

三相感应电机的种类虽然很多，但各类三相感应电机的基本结构是相同的，它们都由定子和转子这两大基本部分组成，在定子和转子之间具有一定的气隙。此外，还有端盖、转轴、风扇、风扇罩、接线盒、吊环等其他附件，如图 3-79 所示。

① 定子。定子是用来产生旋转磁场的，三相感应电机的定子由外壳、定子铁心、定子绕组等部分组成。

a．外壳。外壳是三相感应电机机械结构的重要组成部分，它由端盖、轴承、接线盒和吊环等组成。通常，外壳的外表都铸有散热片，以扩大散热面积，有利于电机散热，从而降低绝缘等级和制造成本。端盖是由铸铁或铸钢浇铸成型的，它的作用是不让转子有过大的轴向移动，另外，它还起到存储润滑脂和保护轴承的作用，防止微尘或脏物进入轴承而加速轴承的磨损，从而延长电机的使用寿命。接线盒一般是用铸铁浇铸而成的，其作用是保护和固定绕组的引出线端。吊环一般用铸钢制造，安装在机座的上端，用来起吊、搬运电机。

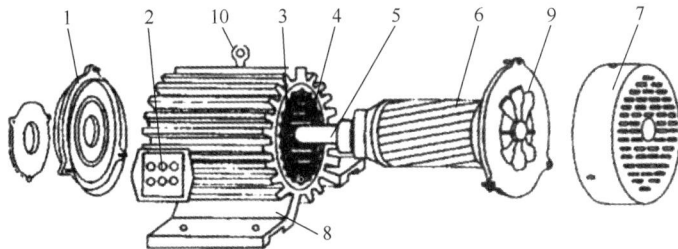

图 3-79　三相感应电机的结构

1—端盖；2—接线盒；3—定子绕组；4—定子铁心；5—转轴；

6—转子；7—风扇罩；8—机座；9—风扇；10—吊环

b. 定子铁心。三相感应电机的定子铁心是电机磁路的一部分，由 0.35～0.5 mm 厚的表面涂有绝缘漆的硅钢片叠压而成，如图 3-80 所示。由于硅钢片较薄而且片与片之间是绝缘的，所以减少了由于交变磁通通过而引起的铁心涡流损耗。铁心内有均匀分布的槽口，用来嵌放定子绕组。

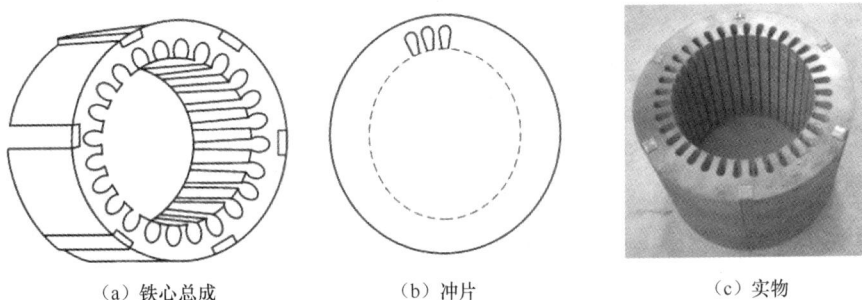

（a）铁心总成　　（b）冲片　　（c）实物

图 3-80　定子铁心与冲片

c. 定子绕组。定子绕组是三相感应电机的电路部分，三相感应电机有三相绕组，通入三相对称交流电流时，就会产生旋转磁场。

三相绕组由 3 个彼此独立的绕组组成，且每个绕组又由若干个线圈连接而成。每个绕组称为一相，3 个绕组在空间互相间隔 120°。线圈由绝缘铜导线或绝缘铝导线绕制而成。中小型三相感应电机多采用圆漆包线，大中型三相感应电机的定子线圈则用较大截面的绝缘扁铜线或扁铝线绕制后，再按一定规律嵌入定子铁心槽内。

定子三相绕组有星形（也称丫形）和三角形（也称△形）两种连接方式，如图 3-81 所示。

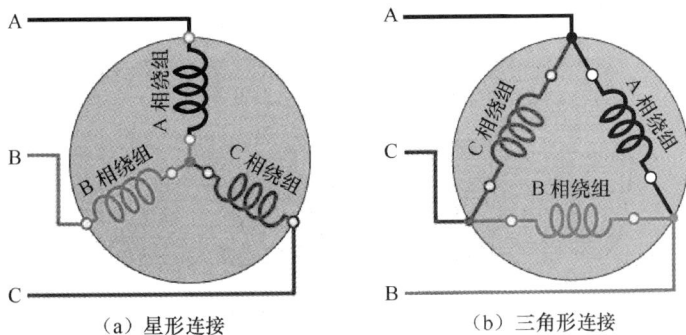

（a）星形连接　　（b）三角形连接

图 3-81　定子绕组连接方式

定子三相绕组的 6 个出线端都引至接线盒上，首端分别标为 U_1、V_1、W_1，末端分别标为 U_2、V_2、W_2。这 6 个出线端在接线盒里的排列如图 3-82 所示。

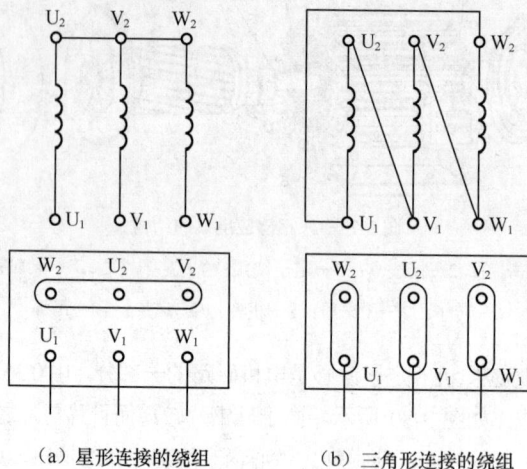

(a) 星形连接的绕组　　　　　(b) 三角形连接的绕组

图 3-82　定子绕组接线

② 转子。三相感应电机的转子分为绕线式与笼式两种，对应的电机分别称为绕线感应电机与笼式感应电机（旧称鼠笼电机）。

a. 绕线感应电机转子。绕线感应电机转子用 0.5 mm 厚的硅钢片叠压而成，套在转轴上，其作用是一方面作为电机磁路的一部分，另一方面用来安放转子绕组。绕线感应电机转子与定子绕组一样，也有一个三相绕组，一般接成星形，三相引出线分别接到转轴上的 3 个与转轴绝缘的集电环上，通过电刷装置与外电路相连，这就有可能在转子电路中串接电阻以改善电机的运行性能，如图 3-83 所示。

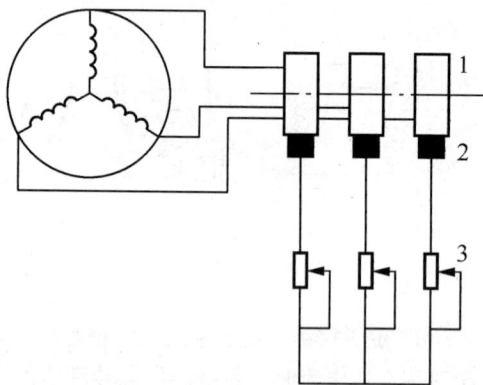

图 3-83　线绕式转子与外接变阻器相连

1—集电环；2—电刷；3—变阻器

b. 笼式感应电机转子。在转子铁心的每一个槽中插入一根铜条（称为导条），在铜条两端各用一个铜环（称为端环）把铜条连接起来，称为铜排转子，如图 3-84（a）所示；也可用浇铸的方法，把转子导条和端环风扇叶片用铝液一次浇铸而成，称为铸铝转子，如图 3-84（b）所示。100 kW 以下的感应电机一般采用铸铝转子。

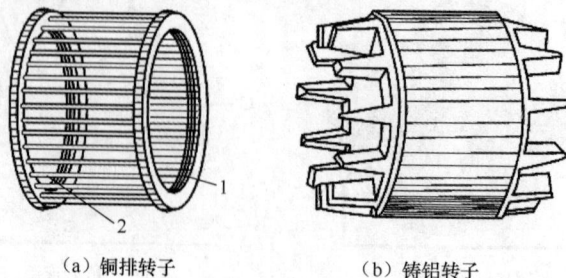

(a) 铜排转子　　　　　　　(b) 铸铝转子

图 3-84　笼式转子

1—端环；2—铜条

③ 其他部分。其他部分包括轴承、风扇等。风扇是用来通风冷却电机的。三相感应电机的定子与转子之间的气隙一般仅为 0.2～1.5 mm。气隙不能太大，气隙大时产生的气隙转矩小，会使电机运行时的功率因数降低；也不能太小，气隙太小时会引起装配困难，如果内有异物或转轴有径向窜动时容易卡堵，运行不可靠，高次谐波磁场增强，引起附加损耗以及启动性能变差。

（2）工作原理

以一对磁极（$P=1$）定子三相绕组星形连接为例，如图 3-85 所示。三相绕组的首端 U_1、V_1、W_1 分别与三相交流电的相线 A、B、C 相连接。为了讨论方便，选定交流电在正半周时电流从绕组的首端流入，从末端流出；反之，在负半周时，电流流向相反。定子绕组在三相交流电不同相位时合成旋转磁场。当 $\omega t=0°$ 时，A 相电流为零；B 相电流为负值，电流由 V_2 端流进，由 V_1 端流出；C 相电流为正，电流由 W_1 端流进，由 W_2 端流出，根据右手螺旋法则，可以判定出此时定子三相绕组电流产生的合成磁场方向。当 $\omega t=90°$ 时，A 相电流为正，电流由 U_1 端流入，由 U_2 端流出；B 相电流为负，电流由 V_2 端流进，由 V_1 端流出；C 相电流为负，电流由 W_2 端流入，由 W_1 端流出，这一时刻合成磁场已沿顺时针方向在空间转过了90°。同理，可分别得出 $\omega t=180°$、$\omega t=270°$ 和 $\omega t=360°$ 时定子三相绕组电流产生的合成磁场方向，其中 $\omega t=360°$ 时与 $\omega t=0°$ 时的合成磁场方向相同。

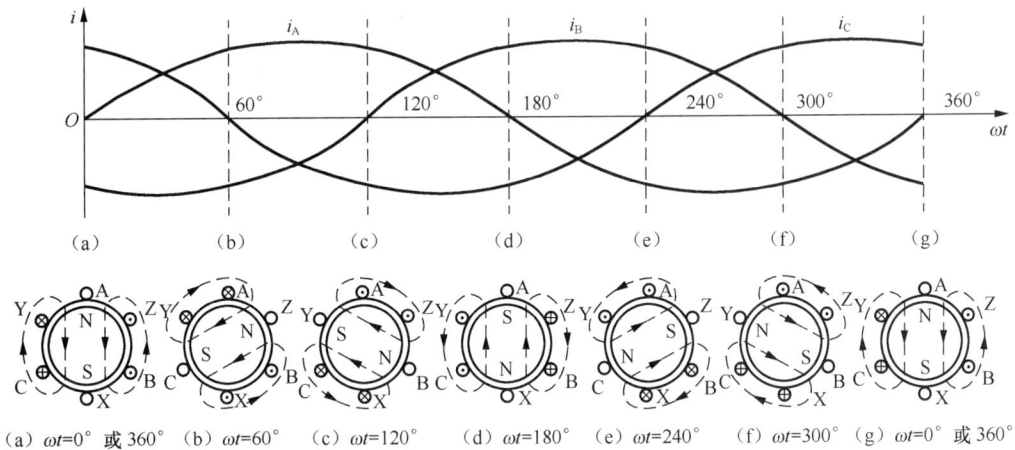

（a）$\omega t=0°$ 或 360°　（b）$\omega t=60°$　（c）$\omega t=120°$　（d）$\omega t=180°$　（e）$\omega t=240°$　（f）$\omega t=300°$　（g）$\omega t=0°$ 或 360°

图 3-85　三相感应电机旋转磁场的产生

由此可见，电流变化一个周期，合成磁场在空间也旋转了一周。电流继续变化，磁场也不断地旋转。从上述分析可知，三相电流通过定子绕组所产生的合成磁场是随电流的交变而在空间旋转的磁场。这种旋转磁场与蹄形磁铁在空间旋转所起的作用是相同的。

在交流感应电机中，定子绕组流过依次相差 120° 相位角的三相交流电时，将产生旋转磁场。该旋转磁场在转子绕组中产生感应电动势，因为绕组是闭合回路，所以将产生感应电流，有电流的绕组导体在旋转磁场中产生电磁力，对转轴形成电磁转矩带动转轴转动。

由于三相感应电机的转子在定子通电后才产生感应电动势，继而在电磁力的作用下被拖动旋转，所以转子的转速总是低于定子旋转磁场的转速（二者的转速差称为转差，用转差率表示，通常在 10% 以内），因此三相感应电机也称三相异步电机。

三相感应电机定子旋转磁场的转速称为同步转速，转子的转速用下式表示

$$n = \frac{60f}{P} \cdot (1-s)$$

式中：n——转子转速，即电机转速，单位为转/分（r/min）；

f——交流电频率，单位为赫兹（Hz）；

P——磁极对数；

s——转差率，%。

在我国，交流电网电源频率为 50 Hz，所以二极电机的同步转速为 3000 r/min，四极电机的同步转速为 1500 r/min。由于转差率的存在，三相感应电机的实际转速会比上述的同步转速低，如 6 极电机的同步转速为 1000 r/min，其实际转速一般为 960 r/min。

（3）型号

感应电机的型号主要包括产品代号、设计序号、规格代号和特殊环境代号。

产品代号表示电机的类型，如"Y"表示感应电机（Y 即感应电机的旧称异步电机的"异"字的拼音首字母），"YR"表示绕线感应电机等。设计序号用阿拉伯数字表示，代表第几代设计产品。规格代号对于中小型感应电机包括中心高（mm）、机座长度代号及磁极数；对于大型感应电机则包括功率（kW）、磁极数、定子铁心外径（mm）等，如图 3-86 所示。特殊环境代号用字母表示，如"W"表示户外用。

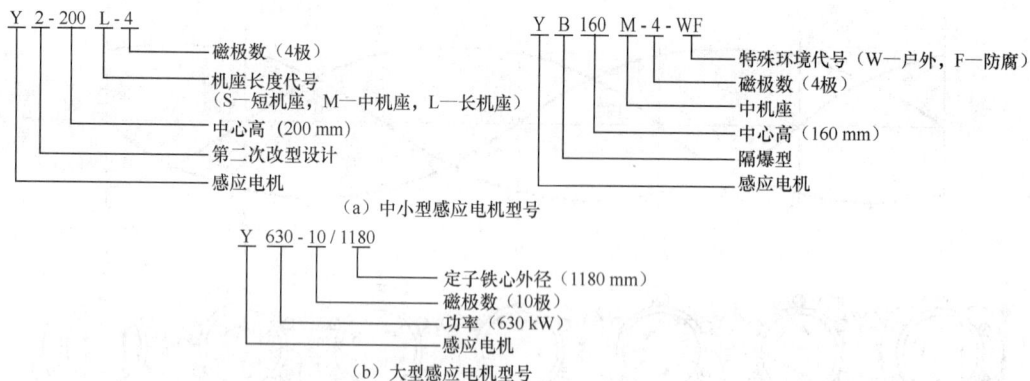

（a）中小型感应电机型号

（b）大型感应电机型号

图 3-86　三相感应电机型号

① 中心高是指由电机轴心到机座底角面的高度，如图 3-87 中的"H"。根据中心高可将电机分为大型、中型、小型和微型 4 种。中心高在 45～71 mm 的属于微型电机，在 80～315 mm 的属于小型电机，在 355～630 mm 的属于中型电机，在 630 mm 以上的属于大型电机。

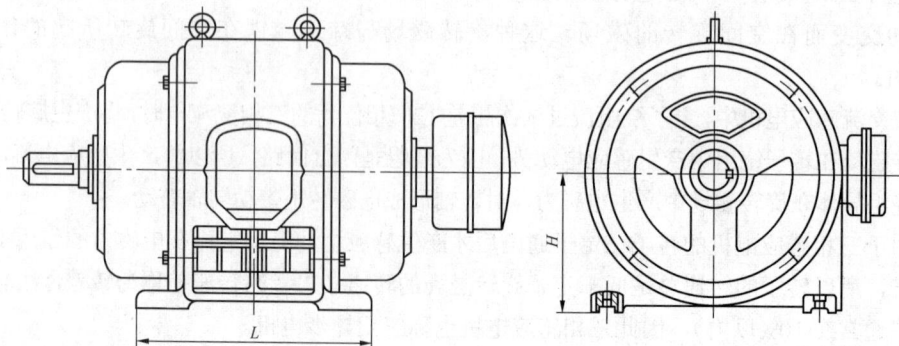

图 3-87　三相感应电机尺寸参数示意图

② 机座长度指电机机座在电枢轴线方向的尺寸，如图 3-87 中的 "L"。机座长度用大写英文字母表示。S 表示短；M 表示中等；L 表示长。有些电机型号中表示机座长度的字母会带有下角标，如 1、2 等，表示同系列中功率的差别，数字越大，表示功率越大。

③ 电机极数表示电机磁极数量。电机极数用阿拉伯数字表示，如 2 表示 2 个磁极。

（4）特点

① 优点。转子结构简单、坚固，容易做到高速和小型轻量化。可以得到比较高的效率，弱磁控制与最大效率控制的同时使用可以达到高效率化的目的。价格低，可靠性好。

② 缺点。由于励磁电流是必要的，因此会引起功率因数的恶化，特别是在低速区域功率因数、效率恶化较为严重。另外该种电机进行转矩控制的难度较大。

（5）应用

作为汽车的驱动电机，小型轻量化很重要，而感应电机的这一优点已经得到认可，故其在许多电动汽车中均有应用。如日产 March EV、福特 ETX-1、丰田 TownAce EV 等电动汽车均应用了感应电机作为驱动电机。

3. 永磁同步电机

永磁同步电机属于永磁电机的一种。永磁电机就是采用永磁材料来替代励磁电机的励磁绕组（或转子绕组）的电机。永磁电机分为永磁交流同步电机和永磁直流电机两种。

永磁同步电机是在电动汽车上运用最多的一种驱动电机，这里仅介绍此类永磁电机。

（1）永磁同步电机的基本结构

永磁同步电机分为正弦波驱动电流的永磁同步电机和方波驱动电流的永磁同步电机。这里介绍的是以三相正弦波驱动的永磁同步电机。

永磁同步电机主要由定子和转子两大部分构成，还包括转子位置传感器和逆变器（图中未画出）两个重要的控制器件。图 3-88 所示为永磁同步电机的典型结构。

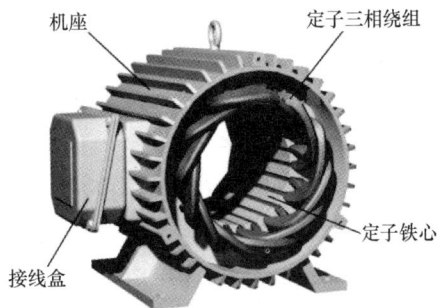

① 定子。永磁同步电机的定子与普通电机的定子基本相同，由定子铁心和定子三相绕组等构成，如图 3-89 所示。

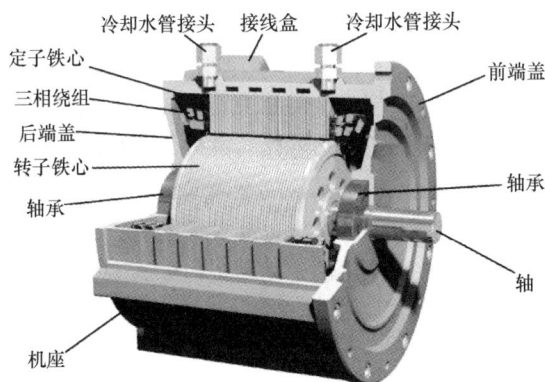

图 3-88　永磁同步电机的典型结构

图 3-89　永磁同步电机的定子

② 转子。永磁同步电机的转子主要由永磁体磁极、转子铁心和转轴等构成，如图 3-90 所示。其中永磁磁极主要采用铁氧体永磁和钕铁硼永磁材料；转子铁心可根据磁极结构的不同，选用实心钢，也可采用钢板或硅钢片冲制后叠压而成。

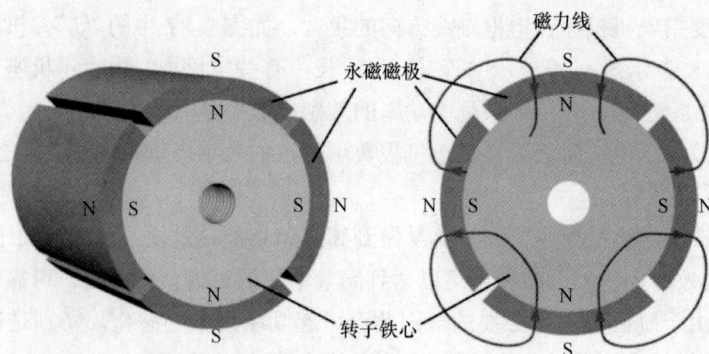

图 3-90　永磁同步电机的转子

与普通电机相比，永磁同步电机还必须装有转子永磁磁极位置检测器，用来检测磁极位置，并以此对电枢电流进行控制，达到对永磁同步电机驱动控制的目的。

按照永磁磁极在转子上位置的不同，永磁同步电机的磁极结构可分为表面式和内置式两种。

a．表面式转子磁路结构。表面式转子磁路结构中，永磁磁极通常呈瓦片形，并位于转子铁心的外表面上，永磁磁极提供磁通的方向为径向。表面式结构又分为凸出式和嵌入式两种，如图 3-91 所示。

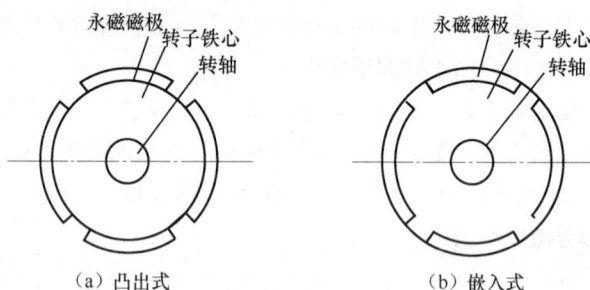

（a）凸出式　　　　（b）嵌入式

图 3-91　表面式转子磁路结构

表面凸出式转子具有结构简单、制造成本较低、转动惯量小等优点，在矩形波永磁同步电机和恒功率运行范围不宽的正弦波永磁同步电机中得到了广泛应用。此外，表面凸出式转子结构中的永磁磁极易于实现最优设计，使之成为能使电机气隙磁场密度波形趋近于正弦波的磁极形状，可显著提高电机乃至整个传动系统的性能。

表面嵌入式转子结构可充分利用转子磁路不对称性所产生的磁阻转矩，提高电机的功率密度，动态性能较凸出式有所改善，制造工艺也较简单，常被某些调速永磁同步电机所采用，但漏磁系数和制造成本都较凸出式大。

b．内置式转子磁路结构。内置式结构的永磁磁极位于转子内部，永磁磁极外表面与定子铁心内圆之间有铁磁物质制成的极靴，极靴中可以放置铸铝笼或铜条笼，起阻尼或启动作用，广泛用于要求有异步启动能力或动态性能高的求磁同步电机。内置式转子内的永磁磁极受到极靴的保护，其转子磁路结构的不对称性所产生的磁阻转矩也有助于提高电机的过载能力或功率密度，而且易于弱磁扩速。

按永磁磁极磁化方向与转子旋转方向的相互关系，内置式转子磁路结构又可分为径向式、切向式、U 型混合式和 V 型径向式等，如图 3-92 所示。

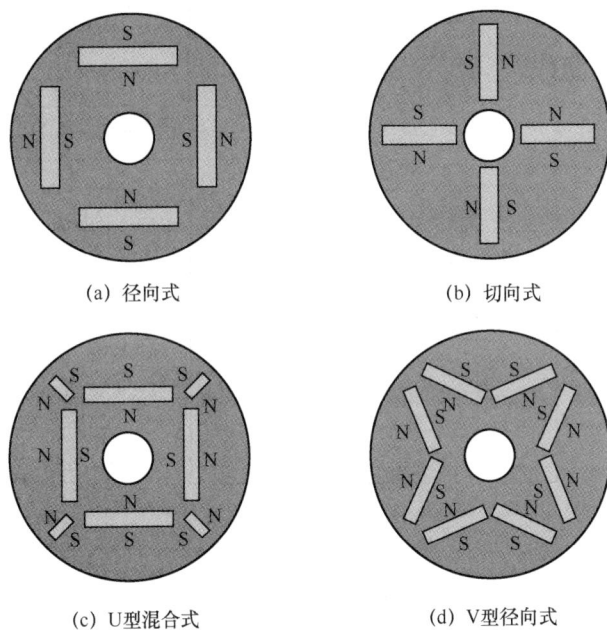

(a) 径向式　　　　　　　　　　(b) 切向式

(c) U型混合式　　　　　　　　(d) V型径向式

图 3-92　内置式转子磁路结构

③ 转子位置传感器。在永磁同步电机中，通常转子位置传感器与电机轴连在一起，用来随时测定转子磁极的位置，为电子换向提供正确的信息。

④ 逆变器。位置传感器将转子的位置信号电平反馈给控制芯片，控制芯片经过电流采样和数学变换，并根据反馈的位置信息经过闭环运算，重新按新的 PWM 占空比输出，来触发功率器件（IGBT 或 MOSFET），实际上逆变器是自控的，由自身运行来保证电机的转速和电流输入频率同步，并避免振荡和失步的发生。

（2）永磁同步电机的工作原理

永磁同步电机的驱动电路如图 3-93 所示，定子绕组产生旋转磁场的机理与感应电机是相同的，其转子通过永久磁铁产生磁场，两个磁场相互作用产生转矩，定子绕组产生的旋转磁场，可看作是一对旋转磁极吸引转子的磁极随其一起旋转。永磁同步电机带负载时，气隙磁场是永磁体磁动势和电枢磁动势共同建立的，电枢磁动势对气隙磁场有影响，电枢磁动势的基波对气隙磁场的影响称为电枢反应。

永磁同步电机的工作原理如图 3-94 所示，图中 θ 为功率角，电机的转子是永磁磁极，N、S 极沿圆周方向交替排列，定子可以看成是一个以速度为 n_0 旋转的磁场。电机运行时，定子存在旋转磁动势，转子像磁针在旋转磁场中旋转一样，随着定子的旋转磁场同步旋转。

永磁同步电机转速可表示为

$$n = n_0 = \frac{60 f_s}{p_n}$$

式中：f_s——电源频率；

　　　p_n——电机极对数。

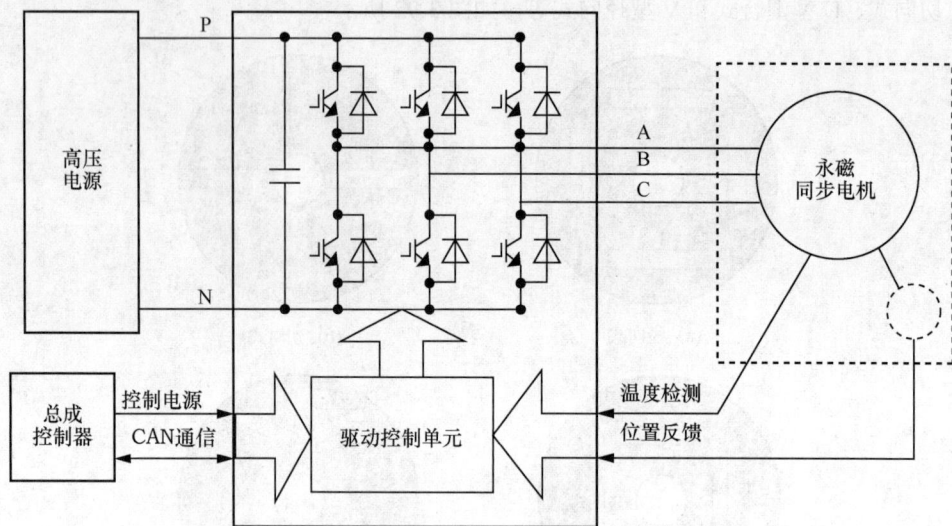

图 3-93　永磁同步电机驱动电路

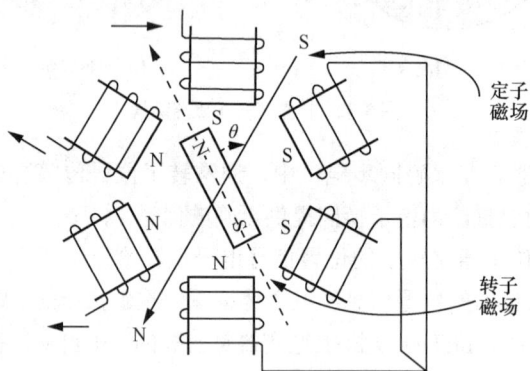

图 3-94　永磁同步电机工作原理

　　永磁同步电机的定子是三相对称绕组，三相正弦波电压在定子三相绕组中产生对称三相正弦波电流，并在气隙中产生旋转磁场。旋转磁极与已充磁的磁极作用，带动转子与旋转磁场同步旋转并力图使定子、转子磁场轴线对齐。当外加负载转矩以后，转子磁场轴线将落后定子磁场轴线一个角度，称为功率角，负载越大，功率角也越大，直到一个极限角度，电机停止。由此可见，同步电机在运行中，转速必须与频率严格成比例，否则会失步停转。所以，它的转速与旋转磁场同步，其静态误差为零。在负载扰动下，只是功率角变化，而不引起转速变化，它的响应时间是实时的。

　　（3）特点

　　① 优点。永磁同步电机具有较高的比功率，体积更小，质量更轻，比其他类型电机的输出转矩更大，其极限转速和制动性能也比较优异，因此永磁同步电机已成为现今电动汽车应用最多的电机之一。

　　② 缺点。永磁材料在受到振动、高温和过载电流作用时，其导磁性能可能会下降，或发生退磁现象，有可能降低永磁同步电机的性能。另外，稀土式永磁同步电机要用到稀土材料，制造成本不太稳定。

（4）应用

目前，永磁同步电机在多数电动汽车中应用比较广泛，如比亚迪 e6、宝马 i3、奔驰 smart EV 和三菱 i MiEV 等。

4．开关磁阻电机

开关磁阻电机（SRM）是一种典型的机电一体化电机，又称开关磁阻电机驱动系统（SRD），这种电机主要由开关磁阻电机本体、电力电子功率转换器（简称功率转换器）、转子位置传感器以及控制器 4 部分组成，如图 3-95 所示。

根据励磁方式，开关磁阻电机分为励磁式和永磁式两种。

（1）励磁式开关磁阻电机

① 结构

a．电机本体。电机本体采用定子、转子双凸极结构，单边励磁，即仅定子凸极采用集中绕组励磁，而转子凸极上既无绕组也无永磁体；定子、转子均由硅钢片叠压而成；定子绕组径向相对的极串联，构成一相。其结构原理如图 3-96 所示。

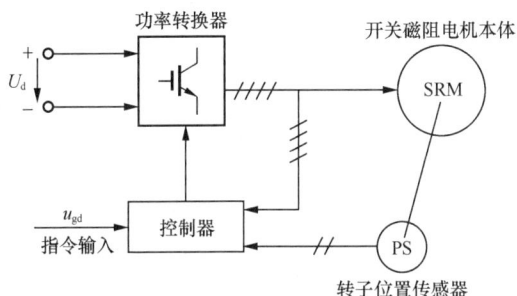

图 3-95　开关磁阻电机的构成

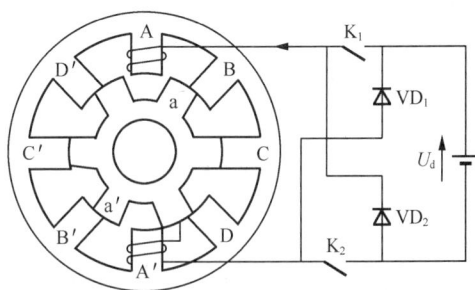

图 3-96　励磁式开关磁阻电机的结构原理

开关磁阻电机的定子与转子如图 3-97 所示。开关磁阻电机的定子与转子相数不同，有多种组合方式，常见的有三相 6/4 极、三相 6/8 极和三相 12/8 极结构，如图 3-98 所示。

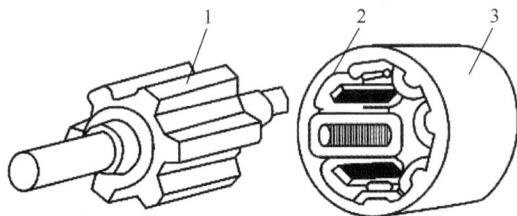

图 3-97　开关磁阻电机的转子与定子

1—转子凸极；2—定子凸极绕组；3—定子

（a）三相 6/4 极　　　　（b）三相 6/8 极　　　　（c）三相 12/8 极

图 3-98　开关磁阻电机的几种组合方式

三相 6/4 极结构说明电机定子有 6 个凸极，转子有 4 个凸极，在定子相对称的两个凸极上的集中绕组互相串联，构成一相。转子上没有绕组，定子上有 6 个凸极的称为三相开关磁阻电机，定子上有 8 个凸极的称为四相开关磁阻电机。相数越多，步进角越小，运转越平稳，越有利于减小转矩波动，但控制越复杂，导致主开关器件增多和成本增加。步进角的计算方法为

$$步进角（\alpha）=360°×2/(定子极数×转子极数)$$

如四相 8/6 极电机，其步进角（α）=360°×2/(8×6)=15°。低于三相的开关磁阻电机一般没有自启动能力。目前应用较多的是三相、四相和五相结构。

图 3-99（a）、图 3-99（b）和图 3-99（c）分别为三相 6/4 极结构、三相 12/8 极（双绕组）结构和四相 8/6 极结构的开关磁阻电机的定子和转子结构的剖面示意。

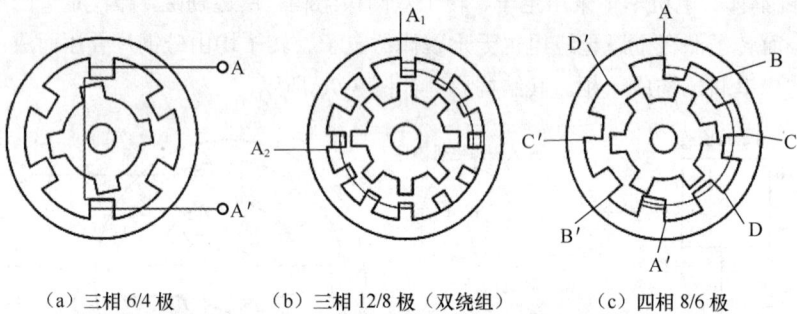

（a）三相 6/4 极　　　（b）三相 12/8 极（双绕组）　　　（c）四相 8/6 极

图 3-99　几种开关磁阻电机的定子和转子的剖面示意

b．转子位置传感器。转子位置传感器有霍尔式、电磁式、光电式和磁敏式多种，常设在电机的非输出端，如图 3-100 所示。

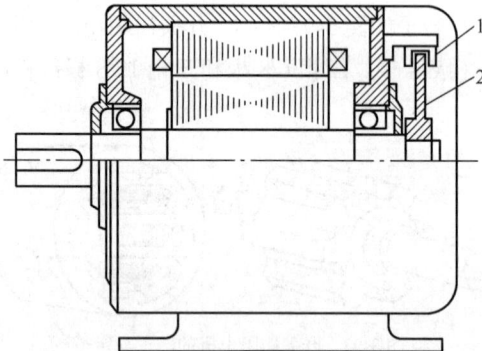

图 3-100　转子位置传感器的位置

1—转子位置传感器；2—齿盘

光电式位置传感器由齿盘和光电传感器组成。齿盘截面形状与转子截面形状相同，装在转子上，光电传感器装在定子上。当齿盘随转子转动时，光电传感器检测到转子齿的位置信号。

转子位置的检测原理如图 3-101 所示。其中图 3-101（a）所示是一个四相 8/6 极电机的位置检测器，它只设置 S_P 和 S_Q 两个传感器，它们在空间上相差 15°，齿盘上有间隔 30° 的 6 个齿槽，检测到的基本信号如图 3-101（b）所示。

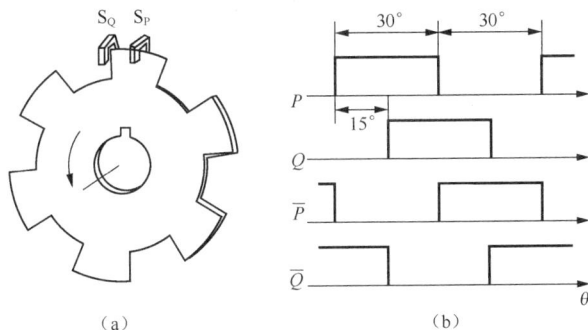

（a）　　　　　　　　　　（b）

图 3-101　转子位置的检测原理

位置传感器的引入增加了开关磁阻电机结构的复杂性，影响了其可靠性，因此人们正致力于研究无传感器方案，通过检测相电感来获取转子位置信息，这被公认是非常有意义的研究方向。

c．功率转换器。开关磁阻电机的功率转换器为开关磁阻电机的运行提供电能。开关磁阻电机常用的功率转换器主电路有许多种，应用较普遍的有 3 种，如图 3-102 所示。

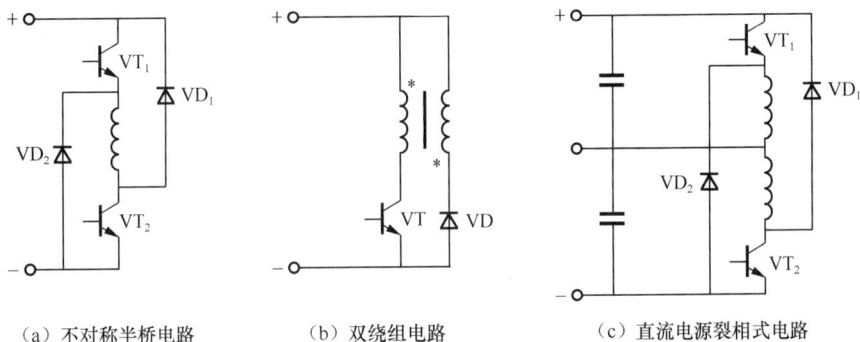

（a）不对称半桥电路　　　（b）双绕组电路　　　（c）直流电源裂相式电路

图 3-102　3 种基本的功率转换器主电路

图 3-102（a）所示的主电路为单电源供电方式，每相有两个主开关器件，工作原理简单。导通模式有 3 种：两个主开关器件同时导通；一个主开关器件导通，另一个主开关器件关闭；两个主开关器件同时关闭。这种主电路中主开关器件承受的额定电源电压为 U_d。它可用于任何相数、任何功率等级的情况，在高电压、大功率场合下有明显的优势。

图 3-102（b）所示的主电路的特点是每相必须有两个绕组，其中一个绕组与开关管串联，另一个与续流二极管串联，两个绕组完全耦合（通常采用双股并绕）。工作时，电源通过开关管向绕组供电，开关管关闭后，磁场储能通过续流二极管向电源回馈。开关管承受的最大工作电压为 $2U_d$。

图 3-102（c）所示的主电路为裂相式电路，以对称电源供电。每相只有一个主开关器件，上线圈从上电源吸收能量，并将剩余的能量回馈到下电源；下线圈从下电源吸取能量，将剩余的能量回馈到上电源。因此，为保证上、下桥臂电压的平衡，这种主电路只能使用于偶数相电机。主开关正常工作时的最大反向电压为 U_d。每相绕组导通时绕组两端的电压仅为 $U_d/2$。

② 工作原理。由图 3-96 知，当 A 相绕组电流控制开关 K_1、K_2 闭合时，A 相通电励磁，所产生的磁场力图使转子旋转到转子极轴线 aa′ 与定子极轴线 AA′ 的重合位置，从而产生磁阻性质的电磁转矩。若依次给 A、B、C、D 相绕组通电，则转子便按逆时针方向连续转动起来；若依次给 B、A、D、C 相绕组通电，则转子会沿顺时针方向转动。在多相电机的实际运行中，也常出现两相或两相以上绕组同时导通的情况。当某一相中的定子绕组轮流通电一次时，转子转过一个转子极距。

（2）永磁式开关磁阻电机

在励磁式开关磁阻电机定子轭部对称地嵌入高性能的钕铁硼永磁体，永磁体磁场与各相绕组的磁场共同组成新型电机磁场，形成永磁式开关磁阻电机（PMSRM）。其基本结构、磁通和反电动势如图 3-103 所示。

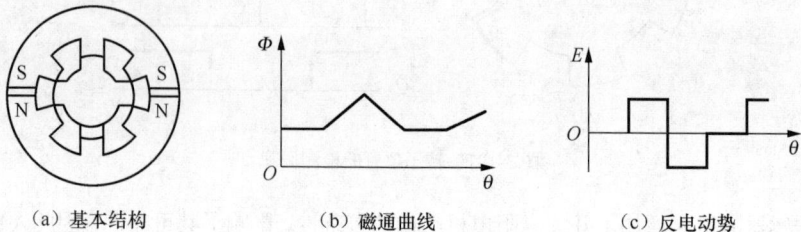

（a）基本结构　　　　（b）磁通曲线　　　　（c）反电动势

图 3-103　永磁式开关磁阻电机的基本结构、磁通和反电动势

永磁式开关磁阻电机也称为双凸极永磁电机，可采用圆柱形径向磁场结构、盘式轴向磁场结构和环形横向磁场结构。该电机在磁阻转矩的基础上叠加了永磁转矩，永磁转矩有助于提高电机的功率密度和减小转矩脉动，以利于它在电动汽车驱动系统中的应用。它可以加快绕组换流速度，减小波动，提高能量利用率。

永磁式开关磁阻电机的控制部分与励磁式基本相同，其工作原理是：永磁体产生的磁通在凸极相对齐时最大，在一凸极对一极槽时最小，而定子绕组所产生的磁通与原先的一样，两种磁通叠加之后共同作用于转子，驱使电机转子转动。如果在给定子绕组单独通电时不考虑永磁体的磁场作用，将给绕组磁通回路带来较大的磁阻，减小定子绕组电感，这也给电机相间快速换流提供了有利条件。所以改进后的永磁式开关磁阻电机体积变小，效率更高，稳定性更好。当前，双凸极永磁电机是研究的热门，通常被做成外转子型轮毂驱动电机。

（3）特点

① 优点。

a. 系统的调速范围宽。可以在低速下运行，也可以在高速（最高转速可达 15000 r/min）场合下运行。

b. 结构简单、转子转动惯量小、成本低、动态响应快。

c. 运行效率、可靠性等方面均优于感应电机和同步电机。

d. 热量排放小，耐化学侵蚀能力强，可以在散热条件差、存在化学污染的环境下运行。

e. 价格低、适宜大批量生产。

② 缺点。

a. 磁能变化不大时效率恶化、噪声变大。

b. 较其他类型的电机配套逆变器结构复杂。

（4）应用

开关磁阻电机适用于要求低价格、低速小型的电动汽车中，目前由于缺点较多，在电动汽车中很少应用。但永磁式开关磁阻电机被做成外转子电机后，被应用于电动汽车的轮毂驱动系统。

三、电机控制系统

电机控制系统由动力总成［驱动电机（DM）］、高压配电设备、电机控制器（MCU）、高

低压线束和相关传感器等组成，如图 3-104 所示。

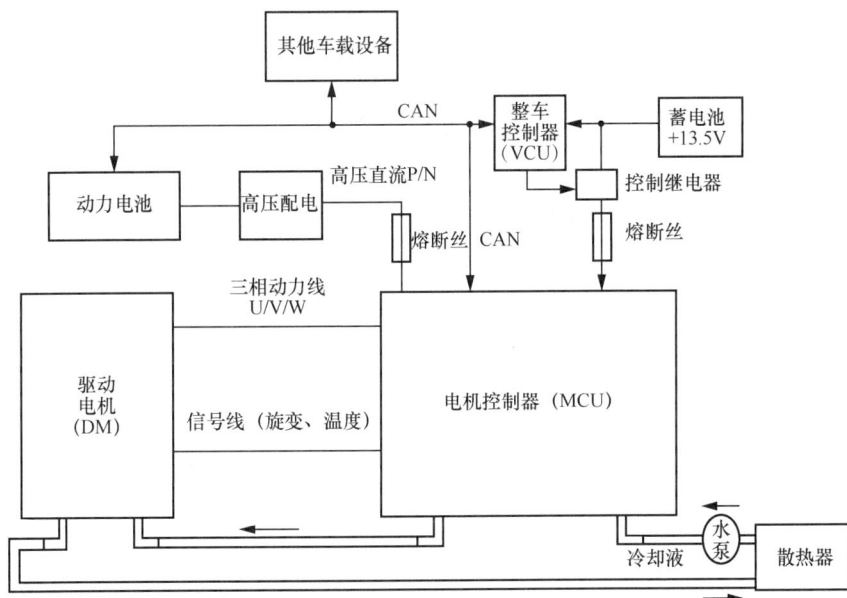

图 3-104　电机控制系统的组成

整车控制器（VCU）根据驾驶人意图发出各种指令，电机控制器响应并反馈，实时调整驱动电机输出，实现整车的怠速、前行、倒车、停车、能量回收及坡路驻车等功能。

电机控制器是电机系统的控制中心（智能功率模块），以 IGBT（绝缘栅双极型晶体管）模块为核心，辅以驱动集成电路、主控集成电路，故障诊断电路。电机控制器对所有的输入信号进行处理，并将电机控制系统运行状态的信息通过网络发送给整车控制器。当诊断电路诊断到异常情况时，将会激活一个故障码，发送给整车控制器，同时也会存储该故障码和数据。

电机控制器内含传感器，用来提供驱动电机系统的工作信息，包括：电流传感器、电压传感器、温度传感器等。

【任务实施】

一、准备工作及安全防护

1．准备工作

在技能学习工位准备好多辆电动汽车（至少包括单电机驱动型、双轮边电机型和轮毂电机型 3 种，每种车型为一个工位）及其相关技术资料，同时配备各类型驱动电机（励磁直流电机、永磁无刷直流电机、三相感应电机、永磁交流同步电机和开关磁阻电机）至少各一台，电动汽车故障诊断仪等检测设备。工具箱和防护用品柜内要有足够的专用维修工具和各类防护用品。

2．安全防护

（1）劳动保护
① 穿好绝缘工作服。
② 穿好高压绝缘鞋。
③ 检查并佩戴绝缘手套。

（2）车辆防护

① 打开主驾驶车门，铺设脚垫、转向盘套、座椅套。

② 打开发动机罩，固定支架，铺设翼子板布和格栅布。

二、拆装驱动电机

以下以荣威 E50 纯电动汽车为例，说明驱动电机的拆卸与安装方法。此项操作必须由经厂家认证的专业维修技师完成，学生只能观摩学习。

（1）拆卸

① 关闭电源，断开低压蓄电池负极搭铁，拆下维修开关，等待 10 min 以上。

② 拆卸蓄电池盒支架。

③ 排空冷却系统。

④ 回收空调系统制冷剂。

⑤ 拆卸前保险杠。

⑥ 拆下电力电子箱（PEB）总成。

⑦ 拆卸高压配电单元。

⑧ 拆下将电池膨胀水箱固定在 PEB 托盘上的 2 个螺栓。

⑨ 拆下将电力电子模块及高压配电单元托盘固定到前横梁总成上的 5 个螺栓，拆下托盘。

⑩ 拆下前机舱熔断丝盒。

⑪ 拆下将驱动电机线支架固定到 PEB 横梁上的 2 个螺栓，移开高压线。

⑫ 拆下 PEB 横梁上的低压线束卡扣。

⑬ 从车架的膨胀水箱架上拔出电机膨胀水箱。

⑭ 拆下 PEB 横梁下部的管夹。

⑮ 拆下将 PEB 横梁固定在车身上的 4 个螺栓，拆下 PEB 横梁。

⑯ 松开卡箍，从电机上断开 PEB 到电机软管的连接，拆下 PEB 到电机的软管。

⑰ 在举升机上举升车辆。

⑱ 从电机上拆下蓄电池负极电缆。

⑲ 从减速器上断开换挡操纵机构拉锁。

⑳ 松开卡箍，从电机上断开散热器到电机软管的连接。

㉑ 拆下将驱动电机接线盒盖固定到电机上的 4 个螺栓。

㉒ 拆下将驱动电机接线固定到驱动电机接线盒内的 3 个螺栓。

㉓ 拆下将驱动电机接线固定到驱动电机接线盒外壳上的 2 个螺栓，取下驱动电机线。

㉔ 降低车辆高度。

㉕ 用起吊机固定驱动电机。

㉖ 拆下将驱动电机固定到减速器上的 6 个螺栓。

㉗ 拆下将动力总成固定到驱动电机侧悬置上的 3 个螺栓。

㉘ 拆下将驱动电机侧悬置固定到车身右纵梁上的 2 个螺栓，拆下驱动电机侧悬置。

㉙ 向右移动驱动电机，使驱动电机与减速器分开。

㉚ 慢慢用起吊机将驱动电机吊出。

（2）安装

警告：在高压系统，如高压电池包、电驱动变速器、电力电子箱、高压线束、电空调压缩机、车载充电器、交流充电口和交流充电线全部安装（包括所有连接器的连接）完成之前，必须确保蓄电池的负极电缆始终处于断开状态，手动维修开关处于断开状态。

⚠ **注　意**

更换驱动电机后，必须使用售后诊断仪进行驱动电机初始角度自学习。

按与拆卸顺序相反的顺序安装驱动电机，注意连接螺栓紧固力矩要求。完成安装后还应加注空调系统制冷剂和电机冷却液。

驱动电机
静态检测

三、检测直流电机

（1）直流电机故障分析

直流电机故障多发生在 3 个部位，即换向器、电枢和定子绕组。

① 换向器故障。刷火异常是综合反映电机各种故障的先兆，明亮、爆鸣状、火球状或飞溅状刷火明显表明换向不良。刷火异常通常由电磁、机械、负载和环境等原因造成。

电刷工作面出现雾状的轻微烧痕、过热、磨损过快、磨损不均、振动、噪声大，甚至碎裂、掉边、缺角等均表明电机换向存在故障。造成电刷故障的原因是电刷压力过大、接触电阻过大、换向器偏心、电机火花过大、环境温度过高/过低、粉尘过多等。

常见的换向器表面故障有隔片烧伤、相隔一个极距烧伤、局部区域烧痕、换向片沿圆周不均匀烧黑等。诱发换向器故障的主要原因有升高片开焊、刷粉将换向片局部短路、换向器表面不圆、产生刷火、电刷电流分布不均、电机定子中心不对、转子不平衡等。

② 电枢故障。电枢常见故障为接地和短路。电枢短路故障包含换向片间短路和电枢绕组匝间或层间短路。电枢绕组匝间或层间短路的原因主要有电枢绕组绝缘长期过热老化，绕组遭受潮气、酸类侵蚀，槽内线圈松动、线圈绝缘遭受机械损伤等。绕线断裂、开焊等故障也时有发生，主要征兆有振动大、噪声大、电枢电流波动大。其原因有负载过大、电流过大、机体材料缺陷等。

换向片间短路更常见，换向片间短路的原因有换向器云母沟内或升高片根底有大量导电杂质、电刷灰等，V 形云母环 3°面缝隙内进入导电粉尘。

③ 定子绕组故障。定子绕组常见故障有绝缘电阻降低、匝间短路、断路、接地以及绕组连接极性接反。

定子绕组绝缘电阻降低的原因有绝缘表面有污垢和炭粉、绝缘受潮、绝缘老化。绕组匝间短路较多时，电机会产生振动、绕组发热或冒烟、励磁电流剧增、绝缘有被烧焦的痕迹，故障原因有线圈绝缘表面积满灰尘和油污，制造或重绕修理时造成 S 弯处匝间短路、搬运检修时造成的机械损伤。励磁绕组接地是由于线圈对铁心松动、对地绝缘遭到磨损。电机启动困难、转矩降低，甚至不能启动的原因是励磁绕组接反或断路。

（2）检查直流电机

① 检查电枢绕组接地情况。电枢绕组接地故障常出现在槽口处和槽内底部，利用试灯法进行检测。将 36 V 低压电通过 36 V 低压照明灯分别接在换向片上及转轴一端，若灯泡发光，则说明电枢绕组接地。

将 6~12 V 直流电压接到相隔 $K/2$（K 为换向极铁心与机座间的非磁性垫片厚度）的两个换向片上，用毫伏表的一支表笔触及转轴，另一支依次触及所有的换向片，若读数为零，则该换向片或该换向片所连接的绕组元件接地。

② 电枢绕组断路、开焊故障检查。电枢绕组断路一般发生在绕组元件引出线与换向片的焊接处，仔细观察换向片升高片处的焊点情况，再用螺钉旋具或镊子拨动各个焊接点，检查是否存在断路故障。

利用直流毫伏表判断电枢铁心内部等不易发现的部位是否存在断路点，在相隔接近一个极距的两换向片上接入低压直流电源，用直流毫伏表测量相邻换向片间的压降，电枢断路或焊接不良时，在相连接的换向片上测得的压降将比平均值显著增大。

③ 电枢绕组短路检查。

a．利用短路测试器检测。将短路测试器接通交流电源后，置于电枢铁心的某一个槽上，将锯条在其他各个槽口上面平行移动，当出现较大振动时，则说明该槽内有短路故障。

b．利用毫伏表检测。将 6.3 V 交流电压（用直流电压也可）加在相隔 $K/2$ 或 $K/4$ 的两个换向片上，用毫伏表的两支表笔依次触到换向器的相邻两个换向片上，检测换向片间电压。电枢绕组匝间短路时，在和短路绕组相连接的换向片上测得的压降值显著降低；换向片间直接短路时，测得的片间压降等于零或非常小。

④ 换向器检查。

a．片间短路检查。利用万用表电阻挡检查换向片间的电阻值，如阻值小则说明存在短路故障。

b．换向器搭铁检查。利用万用表电阻挡测量换向片与搭铁间的电阻值，如果电阻值为零或非常小，则说明存在短路故障。

c．检查云母片是否存在凸起现象。

⑤ 调整电刷中性线位置。励磁绕组通过开关接到 1.5～3 V 的直流电源上，毫伏表接到相邻两级的电刷上（电刷与换向器的接触一定要良好）。当打开或合上开关时，即交替接通和断开励磁绕组的电流，毫伏表的指针会左右摇摆，这时将电刷架顺着电机旋转方向或逆转方向缓慢移动，直到毫伏表指针几乎不动时，刷架位置就是中性线位置。

调整完电刷中性线位置后，将刷架紧固。

⑥ 利用手摇绝缘电阻表检测绝缘性。根据直流电机的工作电压，选择合适量程的电压挡位，将手摇绝缘电阻表的一端接在电枢轴或机壳上，另一端分别接在电枢绕组、换向片上，以 120 r/min 的转速摇动手摇柄 1 min 后读出其指针指示的数值，测量出电枢绕组对壳体、换向片对搭铁的绝缘电阻。

四、检修直流电机零部件

（1）解体检查电机

① 检测电机的绝缘性能。采用绝缘电阻表测量绝缘阻值，检测电压设定为 1000V，测定绝缘阻值应大于 0.5 MΩ。

② 检视壳体是否有破损。

③ 检测电机定子和转子的气隙大小。

④ 拆开刷架，拆下后先做好位置记号，检查电刷状况。

⑤ 抽出转子，抽转子时应注意转子与定子的间隙，不得碰伤铁心及线圈。

⑥ 拆下的零件应妥善保管，做好记录。

（2）检查转子

① 检查电枢绕组。

a．绕组线圈装配稳固，表面应光滑，无破裂、磨损及烧伤等现象。

b. 绝缘电阻表用 1000 V 电压测量电枢线圈绝缘电阻，其值不应低于 0.5 MΩ。

② 检查电枢铁心。

a. 铁心应清洁、紧固，无松动、变形。

b. 通风沟应清洁、畅通。

③ 检查电枢绑线。

a. 绑线清洁，无松动。

b. 焊锡无熔化、开焊现象。

c. 绑线下所垫的绝缘材料应完好。

④ 检查风扇。

a. 风扇应清洁，无灰尘、油垢。

b. 风扇叶片安装牢固，无破裂、变形。

（3）检查定子

① 检查定子外壳。定子外壳无破损，接线柱连接稳固牢靠，绝缘完好。

② 检查磁极线圈的安装、连接和绝缘性能。绝缘性能测量采用绝缘电阻表，测量为 1000 V，绝缘阻值应大于 0.5 MΩ。

③ 检查磁极铁心。磁极铁心应干净清洁，无松动和过温现象，无锈蚀脱漆现象。

（4）检查电刷总成

① 检查刷架及刷握。

a. 刷架应无破损、裂纹，刷握内表面光滑且无烧伤、变形，固定螺钉完好。

b. 刷架引线绝缘及接线柱应完好，连接螺栓紧固。

② 检查电刷。检查电刷磨石是否光滑，有无夹砂和灼烧痕迹，并检查电刷与换向器接触情况，作为电刷调整时的参考。

（5）检修换向器

① 换向器表面应清洁、无黑斑，保护换向器表面的氧化膜（紫褐色）不受损伤。

② 换向器表面应为圆柱形，如表面不光滑可用玻璃砂纸打磨至光滑（但不能用金刚砂纸打磨），打磨完后应吹净碎屑。

③ 换向器的云母沟深 1～1.5 mm，整流片与线圈焊接处无过热松动、脱焊等现象。

④ 换向器的偏心值应不大于 0.05 mm 或 0.07 mm（1500 r/min）。

（6）检修启动调整装置

① 清扫磁场变阻器内各处灰尘、油垢。

② 检查磁场变阻器。磁场变阻器的电阻线应无断裂，各部分螺栓应紧固，滑动接点与固定接点的接触良好，调整装置转动灵活，无卡滞现象。

③ 测量磁场可变电阻器绝缘电阻和直流电阻，绝缘电阻应不低于 0.5 MΩ，直流电阻在规定范围内。

（7）组装

① 检查机内应没有遗留任何异物。

② 安装转子、端盖、固定螺栓。

③ 组装刷架，调整电刷。按原有记号装好刷架、调整刷握，安装电刷。

④ 接线。按原有记号将电机端子各出线连接好，接线时要求接触良好、紧固牢靠。

⑤ 测量绝缘电阻。电机安装完毕，用绝缘电阻表测量绝缘阻值，1000 V 电压下，阻值

应大于 0.5 MΩ。

⑥ 电气试验及验收。电机安装完成后接着对电机进行耐压值检测：绕组外加 1000 V 交流电压，保持 60 s，观察是否有击穿现象，没有即可验收。

五、诊断驱动电机系统故障

（1）基本诊断流程

①读取故障码。用故障诊断仪读取故障码，根据故障码含义分析可能存在的故障。北汽 EV200 纯电动汽车电机控制器 IGBT 故障码及含义见表 3-16。

表 3-16   北汽 EV200 纯电动汽车电机控制器 IGBT 故障码及含义

故障码	定义
P0031	电机控制器 IGBT 故障
P0032	电机控制器 12V 瞬间断路故障
P0035	预充电故障
P0512	电机控制器温度传感器短路故障
P0514	电机控制器温度传感器开路故障
P0515	电机控制器 CAN 故障
P0516	电机控制器过电流故障
P0517	电机控制器过电压故障
P0518	电机控制器欠电压故障
P0521	电机控制器相电流过电流故障
P0771	电机控制器反馈模式故障

② 根据故障码提示检查相关电路。电路检查顺序如下所述。

a. 检查熔断丝是否熔断。

b. 检查高压驱动电机断电器是否损坏。

c. 检查整车控制器（VCU）是否损坏。

d. 检查电机控制器是否损坏。

e. 检查驱动电机电路是否正常。

f. 检查驱动电机是否损坏。

（2）常见故障诊断与排除方法

① 直流电机故障诊断。直流电机常见故障、原因及处理方法见表 3-17。

表 3-17   直流电机常见故障、原因及处理方法

故障现象	故障原因	故障处理
电机不转	电路不通	检查线路是否正常，熔断丝是否熔断，过载保护器是否限位
	过载堵转	减轻负载，消除堵转障碍
	电刷接触不良	检查电刷，并排除故障
	电机烧坏	更换新电机
	控制器故障	检测维修或更换
传动噪声大	电机噪声大，轴承已损坏	拆下电机单独检测判断
	控制器未调好	调试控制器

故障现象	故障原因	故障处理
花键轴或花键套过早磨损	电机轴或套老化	更换
	电机安装不当，造成电机轴弯曲变形	检测维修或更换
	长期过载运行	按正常运行
电机发热冒烟或烧毁	严重超载	减至规定值
	冷却液不足	按规定添加冷却液
	爬坡度或坡道长超过规定值	按规定值运行
	制动器调整不当，或使用不当，正常行驶中脚踩着制动踏板走	调整制动器，正常行驶不踩制动踏板
	控制器失效	检测维修或更换
换向器、电刷磨损、烧蚀	使用时间长，未进行定期维护	按规定时间进行定期检查，更换电刷
	过载电流太大	降低负载电流至规定值以下
	电机进水、进泥后电刷在刷盒内上下活动不灵活	清除杂物，恢复电刷与换向器的接触
	换向器表面不洁、有油污或其他覆盖物	擦除污物，并用 00 号砂纸磨光换向器外圆

② 交流同步电机故障诊断。交流同步电机（北汽 EV200 纯电动汽车）常见故障诊断见表 3-18。

表 3-18　　　　　交流同步电机常见故障诊断（北汽 EV200 纯电动汽车）

序号	故障名称	故障码	故障可能原因	解决方法
1	MCU 直流母线过压故障	P114017	电机系统突然大功率充电；高压回路非正常断开	如果总线电压报文与实际电压不相符，则需要检查高压供电回路、高压主继电器等
2	MCU 相电流过流故障	P113119、P113519、P113619、P113719	负载突然变化、旋变信号故障等导致电流畸变，比如电池或主继电器频繁通断	检查高压回路
			控制器损坏（硬件故障）	更换控制器
			控制器采集电压与实际电压不一致	标定电压，刷写控制器程序
3	电机超速故障	P0A4400	整车负载突然降低，电机转矩控制失效	如重新上电不复现，不用处理
			电机低压信号线插头连接松动或者退针	检查信号线插头
			控制器损坏（硬件故障）	更换控制器
4	电机过温故障	P0A2F98	电机低压信号线插头连接松动或者退针	检查信号线插头
			冷却系统工作异常	检查冷却液位、水泵工作状态（冷却管路堵塞或气阻）
			电机本体损坏（长时间过载运行）	更换电机
5	MCU IGBT 过温故障	P117F98、P117098、P117198、P117298	同电机过温故障	同电机过温故障

续表

序号	故障名称	故障码	故障可能原因	解决方法
6	MCU 低压电源欠电压故障	U300316	12 V 蓄电池电压过低，或者 35PIN 线束原因，控制器低压接口电压过低	检查蓄电池电压，给蓄电池充电；检查控制器低压接口，测量 35PIN 插件 24 脚和 1 脚电压是否低于 9 V
7	与 VCU 通信丢失故障	U010087	未收到整车控制器信号；网络干扰严重；线束问题	检查 35PIN 线束连接是否正常，检查 CAN 是否关闭总线，或者更换控制器
8	电机系统高压暴露故障	P0A0A94	MCU 电源模块硬件损坏；软件与硬件不匹配；网络上有部件报出高低压互锁故障引起	刷新程序或更换控制器
9	电机（噪声）异响		电磁噪声（高频较尖锐）；机械噪声，可能来自减速器、悬置、电机本体（轴承）	电磁噪声属正常；排查确定电机本体损坏，更换电机

（3）驱动电机系统故障检修实例

以吉利 EV450 在启动行驶过程中的故障检修为例，说明纯电动汽车驱动电机系统故障的检修过程。

① 故障现象。客户反映车辆启动上电时，READY 灯正常点亮，车辆挂入 D 挡踩下加速踏板，驱动电机工作，但工作异常，仪表故障警告灯点亮。

② 故障验证。根据客户描述，对车辆进行故障验证，结果与客户描述一致。关闭车辆点火开关，连接诊断仪，车辆上电读取故障码，发现无故障码，读取车辆数据流信息。

驱动电机控制系统故障检修

③ 故障分析。车辆可以正常上电，挂挡加速电机工作异常，可初步判断电机高压线束工作正常，故障的范围主要围绕电机低压部件、电力电子集成模块（PEU）故障及两者之间线束及接插件故障。根据诊断仪读取的数据流信息，结合车辆电路图（见图 3-105），优先怀疑问题集中在 PEU 上的旋变传感器信号端子、驱动电机侧旋变传感器信号端子及端子连接线束。

④ 故障查找。车辆断电，断开蓄电池负极，等待 5 min，初步检查 BV11 及 BV13 接插件连接情况，确认完毕后断开两个接插件。利用万用表欧姆挡分别检测旋变信号线束阻值，标准值应小于 1 Ω，在检测过程中发现 BV11/24 与 BV13/10 之间线束阻值大于 1 Ω，判断故障为旋变传感器正信号线束断路。

⑤ 故障修复。对故障线束进行更换修复，重新连接线束接插件，连接蓄电池负极，对车辆进行充电操作，上电挂挡运行车辆，电机工作正常，故障修复完毕。

六、任务考核

（1）学生工作

① 在各自工位分组学习。

② 在充分学习本任务相关知识的基础上，通过查阅相关技术资料完成下列工作，同时完成工单 3-3。

a. 观察整车电机驱动系统。

b. 拆装驱动电机。

c. 拆解、检修与组装驱动电机。

d. 电机驱动系统故障诊断。

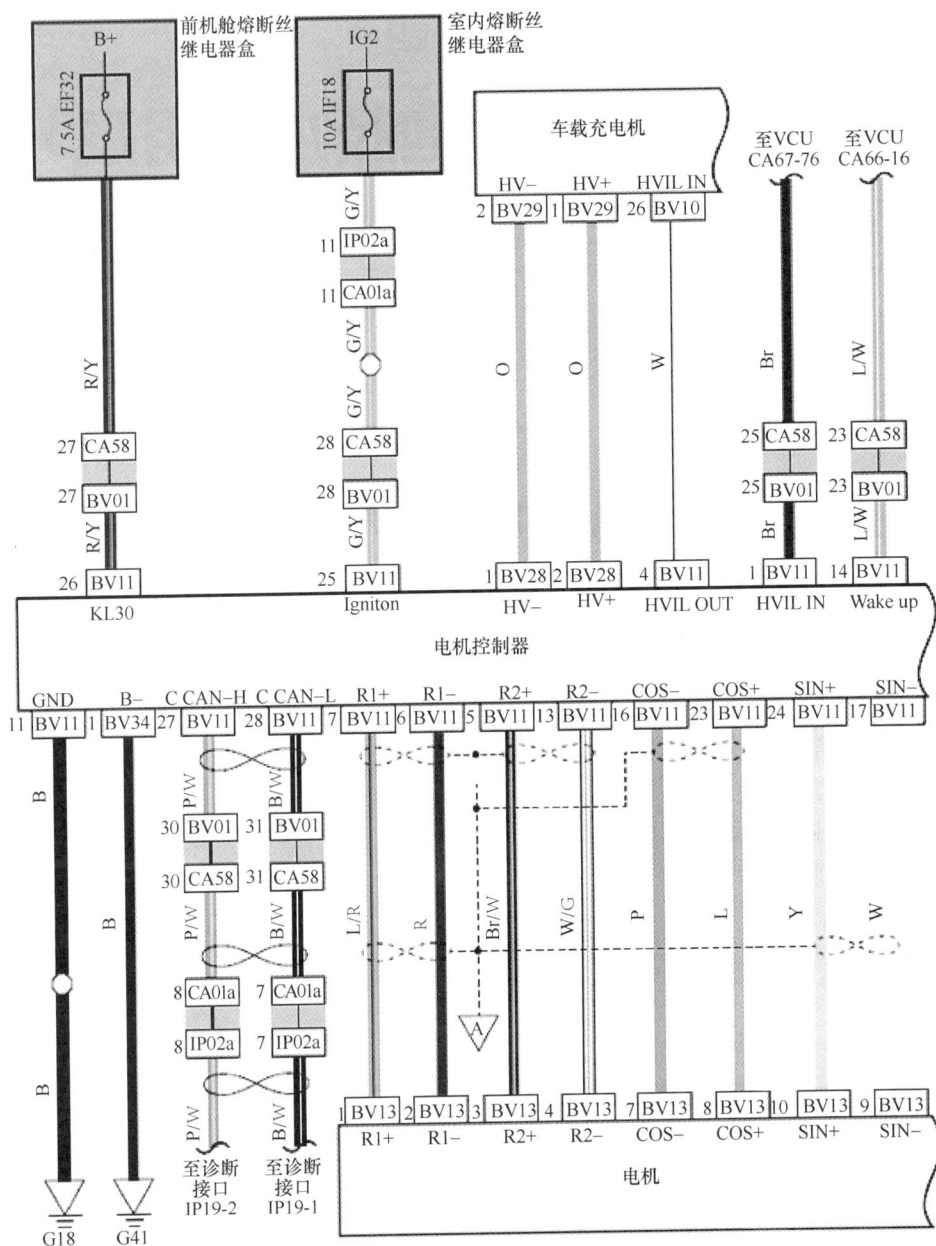

图 3-105 驱动电机控制电路

③ 5S 工作。

④ 自我评价与小组互评。

（2）指导教师工作

在学生进行上述操作过程中，指导教师进行下列工作。

① 向学生讲解安全注意事项，并要求学生在技能学习工单中做记录。

② 观察、指导学生进行相关操作，及时制止可能发生危险的操作。

③ 实操结束后审阅学生完成的工单，并结合其操作情况给出评价。

项目四
纯电动汽车其他技术应用及整车保养

学习任务 4-1 纯电动汽车其他技术应用

【任务引入】

纯电动汽车除在动力系统与燃料汽车有明显差别外，在其他功能系统方面也有其独特之处，如变速器驱动桥、动力转向系统、仪表、空调系统等。从事电动汽车维修的技术人员必须充分熟悉所维修车型各系统的结构特点，方可实施正确的检修与故障诊断。

本任务主要讲解纯电动汽车其他技术的应用。

【学习目标】

1. 知识目标

（1）能够正确描述纯电动汽车常用变速器的种类及适用车型。

（2）能够正确描述纯电动汽车单、双向 DC/DC 转换器的功能及工作原理。

（3）能够正确描述纯电动汽车电动真空助力制动系统组成及工作原理。

（4）能够正确描述纯电动汽车再生制动系统的组成及工作原理。

（5）能够正确描述纯电动汽车空调的制冷和制热方式的种类及原理。

（6）能够正确描述纯电动汽车新增仪表种类、功能、显示方式及控制原理。

2. 能力目标

（1）能够通过观察纯电动汽车，找出代表纯电动汽车典型技术的装置。

（2）能够针对具体的装置，说明其布置形式，并阐明其工作原理。

3. 素质目标

（1）培养良好的劳动保护意识。

（2）培养科技创新等综合素养。

【相关知识】

一、轮毂电机驱动系统

纯电动汽车采用的轮毂电机驱动属于分散式电机驱动。分散式电机驱动通常有轮毂电机驱动和轮边电机驱动两种模式。所谓轮边电机驱动模式，是指每个驱动车轮由单独的电机驱动，但电机不是集成在车轮内，而是通过传动装置（例如传动轴）连接到车轮。采用轮边电机驱动模式的驱动电机属于簧载质量范围，悬架系统隔振性能好。但是，安装在车身上的电机对整车总布置的影响很大，尤其是采用后轴驱动的情况下。而且，由于车身和车轮之间存在变形运动，其对传动轴的万向传动也具有一定的限制，因此目前分散式电机驱动系统的发展方向是轮毂电机。

1. 结构形式

轮毂电机驱动系统根据电机的转子形式分为内转子型和外转子型两种结构，如图4-1所示。

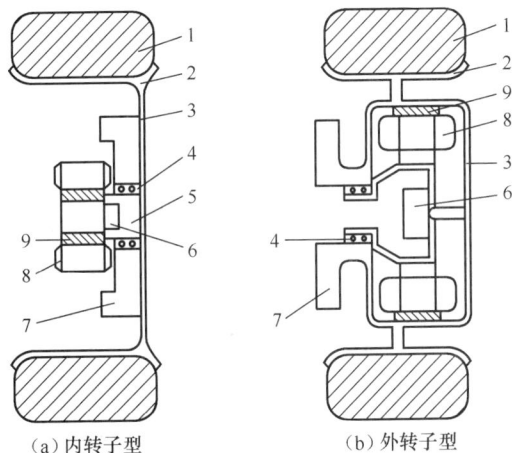

图 4-1　轮毂电机驱动系统的结构

1—轮胎；2—轮辐；3—车轮；4—轴承；5—行星齿轮；6—编码器；

7—制动毂；8—电机绕组；9—永磁体（PM）

内转子型采用高速内转子电机，同时装备固定传动比的减速机构。为了获得较高的功率密度，电机的转速通常高达 10000 r/min。减速机构通常采用传动比为 10:1 左右的行星齿轮减速装置。图4-2所示为典型内转子轮毂电机驱动系统布置。

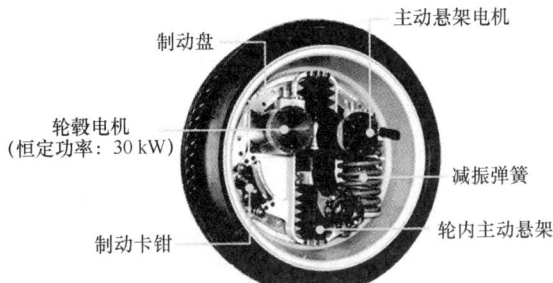

图 4-2　典型内转子轮毂电机驱动系统布置

高速内转子轮毂电机的优点是比功率高、质量小、体积小、效率高、噪声小、成本低；缺点是必须采用减速装置，效率降低，非簧载质量增大，电机的最高转速受线圈损耗、摩擦损耗以及变速机构的承受能力等因素的限制。

通常，外转子型采用低速外转子电机，电机的最高转速为 1000～1500 r/min，无减速装置，电机的外转子与车轮的轮辋固定或者集成在一起，车轮的转速与电机相同。图 4-3 所示为典型外转子轮毂电机驱动系统剖视图，图 4-4 为其结构分解图。

图 4-3 典型外转子轮毂电机驱动系统剖视

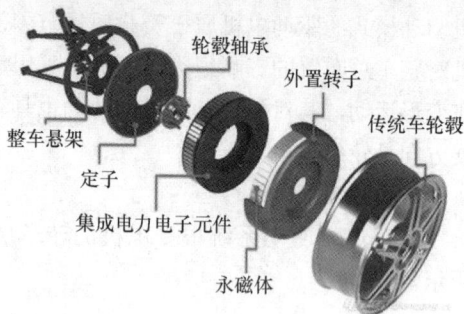

图 4-4 典型外转子轮毂电机驱动系统结构分解图

低速外转子轮毂电机的优点是结构简单、轴向尺寸小、比功率高、能在很宽的速度范围内控制转矩、响应速度快、外转子直接和车轮相连、没有减速机构、效率高；缺点是如要获得较大的转矩，必须增大电机体积和质量，因而成本高，加速时效率低，噪声大。

内转子型和外转子型两种结构在目前的电动汽车中都有应用，但是随着紧凑的行星齿轮变速机构的出现，高速内转子型驱动系统在功率密度方面比低速外转子型更具竞争力。

轮毂电机驱动系统由于电机电制动容量较小，不能满足整车制动效能的要求，通常需要附加机械制动系统。轮毂电机驱动系统中的制动器可以根据结构采用鼓式或者盘式制动器。电机电制动容量往往可以使制动器的设计容量适当减小。大多数的轮毂电机驱动系统采用风冷方式进行冷却，也有的采用水冷和油冷的方式对电机、制动器等的发热部件进行散热降温，但结构比较复杂。

2．优点及应用

（1）优点

① 轮毂电机驱动系统可以完全省略传动装置，整体动力利用效率大大提高。

② 轮毂电机使得整车总布置可以采用扁平化的底盘结构形式，车内空间和布置自由度得到极大的改善。

③ 车身上几乎没有大功率的运动部件，整车的振动、噪声和舒适性得到极大改善。

④ 轮毂电机驱动系统便于实现四轮驱动，有利于改善整车的动力性能。

⑤ 轮毂电机作为执行元件，利用响应速度快和准确的优点便于实现包括线控驱动、线控制动以及线控整车动力学控制在内的整车动力学集成控制，提高整车的主动安全性。

（2）应用

未来汽车发展方向为信息化、智能化和低碳化，四轮独立驱动（轮毂电机驱动）的电动汽车将是实现这一目标的最佳选择。

法国 TM4 公司设计制造的一体化轮毂电机结构如图 4-5 所示。它采用外转子式永磁电机，电机转子外壳直接与轮辋相固结，是车轮轮辋的组成部分，而且电机转子与鼓式制动器的制动毂集成在一起，实现电机转子、轮辋以及制动器 3 个回转运动物体的集成，大大减小了一体化轮毂电机系统质量，集成化程度相当高。该一体化轮毂电机系统的永磁无刷直流电机的额定功率为 18.5 kW，峰值功率可达到 80 kW，峰值转矩为 670 N·m，额定转速为 950 r/min，最高转速为 1385 r/min，而且额定工况下的平均效率可达到 96.3%。

二、变速器

电机虽然拥有很宽的工作转速范围，但和发动机一样，电机也有最佳工作转速区间，高于或低于这一区间效率就会下降。一台功率为 40 kW 的电机在刚启动时效率仅有 60%～70%。随着速度提高，效率逐步提高，在 3300～6000 r/min 转速区间，效率能够达到 94% 以上。而在接近极限转速 100000 r/min 时，效率又降到 70% 左右。可以看出，合理利用变速器，使电机工作在最佳转速区，对于提高效率十分有意义。纯电动汽车若采用无级变速器会比只使用一挡变速器时的单位里程能耗降低 5%～7%，噪声也减小很多。

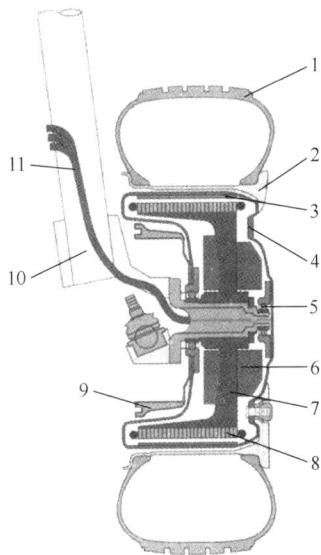

图 4-5　TM4 一体化轮毂电机结构
1—轮胎；2—轮辋；3—永磁体；
4—电机转子；5—轴承；6—电机控制器；
7—电机定子；8—电机绕组；
9—制动蹄片；10—悬架；11—线束

从目前电动汽车的发展情况来看，影响纯电动汽车进入市场的最大障碍是电池性能的局限性。尽管电池技术经历了从铅酸蓄电池到镍氢电池再到锂电池的一系列技术进步，但目前电动汽车电池无论是能量密度，还是单位容量、价格，都达不到大规模商业化的要求。研发电动汽车的企业都在竭尽全力降低电池成本和增加车辆单次充电的续驶里程。

变速器

如果能够通过使用合适的变速器，并对标定加以优化使效率提高，就意味着在同样行驶里程中，电池用量更少，车辆自重更轻，行驶性能更高，车辆成本更低。

纯电动汽车上变速器只需要三挡、二挡或一挡，因此变速器在一定程度上被简化了，但纯电动汽车对传动系统的要求反而更高，变速器的优化设计有利于提升纯电动汽车的效率。

1. 一挡变速器

一挡变速器多有两级减速比，即变速器有一个传动比，主减速器有一个传动比，总传动比为两个传动比的乘积。电机集成变速器如图 4-6 所示，多使用在低档、小中型面包车上。

差速器是传统车辆的标准组件，单桥单电机汽车也采用了这项技术。汽车转弯时，外侧车轮的转弯半径比内侧车轮的大，必须利用差速器来调整两侧车轮的转速，否则，车轮会产生滑移从而引起轮胎磨损加剧、转向困难、道路附着性能变差等。

由于电机的低速转矩大、工作转速范围宽的特点，倒挡可不设计，只需电机反转即可。

2. 一挡集成动力驱动系统

高档电动轿车多采用图 4-7 所示的电动驱动系统，把电机、减速器、差速器、功率控制器集成在一起。若前后轴各采用一套这样的动力驱动系统则是很好的四轮驱动系统。

图 4-6　电机集成变速器（后轮式）

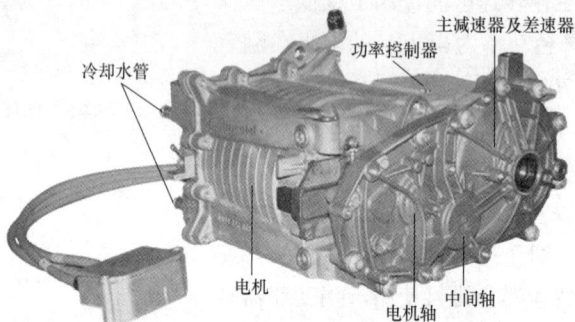

图 4-7　典型电动汽车集成电动驱动系统

3. 多挡变速器

纯电动客车变速器相比传统燃油客车变速器发生了巨大变化，传统变速器逐渐被取代或者被弱化。例如，国内一些企业展出的纯电动客车，都是直接使用电机控制变速。它们通过电子转矩控制技术直接控制车轮转速，实现对车辆速度的控制。

在电动客车上配装变速器，主要是为了解决电机驱动力不足的问题。设置变速器可以改变传输给驱动车轮的转矩，提升整车动力。纯电动客车配装的变速器相较于燃油客车车型上的变速器有所变化，突出的特点是变速器挡数由传统五挡、六挡简化成二挡、三挡。一汽客车 CA6120URBEV21 车型采用的就是一汽开发的二挡自动变速器。苏州金龙海格 KLQ6129 GHEV 车型配装的是三挡机械自动变速器。

4. 多挡无同步器电控自动变速器

对于电动客车，在减小成本的同时又要考虑无离合器的自动换挡，因此电控的无同步器自动换挡变速器成为首选。无同步器自动换挡动力总成如图 4-8 所示。

电控自动变速器 ECU 接收变速器输出轴转速传感器信号，同时也接收电机转速信号。在换挡前，先调节电机转速使其与从动齿轮转速相同，当电机降速/升速至与要换挡的从动齿轮同步时，可采用电控气动、液动或电动 3 种装置之一推动拨叉，拨叉推接合套直接挂入相应齿轮。

三、功率转换器

功率转换器可分为斩波器（DC/DC 转换器）、逆变器（DC/AC 转换器）和整流器（AC/DC 转换器）3 类。斩波器对电流进行直流/直流转换；逆变器对电流进行直流/交流转换；整流器对电流进行交流/直流转换。图 4-9 所示为上述 3 种功率转换器在电动汽车上的应用实例。

图 4-8　无同步器自动换挡动力总成

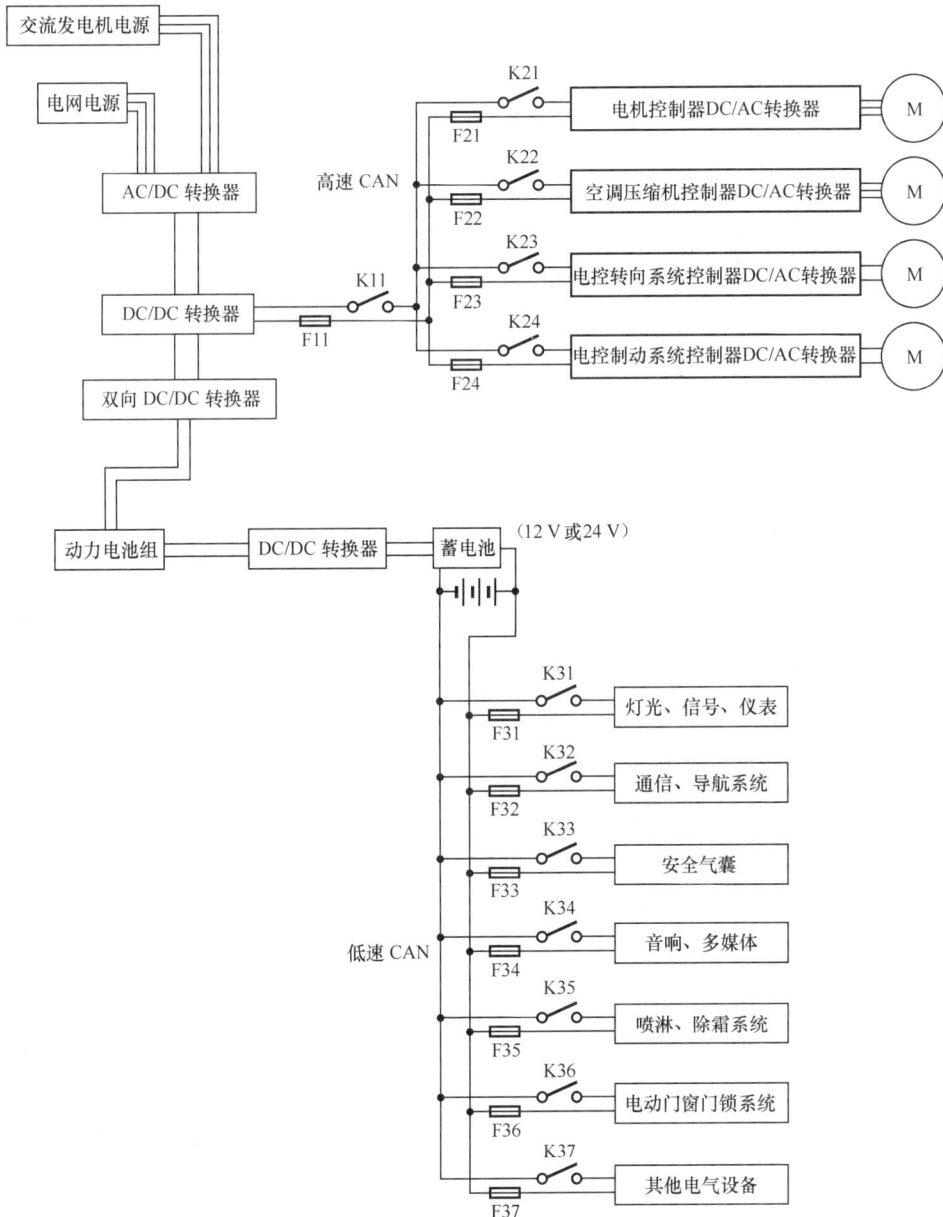

图 4-9　功率转换器在电动汽车上的应用实例

　　一般纯电动汽车电源系统的输出特性偏"软"，难以直接与电机驱动器匹配。在电源系统加负载的起始阶段，输出电压下降较快，即随着负载的增加，电流增大，电压下降，下降的斜率会出现一个特定的曲线，这种特性使电源系统的输出功率发生波动，进而导致车辆整体效能下降。

　　在电池系统与汽车驱动系统之间加入功率转换器，使电池系统和功率转换器共同组成电源系统对驱动系统供电，从而增强驱动系统的稳定性。因此，采用的功率转换器对纯电动汽车电源系统也具有重要的意义。

1. DC/DC 转换器

　　DC/DC 转换器（简称 DC/DC）是指将固定的直流电压转换为可变的直流电压，也称为直流斩波器。DC/DC 不仅能起调压的作用（开关电源），同时还能有效地抑制电网侧谐波电流噪声。DC/DC 转换器通过调整原直流电占空比（PWM）来控制输出的有效电压的大小。

　　在纯电动汽车中，DC/DC 主要应用在以下几个方面。

　　① 在直流电机的功率小于 5 kW 的纯电动汽车（如公园的游览车、机场的行李车等）中，动力电池组直接通过 DC/DC 为直流电机提供直流电。

　　② 在纯电动汽车及能量混合型电力系统中，用升压型 DC/DC；在功率混合型电力系统中，采用双向升降压型 DC/DC 或全桥型 DC/DC。电动汽车在滑行或下坡制动时，车辆的惯性能量经过转换后产生的电能向储能电源充电时，也采用双向升降压型 DC/DC。

　　③ 用电动汽车上的高压直流电源为辅助电池（低压电源）充电时，采用隔离式降压型 DC/DC。

2. DC/AC 转换器

　　DC/AC 转换器（简称 DC/AC）又称为逆变器，它的基本功能是将直流电（车载蓄电池电源或燃料电池电源）转换为交流电机的驱动交流电。DC/AC 分有源逆变器和无源逆变器，以及多种不同组合的、高性能 DC/AC 等多种类型。

　　有些纯电动汽车运用了交流电机作为驱动电机，部分辅助设备也采用了交流电机，包括空气压缩机、空调系统的压缩机、转向助力器等，它们的用电来自动力电池组或燃料电池组。对此，需要用小型的 DC/AC 将直流电转换为交流电后，来带动辅助设备的电机运转。DC/AC 将动力电池组或燃料电池组的电能转换为三相交流电，并检测辅助设备运转参数的变化，控制三相感应电机的启动、运行和停止。

　　纯电动汽车中，交流驱动电机的 DC/AC 一般集成于电机控制器中。

3. AC/DC 转换器

　　AC/DC 转换器（简称 AC/DC）又称为整流器。它的基本功能是将交流电（电网电源和车载交流发电机发电电源）转换为直流电（储能式电源的直流充电电源）。AC/DC 应用于纯电动汽车各种充电设备上，以及有交流电转换为直流电需求的电路及电气设备上。应用在电动汽车上的 AC/DC 基本形式有三相桥式、三相电压源 PWM 式和三相电流源 PWM 式。

四、电动真空助力制动与再生制动系统

1. 电动真空助力制动系统

　　传统内燃机汽车的制动系统真空助力装置的真空源来自发动机进气歧管，真空度一般可达到 0.05～0.07 MPa。对于由传统车型改型而成的纯电动汽车或燃料电池汽车，

助力制动与再生制动系统

发动机总成被拆除后，制动系统由于没有真空动力源而丧失真空助力功能，仅由人力所产生的制动力无法满足行车制动的需求，因此需要对制动系统真空助力装置进行改制，而改制的核心问题是产生具有足够压力的真空源。为了产生足够的真空，除了需要一个具有足够排气量的电动真空泵外，为了节能和可靠，还要为电动真空泵电机设计合适的工作时间。为达到与燃油车相同的真空度要求，电动真空泵需在 4～5 s 内产生大于 50 kPa 的真空度。

如图 4-10 所示，真空助力器安装于制动踏板和制动主缸之间，由制动踏板通过制动踏板推杆直接操纵。真空助力器与制动踏板产生的力叠加在一起作用在制动主缸推杆上，以提高制动主缸的输出压力。真空助力器由隔膜分为前室与后室（与大气相通），一般前室的真空度为 60～80 kPa（即真空泵可以提供的真空度大小）。真空助力器所能提供助力的大小取决于其前室与后室气压差值的大小。当前室的真空度达到最大值时，真空助力器可以提供最大的制动助力。真空泵产生的真空度的大小及速度关系到真空助力器的工作状态，真空泵的容量大小关系到真空助力器的性能，进而影响到制动系统在各种工况下能否正常工作。

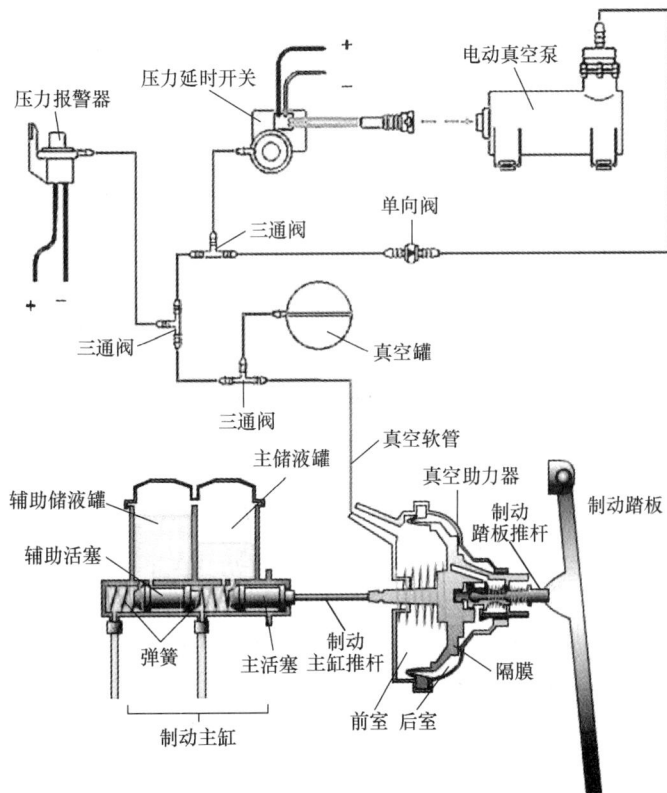

图 4-10　电动真空助力制动系统的基本构成

电动真空助力制动系统的控制过程如下。

① 接通汽车 12 V 电源，压力延时开关闭合，真空泵大约工作 30 s 后开关断开，此时真空罐内真空度约为 80 kPa。

② 当真空罐内真空度降低到 55 kPa 时，压力延时开关再次闭合。

③ 当真空罐内真空度降低到约 34 kPa 时，压力报警器发出信号。

④ 如果真空泵控制开关有很明显的短时间开启和关闭，说明发生了泄漏。

根据这个控制策略，设计了间歇性真空发生系统，该系统的基本工作原理是：当驾驶人发动汽车时，12 V 电源接通，压力延时开关和压力报警器开始压力自检，如果真空罐内的真空度小于 55 kPa，压力膜片将会挤压触点，从而接通电源，真空泵开始工作；当真空度增加到 55 kPa 时，压力延时开关断开，然后通过延时继电器使真空泵继续工作大约 30 s 后停止。每次驾驶人有制动动作时，压力延时开关都会自检，从而判断电动真空泵是否应该工作。当真空罐内的真空度低于 34 kPa 时，真空助力器不能提供有效的真空助力，此时压力报警器将会发出信号，提醒驾驶人注意行车速度。

电动真空泵控制也可采用控制单元控制，只要把压力开关换成绝对压力传感器，电动真空泵由控制单元控制继电器即可。国内的一些纯电动汽车，采用了由真空助力器、真空度传感器、整车控制器、电动真空泵工作继电器、真空泵电机组成的一个闭环真空度控制系统，保证制动时真空助力器的正常工作。

2．再生制动系统

再生制动是电动汽车所独有的，在减速制动（制动或者下坡）时将车辆的部分动能转换为电能，转换的电能储存在储存装置（如各种蓄电池、超级电容和飞轮电池）中，最终增加电动汽车的续驶里程。如果储能装置已经被充满，再生制动就不能实现，所需的制动力就只能由常规的液压制动系统来提供。现在几乎所有的电动汽车都安装了再生液压制动系统，从而可实现节约制动能量、回收部分制动能量，并为驾驶人提供常规制动性能。图 4-11 所示为电动汽车能量转换过程。

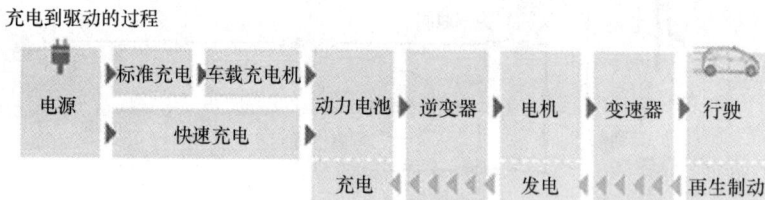

图 4-11　电动汽车能量转换过程

一般而言，当电动汽车减速、在公路上放松加速踏板巡航或踩下制动踏板停车时，再生制动系统启动。正常减速时，再生制动的力矩通常保持在最大负荷状态。电动汽车高速巡航时，其驱动电机一般在恒功率状态下运行，驱动力矩与驱动电机的转速或者车辆速度成反比，因此，恒功率下驱动电机的转速越高，再生制动的能力就越低。当踩下制动踏板时，驱动电机通常运行在低速状态。由于在低速时，电动汽车的动能不足以为驱动电机提供能量来产生最大的制动力矩，因而再生制动能力也就会随着车速降低而减小。

图 4-12 所示为纯电动汽车的再生制动和液压制动曲线图，纯电动汽车的再生制动力矩通常不能像燃油发动机汽车中的制动系统一样提供足够的制动减速度，所以，在纯电动汽车中，再生制动和液压制动系统通常共同存在。只有当再生制动已经达到了最大制动能力且还不能满足制动要求时，液压制动才起作用。

再生制动与液压制动之间的协调是问题的关键所在，而且，应该考虑如下特殊要求：

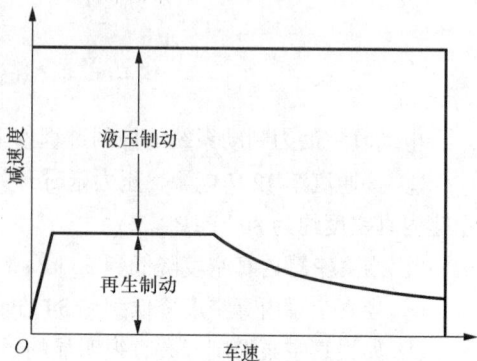

图 4-12　再生制动和液压制动曲线

为了使驾驶人在制动时有一种平顺感，液压制动力矩应该可以根据再生制动力矩的变化进行控制，最终使驾驶人获得所希望的总力矩。同时，液压制动的控制不应引起制动踏板的冲击，因而不会给驾驶人一种不正常的感觉。

纯电动汽车采用的再生液压混合制动系统可满足上述要求，其结构设计如图 4-13 所示。驾驶人踩下制动踏板后，电动泵使制动液增压产生所需的制动力。制动控制与电机控制协同工作，确定纯电动汽车上的再生制动力矩和前后轮上的液压制动力。再生制动时，再生制动控制回收再生制动能量，并且反充到动力电池中。纯电动汽车上的 ABS 及其制动比例控制阀（可由 ABS 的扩展功能 EBD 代替）的作用与传统燃油发动机车型上的相同，其作用是产生最大的制动力。电动泵可以利用现有汽车中 ABS 的扩展功能中的 EPS 的电动供能泵作为压力源。

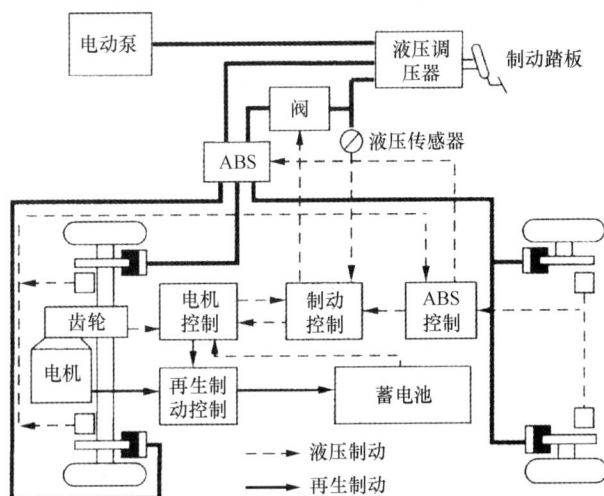

图 4-13　再生液压混合制动系统的基本结构

如前文所述，纯电动汽车上的总制动力矩是再生制动力矩与液压制动力矩之和，它们之间的分配关系如图 4-14 所示，目的是保持最大再生制动力矩的同时为驾驶人提供与燃油发动机汽车相同的制动感。当制动踏板力较小时，只有再生制动力矩施加在驱动轮上，并且与制动踏板力成正比。而非驱动轮上的制动力由液压制动提供，液压制动力矩也与制动踏板力成正比。当制动踏板力超过一定值时，最大再生制动力矩全部加在驱动轮上，同时液压制动力矩也作用在驱动轮上以获得所需的制动力矩。因而最大再生制动力矩可以保持不变，以便能完全回收车辆的动能。

如果制动系统因制动造成的管路压力越高（或制动踏板踏下深度越深），说明经驾驶人判断需要的总制动力矩越大，非驱动轮的制动力矩一直增加，驱动轮的制动力矩也在增加。但摩擦力矩增加得多，再生制动扭矩不增加，甚至要有减小，这就要求再生制动和 ABS 系统要协调工作。

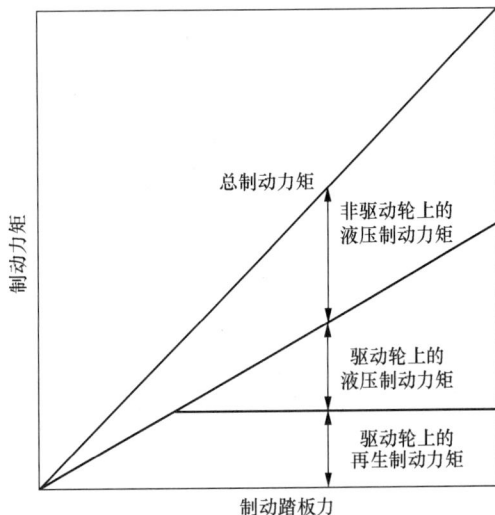

图 4-14　再生制动力矩与液压制动力矩的分配关系

在两前轮独立、后轮低选的轿车 ABS 中，制动压力传感器（液压传感器）监测制动系统管路的制动压力（液压或气压），有 ABS 的汽车采用车速和压力传感器（也可是制动踏板行程开关）采集制动状态信号，将根据车速算出的减速度值与设定的减速度值进行比较从而进行控制。

五、电动空调系统

1．制冷

早期的国产纯电动汽车受到蓄电池能力的限制，为了不影响其续驶里程，大多数没有配备空调系统。随着国内纯电动汽车逐步产业化、市场化，纯电动汽车必然要配备空调系统。受到纯电动汽车独特性的影响，国内汽车厂家在燃油发动机汽车空调的基础上进行部分替换设计，将燃油发动机带动的压缩机替换成直流电机直接驱动的压缩机，在控制上进行相应改变，来完成空调制冷的功能，目前替换设计效果基本能解决纯电动汽车空调的制冷问题，但制冷效率有待提高。

在空调的主要零部件选用上，目前国内的纯电动汽车除了压缩机和控制模式，其他主要零部件还是沿用燃油发动机汽车空调的零部件，冷凝设备主要用的是平行流冷凝器，蒸发设备主要用的是层叠式蒸发器，节流装置仍然是热力膨胀阀，制冷剂仍然是 R134a。据不完全了解，国内大力开发纯电动汽车的厂家（如奇瑞、比亚迪、一汽、上汽、江淮等）目前的纯电动汽车空调配套情况基本差不多，都采用上述的零部件和设备等。

（1）电动制冷系统组成与功能

① 组成。制冷系统主要由电动压缩机、冷凝器、储液干燥器、膨胀阀、蒸发箱和控制电路组成，如图 4-15 所示。低压管路：从节流阀出口至压缩机入口，沿程有蒸发箱、低压加注口、积累器。高压管路：从压缩机出口至节流阀入口，沿程有压缩机，冷凝器，干燥器，高压加注口中、高低压开关，膨胀阀（节流阀）。

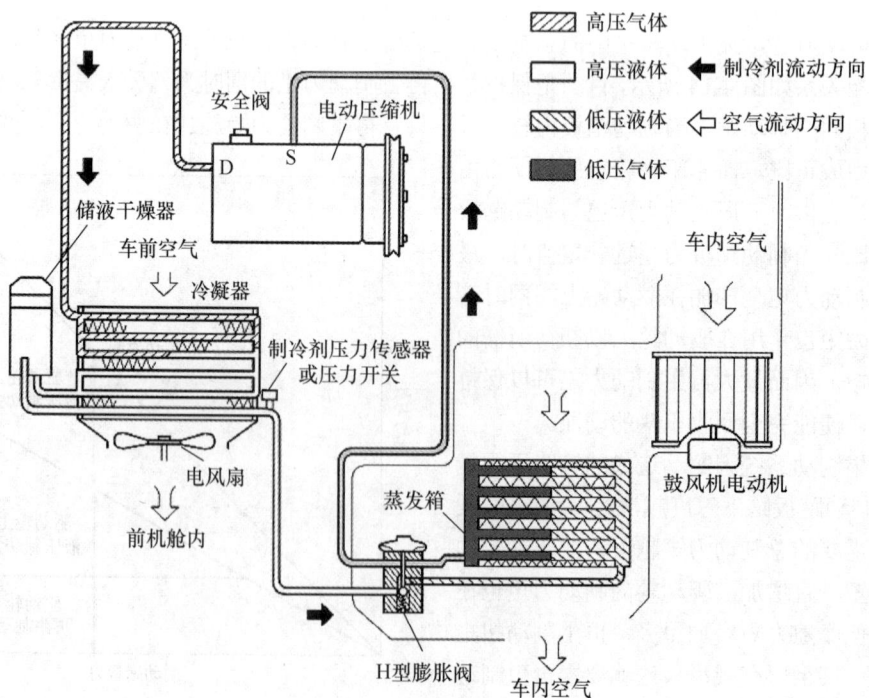

图 4-15　汽车制冷系统组成

客车多采用变频器控制高压三相电机驱动压缩机，因此有独立的电机变频器，电机和压缩机之间采用皮带传动。而轿车多采用整体式电动压缩机，这种压缩机内部有电机，一般采用低电压 12 V 驱动。

②　部件功能。压缩机把低温、低压的气态制冷剂吸入压缩成高温、高压液态制冷剂，以与外界空气形成温差；冷凝器通过冷凝器专用风扇或发动机散热器风扇把高温、高压制冷剂的热量散至周围空气，制冷剂降温；储液干燥器用来除去制冷剂中的水分；高压加注口用于加制冷剂或对管路抽真空；低压加注口用于加制冷剂或对管路抽真空；高、低压开关中，高压开关保护管路，低压开关保护压缩机；膨胀阀即一个可变或固定截面小孔，把高压制冷剂节流雾化，经蒸发箱吸收车内空气热量；在鼓风机的作用下，蒸发箱吸收车内热量，将制冷剂变成低温、低压的气态；积累器用来储存制冷剂，防止从蒸发箱出来的制冷剂不是气态而"液击"压缩机，一般不设计。

（2）工作原理

典型的电动空调系统工作原理如图 4-16 所示。

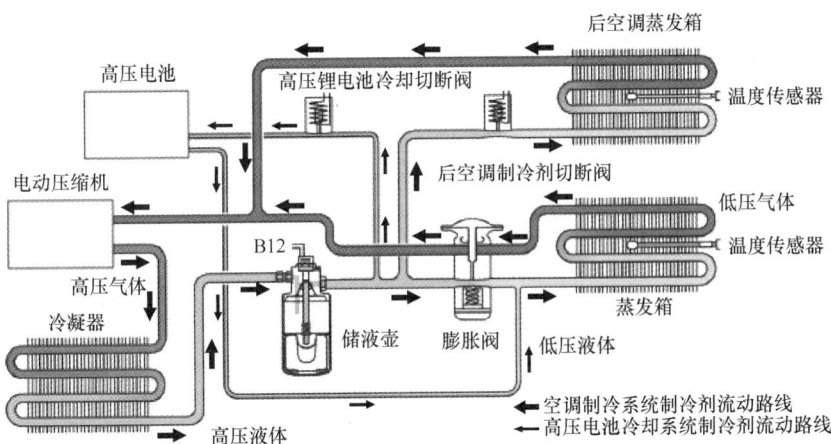

图 4-16　典型的电动空调系统工作原理

纯电动汽车没有发动机作为空调压缩机的动力源，也不能提供作为汽车空调冬天制热用的热源，因此无法直接采用燃油发动机汽车空调系统的解决方案。而纯电动汽车拥有高压直流电源，因此，采用电动热泵式空调系统，压缩机采用电机直接驱动，成为可行的解决方案。若热泵式空调的压缩机电机采用变频控制技术，膨胀阀采用电子膨胀阀节流技术，则可使控制更精确，也更节能。

在燃油发动机汽车的自动空调系统中，是通过控制混合风门的开度来调节出风温度以及控制风机的转速来调节风量的，以使车内温度保持在设定值。而对热泵式空调系统而言，没有热水芯来调节出风温度，但是压缩机的转速可以通过变频器来控制。因此，它的控制方法也就不同于燃油发动机汽车的空调系统。

在电动汽车热泵式空调系统中，调节制冷量主要通过控制压缩机的转速实现。压缩机的转速的控制方法为：当车内温度高于设定温度 1℃时，为了尽快使温度达到设定值，压缩机以最大转速运行；若车内温度低于设定温度 1℃，压缩机以最低转速运行；当车内温度偏差在−1～1℃时，压缩机的转速通过模糊控制算法来控制，以每一采样时刻车内温度与设定值的温差及温差的变化率为输入量，通过模糊推理得出压缩机的转速值。

2．制热

国外电动汽车空调的发展相对国内来说较成熟，国外电动汽车空调也有与国内相似的模式，但在热泵式空调上已经有了一定的基础，如日本本田纯电动汽车就采用了电驱动热泵式空调系统。此外，在特别寒冷的地区使用时，部分车型客户可以选装一个燃油加热器采暖系统。

日本电装（DENSO）公司开发了采用 R134a 制冷剂的电动汽车热泵式空调系统，其在热泵系统的风道中采用了车内冷凝器和蒸发器的结构。电装公司在近些年还开发了一套 CO_2 热泵式空调系统，该系统采用了在风道内设置蒸发器和冷凝器两个换热器的方案，与 R134a 系统不同的是当系统正处在制冷模式时，制冷剂同时流经内部冷凝器和外部冷凝器。

在风道中仅用一个换热器时，在制冷模式下为蒸发器，制热模式下为冷凝器。采用这种结构的热泵式空调系统，不仅需要开发允许双向流动的膨胀阀，并且在热泵工况下，系统融霜时，风道内换热器上的冷凝水将迅速蒸发，在风窗玻璃上结霜，不利于安全驾驶。因此，有必要在热泵系统的风道中采用设有内部冷凝器和蒸发器的结构，车外冷凝器和蒸发器共用一个热交换器。

为了减少空调对蓄电池的电能消耗，空调座椅被开发出来，这种空调座椅上装有热电热泵，热电热泵的作用是通过向需要调温的空间之外的水箱转移热量，从而实现需要调温的空间制冷或制热。这种空调座椅除了节能还可以改善驾驶、乘坐的舒适度，在电动汽车上配套使用比较合适。

电动汽车没有用来采暖的发动机余热，不能提供作为汽车空调冬天采暖用的热源，电动汽车的空调系统必须自身具有供暖的功能，即要求采用热泵式空调系统。同时，压缩机也只能采用电机直接驱动，结构上与现有的压缩机形式不完全相同。由于用来给热泵式空调系统提供动力的电池（动力电池）主要是用来驱动汽车的，因此空调系统能量的消耗对汽车每充一次电的行程的影响很大。如果电动汽车仍采用现有能效比较低的空调系统，将耗费 10% 以上的电功率，这就意味着，要在增加电池的制造成本和降低电动汽车的驱动性能指标之间进行选择。同燃油发动机汽车相比，对电动汽车空调系统的节能高效提出了更高的要求。同时，电动汽车空调必须要解决制冷、制热两大问题。根据电动汽车特有性质，目前电动汽车空调制热方式有半导体（热电偶）式、电动热泵式、PTC 加热式、燃油加热式等，其中，燃油加热式制热方式一般用于油电混合动力汽车（此处不介绍），电动热泵式空调有较好的发展前景。

（1）半导体式

半导体制冷又称电子制冷，或者温差电制冷，是从 20 世纪 50 年代发展起来的一门介于制冷技术和半导体技术边缘的学科，与压缩式制冷和吸收式制冷并称为世界三大制冷方式。半导体制冷器的基本器件是热电偶对，即把一只 N 型半导体和一只 P 型半导体连接成热电偶，如图 4-17 所示，通上直流电后，在接口处就会产生温差和热量的转移。在电路上串联起若干个半导体热电偶对，而传热方面是并联的，这样就构成了一个常见的制冷热电堆。借助热交换器等各种传热手段，使热电堆的热端不断散热并且保持一定的温度，而把热电堆的冷端放到工作环境中去吸

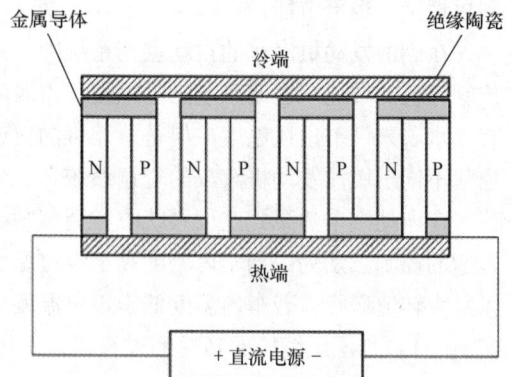

图 4-17　半导体制冷片结构

热降温，这就是半导体制冷的原理。

半导体制冷作为特种冷源，在技术应用上具有以下特点：不需要任何制冷剂；可连续工作；没有污染源；没有旋转部件，不会产生回转效应；没有滑动部件，工作时没有振动、噪声，寿命长；安装容易。

半导体制冷片既能制冷又能制热，制冷效率一般不高，但制热效率很高，永远大于 1。因此使用一个片件就可以代替分立的制热系统和制冷系统。半导体制冷片是电流换能型片件，通过对输入电流的控制，可实现高精度的温度控制，再加上温度检测和控制手段，很容易实现遥控、程控、计算机控制，便于组成自动控制系统。半导体制冷片热惯性非常小，制冷、制热时间很快，在热端散热良好、冷端空载的情况下，通电不到 1 min，制冷片就能达到最大温差。半导体制冷片的反向使用就是温差发电，半导体制冷片一般适用于中低温区发电。半导体制冷片的单个制冷元件的功率很小，但组合成电堆，用同类型的电堆串、并联的方法组合成制冷系统，功率就可以变得很大，制冷功率可以做到几毫瓦到上万瓦。半导体制冷片的温差范围宽，从 90 ℃到-130 ℃都可以实现。

从空调技术成熟性和能源利用效率比较来看，对于半导体制冷片技术的电动汽车空调系统，目前存在着热电材料的优值系数较低，制冷性能不够理想，并且热电堆产量受到构成热电元件元素产量的限制，不能满足电动汽车空调节能高效的要求。

（2）电动热泵式

在理论上，制冷循环逆转可以用于制热。但在环境气温低的情况下，制热性能会下降，无法满足在低温区具备高制热性能的要求。行驶时，利用电动压缩机压缩冷却液并使其循环，冷却液在冷凝器中受风冷却，而且在冬天，当冷凝器（制热时改为蒸发器）结霜时，制热性能也难以发挥。这就需要考虑增加为冷凝器（制热时为蒸发器）加温除霜的系统。

制热原本在某些情况下需要有比制冷更高的性能。例如，在冬天制热行驶时，为防止车窗起雾一般会导入车外空气。而汽车在行驶的同时要向车外排放加热了的空气，此时制热需要有比制冷更高的性能。

热泵式空调系统是在原有燃油发动机汽车上进行改进的，压缩机由永磁直流无刷电机直接驱动，热泵系统工作原理如图 4-18 所示。该系统与普通的热泵式空调系统并无本质区别。由于在电动汽车上使用，压缩机等主要部件有其特殊性。而且国外热泵技术已具备了一定的基础，该技术最大的优点就是制冷、制热效率高。全封闭电动涡旋压缩机是由直流无刷电机驱动的，通过制冷剂回气冷却，具有噪声低、振动小、结构紧凑、质量小等优点。

汽车空调热泵系统与普通的家用空调比较相近，是对普通家用空调的一种使用场合的扩展。为防止制热时除霜导致车内舒适度下降，采用了热气旁通不间断制热除霜方式。除霜时，运行原理与制热基本相同，只是将融霜电磁阀打开，让从压缩机出来的高温高压气体有一部分被分流到车外热交换器的入口，迅速把车外热交换器的温度提高到 0 ℃以上，以融掉车外热交换器上的霜层，使热交换器保持良好的换热效率。

（3）PTC 加热式

若电动汽车采用加热器的电制热方式，加热器一般配置在驾驶席和副驾驶席之间的地板下方。加热器由可用电发热的 PTC 加热器元件、将加热器元件的热量传送至散热剂（冷却液）的散热扇、散热剂流路和控制底板等组成。因要求加热器要有较高的制热性，因此，电源使用的是高压动力电池。如果是纯电动汽车专用产品，也可以不使用冷却液，直接用鼓风机吹送经 PTC 加热器加热的暖风。

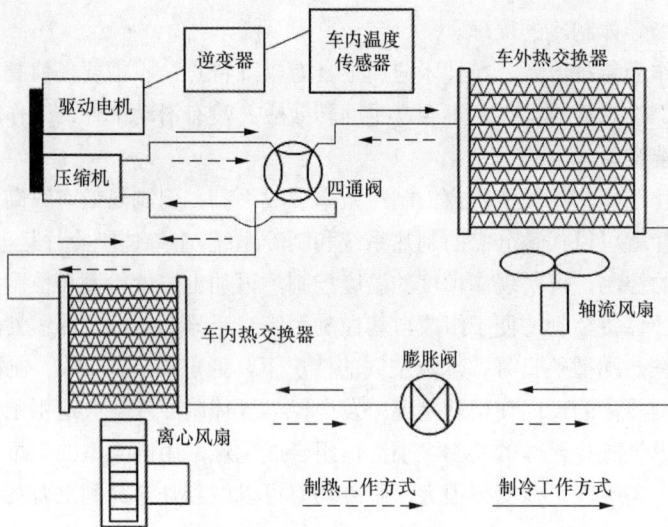

图4-18　热泵系统工作原理

由于要制造的加热单元要使用动力电池的高电压，用少量放热元件就会产生大量热量，因此，加热器需要丰富的设计和制造技术经验。加热器机身内部有板状加热器元件，通过在元件两侧通入散热剂（冷却液）提高散热性。加热器元件采用了普通PTC元件，PTC元件夹在电极中间，具有电阻随元件温度改变的性质。在低温区，电阻小，电流流通产生热量，随着温度升高，电阻逐渐增大，电流难以流通，发热量随之降低。PTC元件的特性符合汽车的制热性能要求，即具备在低温区的高制热性能。

六、信息显示系统

1. 信息显示方式

纯电动汽车信息显示方式有组合仪表式、数字式和液晶显示（liquid crystal display，LCD）式3种。组合仪表显示精确度高、信息刷新快、使用数字进行分时显示，可使仪表板得到简化且能显示大量信息。采用数字显示和大LCD屏幕的好处是只要仪表有足够的存储器和高分辨率的LCD显示，LCD的图形造型的自由度会很高。驾驶人可以手动选择仪表的常规显示内容，大多数系统还能在汽车有潜在危险情况时，让平时不显示的信息自动显示并发出警报，以提醒驾驶人注意。

纯电动汽车电机转速表一般不单独设计，多用功率表代替。

电机功率控制器和电机温度可采用仪表显示，也可采用液晶显示，仪表将测量数据以指针、数字或条形图的形式显示出来。有的高档汽车采用了虚拟仪表的显示方式，这样的仪表内部空间可以得到充分利用，避免了仪表空间的紧张。如图4-19所示，"READY"为绿色时表示此时怠速起/停功能可用。"READY"为黄色时表示此时怠速起/停功能停用，仪表中间还可以显示能量流动或动力电池SOC水平等信息。

图4-19　虚拟仪表

2. 纯电动汽车新增仪表及功能

纯电动汽车仪表与燃油发动机汽车仪表类似，其故障灯也分为指示灯、警告灯和指示/

警告灯 3 类。故障灯用不同的颜色表示故障程度，红色表示危险/重要提醒，黄色表示警告/故障，绿色表示启用，蓝色表示确认，白色表示指示。

虽然对于纯电动乘用车的生产，已经有了国家标准，但对于在标准发布之前生产的纯电动汽车、部分合资企业生产的纯电动汽车和进口纯电动汽车，相对燃油发动机汽车，其新增仪表在各种类、标志及功能上不完全相同。以下仅以比亚迪 e6 纯电动汽车新增仪表为例，介绍纯电动汽车新增仪表的种类、标志及功能。

（1）充电系统警告灯

① 充电时，此警告灯用于警告充电系统故障。

② 放电时，此警告灯用于警告充放电式电机控制器（VTOG）系统故障（在配备 VTOG 系统的车辆上）。

③ 非充电/放电时，此警告灯用于警告 DC 模块的工作状态。

④ 如果在驾驶中此警告灯被点亮，表示 DC 系统有问题。应关闭空调、风扇、收音机等，建议将车辆开到最近的汽车授权服务店进行修理。

（2）电机冷却液温度过高警告灯

① 当整车电源挡位处于"OK"挡时，此警告灯显示电机冷却液的温度。正常运转时，指针应自底部标记处上升到中间位置。

② 在酷暑季节或长时间爬坡、高速行驶时，电机可能产生过热现象。如果冷却液温度表指针移到红色标记区，此警告灯变红，同时信息显示屏显示"电机冷却液温度过高"，应立即将车辆停靠在安全路段，使电机降温，并建议尽快与汽车授权服务店联系检查车辆。

（3）动力电池充电连接指示灯

当连接充/放电枪后，此指示灯被点亮。如果需要驾驶车辆，须断开充电枪后再行驶。

（4）"OK"指示灯

此指示灯被点亮表示车辆系统工作正常，处于可行驶状态。

（5）电机过热警告灯

① 如果此警告灯被点亮，表示电机温度太高，须停车并使电机降温。

② 在下列工作条件下，电机可能会产生过热现象。

a．在炎热的天气进行长途爬坡。

b．处于停停走走的交通状态，有频繁急加速、急制动的状况，或有车辆长时间运转得不到休息的状况。

c．拖拽挂车时或冷却液不足。

（6）动力系统故障警告灯

① 如果动力系统发生故障，此灯被点亮。

② 当整车电源挡位处于"OK"挡时，此警告灯持续被点亮，或驾驶中此警告灯被点亮及当整车电源挡位处于"OFF"挡时，此警告灯被点亮，均表示由此警告灯系统监控的部件中发生故障，建议尽快与汽车授权服务店联系检查车辆。

③ 在操作中此警告灯短暂被点亮不表示有问题。

（7）动力电池过热警告灯

① 如果此警告灯被点亮，表示动力电池温度太高，须停车降温。

② 在下列工作条件下，动力电池可能会产生过热现象。

a．在炎热的天气进行长途爬坡。

b．处于停停走走的交通状态，有频繁急加速、急制动的状况，或有车辆长时间运转得不到休息的状况。

c．拖拽挂车时。

（8）动力电池电量低警告灯🔋

当动力电池的电量接近用完时此警告灯被点亮，须尽快给电池充电。

（9）动力电池故障警告灯

① 当整车电源挡位处于"OK"挡时，此警告灯被点亮。如果动力电池系统工作正常，则几秒后此警告灯熄灭。此后，如果系统发生故障，此警告灯将再次被点亮。

② 当整车电源挡位处于"OK"挡时，此警告灯不亮或持续被点亮，或者驾驶中此警告灯被点亮或闪烁，表示由此警告灯系统监控的部件中发生故障。建议尽快与汽车授权服务店联系检查车辆。

（10）电池电量表（见图4-20）

整车电源挡位处于"OK"挡时，此表指示当前车辆动力电池预计剩余的电量。当指示条将要或已经进入红色区域时，应尽快对动力电池充电。另外，如果电动电池警告灯被点亮，同时信息显示屏显示"请及时充电"，表示当前动力电池电量低，需尽快对动力电池充电。

（11）功率表（见图4-21）

功率表显示当前模式下整车的实时功率。在车辆下坡或靠惯性行驶时，功率表指示值可能为负值，表示正在回收能量，回收的能量用于对动力电池充电。

图4-20　比亚迪e6电池电量表

图4-21　比亚迪e6功率表

（12）续驶里程表（见图4-22）

续驶里程表显示可以继续行驶里程的近似值。如果显示的续驶里程较低，应及时对动力电池充电。

（13）能量流程图

能量流程图指示当前电流的流动方向。对于比亚迪e6出租版和豪华版纯电动汽车，显示方式不同，如图4-23所示。

图4-22　续驶里程表

（a）出租版

（b）豪华版

图4-23　比亚迪e6不同版纯电动汽车能量流程图

七、冷却系统

纯电动汽车主要热源有 3 类，即能量储存系统、电机控制器、功率转换器等功率元件和驱动电机。

能量储存系统中的电池有合适的工作温度，如常用的锂电池的工作温度为 -20～60 ℃，一般采用自然冷却或强制通风冷却。

电机控制器、功率转换器等功率元件的工作温度通常为 40～50 ℃，允许最高温度为 60～70 ℃。这些元器件连续工作时容易过热，须采取专门的冷却装置控制温度，通常采用循环水冷却。

驱动电机的工作电流很大，励磁绕组和电枢绕组在电磁感应的过程中会产生大量的热，加之电流磁通的变化会在定子和转子铁心内感应产生热量，因此必须合理控制温度，否则会出现绝缘下降、电机退磁和效率降低等不良状况。驱动电机常采用油或水循环冷却。

纯电动汽车循环冷却系统主要分为两大部分：一部分是对驱动电机及其控制器（包括功率转换器）的冷却；另一部分是对动力电池（包括车载充电机）的冷却。

1. 动力电池的冷却

动力电池的常用冷却方法有风冷、液体冷却两种。风冷又分为自然冷却和强制冷却。风冷方法结构简单，成本较低，技术日益成熟。液体冷却有制冷剂冷却和水冷却，一般采用循环水冷却系统。该系统包括电池冷却器、水泵和集成在动力电池组内的冷却板及结构框架，能够有效地进行热交换，效率高。

2. 驱动电机及控制器的冷却

驱动电机及控制器的冷却通常采用同一冷却回路，即驱动电机冷却系统。冷却方式有自然冷却和强制水冷两种，通常采用循环水冷方式。驱动电机冷却系统由电动水泵、冷却液、循环回路、电风扇、散热器（散热水箱）和温度传感器（图中未标出）组成，如图 4-24 所示。

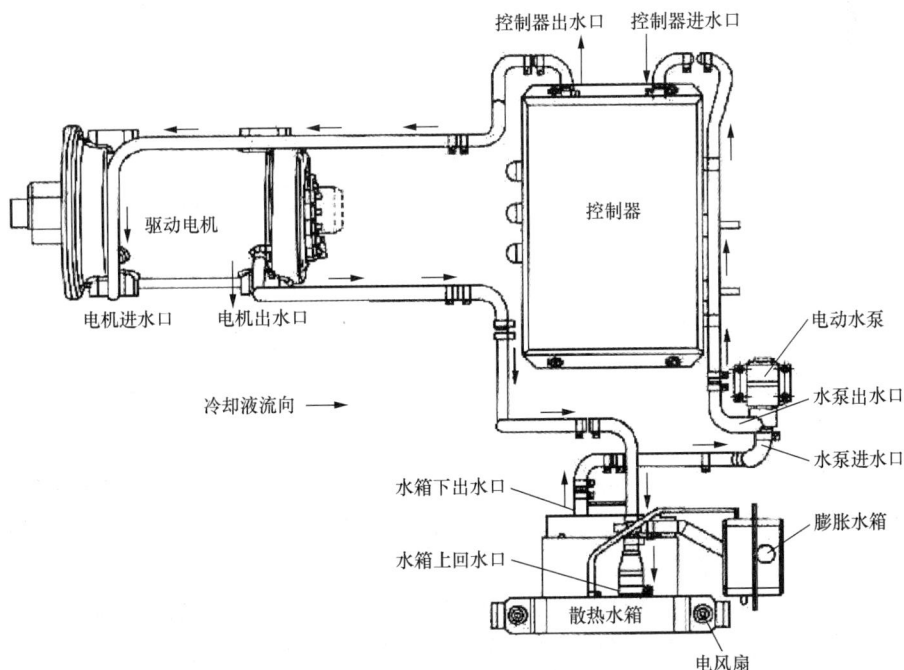

图 4-24　驱动电机冷却系统

当冷却液流经驱动电机和控制器等高温热源时，高温热源通过热传导方式将热量传递给冷却液，冷却液温度升高；在流经散热器时将冷却液的热量传递给散热片，风扇吹风或自然风通过对流热交换带走散热片的热量，使冷却液温度降低。电动汽车工作时，这样的循环往复进行，保证驱动电机和控制器在合适的温度下工作。

八、整车控制器

整车控制器是电动汽车上最主要的控制器之一，有对电机控制器的控制、电源管理、自诊断、同其他控制节点（如 ECU）的数据信息共享、电器管理、防盗器管理等功能。

1．对电机控制器的控制功能

① 根据加速踏板位置和电机转速确定向电机控制器传送的转矩数据。

② 对于固定传动比的变速器，整车控制器根据变速器换挡手柄传来的位置信号确定转矩方向。

③ 对于有 2 或 3 个传动比的变速器，整车控制器根据变速器换挡手柄传来的位置信号确定转矩方向和大小。

④ 当驾驶人踩下制动踏板时，整车控制器控制电机控制器关闭逆变桥驱动电路信号，由正信号转为全负信号，并启动再生制动和 ABS 摩擦制动功能，主要是控制制动效果。

2．电源管理功能

无整车控制的电动汽车在停车时需手动断开直流母线，若恰好行车中人为断开母线将会有很大的电流冲击，同时在修理时会有安全隐患。有整车控制器时，整车控制器中的软件会对正、负直流母线进行有区别的断电。电池箱内配有熔断丝的检修塞或空气开关，只有在维修时才用手动插入检修塞或断开空气开关的断电方式。

直流母线断电继电器位置应设计在蓄电池组的输出的近端，一般采用减缓电流冲击的三继电器控制方式。典型的三继电器高压电源控制系统如图 4-25 所示。

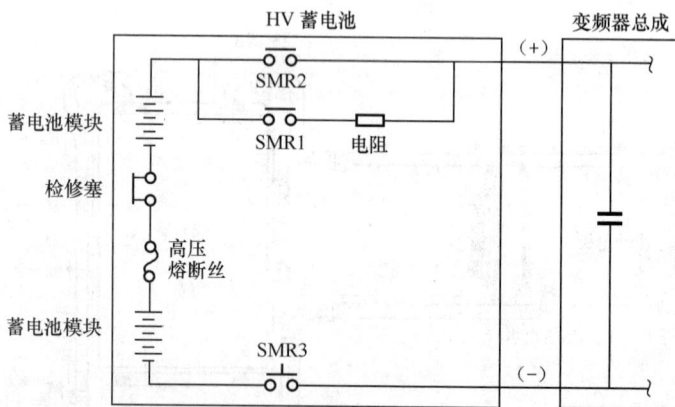

图 4-25　三继电器高压电源控制系统主继电器

SMR2、SMR1（系统主继电器）为正极主继电器，SMR3 为系统负极主继电器，3 个继电器的线圈部分由整车控制器控制，图中继电器线圈省略。为防止大的电流冲击，通断电采用缓冲电阻，工作过程如下。

（1）电源打开。电路连接时 SMR1 和 SMR3 闭合，而后 SMR2 闭合而 SMR1 断开，如图 4-26 所示。由于这种方式可以控制流过电阻的电流，因此电路中的触点和补偿电容受到保护，避免受到强电流造成的损害。

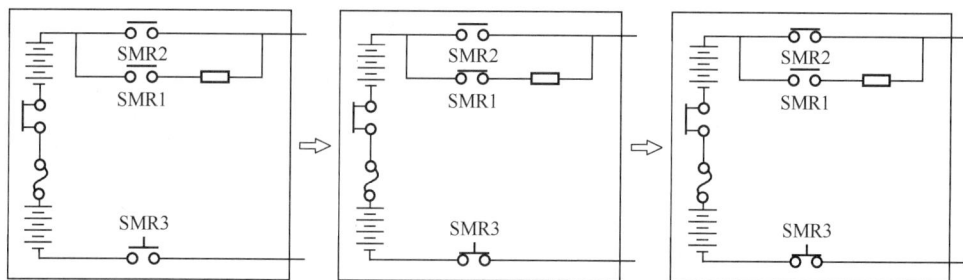

图 4-26　点火开关（一键启动开关）打开时整车控制器对 3 个继电器的控制

（2）电源关闭。电路断开时如图 4-27 所示，SMR1 闭合、SMR2 断开。整车控制器通过流过 SMR1 的电流判断 SMR2 是否卡住。如果 SMR1 几乎没有电流，则确定 SMR2 卡住，将输出故障提示；如果 SMR1 有较大电流，则确定 SMR2 已经断开，再将 SMR3 断开。

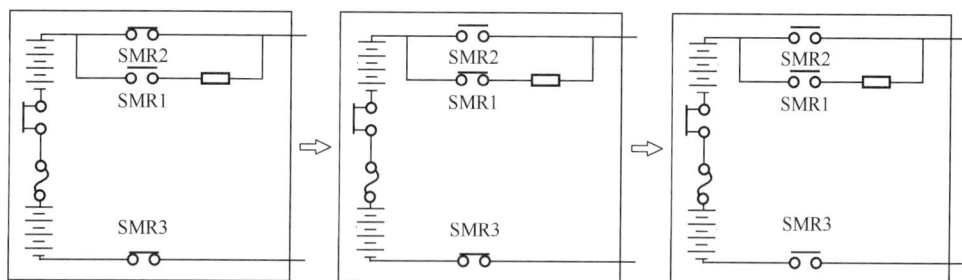

图 4-27　点火开关（一键启动开关）关闭时整车控制器对 3 个继电器的控制

3．自诊断功能

整车控制器能对接入自身的传感器、执行器、其他控制器进行监测。整车控制器对检测仪的输出数据包括整车控制器的版本、电机控制器的版本、防盗电子钥匙的版本、整车控制器存储的故障码、数据流。整车控制器对检测仪的输入数据有单元编码功能、执行元件诊断、自适应功能。检测仪还要有登录上网功能，以利于检测仪的数据更新。

传感器监测包括对电机中冷却液温度、冷却风扇电机继电器线圈电路、水泵电机继电器线圈电路及对电机电源的有无进行监控，有故障生成故障码，有必要时点亮故障警告灯。执行器监测包括继电器是否能工作，原因在线圈还是开关，电磁阀是否能工作，并设计有进行执行元件诊断的程序。

4．同其他控制节点（ECU）的数据信息共享功能

图 4-28 所示为典型纯电动轿车控制单元结构。其主要控制功能如下。

① 接收电机控制器节点传来的电机控制器过温、低电压、过电流等故障信息，对故障进行存储，分析后认为有必要则输出至仪表，点亮仪表动力系统故障警告灯。

② 对来自电池管理系统（BMS）的动力电池总电压、电流、各动力电池的电压、电池箱温度、风扇继电器工作情况、烟雾传感器信号、内置温度传感器信号、动力电池的单块温度等进行处理，必要时，给仪表发送故障信号，向仪表输出 BMS 分系统确定的电池箱号和动力电池位置号，以利于维修中更换动力电池。

③ 整车控制器与空调 ECU 交换信号，控制空调的制热和制冷。

④ 从漏电保护器单元接收高压漏电信号，开启高压漏电自动切断主电路开关功能。

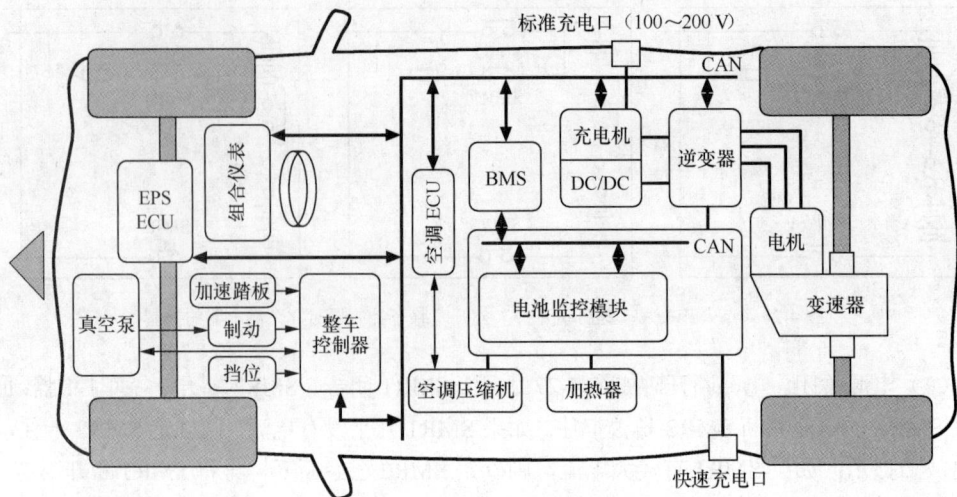

图 4-28 典型纯电动轿车控制单元结构

5. 电器管理功能

① 对灯光和加热器等的控制。

② 对电器用电的优先权进行控制。

6. 防盗器管理功能

将编码机械钥匙（或感应钥匙）、整车控制器和电机控制器三者联系在一起，采用变码送码防盗技术。

整车控制器与编码机械钥匙（或感应钥匙）无线通信，通过密码算法确认；整车控制器与电机控制器有线通信，通过密码算法确认。一旦三者身份认证通过，则电机控制器正常工作，否则电机控制器进入控制锁死状态，而不是简单地不发转矩信号，这样可防止盗贼通过车辆自身动力将车盗走。因为三者出厂时已经通过认证，盗贼盗走的最多是整车控制器和电机控制器，没有钥匙这两个控制器不能工作，可打消盗贼盗走电机控制器和整车控制器的想法。如果钥匙丢失，软件上有能配制新的电子钥匙的程序。防盗控制状态可通过检测仪的数据流功能看到。

【任务实施】

一、准备工作与安全防护

1. 准备工作

在技能学习工位准备好纯电动汽车及其相关技术资料。工具箱和防护用品柜内需有足够的专用维修工具和各类防护用品。

2. 安全防护

（1）劳动保护

① 穿好绝缘工作服。

② 穿好高压绝缘鞋。

③ 检查并佩戴绝缘手套。

（2）车辆防护

① 打开主驾驶车门，铺设脚垫、转向盘套、座椅套。

② 打开发动机罩，固定支架，铺设翼子板布和格栅布。

二、操作流程

1．学生工作
① 在各自工位分组学习。
② 在充分学习本任务相关知识的基础上，通过查阅相关技术资料和观察纯电动汽车，完成工单 4-1。
③ 5S 工作。
④ 自我评价与小组互评。

2．指导教师工作
学生在进行上述操作过程中，指导教师进行下列工作。
① 向学生讲解安全注意事项，并要求学生在技能学习工单中做记录。
② 观察、指导学生进行相关操作，及时制止可能发生危险的操作。
③ 实操结束后审阅学生完成的工单，并结合其操作情况给出评价。

学习任务 4-2　纯电动汽车保养、应急处理及常规故障处理

【任务引入】

纯电动汽车的使用与维修人员，均应该掌握纯电动汽车整车保养与常规故障处理方法。另外，当纯电动汽车出现车辆起火，电池泄漏、碰撞，轮胎漏气，行车制动失效等特殊情况时，其使用与维修人员均应该能够进行正确的应急处理。

本任务主要讲解纯电动汽车线路检查、整车保养、常见故障处理及特殊情况下的应急处理方法。

【学习目标】

1．知识目标
能够正确描述比亚迪 e6 纯电动轿车各保养项目的保养周期。

2．能力目标
（1）能够规范地进行纯电动汽车线路检查。
（2）能够规范地进行纯电动汽车的整车保养。
（3）能够正确进行车辆起火，电池泄漏、碰撞，轮胎漏气，行车制动失效等特殊情况下的应急处理。
（4）能够正确进行纯电动汽车常规故障的处理。

3．素质目标
（1）培养劳动安全保护等职业素养。
（2）培养时刻维护社会安全的综合素养。

【相关知识】

比亚迪 e6 纯电动轿车的保养周期与保养项目，见表 4-1。

表 4-1　　　　　　　　　　比亚迪 e6 纯电动轿车的保养周期与保养项目

保养时间 间隔　×1000 km 保养项目　　　　月数	里程表读数或月数，以先到者为准															
	7.5~12 6	15~24 12	22.5~36 18	30~48 24	37.5~60 30	45~72 36	52.5~84 42	60~96 48	67.5~108 54	75~120 60	82.5~132 66	90~144 72	97.5~156 78	105~168 84	112.5~180 90	120~192 96
1. 检查紧固底盘固定螺栓	I	I	I	I	I	I	I	I	I	I	I	I	I	I	I	I
2. 检查制动踏板和电子驻车开关	I	I	I	I	I	I	I	I	I	I	I	I	I	I	I	I
3. 检查制动摩擦块和制动盘	I	I	I	I	I	I	I	I	I	I	I	I	I	I	I	I
4. 检查制动系统管路和软管	I	I	I	I	I	I	I	I	I	I	I	I	I	I	I	I
5. 制动钳总成导向销	I	I	I	I	I	I	I	I	I	I	I	I	I	I	I	I
6. 检查转向盘、拉杆	I	I	I	I	I	I	I	I	I	I	I	I	I	I	I	I
7. 检查传动轴防尘罩	I	I	I	I	I	I	I	I	I	I	I	I	I	I	I	I
8. 检查球销和防尘罩	I	I	I	I	I	I	I	I	I	I	I	I	I	I	I	I
9. 检查前后悬架装置	I	I	I	I	I	I	I	I	I	I	I	I	I	I	I	I
10. 检查轮胎和重启压力（含 TPMS）	I	I	I	I	I	I	I	I	I	I	I	I	I	I	I	I
11. 检查前轮定位、后轮定位	I	I	I	I	I	I	I	I	I	I	I	I	I	I	I	I
12. 轮胎调换	I	I	I	I	I	I	I	I	I	I	I	I	I	I	I	I
13. 检查车轮轴承有无游隙	I	I	I	I	I	I	I	I	I	I	I	I	I	I	I	I
14. 检查车身损坏情况	每年															
15. 检查前机舱盖锁及其紧固件	每年															
油品																
16. 检查副水箱内冷却液液面高度	I	I	I	I	I	I	I	I	I	I	I	I	I	I	I	I
17. 检查转向液	I	I	I	I	I	I	I	I	I	I	I	I	I	I	I	I
18. 检查制动液	I	I	I	I	I	I	I	I	I	I	I	I	I	I	I	I
19. 更换驱动电机冷却液	每 4 年或 100000 km 更换长效有机酸型冷却液，以先到者为准															
20. 更换制动液	每 2 年或 40000 km 更换一次															
21. 更换转向液	每 4 年或 100000 km 更换一次															
22. 减振器油	免更换															
23. 检查和更换变速器内的齿轮油	首保 6 个月或 5000 km 更换，后续 24 个月或 48000 km 更换															
高压																
24. 检查高压模块故障码（记录后清除）	I	I	I	I	I	I	I	I	I	I	I	I	I	I	I	I
25. 检查动力电池托盘、防撞杆	I	I	I	I	I	I	I	I	I	I	I	I	I	I	I	I
26. 检查动力总成是否漏液、磕碰	I	I	I	I	I	I	I	I	I	I	I	I	I	I	I	I
27. 检查高压线束或接插件是否松动，引脚是否烧蚀	I	I	I	I	I	I	I	I	I	I	I	I	I	I	I	I
28. 检查高压模块外观是否变形、是否有油液	I	I	I	I	I	I	I	I	I	I	I	I	I	I	I	I

续表

高压													
29.检查各充电连接器接口处是否有异物、烧蚀等情况													
30.容量测试及校正	每 6 个月或 72000 km												
31.检查高压系统模块是否有软件更新，有则更新													
电器													
32.检查灯具灯泡、LED 是否被正常点亮													
33.检查前照灯调光功能是否正常													
34.更换普通滤网													
35.更换空调冷却液	每 4 年或 100000 km 更换长效有机酸型冷却液，以先到者为准												
36.近光初始下倾度校准	每隔 10000 km 校准一次												
37.安全气囊模块及 ECU、传感器	每 10 年或 100000 km 更换一次												
备注	在检查第 1 项时，如发现底盘部件有异常损坏请及时更换												
温馨提示	为了使动力电池处于最佳状态，达到电池自我校正的目的，需要定期（至少 6 个月或 72000 km）对车辆进行满充电、满放电，也可以联系比亚迪汽车授权服务店进行容量的测试与校正												

注：表中符号含义如下。

|——必要时进行检查、修正或更换；

|——更换、改变或润滑（为严酷工况所增加项）。

【任务实施】

一、技能学习

1．准备工作

在技能学习工位准备好纯电动汽车及其相关技术资料。工具箱和防护用品柜内需有足够的专用维修工具和各类防护用品。

（1）劳动保护

① 穿好绝缘工作服。

② 穿好高压绝缘鞋。

③ 检查并佩戴绝缘手套。

（2）车辆防护

① 打开主驾驶车门，铺设脚垫、转向盘套、座椅套。

② 打开发动机罩，固定支架，铺设翼子板布和格栅布。

2．检查线路

（1）检查线束插接器

① 检查电器插件与线束插件是否对插，并检查是否插到位。

② 检查线束与插针是否连接牢固，插件内插针是否有退针、弯曲等异常现象。

③ 根据线束图引脚定义检查插件线束位置是否正确。

（2）检查供电电源

① 用专用表检测供电电源是否正常，特别注意电源数值是否在用电设备正常工作范围内。

② 检查用电设备对应的熔断丝是否熔断，如熔断则更换。

③ 检查线路是否出现电线保护层破损漏电现象。

（3）检查搭铁

① 检查用电设备线束搭铁是否与车身搭铁牢固。

② 检查线束搭铁点是否与车身接触良好。

③ 用万用表检查搭铁线束是否与车身接通良好。

（4）检查耗能电源

有些用电设备不仅有供电电源，还有耗能电源。对这类用电设备进行检查时，重点关注以下内容。

① 确认耗能电源与挡位对应。

② 检查用电设备插件与线束插件是否对插，并检查是否对插到位。

③ 检查线束与插针是否连接牢固，插件内插针是否有退针、弯曲等异常现象。

④ 根据线束图引脚定义检查插件线束位置是否正确。

⑤ 用万用表对相关线路进行导通性测试。

（5）检查控制器信号线

① 了解控制策略及失效模式，初步判断故障点。

② 查看终端插件是否有错针、退针、倒针等现象。

③ 用万用表对两端进行通断检查，看是否与车身短接，是否与插件内其他回路短接。

（6）检查 CAN 总线

① 查看终端插件 CAN-H 和 CAN-L 是否有错针、退针、倒针等现象。

② 在蓄电池负极不接的情况下，用万用表对任意一个含 CAN 插件的 CAN 总线检查电阻，如果不是标准值（通常为 60 Ω），则逐一拔掉 CAN 插件，直至出现 60 Ω 电阻数值时，则可确定刚拔掉的插件或用电设备存在问题。

③ 使用 PCAN（CAN 卡）读取 CAN 总线数据，进行错误帧识别，对控制器断电，观察错误帧变化情况，当错误帧消失时，则基本确定该模块存在问题。

3．整车保养

依照使用情况或所规定的里程，检查下列项目。

（1）冷却液

① 在每次充电时检查散热器副水箱（见图 4-29）冷却液的液位。液位应处于上限（MAX）和下限（MIN）之间，如果低于下限刻度线，应添加冷却液至上限刻度线。

② 如果车辆动力系统采用冷却液冷却，则装备有电池冷却液储液罐（见图 4-30）。每次充电时检查储液罐的液位。液位应处于上限（MAX）和下限（MIN）之间，如果低于下限刻度线，应添加冷却液至上限刻度线。

图 4-29　散热器副水箱

图 4-30　电池冷却液储液罐

（2）风窗玻璃洗涤液

每月检查一次储液罐中的洗涤液存量，因天气不好而频繁使用洗涤液时，应在每次充电时检查液位。风窗玻璃洗涤液储液罐（见图4-31）位于前机舱内右前照灯后部，打开盖子，抽出液位计即可查看液位，如果不足，加满即可。

（3）刮水器

每月检查一次刮水器状况。如果刮水器不能刮净风窗玻璃，应检查其是否有磨损、龟裂或其他损伤。

（4）制动液

制动液应依照定期保养表中规定的行驶时间与里程数进行更换。每月检查一次液位。制动液储液罐如图 4-32 所示，液位应处于上限（MAX）和下限（MIN）之间，如果低于下限刻度线，应添加制动液至上限刻度线。同时检查制动系统是否存在泄漏现象，如果有泄漏，应与授权服务店联系维修。

图 4-31　风窗玻璃洗涤液储液罐

图 4-32　制动液储液罐

（5）制动踏板

每次驾驶车辆时，均应检查制动踏板是否操作自如。

（6）电子驻车开关

检查电子驻车开关是否功能完好。

（7）辅助电池

每月检查一次电池的状况及端子的腐蚀情况。

① 确认电机和所有附属设备已处于关闭状态。

② 取下电池负极接头上的搭铁电缆。

③ 检查电池有无腐蚀或接头松动、裂纹及压板松动等现象。如果电池已被腐蚀，须用温水和苏打水的混合溶液进行清洗，在接头外部涂润滑脂；如果接头连接松动，应拧紧；如果压板松动，应按紧。

④ 检查电池内部状态。根据电池外壳上的说明，通过观察窗口可检查电池内部状态。如果电池电解液不足，需更换电池。

（8）空调系统

每周应检查空调装置的工作情况。

（9）轮胎

每月检查一次轮胎胎压（需在冷态下检查）。检查胎面的磨损状况及是否嵌有异物。

（10）风窗玻璃除霜装置

在使用暖风装置和空调时，每月应检查除霜装置出风口。

（11）车灯

每月检查一次前照灯、示宽灯、尾灯、高位制动灯、转向信号灯、前雾灯、后雾灯、制动灯及牌照灯的状况。

（12）车门

检查行李舱盖及其他车门（包括后排门）是否开关
自如、上锁牢固。

（13）喇叭

检查喇叭是否正常。

（14）动力转向液

每月至少检查一次动力转向液储液罐（见图 4-33）

图 4-33 动力转向液储液罐

的液面高度。查看储液罐侧面，液位应处于上限（MAX）
和下限（MIN）之间，如果低于下限刻度线，应添加动力转向液至上限刻度线。同时检查系统是否存在泄漏现象，如果有泄漏，应与授权服务店联系维修。

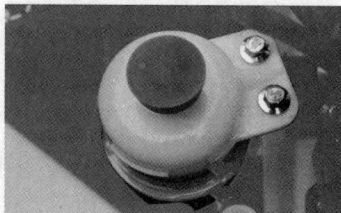

4．应急处理

（1）指示灯/警告灯被点亮的应对措施

指示灯/警告灯被点亮的应对措施，见表 4-2。

表 4-2　　　　　　　　　　指示灯/警告灯被点亮的应对措施

序号	指示灯/警告灯	说明及应对措施
1		制动系统故障警告灯 如果没有使用驻车制动器，建议立即停车并与比亚迪汽车授权服务店联系
2		驾驶人座椅安全带指示灯 驾驶人应系上安全带
3		前排乘员座椅安全带指示灯 前排乘员应系上安全带
4		充电系统警告灯 应立即停车并建议与比亚迪汽车授权服务店联系
5		ABS 故障警告灯 建议将车辆送到比亚迪汽车授权服务店进行检查
6		安全气囊（SRS）故障警告灯 建议将车辆送到比亚迪汽车授权服务店进行检查
7		电机冷却液温度过高警告灯 将车开到指定维修点，停车冷却电机。如果频繁出现此警告灯被点亮的情况，建议联系比亚迪相关工作人员
8		动力系统故障警告灯 该警告灯常亮时，建议将车辆送到比亚迪汽车授权服务店进行检查
9		电机过热警告灯 常亮时表示电机温度过高，检查冷却液是否充足，停车冷却电机。如果此警告灯被点亮的情况频繁出现，应立即停车并建议与比亚迪汽车授权服务店联系
10		转向系统故障警告灯 建议立即停车并与比亚迪汽车授权服务店联系
11		动力电池故障警告灯 该警告灯常亮时，建议将车辆送到比亚迪汽车授权服务店进行检查

序号	指示灯/警告灯	说明及应对措施
12		动力电池过热警告灯 该警告灯被点亮时应停车使电池冷却
13		动力电池电量低警告灯 该警告灯被点亮时，请及时给车辆充电
14		动力电池充电连接指示灯 充/放电枪已连接好，可以开始充/放电
15	OK	"OK"提示灯 提示车辆可以行驶，注意周围情况
16		前排乘员安全气囊开关状态指示灯 如果副驾驶位置坐有成年人，打开副驾驶座安全气囊
17		胎压系统警告灯（装有时） 表示轮胎压力异常或胎压监测系统故障，应立即停车并建议与比亚迪汽车授权服务店联系
18		制动片磨损警告灯 表示制动片过薄，建议联系比亚迪汽车授权服务店进行检查与更换
19		电子驻车状态指示灯（装有时） 表示电子驻车已启动
20		车身电子稳定系统（ESP）故障警告灯（装有时） 该警告灯常亮时，建议将车辆送到比亚迪汽车授权服务店进行检查 该警告灯闪烁时，ESP系统工作正常

（2）系统紧急关闭

当车辆处于某些状态时，紧急关闭系统启动，"OK"指示灯将会关闭。

① 关闭条件。

a．前方碰撞后安全气囊没有打开。

b．某些部位的后方碰撞。

c．某些车辆系统故障。

② 处理方法。一旦紧急关闭系统被激活，本车系统将不能转换到驾驶就绪状态。建议与授权服务店联系检修车辆。

（3）车辆起火

如果车辆起火，应根据实际状况，按照以下方法对车辆进行操作。

① 将车辆退电至"OFF"挡，并在条件允许情况下断开前机舱辅助电池连接电缆。

② 如果火势较小，就近寻找干粉灭火器进行灭火，并立即拨打求救电话。

③ 如果火势较大，发展较快，应立即远离车辆等待救援。

（4）电池泄漏

当车辆使用或碰撞后，车内有酸液气味、车外有明显酸液流出、电池包内部出现冒烟，说明发生电池泄漏。此时应采取以下措施。

① 将车辆退电至"OFF"挡，并在条件允许下断开前机舱辅助电池连接电缆。

② 立即与授权服务店联系处理。

（5）碰撞

如果车辆发生碰撞，请根据实际情况按照以下方法对车辆进行操作。

① 将车辆退电至"OFF"挡，并在条件允许的情况下断开前机舱辅助电池连接电缆。

② 建议立即拨打授权服务店电话请求救援。

③ 条件允许的情况下，可自行进行简单检查，包括动力电池托盘边缘是否有开裂、有无明显液体流出等。

a. 如果发生少量泄漏，应远离火源，使用吸液垫吸附后置于密闭容器中或用焚烧方式处理。

> **注 意**
>
> 操作前应佩戴防腐蚀手套。

b. 发生大量泄漏时，应统一收集泄漏物，按照危险化学品处理，可加入葡萄糖酸钙溶液来处理有毒气体。

> **注 意**
>
> 在进行上述操作时，注意不要触碰流出的液体。如果不慎接触到泄漏液体，应立即用大量水冲洗 10 ~ 15 min。如果有疼痛感，可用 2.5% 的葡萄糖酸钙软膏涂敷或用 2% ~ 2.5% 的葡萄糖酸钙溶液浸泡止痛。若无改善或出现不适症状，应立即就医。

（6）轮胎漏气

① 慢慢降低车速，尽量保持直线行驶。小心地将车辆驶离道路至远离交通繁忙的安全地点，将车辆停在坚实平坦的地面上。

② 拉起电子驻车开关并按下"P"键。

③ 整车退电，并打开紧急警告灯。

④ 车上的所有人员下车至远离交通繁忙的安全地点。

⑤ 更换备胎。

a. 取出需要的工具和备胎。按图 4-34 所示逆时针方向旋转接头，直到千斤顶松动为止。打开行李舱盖及底部装饰板，按图 4-35 所示逆时针方向旋转螺母至取下，取出备胎。

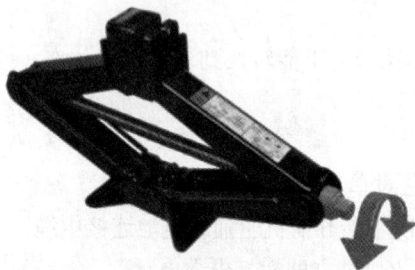

图 4-34 千斤顶的放松与锁紧

图 4-35 备胎的解锁与锁止

b. 在漏气轮胎对角方向的轮胎正面放置挡块。

c. 用车轮螺母拆卸夹取下漏气轮胎的螺母装饰盖，如图 4-36 所示。

d. 用轮胎专用扳手拧松车轮螺母，先不要将其拆下。

e. 在靠近车轮的车辆中间区域底部合适的位置安置好千斤顶。

f. 用摇把摇转千斤顶连接头，将车辆升起到适合安装备胎的高度。

g. 拆下车轮螺母并更换轮胎。

h. 降下车辆，按图 4-37 所示顺序依次拧紧各螺母，最好用扭矩扳手检查各螺母拧紧力矩，并装上装饰盖。

图 4-36　用车轮螺母拆卸夹拆卸螺母装饰盖

图 4-37　车轮螺母拧紧顺序

i．整理工具和拆下的故障轮胎。检查轮胎气压，视需要到服务店充气。

（7）应急制动

在行车制动失效或制动踏板运动受阻的情况下，可利用电子驻车制动系统（electronic park brake，EPB）实现应急制动。

① 持续拉起 EPB 开关，直到车辆停下来。

② 若想中途取消制动，松开 EPB 开关即可。

③ 若车速降至 5 km/h 以下，EPB 开关将保持拉起状态，此时若想释放 EPB 开关，需要持续踩住制动踏板并向下按一下 EPB 开关，直到仪表上的驻车指示灯熄灭，即表示已释放电子驻车，显示屏上会有文字提示"电子驻车已解除"。

5．处理常规故障

以下仅以比亚迪 e6 纯电动轿车为例，说明纯电动汽车常规故障处理方法。

（1）智能进入和智能启动系统工作不正常

① 可能的原因。

a．附近有强电磁波发射设备，如电视塔、发电站、广播站等。

b．将智能钥匙与通信装置一同携带，如与双向无线电通信设备或移动电话同时携带。

c．智能钥匙与金属物体接触或被其覆盖。

d．操作微动开关太快。

e．智能钥匙过于接近车门把手。

f．他人在附近的另一辆车上操作无线遥控功能。

g．电池电量耗尽时。

h．智能钥匙在高压设备或产生噪声的设备附近。

i．智能钥匙同其他车辆智能进入和启动系统的钥匙或其他发射无线电波的装置一起携带。

j．智能钥匙放在某些特殊位置，如仪表板上、杂物箱内、地板上等。

② 处理措施。

a．使用附在电子智能钥匙上的机械钥匙解/闭锁。

b．使用无线遥控功能将所有车门解/闭锁。

c．电池电量耗尽时，建议与汽车授权服务店联系更换电池。

d．如果智能进入和智能启动系统因故障不能正常运行，建议与汽车授权服务店联系。

（2）一般充电故障

一般的充电故障原因及解决方法，见表 4-3。

表 4-3　　　　　　　　　　　一般的充电故障原因及解决方法

故障状态	可能原因	解决方法
不能交流充电，物理连接完成。已启动充电	电源置于"OK"挡	将电源挡位置于"OFF"挡
	动力电池已充满	动力电池已充满时，充电会自动停止
	环境温度过低或过高或处于特殊环境温度下	在充电前将车辆置于适宜温度的环境内，待温度正常后再充电
	低压电池过放电	寻找其他电源，如搭接其他车辆的低压电池，充电开始后，会同时给动力电池充电
	交流充电器没有正确连接	确认交流充电器的开关已弹起
	车辆或交流充电器有故障	确定仪表板上电池故障灯被点亮，或有充电系统故障提示语，停止充电，建议与比亚迪汽车授权服务店联系
充电中途停止	电源断电	电源恢复后，会自动重新开始充电
	充电电缆没有连接好	确认充电连接电缆没有虚接
	充电器开关被按下	充电器开关被按下则停止充电，需重新连接充电器，启动充电
	到达预约充电的结束时间	充电前如果没有启动实时充电，且预约充电功能未关闭，则预约结束时间一到，无论动力电池是否充满，充电均会结束
充电中途停止	动力电池温度过高	仪表板上的动力电池温度过高警告灯点亮，充电会自动停止，待电池冷却后再充电
	车辆或充电柜有故障	确认充电柜或车辆有故障提示，建议与比亚迪汽车授权服务店联系
预约充电不能实现，物理连接完成，已启动充电	预约充电时间没有设置	确认保存预约时间完成设置
	充电站直流充电不能预约充电	充电站直流充电没有预约充电功能
	仪表显示时间错误	低压电池过放电会导致仪表初始化，请确认仪表显示时间与导航系统时间一致。电源置于"OK"挡后，5 min 内，仪表会自动校准时间
	车辆仪表故障	建议与比亚迪汽车授权服务店联系

（3）安全气囊检修

出现下列情况时，建议立即与比亚迪汽车授权服务店联系修理。

① 安全气囊已经充气展开。

② 车辆前部（见图 4-38 中箭头所指的阴影区域）遇到事故时，未能引起安全气囊展开。

③ 安全气囊盖（见图 4-39 中箭头所指处）已经刮破、裂开或有其他损坏。

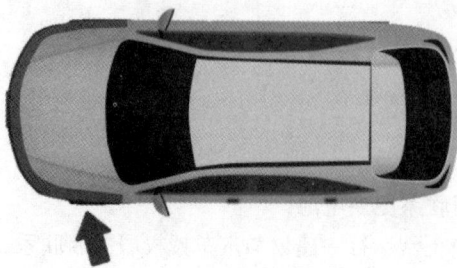

图 4-38　前部碰撞区域

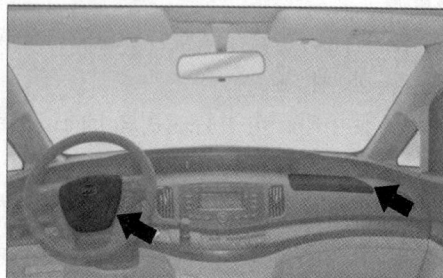

图 4-39　安全气囊盖位置

④ 组合仪表上的安全警告灯被异常点亮，如图 4-40 所示。

图 4-40　组合仪表上的安全气囊警告灯

说　明

整车电源挡位处于"OK"挡时，安全气囊警告灯亮 5 s 左右，然后熄灭，表示系统正常。如果安全气囊已关闭，则警告灯常亮，但已不具备保护功能。

a. 整车电源挡处于"OK"挡时，5 s 之后警告灯不熄灭或熄灭后又重新被点亮。

b. 整车电源挡处于"OFF"挡时，警告灯被点亮。

c. 汽车行驶过程中，警告灯被点亮或闪烁。

d. 副驾驶席安全气囊开关指向"ON"时，前排座安全气囊警告灯被点亮。

e. 副驾驶席安全气囊开关指向"OFF"时，前排座安全气囊警告灯熄灭。

（4）EPB 手动释放功能失效

持续按住 EPB 开关 2 s 以上，即可释放 EPB 功能。释放后应及时到授权服务店检查制动踏板开关信号及相关零件和线路。如果仍然不能释放 EPB 功能，应及时停车，并立即与授权服务店联系维修。

（5）轮胎压力监测系统故障报警显示与措施

轮胎压力监测系统故障报警显示与措施，见表 4-4。

表 4-4　　　　　　　　　轮胎压力监测系统故障报警显示与措施

报警内容	显示方式	建议相应的措施
胎压过低	1. 胎压故障灯被点亮 2. 胎压值变为黄色	请检查相应的轮胎是否有慢漏气的现象，并将气压充到合理的范围
快速漏气	1. 胎压故障灯常闪 2. 胎压值变为红色	请检查相应的轮胎是否有漏气现象
信号异常	1. 胎压故障灯闪烁后常亮 2. 胎压数值显示为：信号异常	请检查相应的胎压监测模块是否正常，是否长时间处于大电场范围内
系统故障	1. 胎压故障灯闪烁后常亮 2. 文字提示：请检查胎压监测系统 3. 胎压数值显示为：信号异常	请检查胎压监测模块、胎压控制模块是否正常，更换胎压监测模块或者控制模块

（6）雷达系统探测不到障碍物或探测距离不准确

雷达系统探测不到障碍物或探测距离不准确的故障原因如下。

① 传感器上有污垢、积水或雾气。

② 传感器上有积雪或被冻结。

③ 传感器被其他物体遮盖。

④ 车辆明显侧倾或过分超载。

⑤ 在特别颠簸的道路、斜坡、碎石路面和草地上。

⑥ 传感器重新喷过漆。

⑦ 车辆喇叭声、其他车辆等产生的噪声干扰。

⑧ 附近有另一辆配有驻车辅助系统的车辆。

⑨ 车辆安装一牵引环。

⑩ 保险杠或传感器受到了强烈冲击。

⑪ 车辆正在接近一个较高或曲折的路缘。

⑫ 在烈日下或严寒天气中。

⑬ 安装了非原厂的劣质悬架。

⑭ 障碍物本身的材料和形状使雷达探测困难。如障碍物为电线、栅栏、绳索、棉花、积雪等吸收无线电波的材料，有尖锐棱角的物体、低矮障碍物，上部朝外伸向车辆方向的高障碍物，保险杠上的物体，过于靠近车辆的物体，车辆附近的人员（根据穿衣类型而定）。

（7）车辆周围没有障碍物，但蜂鸣器鸣叫

出现这种现象的主要原因可能是外界电源波对传感器产生了干扰。如果蜂鸣器持续鸣叫，则可能是系统存在故障，应联系授权服务店检修。

（8）VDC 无法正常工作

车辆动态控制系统（VDC）无法正常工作，除系统本身可能存在故障外，还可能有以下原因。

① 在坡度极大的路面行驶。

② 在不稳定的路面行驶，如转台、渡轮、升降机等。

③ 使用了非原厂指定的车轮或轮胎。

④ 使用了非原厂指定的驱动电机控制系统相关部件或部件严重老化。

⑤ 使用了非原厂指定的制动系统相关部件或部件严重老化。

⑥ 使用了非原厂指定的悬架系统部件或部件严重老化。

（9）多媒体系统故障

多媒体系统故障信息、原因及应对措施，见表 4-5。

表 4-5　　　　　　　　　　多媒体系统故障信息、原因及应对措施

信息	原因	应对措施
无光盘	DVD 播放机内没有光盘	插入光盘
查看光盘	1．光盘脏污或损坏 2．光盘反面朝上插入 3．播放机不能播放光盘	1．清洁光盘 2．正确插入光盘 3．确认播放机能播放光盘
DVD 出现错误	1．系统存在故障 2．由于播放机内部温度过高，操作终止	1．弹出光盘 2．弹出光盘并使播放机冷却
无音乐数据	表示光盘内没有可播放的数据	弹出光盘

纯电动汽车结构原理与检修

（第 2 版）（微课版）

（实训手册）

人民邮电出版社

北　京

目　录

复习题

实训工单

学习任务 1-1　认识纯电动汽车的类型

一、简答题

1. 国家法规对新能源汽车是如何定义的？它包括哪些种类？

2. 两用燃料汽车与双燃料汽车的区别是什么？

3. 按驱动系统组成和布置形式分类，纯电动汽车分为哪几类？

4. 纯电动汽车有哪些优缺点？

5. 举例说明国外典型的纯电动汽车品牌。

6. 举例说明我国典型的纯电动汽车品牌。

7. 在使用与维修纯电动汽车时，有哪些高压安全注意事项？

8. 请收集一款典型国产纯电动汽车的核心技术参数，包括历史背景等。做成 PPT 与同学们分享，重点说明你对国产汽车技术发展的感悟。

二、单项选择题

1. 下列（　　）不属于电动汽车。

A. 纯电动汽车　　　B. 混合动力汽车　　C. 燃料电池汽车　　　D. 氢燃料汽车

2. 纯电动汽车的英文缩写为（　　）。

A. EV　　　　　　B. BEV　　　　　　C. HEV　　　　　　D. PHEV

3. 混合动力汽车的英文缩写为（　　）。

A. EV　　　　　　B. BEV　　　　　　C. HEV　　　　　　D. PHEV

4. 下列选项中，（　　）是混合动力汽车上可逆的储能装置供应的能源种类。

A. 化学能　　　　　B. 机械能　　　　　C. 动能　　　　　　D. 电能

5. 下列选项中，（　　）是混合动力汽车的可逆动力元件。

A. 动力电池　　　　B. 电机　　　　　　C. 油箱　　　　　　D. 发动机

6. 下列选项中，（　　）不是混合动力汽车的可逆储能元件。

A. 动力电池　　　　B. 超级电容　　　　C. 油箱　　　　　　D. 飞轮电池

7. 下列关于纯电动汽车类型的选项中，（　　）保留了内燃机汽车的传动系统，不同之处是把内燃机换成了电机。

A. 机械传动型　　　B. 无变速器型　　　C. 无差速器型　　　D. 电动轮型

8. 下列关于纯电动汽车类型的选项中，（　　）可以完全取消传动系统。

A. 机械传动型　　　B. 无变速器型　　　C. 无差速器型　　　D. 电动轮型

9. 下列关于纯电动汽车类型的选项中，（　　）最容易实现四轮驱动。

A. 机械传动型　　　B. 无变速器型　　　C. 无差速器型　　　D. 电动轮型

10. 下列储能装置中，（　　）不用于构成多电源型纯电动汽车的复合储能装置。

A. 燃料电池　　　B. 超级电容　　　C. 飞轮电池　　　D. 动力电池

11. 甲说："如果电动汽车的电能来源于水力、风力、光、热等，才能真正实现环保。"
乙说："即使电动汽车的电能来源于煤、石油产品也可明显改善环保。"（　　）描述正确。

A. 甲　　　B. 乙　　　C. 甲和乙　　　D. 甲和乙都不正确

12. 下列关于纯电动汽车相对燃油发动机汽车特点的描述，（　　）不正确。

A. 结构简单　　　B. 运转部分少　　　C. 维护工作量少　　　D. 使用维修方便

13. （　　）年，苏格兰人德文博特制造了一辆电动三轮车。

A. 1886　　　B. 1885　　　C. 1859　　　D. 1834

14. 1859 年，（　　）人普兰特发明了世界上第一只可充电的蓄电池，为后来纯电动汽车的发展奠定了基础。

A. 德国　　　B. 英国　　　C. 法国　　　D. 美国

15. 1881 年，（　　）工程师特鲁夫第一次将直流电机和可充电的铅酸蓄电池用于私人车辆。

A. 德国　　　B. 英国　　　C. 法国　　　D. 美国

16. 下列选项中，（　　）是特斯拉第一款纯电动汽车产品。

A. Model 3　　　B. Roadster　　　C. Model S　　　D. Model X

17. 下列选项中，（　　）是北汽纯电动乘用车品牌。

A. e6　　　B. B50 EV　　　C. EH 300　　　D. M1 EV

18. 纯电动汽车高压系统的电压高达数百伏，放电电流高达（　　）A 以上。

A. 100　　　B. 150　　　C. 200　　　D. 250

19. 绝缘手套能够承受（　　）V 以上的工作电压。

A. 288　　　B. 360　　　C. 500　　　D. 1000

20. 标准规定，绝缘鞋的电阻值最小为（　　）。

A. 1 kΩ　　　B. 10 kΩ　　　C. 100 kΩ　　　D. 1000 MΩ

21. 采用双重绝缘或加强绝缘的电动工具属于（　　）类绝缘工具。

A. Ⅰ　　　B. Ⅱ　　　C. Ⅲ　　　D. Ⅳ

22. 在高电压电动汽车维修时，要求使用（　　）类以上绝缘工具。

A. Ⅰ　　　B. Ⅱ　　　C. Ⅲ　　　D. Ⅳ

23. 采用特低安全电压供电的电动工具属于（　　）类绝缘工具。

A. Ⅰ　　　B. Ⅱ　　　C. Ⅲ　　　D. Ⅳ

24. 纯电动汽车上的高压电缆颜色为（　　）色。

A. 红　　　B. 橙　　　C. 黑　　　D. 粉

25. 最理想的充电时机是蓄电池放电深度不超过（　　）%时。

A. 50　　　B. 60　　　C. 70　　　D. 80

26. 对纯电动汽车，在拔掉钥匙，拔下检修开关后，要等待（　　）min 以上再进行维修操作。

A. 2　　　B. 3　　　C. 5　　　D. 10

三、多项选择题

1. 按照驱动系统的组成和布置形式，纯电动汽车分为（   ）。
A．机械传动型   B．无变速器型   C．无差速器型   D．电动轮型
2. 下列选项中，（   ）属于电动汽车。
A．纯电动汽车　　　　　　　　　B．混合动力汽车
C．燃料电池汽车　　　　　　　　D．装用 M85 甲醇汽油发动机的汽车
3. 无变速器型纯电动汽车取消了（   ）。
A．离合器   B．变速器   C．固定速比减速器   D．差速器
4. 下列关于纯电动汽车类型的选项中，（   ）需要 2 台以上的驱动电机。
A．机械传动型   B．无变速器型   C．无差速器型   D．电动轮型
5. 下列关于纯电动汽车类型的选项中，（   ）可选择功率较小的驱动电机。
A．机械传动型   B．无变速器型   C．无差速器型   D．电动轮型
6. 下列关于纯电动汽车类型的选项中，（   ）通过控制电机来实现变速功能。
A．机械传动型   B．无变速器型   C．无差速器型   D．电动轮型
7. 多电源型纯电动汽车的动力能源可能来自（   ）。
A．动力电池   B．辅助电池   C．超级电容   D．飞轮电池
8. 下列比亚迪汽车产品中，（   ）是纯电动汽车。
A．唐   B．宋   C．秦 EV300   D．e6
9. 下列选项中，（   ）是绝缘手套通常具有的性能。
A．绝缘性   B．耐酸性   C．抗碱性   D．保温性
10. 维修高压车辆时，需佩戴护目镜，主要目的有（   ）。
A．防止飞溅的电解液对人体伤害　　B．防止焊接弧光伤害
C．减缓眼睛疲劳　　　　　　　　　D．防止维修过程中产生的电火花对眼睛的伤害
11. 从事电动汽车高压作业时，不能穿化纤类的工作服，主要原因是化纤类的工作服（   ）。
A．会产生静电　　　　　　　　　B．发生火灾时，衣服会粘连人体皮肤
C．太滑　　　　　　　　　　　　D．耐电解液
12. 我国的绝缘电动工具包含（   ）。
A．Ⅰ类   B．Ⅱ类   C．Ⅲ类   D．Ⅳ类

四、判断题

（   ）1. 如果还使用石油燃料产品，则不能称为新能源汽车。
（   ）2. 电动汽车指仅使用电能驱动的汽车。
（   ）3. 纯电动汽车的英文缩写为 EV。
（   ）4. 机械传动型纯电动汽车是指有机械传动系统的纯电动汽车。
（   ）5. 无变速器型纯电动汽车的一种结构与发动机横向前置、前轮驱动的布置方式类似。
（   ）6. 电动轮型纯电动汽车没有任何机械传动装置。
（   ）7. 燃料电池汽车是将燃料燃烧后转换为电能，从而由电机驱动汽车行驶。
（   ）8. 电动轮型纯电动汽车采用两台电机，通过固定速比减速器来分别驱动两个车

轮，可以实现对每个电机转速的独立调节。

（　　）9. 电机工作过程中产生的噪声远小于燃油发动机产生的噪声。

（　　）10. 纯电动汽车可制动能量回收系统回收的能量本身就来自动力电池的电能，所以不存在节约能源的优势。

（　　）11. 高压电车辆维修用的护目镜应该具有侧面防护功能。

（　　）12. 在高电压电动汽车维修时，要求使用Ⅲ类以上绝缘工具。

（　　）13. 动力电池放电深度达到50%时，就应该进行充电。

（　　）14. 在具备充足充电时间的情况下，建议使用慢充补电。

（　　）15. 对于车辆维修过程中拆下的高压配件必须立即标出明显的"高压勿动"警示标识。

（　　）16. 使纯电动汽车的动力电池经常处于浅循环状态，可延长电池寿命。

（　　）17. 纯电动汽车长期使用快充电会造成电池寿命缩短。

学习任务 1-2　认识纯电动汽车的结构及原理

一、简答题

1. 纯电动汽车由哪几部分构成？

2. 纯电动汽车的动力系统包括哪3个子系统？各自的功能是什么？

3. 说明由单体电池至动力电池组的构成情况。

4. 纯电动汽车的传动系统有哪几种驱动方式？说明各类型驱动方式的结构特点。

二、单项选择题

1. 纯电动汽车的基本结构不包括（　　）。

A. 电力驱动子系统　　　　　　　　B. 能源子系统

C. 能量回馈子系统　　　　　　　　D. 辅助子系统

2. 下列选项中，（　　）完成助力转向、车内空调温度调节及夜间照明等功能。

A. 电力驱动子系统　　　　　　　　B. 能源子系统

C. 辅助控制子系统　　　　　　　　D. 传动系统

3. 几个单体电池并联在一起构成一个（　　）。

A. 电池单元　　　B. 电池单元组　　　C. 电池模块　　　　　　D. 动力电池组

4. 单体电池串联或单体电池与电池单元组串联以及电池单元组串联则构成相对独立的（　　）。

A. 电池单元　　　B. 电池单元组　　　C. 电池模块　　　　　　D. 动力电池组

5. 驱动电机在电路中用字母（　　）表示。

A. D　　　　　　　B. Q　　　　　　　C. M　　　　　　　D. G

6. 早期的纯电动汽车开发常采用（　　）。

A. 机械驱动布置方式　　　　　　　B. 电机-驱动桥组合式

C. 电机-驱动桥整体式　　　　　　　D. 轮毂电机分散式

7. 机械驱动布置形式的纯电动汽车变速器通常设置（　　　）。

A．3 个前进挡　　　　　　　　　　　B．2 个前进挡和 1 个倒挡

C．3 个前进挡和 1 个倒挡　　　　　　D．2 个前进挡

8. 下列纯电动汽车驱动系统布置方式中，（　　　）省掉了离合器和变速器而保留主减速器和差速器。

A．机械驱动布置方式　　　　　　　　B．电机-驱动桥组合式

C．电机-驱动桥整体式　　　　　　　　D．轮毂电机分散式

9. 下列纯电动汽车驱动系统布置方式中，（　　　）最容易实现四轮驱动／四轮转向。

A．机械驱动布置方式　　　　　　　　B．电机-驱动桥组合式

C．电机-驱动桥整体式　　　　　　　　D．轮毂电机分散式

10. 下列纯电动汽车驱动系统布置方式中，（　　　）是未来纯电动汽车驱动系统布置方式的发展趋势。

A．机械驱动布置方式　　　　　　　　B．电机-驱动桥组合式

C．电机-驱动桥整体式　　　　　　　　D．轮毂电机分散式

11. 下列选项中，（　　　）是纯电动汽车特有的电气设备。

A．发电机　　　　B．充电装置　　　　C．辅助蓄电池　　　　D．仪表

12. 在纯电动汽车中，主控 ECU 接收挡位控制器、加速踏板传感器等信息，判断、计算后发出指令传递给（　　　），以控制流向前驱动电机的电流。

A．动力电池　　　　B．蓄电池 ECU　　　　C．继电器　　　　D．电机控制器

13. 如果纯电动汽车发生漏电情况，（　　　）起作用。

A．熔断丝　　　　B．漏电保护器　　　　C．继电器　　　　D．应急开关

三、多项选择题

1. 下列选项中，（　　　）属于纯电动汽车动力系统。

A．电力驱动子系统　　　　　　　　　B．能源子系统

C．辅助控制子系统　　　　　　　　　D．传动系统

2. 下列选项中，（　　　）是纯电动汽车相对燃油发动机汽车特有的配置。

A．驱动电机　　　　B．发电机　　　　C．动力电池　　　　D．能量回收系统

3. 下列选项中，（　　　）属于纯电动汽车的系统构成。

A．电力驱动子系统　　B．能源子系统　　C．充电子系统　　D．辅助子系统

4. 纯电动汽车的冷却系统主要服务对象有（　　　）。

A．发动机　　　　B．驱动电机　　　　C．动力电池　　　　D．电机控制器

5. 纯电动汽车的传动系统可不需要（　　　）。

A．离合器　　　　B．变速器　　　　C．差速器　　　　D．半轴

6. 纯电动汽车仪表一般能够显示（　　　）。

A．动力电池电压　　B．整车速度　　　　C．行驶状态　　　　D．润滑油温度

7. 电池管理器接收动力电池组的瞬时（　　　）等信息。

A．电压　　　　B．电流　　　　C．温度　　　　D．存电情况

四、判断题

（   ）1. 电力驱动子系统的功能是完成助力转向、车内空调温度调节及夜间照明等。

（   ）2. 电池单元组的电压与单体电池的相同。

（   ）3. 电池模块的大小及电压（包括容量）取决于串联的单体电池和电池单元组的数量。

（   ）4. 动力电池在纯电动汽车上通常有集中布置和分散布置两种形式。

（   ）5. 采用 T 形架安装动力电池组要比分散布置形式更能节省空间。

（   ）6. 机械驱动布置形式的纯电动汽车变速器可相应简化，挡位数一般有两个就够了。

（   ）7. 电机–驱动桥组合式纯电动汽车没有离合器和变速器。

（   ）8. 轮毂电机分散式纯电动汽车驱动系统已经全部取消了变速器、差速器和减速器。

（   ）9. 未来纯电动汽车驱动系统布置方式的发展趋势是电机–驱动桥整体式。

（   ）10. 如果左右两车轮均有驱动电机，则可认为是轮毂电机分散式驱动系统。

（   ）11. 纯电动汽车的转向系统多采用电动转向助力装置。

（   ）12. 纯电动汽车多采用电动真空助力。

学习任务 2-1   纯电动汽车高压安全

一、简答题

1. 国家标准对高压与低压是如何规定的？

2. 电击事故有哪些类型？

3. 纯电动汽车可能存在哪些安全隐患？

4. 导致动力电池热失控的主要原因有哪些？

5. 纯电动汽车电气系统主要采用哪些安全措施？

6. 纯电动汽车高压部件具有哪些特点？

7. 纯电动汽车高压系统的高电压主要有哪几种存在形式？各存在形式下涉及的系统或装置有哪些？

8. 什么是高压终止和高压检验？具体方法是什么？

二、单项选择题

1. 在电力工业或电气工程中，低压电器被定义为用于交流电压 1200 V 以下或直流电压（   ）V 以下的电器。

A. 1300   B. 1400   C. 1500   D. 1600

2. 直流电压不大于（   ）V 为安全电压。

A. 25   B. 36   C. 60   D. 100

3. 交流电压不大于（   ）V 为安全电压。

A. 30   B. 36   C. 60   D. 100

4. 大多数燃油发动机汽车上设计的绝缘材料，当电压超过（　　）V 时可能就变成导体了。

A. 100　　　　　　B. 200　　　　　　C. 300　　　　　　D. 400

5. 在 300 V 电压下，两根导线距离（　　）cm 时就会发生击穿导电。

A. 5　　　　　　　B. 10　　　　　　C. 15　　　　　　D. 20

6. 高电压伤害人体的本质是（　　）。

A. 电压　　　　　B. 电流　　　　　C. 电弧　　　　　D. 电磁场

7. 有大约（　　）mA 的电流通过人体时，就可视作是"电气事故"，会产生麻木感。

A. 5　　　　　　　B. 10　　　　　　C. 15　　　　　　D. 20

8. 经过人体的电流达到大约（　　）mA 时，被认为是"致命值"。

A. 10　　　　　　B. 30　　　　　　C. 50　　　　　　D. 80

9. 电流通过（　　）时，危险性最大。

A. 手到手　　　　B. 脚到脚　　　　C. 手到同侧的脚　　D. 手到对侧的脚

10. 通常，产生最多的伤害是（　　）事故。

A. 电击　　　　　B. 电伤　　　　　C. 电磁场伤害　　　D. 电感应

11. 动力电池的电压可高达 600 V，正常工作时，电流可达（　　）安培。

A. 几　　　　　　B. 几十　　　　　C. 几百　　　　　D. 几千

12. 人体电阻一般不低于（　　）Ω。

A. 10　　　　　　B. 100　　　　　C. 1000　　　　　D. 10000

13. 人体没有明显感觉的电流阈值是（　　）mA。

A. 1　　　　　　　B. 2　　　　　　C. 3　　　　　　D. 5

14. 人直接接触电气系统任意一点的时候，流过人体的电流应当小于（　　）mA 才认为车辆绝缘合格。

A. 2　　　　　　　B. 3　　　　　　C. 5　　　　　　D. 10

15. 锂电池的最主要安全隐患是（　　）。

A. 热失控　　　　B. 漏液　　　　　C. 释放气体有毒　　D. 高压电

16. 当断开维修开关时，动力电池的动力输出立即中断，（　　）接触高压部件。

A. 可立即　　　　　　　　　　　　B. 仍需等待 5 min 以上才能

C. 仍需等待 10 min 以上才能　　　　D. 仍需等待 15 min 以上才能

17. 为保证碰撞安全，通常在高压接触器的供电回路中串联（　　）。

A. 熔断丝　　　　B. 碰撞传感器　　C. 碰撞继电器　　D. 惯性开关

18. 电动带高压电零件的防接触保护措施是，采用至少（　　）层绝缘，防止意外直接或间接接触带电零件。

A. 2　　　　　　　B. 3　　　　　　C. 4　　　　　　D. 5

19. 高压电车辆高压电缆的颜色是（　　）。

A. 蓝色　　　　　B. 红色　　　　　C. 橙色　　　　　D. 黑色

20. 下列选项中，（　　）可以保证在驾驶人无行驶意图或充电意图时，车辆除电池内部之外的高压系统是不带高压电的。

A. 短路保护器　　B. 预充电回路　　C. 高压接触器　　D. 高压互锁

21. 在动力电池输出的高压回路中设置预充电阻，其主要目的是保护（　　）。

A. 动力电池　　　B. 高压导线　　　C. 接触器　　　　D. 补偿电容

22. 电动汽车的国际标准规定：绝缘电阻值除以电动汽车直流系统标称电压 U，结果应大于（　　）Ω/V，才符合安全要求。

A. 50 　　　　　　 B. 100 　　　　　　 C. 150 　　　　　　 D. 200

23. 在整个高压系统设置一个导通环，其主要功能是（　　）。

A. 电隔离 　　　　　　　　　　　 B. 绝缘电阻监测

C. 服务断开/高压接通锁 　　　　　 D. 高压互锁

24. 高压互锁的导通环传送的信号中断，控制系统切断电压，同时必须（　　）。

A. 报警 　　　　　　　　　　　　 B. 采用电隔离

C. 连接高压接通锁 　　　　　　　 D. 对高压系统的电容进行放电

25. 工作人员使用诊断辅助系统断开电动汽车电压后，防止高压系统通过"点火开关开启"重新接通，所采用的措施是（　　）。

A. 采用电隔离 　　　　　　　　　 B. 插接高压接通锁

C. 打开高压互锁 　　　　　　　　 D. 以上措施均有

26. 若整车控制器计算整车需求转矩与电机的实际转矩的差值大于某个标定值，则整车控制器将会（　　）。

A. 将车速限制在安全范围内 　　　 B. 限制电机的转矩输出

C. 切断动力电池的动力输出 　　　 D. 切断电机电源

27. 电动汽车（　　）时才允许充电。

A. 只有挡位放在 P 挡 　　　　　　 B. 只有挡位放在 N 挡

C. 挡位放在 P 挡或 N 挡 　　　　　 D. 各挡位均可

28. 下列选项中，（　　）在电动车辆运行期间可能不存在高压电。

A. 动力电池 　　　 B. 逆变器 　　　 C. DC/DC 转换器 　　　 D. 车载充电器

29. 在下列电动汽车的装置中，（　　）在点火开关处于 ON 或 RUN 状态下不会存在高电压。

A. 逆变器 　　　 B. PTC 加热器 　　　 C. DC/DC 转换器 　　　 D. 高压导线

30. 如果位于高压正、负极导线之间的接触器断开，（　　）仍会存在高电压。

A. 动力电池 　　　 B. 逆变器 　　　 C. DC/DC 转换器 　　　 D. 车载充电器

31. 下列电动汽车高压安全措施中，（　　）是需要工作人员操作的。

A. 电隔离 　　　　　　　　　　　 B. 绝缘电阻监测

C. 服务断开/高压接通锁 　　　　　 D. 在碰撞时切断高压系统

32. 电动汽车的绝缘状况以（　　）的绝缘电阻来衡量。

A. 直流正母线对地 　　　　　　　 B. 直流负母线对地

C. 直流正负母线对地 　　　　　　 D. 直流正负母线对车身搭铁

33. 下列对电动汽车的操作中，（　　）不需要接受高压意识培训。

A. 驾驶车辆 　　　　　　　　　　 B. 清洗发动机

C. 添加风窗玻璃清洗液 　　　　　 D. 更换熔断丝

34. 下列对电动汽车的操作中，（　　）必须由进行过高压意识培训的人员进行。

A. 启用冬季轮胎的限速 　　　　　 B. 阐述驾驶室管理

C. 驾驶车辆时 　　　　　　　　　 D. 添加风窗玻璃清洗液

35．在进行高压终止操作中，关闭点火开关后，对于使用按钮启动的电动汽车，应把钥匙拿到离车至少（　　）m 远的地方，防止汽车意外被启动。

A．3 　　　　　B．5 　　　　　C．10 　　　　　D．15

36．使用万用表测量高电压部件的连接器各个高电压端子，在执行高压终止操作以后，每个端子对车身的电压应该小于（　　）V。

A．1 　　　　　B．3 　　　　　C．5 　　　　　D．12

37．抢救触电者的首要步骤是（　　）。

A．打救援电话　　　　　　　B．使触电者尽快脱离电源

C．现场急救　　　　　　　　D．等待医护人员

38．当触电者脱离电源后，力争在触电后（　　）min 内进行救治。

A．1 　　　　　B．5 　　　　　C．12 　　　　　D．30

39．触电后超过（　　）min 再开始救治的，基本无救活的可能。

A．1 　　　　　B．5 　　　　　C．12 　　　　　D．30

40．对于触电事故，下列现场应用的主要急救方法中，（　　）不可取。

A．人工呼吸　　　B．胸外心脏按压　　C．打强心针　　　　D．使用心脏除颤器

41．下列触电症状中，（　　）只需将其扶到清凉通风之处休息，让其自然慢慢恢复即可。

A．神志尚清醒，但心慌力乏，四肢麻木

B．有心跳，但呼吸停止或极微弱

C．有呼吸，但心跳停止或极微弱

D．心跳、呼吸均已停止者

42．下列触电症状中，（　　）应该采用人工胸外心脏按压法。

A．神志尚清醒，但心慌力乏，四肢麻木

B．有心跳，但呼吸停止或极微弱

C．有呼吸，但心跳停止或极微弱

D．心跳、呼吸均已停止者

三、多项选择题

1．国家标准将电动汽车的电压分为 A 和 B 两个级别，主要考虑（　　）等因素。

A．劳动保护用品的绝缘性能

B．不同电压等级可能对人体产生的伤害和危险程度

C．空气的湿度

D．人体在不同工作环境下的电阻

2．电流对人体的伤害有（　　）等形式。

A．电击　　　　　B．电伤　　　　　C．电磁场伤害　　　D．电感应

3．下列情形中，（　　）可能会造成锂电池过电流。

A．低温环境下充放电　　　　　B．没有随电池使用调整充电电流

C．电池并联成组充电　　　　　D．电池的内外部短路

4．下列选项中，（　　）是引起电池过温的原因。

A．电池的热管理系统失效　　　B．电池温度采样点有限

C．温度采样位置受限制　　　　D．工作环境温度高

5. 动力电池温度升高会引发（　　）隐患。

A. 电池本身性能逐步下降 　　　　B. 加剧电池内部的短路

C. 电池产生热变形 　　　　　　　D. 电池产生泄漏

6. 下列选项中，（　　）会产生安全隐患。

A. 高压系统短路 　　　　　　　　B. 发生碰撞或翻车

C. 涉水或遭遇暴雨 　　　　　　　D. 充电时车辆无意识移动

7. 电动汽车的高压安全措施主要体现在（　　）几个方面。

A. 维修安全 　　B. 碰撞安全 　　C. 电气安全 　　　D. 功能安全

8. 下列选项中，（　　）是在纯电动电气系统采用的安全措施。

A. 高压线颜色统一为橙色 　　　　B. 电隔离

C. 高电压零部件的接插件采用安全设计 D. 高压接触器和短路保护器

9. 下列选项中，（　　）是在纯电动电气系统采用的安全措施。

A. 预充电回路 　　　　　　　　　B. 绝缘电阻监测

C. 高压互锁 　　　　　　　　　　D. 服务断开/高压接通锁

10. 高压互锁具有（　　）的功能。

A. 结构互锁 　　B. 功能互锁 　　C. 开盖检测 　　　D. 绝缘检测

11. 纯电动汽车高压部件可能布置在（　　）。

A. 前机舱 　　　B. 乘客舱 　　　C. 行李舱 　　　　D. 底盘

12. 电动汽车的高电压部件主要集中在（　　）。

A. 驱动系统 　　B. 空调与加热系统C. 充电系统 　　　D. 电源系统

13. 下列电动汽车零部件中，（　　）属于高压件。

A. 电机控制器 　　　　　　　　　B. 车载充电器

C. DC/DC 转换器 　　　　　　　　D. 连接慢充口到车载充电机的线束

14. 在电动汽车上，（　　）可能为高压系统。

A. 驱动系统 　　　　　　　　　　B. 空调与暖风系统

C. 电源系统 　　　　　　　　　　D. 带有插电功能的充电系统

15. 电动汽车高电压存在的时间分类中，包括（　　）。

A. 持续存在 　　　　　　　　　　B. 运行期间存在

C. 维修期间存在 　　　　　　　　D. 充电期间存在

16. 下列部件中，（　　）只要点火开关（电门）处于 ON 或 RUN 等运行状态下就会存在高电压。

A. 空调高压压缩机 B. PTC 加热器 　C. 逆变器 　　　　D. DC/DC 转换器

17. 下列选项中，（　　）可以在高压系统上执行作业。

A. 接受过高压意识培训的非电工技术专业人员

B. 接受过附加资格认证的汽车技师

C. 接受过高压意识培训的电气技师

D. 接受过附加资格认证的机械电子工程师

18. 下列选项中，（　　）是在进行电动汽车高压终止与检验时需要准备的用品。

A. 灭火器 　　　B. 吸水毛巾布 　C. 绝缘胶布 　　　D. 维修工作台

四、判断题

（　　）1．在电力工业或电气工程中，工作交流电压在 1000 V 以下的电器被定义为低压电器。

（　　）2．在安全用电方面，高压和低压的概念与电力工业或电气工程中的概念是一致的。

（　　）3．国家标准规定的 B 级电压是较为安全的电压等级。

（　　）4．在纯电动汽车上，通常只存在直流高压。

（　　）5．高电压伤害人体的本质是电流。

（　　）6．人体内通过的电流达到大约 10 mA 时，到达了导出电流的极限，人体开始感觉疼痛。

（　　）7．只要经过人体的电流不超过 80 mA，就不会导致致命危害。

（　　）8．电伤是指电流通过人体，破坏人的心脏、肺及神经系统的正常功能。

（　　）9．交流电压的频率越高，危险性越高。

（　　）10．对于锂电池，过充电易产生热失控，而过放电不会产生热失控。

（　　）11．锂电池在低温环境下充放电可能会引起过大电流。

（　　）12．电动汽车的维修安全主要是防止高压触电。

（　　）13．电动汽车上的高压电负极可与低压电系统共同搭铁。

（　　）14．动力电池与外部高压回路之间设计有高压接触器，只有当驾驶人将车辆钥匙打到"Start"挡或对动力电池进行充电时，接触器才可能会闭合。

（　　）15．对于纯电动汽车，若绝缘电阻值过小，整车控制器发送接触器断开指令。

（　　）16．电动汽车的绝缘状况以直流正、负母线对地的绝缘电阻来衡量。

（　　）17．电动汽车的国际标准规定的绝缘电阻限值，是在动态测试条件下的标准值。

（　　）18．电源极性反接保护措施是：当意外接错电源正、负极时，系统将自动切断高电压。

（　　）19．如果电动汽车设计有很好的防止意外触电功能，则维修车辆时就可不必进行安全防护。

（　　）20．当插上充电枪时，控制高压电输出的接触器是闭合的。

（　　）21．给纯电动汽车充电时，挡位应放在 P 挡或 N 挡。

（　　）22．电动汽车上的 DC/DC 转换器不属于高压部件。

（　　）23．车载空调的高压压缩机在充电期间不会有高压电。

（　　）24．点火开关处于 ON 位置，电动汽车中的高压压缩机和 PTC 加热器就会存在高电压。

（　　）25．在电动汽车中，除动力电池外，其他部件都是由整车控制单元或混合动力控制单元通过接触器控制高电压的接通与关闭的。

（　　）26．当该维修开关被断开后，整车的高压部件将不再具有高压，但动力电池的总输出正、负极端口有高压。

（　　）27．接受过高压意识培训的人员可以在高压系统内执行作业。

（　　）28．电动车辆可以边充电边对高压部件进行拆装、维修等工作。

（　　）29．高压电动汽车维修完毕后上电前，车辆内至少有两名操作人员，以便相互照应。

（　　）30. 在执行车辆维修期间，必须同时有两名持有上岗证的人员进行工作。

（　　）31. 正常情况下，执行高压终止操作后，车辆除了动力电池外，其他部件应该都不具有高电压。

（　　）32. 高压终止主要是通过正确的操作步骤来关闭车辆高压系统。

（　　）33. 拆下的电动汽车维修开关最好放在操作者的口袋中。

（　　）34. 在执行高压电禁用操作时，对于 12 V 蓄电池充电器可以不移除。

（　　）35. 高压检验是利用数字万用表再次确认高压终止以后，对具体维修的部件上确实已不再有高压。

（　　）36. 驾驶结束后关闭车辆电源，如果需要对高压系统进行拆卸，则需要等待 5min 后再进行。

（　　）37. 车辆维修过程中拆下的高压配件必须立即标出明显的"高压勿动"警示标识。

（　　）38. 发生触电事故后，对于有心跳但呼吸停止或极微弱者，应该采用口对口人工呼吸法进行急救。

（　　）39. 如果吞咽了蓄电池内溶物，喝大量清水，并且设法使其呕吐。

（　　）40. 如果蓄电池内溶物接触到了眼睛，用大量的清水进行冲洗（至少 10 min）。

学习任务 2-2　纯电动汽车维修工具/检测仪器的使用

一、简答题

1. 电动汽车有哪些专用维修工具和检测仪器？各类型仪器的功能是什么？
2. 绝缘拆装工具有哪些使用注意事项？
3. 简述钳形电流表测量直流、交流电流的基本操作步骤。
4. 叙述用绝缘测试仪测量绝缘电阻的基本操作步骤。
5. 叙述用手摇绝缘电阻表测量绝缘电阻的基本操作步骤。

二、单项选择题

1. 电动汽车用数字万用表应符合 CAT（　　）安全级别的要求。
A. Ⅰ　　　　　　　B. Ⅱ　　　　　　　C. Ⅲ　　　　　　　D. Ⅳ

2. 测量额定电压在 500 V 以下的设备或线路的绝缘电阻时，可选用（　　）绝缘电阻表。
A. 200 V 或 500 V
B. 500 V 或 1000 V
C. 1000 V 或 1500 V
D. 2500 V 或 5000 V

3. 测量绝缘子时，应选用至少（　　）V 绝缘电阻表。
A. 1000　　　　　　B. 1500　　　　　　C. 2500　　　　　　D. 5000

4. 汽车诊断仪器通常具备的检测功能有（　　）。
A. 读取清除故障码
B. 读取数据流
C. 执行元件动作测试
D. 以上都正确

5. FLUKE 1587 是（　　）。

　　A．绝缘测试仪　　　B．万用表　　　　C．故障诊断仪　　　　D．绝缘拆装工具

6. ED400 是（　　）品牌使用的诊断仪。

　　A．北汽新能源　　　B．江淮汽车　　　　C．荣威汽车　　　　　D．比亚迪汽车

7. 下列测试仪表中，不能进行绝缘电阻测试的是（　　）。

　　A．数字万用表　　　　　　　　　　　B．手摇绝缘电阻表

　　C．高压绝缘测试仪　　　　　　　　　D．故障诊断仪

8. 钳形电流表的"600 A"挡位为（　　）挡。

　　A．直流电流　　　B．直流电压　　　　C．交流电流　　　　D．交流电压

9. 测试（　　）前，必须先切断电源，并将所有的高压电容器放电。

　　A．电压　　　　　B．电流　　　　　　C．电阻　　　　　　D．以上均需要

10. 使用测试导线时，手指应保持在保护装置（　　）。

　　A．前面　　　　　B．后面　　　　　　C．侧面　　　　　　D．以上位置均可

11. FLUKE 1587 仪表上的"AC"表示（　　）。

　　A．平均值　　　　B．直流　　　　　　C．交流　　　　　　D．电压

12. 题图 2-1 中，测量交流电压，应选择（　　）挡。

　　A．①　　　　　　B．②　　　　　　　C．③　　　　　　　D．④

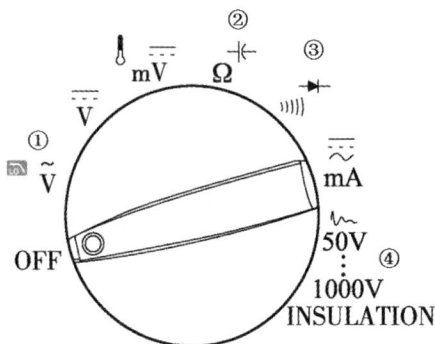

题图 2-1

13. 题图 2-1 中，测量电容，应选择（　　）挡。

　　A．①　　　　　　B．②　　　　　　　C．③　　　　　　　D．④

14. 题图 2-1 中，测量导通性，应选择（　　）挡。

　　A．①　　　　　　B．②　　　　　　　C．③　　　　　　　D．④

15. 题图 2-1 中，测量绝缘电阻，应选择（　　）挡。

　　A．①　　　　　　B．②　　　　　　　C．③　　　　　　　D．④

16. 题图 2-2 中，测量绝缘电阻时，输入表笔（红表笔）和输出表笔（黑表笔）与绝缘电阻表的连接方法为（　　）。

　　A．红表笔①、黑表笔②　　　　　　　B．红表笔①、黑表笔④

　　C．红表笔③、黑表笔②　　　　　　　D．红表笔③、黑表笔④

17. 当开路电势至搭铁点之间的电压超过（　　）V 时，切勿尝试在电路上测量电流。

　　A．500　　　　　　B．1000　　　　　　C．1500　　　　　　D．2000

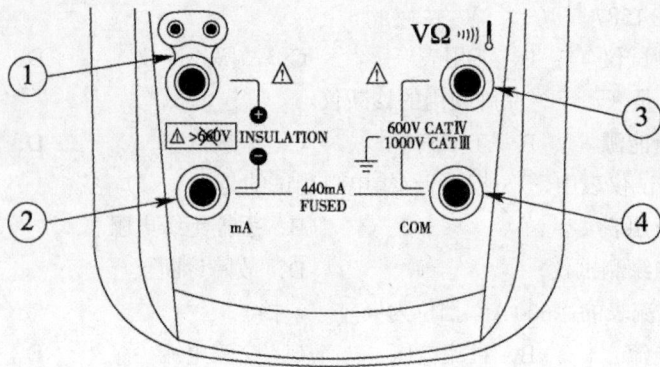

题图 2-2

18. 手摇绝缘电阻表的"L 端"表示（　　）。

A. 搭铁端　　　　　B. 接线端　　　　　C. 保护环　　　　　D. 公共端

19. 手摇绝缘电阻表的"G 端"表示（　　）。

A. 搭铁端　　　　　B. 接线端　　　　　C. 保护环　　　　　D. 公共端

20. 用手摇绝缘电阻表测量电缆绝缘电阻时，接线柱 G（　　）。

A. 接电缆外壳　　　B. 接线芯　　　　　C. 接绝缘层　　　　D. 空置

三、多项选择题

1. 一块 CAT Ⅲ 的万用表在（　　）环境下使用是完全安全的。

A. CAT Ⅰ　　　　　B. CAT Ⅱ　　　　　C. CAT Ⅲ　　　　　D. CAT Ⅳ

2. 下列仪器中，（　　）能够进行绝缘测试

A. 数字万用表（DMM）　　　　　B. 绝缘电阻表

C. 绝缘测试多用表　　　　　　　D. 耐压测试仪

3. 良好的绝缘材料具有（　　）等作用。

A. 散热冷却　　　　B. 机械支撑　　　　C. 储能　　　　　　D. 防霉

4. 通常动力电池维修诊断仪支持（　　）。

A. 高压动力电池的放电　　　　　B. 电池单元维修

C. 电池组数据的检测　　　　　　D. 通过 USB 进行车型软件的升级

5. 测试（　　）以前，必须先切断电源，并将所有的高压电容器放电。

A. 电阻　　　　　　B. 连通性　　　　　C. 二极管　　　　　D. 电容

6. 对手摇绝缘电阻表进行开路和短路试验时，满足下列（　　）时，说明绝缘电阻表是好的。

A. 使 L、E 两接线柱处于断开状态，摇动绝缘电阻表，指针应指向"∞"。

B. 将 L 和 E 两个接线柱短接，慢慢地转动，指针应指在"0"处。

C. 使 L、E 两接线柱处于断开状态，摇动绝缘电阻表，指针应指向"0"。

D. 将 L 和 E 两个接线柱短接，慢慢地转动，指针应指在"∞"处。

7. 用手摇绝缘电阻表测量电机的绝缘电阻时，需要用到（　　）接线柱。

A. E 和 L　　　　　B. L 和 G　　　　　C. G 和 L　　　　　D. E、L 和 G

8. 用手摇绝缘电阻表测量电机的电缆绝缘电阻时，需要用到（　　）接线柱。

A. E 和 L　　　　　B. L 和 G　　　　　C. G 和 L　　　　　D. E、L 和 G

四、判断题

（　　）1. 选用绝缘电阻表时，规定绝缘电阻表的电压等级应高于被测物的绝缘电压等级。

（　　）2. 测量额定电压在 500 V 以上的设备或线路的绝缘电阻时，可选用 500 V 或 1000 V 绝缘电阻表。

（　　）3. 钳形电流表不能测量直流电流。

（　　）4. 用钳形电流表测电路交流电流时，需要断开电路。

（　　）5. 绝缘工具必须按规定定期进行绝缘性能的试验，不符合试验要求的，禁止使用。

（　　）6. 使用测试导线时，手指应保持在保护装置后面。

（　　）7. 在使用数字式绝缘测试仪时，当拆下测试导线时，要先断开带电的测试导线，再断开公共测试导线。

（　　）8. 进行绝缘电阻测量前，必须确认被测线路电源已切断并已进行了设备放电。

（　　）9. 绝缘电阻测试完成后，为了快速放电，可将绝缘电阻表的 L 端和 E 端直接短接放电。

学习任务 3-1　电源系统检修

一、简答题

1. 应用于纯电动汽车的动力电池有哪些种类？

2. 解释下列术语的含义：额定电压、工作电压、终止电压、额定容量、荷电状态（SOC）、比功率、能量密度、放电时率、放电倍率。

3. 什么是锂电池？它有哪些特点？主要应用于哪些类型的纯电动汽车上？

4. 什么是锌空气电池？它有哪些特点？主要应用于哪些类型的纯电动汽车上？

5. 应用于纯电动汽车的辅助储能装置有哪几种？

6. 什么是超级电容？在纯电动汽车上如何应用？

7. 什么是飞轮电池？在纯电动汽车上如何应用？

8. 电池管理由哪些子系统组成？各子系统的功能是什么？

9. 对电源系统进行常规维护的内容有哪些？

10. 电池组容量降低的现象是什么？有哪些原因？如何处理？

11. 请收集我国自主品牌动力电池的主要技术参数，你认为其与国际先进技术有何异同？你对我国动力电池技术方面所做出的科技创新有何感想？请将上述材料准备好 PPT 与同学们分享。

二、单项选择题

1. 电池正极和负极之间的电位差称为（　　　）。

A. 电动势　　　　B. 开路电压　　　　C. 额定电压　　　　D. 工作电压

2. 电池在标准规定条件下工作时应达到的电压称为（　　　）。

A. 电动势　　　　B. 开路电压　　　　C. 额定电压　　　　D. 工作电压

3. 电池在一定标准所规定的放电条件下放电，至电池再不宜继续放电时的电压称为（　　）。

A. 开路电压　　　B. 额定电压　　　C. 工作电压　　　D. 终止电压

4. 下列电池电压参数中，（　　）的数值最小。

A. 开路电压　　　B. 额定电压　　　C. 工作电压　　　D. 终止电压

5. 下列关于采用小放电时率对蓄电池放电情况的描述中，（　　）正确。

A. 工作电压下降速度快，终止电压低

B. 工作电压下降速度快，终止电压高

C. 工作电压下降速度慢，终止电压低

D. 工作电压下降速度慢，终止电压高

6. 放电电流与放电时间的乘积为（　　）。

A. 理论容量　　　B. 实际容量　　　C. 标称容量　　　D. 额定容量

7. 一般蓄电池放电高效率区 SOC 为（　　）。

A. 10%～30%　　B. 30%～50%　　C. 50%～80%　　D. 80%～90%

8. 电池放电容量与额定容量的百分比称为（　　）。

A. 剩余容量　　　B. 放电容量　　　C. 荷电状态　　　D. 放电深度

9. 电池的（　　）决定电动汽车的加速性能。

A. 电压　　　　　B. 容量　　　　　C. 功率　　　　　D. 能量

10. 电池的（　　）决定电动汽车的续驶里程。

A. 电压　　　　　B. 容量　　　　　C. 功率　　　　　D. 能量

11. 电池的额定容量与额定电压的乘积为（　　）。

A. 标称能量　　　B. 实际能量　　　C. 比能量　　　　D. 能量密度

12. 实际的电池组比能量比单体电池比能量低（　　）%以上。

A. 10　　　　　　B. 20　　　　　　C. 30　　　　　　D. 40

13. 正极板活性物质为二氧化铅，负极板活性物质为铅，以酸溶液为电解质的蓄电池称为（　　）。

A. 铅酸蓄电池　　B. 镍氢电池　　　C. 锌空气电池　　D. 锂电池

14. 单体铅酸蓄电池的额定电压为（　　）V。

A. 1.2　　　　　　B. 1.4　　　　　　C. 2.0　　　　　　D. 3.2

15. 电解液由稀的硫酸钠溶液和硅酸溶液混合成胶状物质的铅酸蓄电池称为（　　）铅酸蓄电池。

A. 阀控密封式　　B. 胶体式　　　　C. 水平式　　　　D. 双极式

16. 在电动微型车、电动高尔夫车、电动叉车上应用的铅酸蓄电池主要是（　　）式。

A. 阀控密封式　　B. 胶体式　　　　C. 水平式　　　　D. 双极式

17. 以氢氧化镍为正极板活性材料，以储氢合金为负极板材料，电解质是水溶性氢氧化钾和氢氧化锂的混合物的电池称为（　　）。

A. 铅酸蓄电池　　B. 镍氢电池　　　C. 锌空气电池　　D. 锂电池

18. 下列关于镍氢电池用于电动汽车上主要优点的描述中，（　　）不正确。

A. 启动加速性能好　　　　　　　　B. 对环境污染少

C. 快速补充充电时间短　　　　　　D. 充电过程中容易发热量少

19. 锌空气电池的正极板活性物质为（　　）。

A．铅　　　　　　　B．氢　　　　　　　C．锂离子　　　　　D．氧气

20．锌空气电池对纯电动汽车的动力性有一定的影响，主要是因为其（　　）。

A．充电时间短　　　B．比功率低　　　　C．有吸水性　　　　D．需定期清洁

21．下列选项中，对锂电池性能影响最大的是（　　）材料。

A．正极　　　　　　B．负极　　　　　　C．电解质　　　　　D．隔膜

22．下列电池中，（　　）的比能量最高。

A．锂电池　　　　　B．铅酸蓄电池　　　C．钠硫电池　　　　D．镍氢电池

23．下列电池中，（　　）的充电方式最特殊。

A．锂电池　　　　　B．铅酸蓄电池　　　C．锌空气电池　　　D．镍氢电池

24．下列电池中，（　　）最适合作为以蓄电池为唯一动力源的纯电动汽车。

A．锂电池　　　　　B．铅酸蓄电池　　　C．锌空气电池　　　D．超级电容

25．在下列应用于纯电动汽车的动力电池中，比功率最高的是（　　）。

A．铅酸蓄电池　　　B．镍氢电池　　　　C．锌空气电池　　　D．锂电池

26．在下列应用于纯电动汽车的动力电池中，比能量最高的是（　　）。

A．铅酸蓄电池　　　B．镍氢电池　　　　C．锌空气电池　　　D．锂电池

27．在下列应用于纯电动汽车的动力电池中，充电时间最短的是（　　）。

A．铅酸蓄电池　　　B．镍氢电池　　　　C．锌空气电池　　　D．锂电池

28．目前纯电动汽车应用最多的动力电池是（　　）。

A．镍镉电池　　　　B．镍氢电池　　　　C．锂电池　　　　　D．燃料电池

29．下列选项中，（　　）属于物理电池。

A．锂电池　　　　　B．铅酸蓄电池　　　C．锌空气电池　　　D．超级电容

30．超级电容和蓄电池采用（　　）的连接方式。

A．串联　　　　　　B．并联　　　　　　C．混联　　　　　　D．相对独立

31．下列选项中，（　　）决定飞轮储能装置能量输入/输出量的大小。

A．飞轮的形状　　　B．飞轮的质量　　　C．飞轮的转速　　　D．电力电子装置

32．纯电动汽车电源系统的常规维护一般每（　　）进行一次。

A．天　　　　　　　B．周　　　　　　　C．月　　　　　　　D．年

33．电源系统在使用（　　）个月后，有条件的话对电源系统进行一次充放维护。

A．1　　　　　　　B．2　　　　　　　C．3　　　　　　　D．4

34．下列选项中，（　　）不是电源系统常规维护内容。

A．检查电源系统的状态　　　　　　　B．检查管理系统的功能是否正常

C．对电池进行充放维护　　　　　　　D．对电池包进行开包检查

35．对动力电池系统的重点维护一般（　　）个月进行一次。

A．1～3　　　　　　B．3～6　　　　　　C．6～8　　　　　　D．8～10

36．储存维护是对长期储存（　　）的电源系统进行测试及检查。

A．时间超过3个月　B．时间超过6个月　C．时间超过8个月　D．时间超过12个月

37．对于锂系列电池，储存时荷电量保持在（　　）为宜。

A．满充电状态　　　B．20%～60%　　　C．40%～80%　　　D．80%～90%

38．动力电池箱的绝缘电阻值应大于（　　）MΩ。

A．30　　　　　　　B．40　　　　　　　C．50　　　　　　　D．60

39．静置时同一箱内各单体电池电压差应小于（　　）mV。

A．300　　　　　　B．400　　　　　　C．500　　　　　　D．600

40．动力电池安装后测试，对比车辆信息显示屏上的单体电池电压和实际测量电压值，如果电压差超过（　　）mV，则需要更换、调试。

A．30　　　　　　B．40　　　　　　C．50　　　　　　D．60

41．车辆经较长时间搁置（如晚上停车），能够较明显感觉电池电量有下降，搁置前后系统 SOC 显示差别过大。说明电池系统存在（　　）。

A．电池组充电异常　　　　　　B．自放电大
C．电源系统单体电压一致性较差　　D．电池组容量降低

42．系统应用或搁置过程中，经常出现单体电池放电保护或充电保护，而其他电池电压仍较正常。说明电池系统存在（　　）。

A．电池组充电异常　　　　　　B．自放电大
C．电源系统单体电压一致性较差　　D．电池组容量降低

43．若电压均一性比较好，检查单体电池电压之和与总电压数据比较相差过大，可能的原因是（　　）。

A．环境温度低　　　　　　B．充电机有故障
C．单体电池内阻增大　　　　D．电池组内部线路连接松动

44．电源系统局部高温的表现是：车辆行驶过程中，电源系统某部位温度高于其他部位（　　）℃以上，并且多次表现为同一部位。

A．3　　　　　　B．5　　　　　　C．10　　　　　　D．15

45．对于锂电池，下列故障中，（　　）不能检测出故障码。

A．单体电池极板短路　　　　　　B．电池管理系统失效
C．电池包冷却风机损坏　　　　　D．电池组漏电

三、多项选择题

1．当电池以小放电时率放电时，下列描述（　　）正确。

A．工作电压下降速度快　　　　B．终止电压低
C．放电时间短　　　　　　　　D．能输出较多的能量

2．下列选项中，（　　）是放电制度规定的条件。

A．放电电压　　B．放电电流　　C．终止电压　　D．温度

3．下列对于免维护铅酸蓄电池的描述中，（　　）正确。

A．采用低锑合金或铅钙合金作为极板栅架　B．采用密封式隔板
C．采用内装式密度计　　　　　D．采用安全通气装置

4．下列对铅酸蓄电池的描述中，（　　）正确。

A．单体电压高　　B．价格低廉　　C．高倍率放电性能良好　　D．使用成本低

5．下列对锌空气电池的描述中，（　　）正确。

A．比能量大　　B．充电时间短　　C．属于物理电池　　D．可再生利用

6．下列关于锂电池的描述，（　　）正确。

A．有记忆效应　　　　　　B．体积较大
C．成本高　　　　　　D．必须有特殊的保护电路，以防止过充电

7. 下列关于锂电池优点的描述，（ ）正确。

A．单体电池工作电压高 B．比能量大

C．有环境污染 D．循环使用寿命长

8. 下列关于超级电容的特点的描述，（ ）正确。

A．充电速度快 B．循环使用寿命长

C．大电流放电能力超强 D．功率密度低

9. 下列选项中，（ ）是电池成组后的主要问题。

A．过充电/过放电 B．过大电流 C．温度过高 D．短路或者漏电

10. 电池组的故障级别包括（ ）。

A．一般故障 B．警告故障 C．轻微故障 D．严重故障

11. 纯电动汽车电源系统的维护包括（ ）等。

A．常规维护 B．定期维护 C．重点维护 D．储存维护

12. 下列选项中，（ ）可能是电池组充电电压过高故障的原因。

A．电池或充电环境温度高

B．电池实际容量已下降，仍以原来的倍率进行充电

C．电池组荷电量已经很高

D．电池组长期储存，首次充电即以较大电流进行充电

13. 下列选项中，（ ）可能是电池组放电电压低故障的原因。

A．电池内阻增大 B．内部发生微短路

C．环境温度高 D．连接松动

四、判断题

（　　）1. 电池在标准规定条件下工作时应达到的电压称为额定电压。

（　　）2. 蓄电池的终止电压与放电速度无关。

（　　）3. 电池的 SOC 是指放电容量与额定容量的百分比。

（　　）4. 单位体积电池所能输出的能量称为比能量。

（　　）5. 电池的容量决定电动汽车的续驶里程。

（　　）6. 电池的功率决定电动汽车的加速性能。

（　　）7. 通常动力蓄电池的比能量高，则能量密度小。

（　　）8. 电池的内阻小，对电池性能有利。

（　　）9. 放电深度浅时，有利于延长电池的寿命。

（　　）10. 当放电电流大于或等于额定容量的数值时，该放电电流值用倍率表示。

（　　）11. 蓄电池放电的 2 小时率用 $2C$ 来表示。

（　　）12. $0.5C$ 表示额定容量约 0.5 h 放完。

（　　）13. 动力电池的自放电率高，表示放电能力强。

（　　）14. 铅酸蓄电池使用寿命短，使用成本高。

（　　）15. 镍氢电池用于电动汽车上一个主要的缺点是充电过程中容易发热量大。

（　　）16. 镍氢电池适合应用于纯电动汽车。

（　　）17. 目前纯电动汽车上应用的动力电池主流类型是锂电池。

（　　）18. 锌空气电池的充电实际上就是锌材料的更换与再利用。

（　　）19．锌空气动力电池可归类于燃料电池。

（　　）20．锌空气电池与其他类型的蓄电池类似，正、负极之间发生的化学反应是可逆的。

（　　）21．锂电池的正极材料对电池的性能影响最大。

（　　）22．石墨烯电池是利用锂离子在石墨烯表面和电极之间快速大量穿梭运动的特性，开发出的一种新能源电池。

（　　）23．目前研发的石墨烯电池仍属于锂电池系列。

（　　）24．超级电容依靠电解质与电极接触界面上形成的特有双电层结构储存能量。

（　　）25．超级电容在储存能量、释放能量时同样发生化学反应。

（　　）26．超级电容和DC/DC转换器系统搭配是常用的使用方式。

（　　）27．超级电容与蓄电池构成复合电源系统是一种理想的复合能源结构。

（　　）28．超级电容在正常行车时是不供电的。

（　　）29．超级电容可以作为电动汽车的主能量源。

（　　）30．飞轮电池就是以机械飞轮来储存能量的装置。

（　　）31．飞轮电池属于碱性化学电池。

（　　）32．由于飞轮电池的机械装置，所以其使用寿命比一般的化学蓄电池的短。

（　　）33．飞轮电池的充电是将电能转换为机械能。

（　　）34．飞轮电池的机械能可直接通过传动系统传给驱动车轮。

（　　）35．飞轮电池的比功率高于一般化学蓄电池和内燃机的比功率。

（　　）36．飞轮电池的使用寿命远长于各种化学蓄电池的使用寿命。

（　　）37．为减小动力电池组的尺寸，可采用大容量单体电池的方案。

（　　）38．动力电池工作时产生的热量，完全可以用于取暖和风窗玻璃除霜。

（　　）39．电源系统在使用1~2个月后，维护人员需要对电源系统的外观和绝缘进行维护。

（　　）40．在充放维护结束后，用电压表分别测试蓄电池包的正极端子、负极端子与蓄电池包的最大电压，同时测得的电压值应不超过下限要求。

（　　）41．由于目前纯电动汽车使用的动力电池均为密封结构，所以可以在倒置状态下工作。

（　　）42．对于动力电池，储存时荷电量一般保持在满充电状态。

（　　）43．若电池经过了长期储存，首先应按照维护制度进行维护，再进行使用。

（　　）44．电池组长期储存，首次充电即以较大电流进行充电，可能表现出充电压电偏低。

（　　）45．动力电池的充电温度低于0℃，充电电压会明显降低。

（　　）46．如果电动汽车存在严重的制动拖滞，可能会引起驱动电机过热。

学习任务 3-2　充电系统检修

一、简答题

1．对动力电池充电应完成哪些功能？

2. 解释定流充电、定压充电、阶段充电的含义及各自的特点。

3. 快速充电方法有哪些种类？各类型充电方法有哪些特点？

4. 什么是地面充电法？该方法中有哪些具体的充电方法？各方法有何特点？

5. 充电机有哪些类型？各类型充电机有哪些特点？

6. 通常充电站由哪几部分构成？各组成部分的功能是什么？

二、单项选择题

1. 下列对动力电池充电功能的描述，（   ）正确。

A. 在恢复电池容量的前提下，充电时间越短越好

B. 修复深放电、极化等导致的电池性能破坏

C. 消除电池自放电引起的不良影响

D. 修复电池内部短路、断桥等故障

2. 下列选项中，（   ）的作用是在控制单元的配合下，把电网的交流电转换成动力电池需要的高压直流电。

A. 功率单元　　　B. 控制单元　　　C. 低压辅助单元　　D. 直流输出端口

3. 下列选项中，（   ）是车载充电机与动力电池之间的连接装置。

A. 功率单元　　　B. 控制单元　　　C. 低压辅助单元　　D. 直流输出端口

4. 常规充电法典型的充电时间为（   ）（SOC 达到 95% 以上）。

A. 30 min～1 h　　B. 1～8 h　　　C. 8～10 h　　　D. 10～24 h

5. 下列选项中，（   ）不属于常规充电方法。

A. 定流充电法　　B. 定压充电法　　C. 交替充电法　　D. 阶段充电法

6. 定流充电时，充电电流的大小可根据充电类型及（   ）确定。

A. 电网电压　　　B. 电池电压　　　C. 电池串并联方式　　D. 电池的容量

7. 下列对定流充电特点的描述，（   ）不正确。

A. 充电过程中，充电电源电压或调节负载应随时变化　　B. 充电时间长

C. 不同端电压的电池可以串联充电　　　　　　　　　　D. 实际应用较少

8. 定压充电时，一般单格电池的充电电压选择（   ）V（铅酸蓄电池）。

A. 2　　　　　　B. 2.1　　　　　C. 2.5　　　　　D. 3

9. 两阶段法采用（   ）相结合的充电方法。

A. 恒电流和恒电压　　　　　　　B. 恒电流和变电压

C. 变电流和恒电压　　　　　　　D. 变电流和变电压

10. 下列关于三阶段充电法的描述，（   ）正确。

A. 在充电开始时采用恒电流充电，中间和结束时用恒电压充电

B. 在充电开始和结束时采用恒电流充电，中间用恒电压充电

C. 在充电开始时采用恒电压充电，中间和结束时用恒电流充电

D. 在充电开始和结束时采用恒电压充电，中间用恒电流充电

11. 下列充电方法中，（   ）可以将出气量减到最少。

A. 定流充电法　　B. 定压充电法　　C. 二阶段充电法　　D. 三阶段充电法

12. 快充的典型充电时间是（   ）min。

A. 5～10　　　　B. 10～30　　　　C. 20～40　　　　D. 30～50

13．快充的充电电压一般为（　　）V。

A．12　　　　　　B．24　　　　　　C．220　　　　　　D．380

14．下列充电方法中，（　　）不是快速充电方法。

A．脉冲充电法　　　　　　　　　B．变电流间歇充电法

C．变电压间歇充电法　　　　　　D．变脉冲充电法

15．Reflex TM 快速充电法的各阶段中，主要是（　　）可缓解镍镉电池的记忆效应。

A．正脉冲充电　　B．前停充　　　C．负脉冲瞬间放电　　D．后停充

16．下列充电方法中，（　　）更加符合电池电流接受规律。

A．脉冲快速充电法　　　　　　　B．Reflex TM 快速充电法

C．变电压间歇充电法　　　　　　D．变电流间歇充电法

17．调幅/调频式充电法不可调节的是（　　）。

A．脉冲电流的幅值　　　　　　　B．PWM 信号的频率

C．脉冲电压　　　　　　　　　　D．PWM 信号的占空比

18．下列选项中，（　　）不是分箱充电的特点。

A．有利于提高电池组的均衡性　　B．延长电池组使用寿命

C．监控网络简单　　　　　　　　D．成本较高

19．非车载充电（快充），一般保证车辆在 30 min 内可充入保证车辆行驶超过（　　）km 的电量。

A．30　　　　　　B．50　　　　　　C．80　　　　　　D．100

20．下列选项中，（　　）以电磁感应耦合方式向电动汽车传输电能，供电部分和受电部分之间没有直接的机械连接。

A．传导式充电　　B．电磁感应充电　　C．磁共振充电　　D．微波充电

21．下列充电机中，（　　）的供电部分和受电部分之间没有直接的机械连接。

A．非车载充电机　　　　　　　　B．车载充电机

C．传导式充电机　　　　　　　　D．感应式充电机

22．对于智能充电系统，BMS 的作用不包括（　　）。

A．对电池状态的在线监测　　　　B．电源变换

C．SOC 估算　　　　　　　　　　D．状态分析

23．智能充电管理即不需要人工过多干预，由（　　）进行的智能充电管理模式。

A．充电机充电管理系统　　　　　B．车载 BMS

C．充电机充电管理系统和车载 BMS　　D．通信线路

24．下列选项中，（　　）不是充电站必备的功能区。

A．配电区　　　B．监控区　　　C．充电区　　　D．电池维护区

25．下列选项中，（　　）是整个充电站的核心部分。

A．配电区　　　B．监控区　　　C．充电区　　　D．电池维护区

三、多项选择题

1．车辆内部的充电系统主要由动力电池组件、（　　）等组成。

A．车载充电机　　　　　　　　　B．DC/DC 转换器

C．高压控制盒　　　　　　　　　D．充电接口

2. 下列关于常规充电法的描述，（　　　）正确。

A. 充电方便　　　　　　　　　　B. 充电过程一般由客户自己独立完成

C. 充电功率较小　　　　　　　　D. 对电网没有特殊要求

3. 下列选项中，（　　　）属于常规充电法。

A. 定流充电法　　B. 定压充电法　　C. 阶段充电法　　D. 变电流间歇充电法

4. 下列关于定流充电特点的描述中，（　　　）正确。

A. 充电电源电压或调节负载应随时变化

B. 不同端电压的蓄电池需并联充电

C. 对于各类型蓄电池，可采用同一充电电流

D. 充电时间长

5. 下列选项中，（　　　）是定压充电法的特点。

A. 充电开始时，充电电流很大　　B. 容易使电池极板弯曲，造成电池报废

C. 易过充电　　　　　　　　　　D. 易形成长期充电不足，影响电池使用寿命

6. 下列关于脉冲快速充电法间歇期作用的描述中，（　　　）正确。

A. 减小电池极化现象　　　　　　B. 提高蓄电池的存储能量

C. 减少析气量　　　　　　　　　D. 提高蓄电池的充电电流接受率

7. Reflex TM 快速充电的一个周期包括（　　　）。

A. 正向脉冲充电　　　　　　　　B. 反向瞬间脉冲放电

C. 反向恒流充电　　　　　　　　D. 停充维护

8. 下列关于地面充电方式特点的描述中，（　　　）正确。

A. 有利于电池维护　　　　　　　B. 延长电池使用寿命

C. 提高车辆使用效率　　　　　　D. 对电池更换设备要求低

9. 下列对分箱充电法的描述中，（　　　）正确。

A. 每台充电机对电池组中一箱电池充电　B. 有利于提高电池组的均衡性

C. 充电机数量多　　　　　　　　D. 成本较高

10. 下列关于智能充电模式的特点的描述中，（　　　）正确。

A. 实现了数据共享　　　　　　　B. 提高了串联成组电池充电的安全性

C. 提高了充电智能化水平　　　　D. 使得充电机具有更好的适应性

四、判断题

（　　　）1. 在恢复电池容量的前提下，充电时间越长越好。

（　　　）2. 用车载充电机进行充电的时间较长。

（　　　）3. 定压充电过程中，充电电压保持不变（充电开始时，充电电流很小，随着电池电动势的不断升高，充电电流逐渐增大）。

（　　　）4. 定压充电时，若充电电压选择过高，则容易产生过充电。

（　　　）5. 定压充电过程中，电流会从最大值逐渐降低为零。

（　　　）6. 快速充电即以较高的充电电压，在短时间内使电池达到充满电状态的方法。

（　　　）7. 不是所有的电池都能进行快速充电。

（　　　）8. 快速充电对电池寿命有一定的影响。

（　　　）9. 脉冲快速充电就是一直用脉冲电流持续充电。

（　　）10. Reflex TM 快速充电的一个周期包括正向脉冲充电、反向瞬间脉冲放电和停充维护 3 个阶段。

（　　）11. Reflex TM 快速充电相当于在脉冲充电法的基础上加入了负脉冲。

（　　）12. 变电流间歇充电方法建立在定流充电和脉冲充电的基础上。

（　　）13. 地面充电就是当对车辆进行补充充电时，将需要充电的电池从车辆上拆下，安装已充满电的电池，车辆即离开继续运行，对拆卸下来的电池采用地面充电系统进行补充充电。

（　　）14. 采用传导式充电机充电，电动汽车上不装备电力电子电路。

（　　）15. 智能充电管理即不需要人工过多干预，由充电机充电管理系统和车载电池管理系统（BMS）联合进行的智能充电管理模式。

（　　）16. 智能充电时，充电机不需要区分电池的类型。

学习任务 3-3　驱动电机系统检修

一、简答题

1. 电动汽车用电机与工业用电机的区别有哪些？
2. 直流电机有哪些特点？
3. 三相感应电机由哪些零部件组成？各组成部件的作用是什么？
4. 永磁直流电机与励磁直流电机系统相比具有哪些明显优点？
5. 开关磁阻电机由哪几部分构成？各部分的作用是什么？
6. 开关磁阻电机有哪些优点和缺点？主要应用于哪些类型的电动汽车？
7. 电机控制器由哪些部分组成？各组成部分的作用是什么？
8. 详细分析直流电机换向器、电枢和绕组的故障类型、现象及原因。
9. 请收集我国自主品牌驱动电机的主要技术参数，你认为与国际先进技术有何异同？你对我国驱动电机技术方面所做出的科技创新有何感想？请将上述材料准备好 PPT 与同学们分享。

二、单项选择题

1. 电动汽车驱动电机需要有（　　）倍的过载，以满足短时加速或爬坡的要求。

A. 2　　　　　　　　B. 3～4　　　　　　　　C. 4～5　　　　　　　　D. 6

2. 电动汽车的最高转速要求达到在公路上巡航时基本速度的（　　）倍。

A. 2　　　　　　　　B. 3～4　　　　　　　　C. 4～5　　　　　　　　D. 6

3. 一般规定电机的工作电压不应高于或低于额定值的（　　）%。

A. 2　　　　　　　　B. 3　　　　　　　　C. 4　　　　　　　　D. 5

4. 国内用的电机额定频率均为（　　）Hz。

A. 50　　　　　　　　B. 110　　　　　　　　C. 300　　　　　　　　D. 500

5. 电动汽车再生制动回收能量一般可达到总能量的（　　）。

A. 5%～10%　　　　　　B. 10%～15%　　　　　　C. 15%～20%　　　　　　D. 20%～25%

6. 直流电机被应用于电动汽车，主要是因为其具有（　　　）。

A. 较高的转速　　　　　　　　B. 足够大的启动转矩

C. 质量小　　　　　　　　　　D. 良好的调速性能

7. 下列选项中，（　　　）是直流电机定子的组成部件。

A. 主磁极　　　　B. 励磁绕组　　　　C. 电枢绕组　　　　D. 电刷装置

8. 直流电机中，（　　　）的主要作用是产生气隙磁场。

A. 机座　　　　　B. 主磁极　　　　　C. 励磁绕组　　　　D. 电刷装置

9. 直流电机的主磁极铁心一般用（　　　）mm 厚的硅钢板冲片叠压铆紧而成。

A. 0.5～1.0　　　B. 0.5～1.5　　　　C. 0.5～2.0　　　　D. 0.5～2.5

10. 直流电机的主磁极（　　　）。

A. 用螺钉固定在机座上　　　　B. 与机座一体

C. 通过卡槽与机座固定　　　　D. 与机座焊接固定

11. 直流电机中，（　　　）用来引入或引出直流电压和直流电流。

A. 电枢绕组　　　B. 主磁极　　　　　C. 励磁绕组　　　　D. 电刷装置

12. 直流电机的转子组成部件中，（　　　）将电刷上通过的直流电流转换为绕组内的交变电流。

A. 电枢铁心　　　B. 电枢绕组　　　　C. 换向器　　　　　D. 风扇

13. 下列选项中，（　　　）不属于永磁无刷直流电机本体的组成部件。

A. 定子　　　　　B. 转子　　　　　　C. 换向器　　　　　D. 位置传感器

14. 在永磁无刷直流电机中，为逻辑开关电路提供正确的换相信息的是（　　　）。

A. 定子绕组　　　　　　　　　B. 转子

C. 转子位置传感器　　　　　　D. 电子开关驱动电路

15. 永磁无刷直流电机适用于在市内频繁起停的汽车，主要是因为其（　　　）。

A. 低速时高效率　　　　　　　B. 高的磁通密度

C. 容易多极化　　　　　　　　D. 励磁电流变化对效率影响小

16. 永磁无刷直流电机可以制成轮毂式电机，主要是因为其（　　　）。

A. 低速时高效率　　　　　　　B. 高的磁通密度

C. 容易多极化　　　　　　　　D. 励磁电流变化对效率影响小

17. 三相感应电机的（　　　）是用来产生旋转磁场的。

A. 转子　　　　　B. 定子　　　　　　C. 风扇　　　　　　D. 接线盒

18. 三相感应电机的 3 个绕组在空间互相间隔（　　　）。

A. 60°　　　　　　B. 90°　　　　　　C. 120°　　　　　　D. 180°

19. （　　　）kW 以下的三相感应电机一般采用铸铝转子。

A. 50　　　　　　B. 100　　　　　　C. 200　　　　　　D. 250

20. 三相感应电机的中心高度在（　　　）mm 以上属于大型。

A. 71　　　　　　B. 315　　　　　　C. 355　　　　　　D. 630

21. 电机型号 Y225S-4-3.7 中，"4"表示（　　　）。

A. 中心高度　　　B. 铁心长度　　　　C. 极数　　　　　　D. 功率

22. 下列选项中，（　　　）不是三相感应电机的优点。

A. 转子结构简单、坚固　　　　B. 易实现转矩控制

C．容易做到高速和小型轻量化　　　　　D．可靠性好

23．三相感应电机应用于电动汽车中，最主要的原因是（　　）。

A．可靠性好　　　B．容易做到高速　　C．价格低　　　　D．小型轻量化

24．（　　）电机已成为现今电动汽车应用最多的电机。

A．直流　　　　　B．交流感应　　　　C．永磁无刷　　　D．永磁同步

25．下列电机中，（　　）是一种典型的机电一体化电机。

A．励磁直流电机　　　　　　　　　　　B．开关磁阻电机

C．永磁直流电机　　　　　　　　　　　D．三相交流感应电机

26．下列对开关磁阻电机本体结构特点的描述中，（　　）不正确。

A．电机本体采用定、转子双凸极结构　　B．定子凸极采用集中绕组励磁

C．转子凸极为永磁体　　　　　　　　　D．定子绕组径向相对的极串联，构成一相

27．低于（　　）相的开关磁阻电机一般没有自启动能力。

A．三　　　　　　B．四　　　　　　　C．五　　　　　　D．六

28．下列对开关磁阻电机特点的描述中，（　　）不正确。

A．热量排放较大　　　　　　　　　　　B．耐化学侵蚀能力强

C．磁能变化不大时效率恶化、噪声变大

D．较其他类型的电机配套逆变器结构复杂

29．在电机控制器中，（　　）的功能是提供电压隔离和保护功能。

A．DSP　　　　　B．IGBT　　　　　　C．控制电源　　　D．散热系统

30．对于直流电机，下列选项中，（　　）不是故障多发部位。

A．换向器　　　　B．电枢　　　　　　C．磁极　　　　　D．绕组

31．下列选项中，（　　）不是直流电机电枢绕线断裂、开焊故障的主要征兆。

A．振动大　　　　　　　　　　　　　　B．噪声大

C．电枢电流波动大　　　　　　　　　　D．绕组发热或冒烟

32．将 36 V 低压电通过 36 V 低压照明灯分别接在直流电机换向片上及转轴一端，若灯泡发光，则说明（　　）。

A．励磁绕组短路　　　　　　　　　　　B．励磁绕组接地

C．电枢绕组接地　　　　　　　　　　　D．电枢绕组短路

33．将短路测试器接通交流电源后，置于直流电机电枢铁心的某一个槽上，将锯条在其他各个槽口上面平行移动，当出现较大振动时，则该槽内有（　　）故障。

A．短路　　　　　　B．断路　　　　　C．接地　　　　　D．开焊

34．采用绝缘电阻表测量电机的绝缘阻值，检测电压设定为 1000 V，测定绝缘阻值应大于（　　）MΩ。

A．0.5　　　　　　B．2　　　　　　　C．3　　　　　　　D．5

35．直流电机换向器的云母沟深至少为（　　）mm

A．0.5　　　　　　B．1　　　　　　　C．1.5　　　　　　D．2

三、多项选择题

1．目前在电动汽车上应用的电机有（　　）。

A．直流电机　　　　　　　　　　　　　B．三相感应电机

C．永磁同步电机　　　　　　　　D．开关磁阻电机

2．下列关于电机工作特点的描述中，（　　）正确。

A．当工作电压高于额定值时，电机容易发热

B．当工作电压低于额定值时，会引起输出转矩减小

C．当工作电压高于额定值时，会引起速度升高

D．当工作电压低于额定值时，会使绕组过热

3．下列关于电机相关参数的描述中，（　　）正确。

A．过载能力越强越好　　　　　　　B．额定转速越高越好

C．额定效率越高越好　　　　　　　D．绝缘等级越高越好

4．直流电机中的电刷装置用来（　　）。

A．引入直流电压　　　　　　　　　B．引出直流电压

C．引入直流电流　　　　　　　　　D．引出直流电流

5．下列关于直流电机特点的描述中，（　　）正确。

A．调速性能好　　　　　　　　　　B．容易做到高速和小型轻量化

C．可以得到比较高的效率　　　　　D．启动转矩大

6．可用永磁材料来替代励磁电机的（　　），使之成为永磁电机。

A．定子铁心　　　B．转子铁心　　　C．励磁绕组　　　D．转子绕组

7．永磁无刷直流电机的永磁体在转子上的安装方式有（　　）。

A．表面式　　　　B．内置式　　　　C．镶嵌式　　　　D．混合式

8．开关磁阻电机主要由（　　）组成。

A．电机本体　　　B．功率转换器　　C．转子位置传感器　D．控制器

9．下列选项中，（　　）是汽车电机控制器的组成部分。

A．DSP 电机控制板　　　　　　　　B．IGBT 驱动电路板

C．控制电源　　　　　　　　　　　D．散热系统

10．下列选项中，（　　）是电机控制器可以实现的功能。

A．怠速控制　　　　　　　　　　　B．控制电机正反转

C．控制能量回馈　　　　　　　　　D．通信和保护

11．直流电机刷火异常通常由（　　）等原因造成。

A．电磁　　　　　　B．机械　　　　　C．负载　　　　　D．环境

四、判断题

（　　）1．电动汽车的电机具有电动和发电两种运行模式。

（　　）2．额定电压是指电机在额定条件下运行时外加于转子绕组上的线电压。

（　　）3．额定电流指电机在额定电压和额定输出功率时定子绕组的线电流。

（　　）4．绝缘等级是按电机绕组所用的绝缘材料在使用时容许的极限电压来分级的。

（　　）5．应用于电动汽车的电机的功率密度越大越好。

（　　）6．直流电机的机座主要起支撑、保护作用，与电机内部的磁路无关。

（　　）7．电机并励绕组的匝数较多，用较细的导线绕成。

（　　）8．直流电机适合在高速、大负载下运行。

（　　）9．永磁无刷直流电机的永磁体安装在定子上。

（　　）10. 三相感应电机的旋转磁场是由转子产生的。

（　　）11. 三相感应电机的每个定子绕组只有1个线圈，所以三相绕组共有3个线圈。

（　　）12. 三相感应电机没有电刷装置。

（　　）13. 由于转差率的存在，三相感应电机的实际转速会比同步转速低。

（　　）14. 三相感应电机转子的转速称为同步转速。

（　　）15. 永磁同步电机的结构与交流感应电机的最大不同是在定子上放有高质量的永磁体磁极。

（　　）16. 目前的绝大多数永磁同步电机都采用表面式永磁体转子。

（　　）17. 开关磁阻电机转子凸极上既无绕组也无永磁体。

（　　）18. 励磁式开关磁阻电机转子凸极上既无绕组也无永磁体。

（　　）19. 开关磁阻电机的定子与转子相数是相同的。

（　　）20. 三相6/4极开关磁阻电机说明电机转子有6个凸极。

（　　）21. 开关磁阻电机的功率转换器为开关磁阻电机的运行提供电能。

（　　）22. 开关磁阻电机系统的调速范围宽。

（　　）23. 开关磁阻电机结构简单、转子转动惯量小、成本低、动态响应快。

（　　）24. 永磁开关磁阻电机也被应用于电动汽车的轮毂驱动系统。

（　　）25. 直流电机补偿绕组和换向极绕组常见故障是匝间短路和对地击穿。

（　　）26. 直流电机电枢绕组断路一般发生在绕组元件引出线与换向片的焊接处。

（　　）27. 直流电机换向器表面不光滑可用金刚砂纸打磨至光滑。

学习任务4-1　纯电动汽车其他技术应用

一、简答题

1. 为什么说目前分散电机驱动系统的发展方向是轮毂电机？
2. 在电动汽车中应用的变速器有哪几种类型？各适用于哪种车型？
3. DC/DC转换器是什么？其主要功能是什么？
4. 纯电动汽车通常采用哪种类型的制动助力系统？描述间歇性真空发生系统的工作原理。
5. 在具有再生制动功能的电动汽车上，为什么还要设置常规制动系统？二者是如何协调工作的？
6. 纯电动汽车的制冷和制热与燃油发动机汽车的相比有哪些差别？
7. 纯电动汽车有哪些特殊仪表？各仪表的功能是什么？
8. 整车控制器对电机控制器进行哪些控制？

二、单项选择题

1. 通常，外转子型轮毂电机的最高转速为（　　）r/min。

A. 1000～1500　　　　　　　　B. 1500～4000

C. 2500～5000　　　　　　　　D. 10000

2. 内转子型轮毂电机配套的减速机构通常采用（　　）。

A．直齿轮 　　　　 B．锥齿轮 　　　　 C．链轮 　　　　 D．行星齿轮

3．大多数的轮毂电机系统采用（　　）方式进行冷却。

A．风冷 　　　　 B．水冷 　　　　 C．油冷 　　　　 D．空调

4．驱动电机高效率工作区间一般在（　　）。

A．刚启动时 　　　　 B．低转速区 　　　　 C．中间转速区 　　　　 D．接近极限转速时

5．在纯电动汽车上，合理利用变速器的主要目的是（　　）。

A．保持与燃油发动机车辆的操作相似性　　 B．使电机工作在最佳转速区

C．容易实现倒挡 　　　　 D．简化控制系统

6．对于采用变速器的纯电动汽车，其变速器挡位一般不超过（　　）个前进挡。

A．1 　　　　 B．2 　　　　 C．3 　　　　 D．4

7．下列选项中，（　　）可将电流进行直流/交流转换。

A．斩波器 　　　　 B．逆变器 　　　　 C．顺变器 　　　　 D．整流器

8．下列选项中，（　　）通常应用于纯电动汽车各种充电设备上。

A．斩波器 　　　　 B．逆变器 　　　　 C．顺变器 　　　　 D．整流器

9．纯电动汽车再生制动系统的电动真空泵需在4～5 s内产生（　　）kPa以上的真空度。

A．20 　　　　 B．30 　　　　 C．40 　　　　 D．50

10．纯电动汽车电动真空助力器安装于（　　）之间。

A．制动踏板和制动主缸 　　　　 B．制动踏板和轮缸

C．制动主缸和轮缸 　　　　 D．轮缸与制动盘

11．纯电动汽车与燃油发动机汽车的制动助力系统最主要的差别是（　　）。

A．纯电动汽车制动助力系统需采用大直径的主缸

B．纯电动汽车制动助力系统需采用大直径的轮缸

C．纯电动汽车通常采用电动真空助力系统

D．纯电动汽车通常采用电动压缩空气助力系统

12．在（　　）时，纯电动汽车再生制动系统不会启动。

A．减速 　　　　 B．在公路上放松加速踏板巡航

C．踩下制动踏板停车 　　　　 D．中速均速行驶

13．在纯电动汽车中，再生制动与常规制动起作用的次序为（　　）。

A．先再生制动，后常规制动 　　　　 B．先常规制动，后再生制动

C．再生制动和常规制动同时工作 　　　　 D．不同工况下，先后次序不同

14．纯电动汽车空调系统与燃油发动机汽车空调系统相比较，改动最大的部件是（　　）。

A．压缩机 　　　　 B．冷凝器 　　　　 C．膨胀阀 　　　　 D．蒸发箱

15．应用于纯电动汽车空调制热最好的方式是（　　）。

A．半导体式 　　　　 B．电动热泵式 　　　　 C．燃油加热式 　　　　 D．PTC加热式

16．下列制热方式中，（　　）不适合应用于纯电动汽车。

A．半导体式 　　　　 B．电动热泵式 　　　　 C．燃油加热式 　　　　 D．PTC加热式

17．热泵式空调系统通过控制（　　）来调节车内温度。

A．混合风门的开度 　　　　 B．风机的转速

C．压缩机的转速 　　　　 D．膨胀阀的开度

18．在纯电动汽车中，（　　）的信号取自电机控制器或整车控制器。

A．荷电状态表　　　B．电压表　　　　C．电流表　　　　D．车速表

19．在纯电动汽车中，（　　）有正负两个方向的数据显示。

A．荷电状态表　　　B．电压表　　　　C．电流表　　　　D．电机转速表

20．下列选项中，（　　）适合采用强制通风冷却。

A．动力电池　　　　B．电机控制器　　C．功率变换器　　D．驱动电机

21．在纯电动汽车中，整车控制器对电源的控制一般采用（　　）个继电器控制方式。

A．1　　　　　　　B．2　　　　　　　C．3　　　　　　　D．4

三、多项选择题

1．下列关于轮边电机驱动模式特点的描述，（　　）正确。

A．电机集成在车轮内　　　　　　　　B．电机属于簧载质量

C．悬架系统隔振性能好　　　　　　　D．电机对整车总布置的影响小

2．分散电机驱动通常有（　　）等方式。

A．驱动桥安装式电机　　　　　　　　B．驱动桥组合式电机

C．轮毂电机　　　　　　　　　　　　D．轮边电机

3．下列关于外转子型轮毂电机的描述，（　　）正确。

A．采用低速外转子电机　　　　　　　B．必须设置减速装置

C．车轮的转速与电机相同　　　　　　D．电机的转速通常高达 10000 r/min

4．所谓的 1 挡集成动力驱动系统，是把（　　）与功率控制器集成在一起。

A．电机　　　　　　B．变速器　　　　C．减速器　　　　D．差速器

5．纯电动汽车应用的功率转换器可分为（　　）几类。

A．斩波器　　　　　B．逆变器　　　　C．顺变器　　　　D．整流器

6．下列关于电动真空助力制动系统控制过程的描述，（　　）正确。

A．接通汽车 12 V 电源，压力延时开关闭合，真空泵大约工作 5 s 后开关断开

B．当真空罐内真空度降低到 55 kPa 时，压力延时开关再次闭合

C．当真空罐内真空度降低到约 34 kPa 时，压力报警器发出信号

D．如果真空泵控制开关有很明显的短时间开启和关闭，说明发生了泄漏

7．目前应用于纯电动汽车空调制热的方式有（　　）。

A．半导体式　　　　B．电动热泵式　　C．PTC 加热式　　D．燃油加热式

8．下列关于半导体制冷特点的描述，（　　）正确。

A．不需要任何制冷剂　　　　　　　　B．可连续工作

C．工作时没有振动、噪声　　　　　　D．安装容易

9．下列选项中，（　　）属于纯电动汽车的主要热源。

A．能量储存系统　　B．电机控制器　　C．功率转换器　　D．驱动电机

10．动力电池的常用冷却方法有（　　）。

A．自然冷却　　　　　　　　　　　　B．强制风冷却

C．利用空调系统冷却　　　　　　　　D．循环水冷却

11．整车控制器的防盗器功能与（　　）有关。

A．编码机械钥匙（或感应钥匙）　　　B．整车控制器

C．BMS　　　　　　　　　　　　　　D．电机控制器

四、判断题

（　　）1．目前分散电机驱动系统的发展方向是轮毂电机。

（　　）2．轮边电机驱动模式的驱动电机属于非簧载质量，对提高整车行驶平顺性有利。

（　　）3．通常，外转子型轮毂电机采用高速外转子电机。

（　　）4．轮边电机驱动模式完全省略传动装置，整体动力利用效率大大提高。

（　　）5．轮边电机驱动模式便于实现四轮驱动，有利于改善整车的动力性能。

（　　）6．对于纯电动汽车，即使采用手动变速器结构形式，变速器仍可不设倒挡。

（　　）7．单桥单电机纯电动汽车可以不设置差速器。

（　　）8．在电动客车上配装变速器，主要是为解决电机驱动力不足的问题。

（　　）9．纯电动汽车中，交流驱动电机的 DC/AC 转换器一般集成于电机控制器中。

（　　）10．纯电动汽车配备制动能量回馈系统，所以常规的液压制动系统将提供较小的制动力。

（　　）11．纯电动汽车正常减速时，再生制动的力矩通常保持在最大负荷状态。

（　　）12．恒功率下驱动电机的转速越高，再生制动的能力就越强。

（　　）13．再生制动能力会随着车速降低而减弱。

（　　）14．纯电动汽车在减速制动工况时，再生制动一直起作用。

（　　）15．当制动踏板力较小时，再生制动力矩施加在驱动轮上，所以踩制动踏板的力无须很大。

（　　）16．纯电动客车多采用变频器控制高压三相电机驱动压缩机，因此有独立的电机变频器，电机和压缩机之间采用皮带传动方式。

（　　）17．在电动汽车热泵式空调系统中，控制制冷量主要通过控制鼓风机转速来实现。

（　　）18．若纯电动汽车采用 PTC 加热器的电制热方式，仍需要使用冷却液。

（　　）19．纯电动汽车电机转速表一般不单独设计，多用功率表代替。

（　　）20．纯电动汽车信息显示方式有组合仪表式、数字式和 LCD 式 3 种。

（　　）21．充电系统警告灯在行车状态不会被点亮。

（　　）22．在纯电动汽车上，驱动电机及电机控制器的冷却通常采用同一冷却回路。

（　　）23．现代汽车仪表为减少通入仪表的导线数量，采用 CAN 总线共享整车各控制单元信号。

（　　）24．在纯电动汽车上，为了显示制动能量回馈状态，电机转速表必须有正、负两个方向的数据显示。

学习任务 4-2　纯电动汽车保养、应急处理及常规故障处理

一、简答题

1．纯电动汽车自行保养内容有哪些？

2．当纯电动汽车出现起火、碰撞时，应采取哪些应急措施？

3. 何时可利用 EPB 实现应急制动？如何操作？

4. 智能进入和智能启动系统工作不正常时，如何处理？

5. 一般充电故障有哪些？各类故障如何处理？

6. 什么情况下需要联系授权服务店检修安全气囊？

7. EPB 手动释放功能失效怎么办？

8. 轮胎压力监测系统故障报警显示有哪些内容？各内容的显示方式是什么？各显示的故障如何处理？

9. 辅助驻车系统工作不正常可能有哪些原因？

10. VDC 无法正常工作可能有哪些原因？

二、单项选择题

1. 对于纯电动汽车，（   ）应检查散热器副水箱的液位。

A. 每周　　　　　　　B. 每月　　　　　　　C. 每次充电时　　　D. 每次行车前

2. 对于纯电动汽车，（   ）应检查一次刮水器状况。

A. 每周　　　　　　　B. 每月　　　　　　　C. 每次充电时　　　D. 每次行车前

3. 对于纯电动汽车，（   ）应检查一次制动液液位。

A. 每周　　　　　　　B. 每月　　　　　　　C. 每次充电时　　　D. 每次行车前

4. 对于纯电动汽车的辅助电池，（   ）检查一次电池的状况及端子的腐蚀情况。

A. 每周　　　　　　　B. 每月　　　　　　　C. 每次充电时　　　D. 每次行车前

5. 因天气不好而频繁使用风窗玻璃洗涤液时，应（   ）检查液位。

A. 在每次行车前　　　B. 在每次充电时　　　C. 每周　　　　　　D. 每月

6. 下列异常现象中，（   ）可由车主自行处理。

A. 动力电池过热警告灯被点亮　　　　　　　B. 充电系统警告灯被点亮

C. 电机过热警告灯常亮　　　　　　　　　　D. 胎压系统警告灯被点亮

7. 下列异常现象中，（   ）必须由授权服务店处理。

A. 充电系统警告灯被点亮　　　　　　　　　B. 动力电池电量低警告灯被点亮

C. EPS 故障警告灯闪烁　　　　　　　　　　D. 动力电池过热警告灯被点亮

8. 如果电动汽车起火，驾驶人首先要做的事情是（   ）。

A. 将车辆退电至"OFF"挡　　　　　　　　　B. 断开前机舱辅助电池连接线缆

C. 寻找干粉灭火器进行灭火　　　　　　　　D. 远离车辆等待救援

9. 下列异常现象中，（   ）不能说明动力电池有泄漏现象。

A. 车内有酸液气味　　　　　　　　　　　　B. 车外有明显酸液流出

C. 电池包内部出现冒烟　　　　　　　　　　D. 电池包温度过高

10. 下列对人体不慎接触到电池泄漏液体时的处理方法中，（   ）不正确。

A. 应立即用大量水冲洗 10～15 min　　　　 B. 可用 2.5% 的葡萄糖酸钙软膏涂敷

C. 用弱碱水中和清洗　　　　　　　　　　　D. 用 2%～2.5% 的葡萄糖酸钙溶液浸泡

11. 在更换轮胎时，应在泄漏轮胎（   ）放置挡块。

A. 平行方向的轮胎正面　　　　　　　　　　B. 正前方向的轮胎正面

C. 正后方向的轮胎正面　　　　　　　　　　D. 对角方向的轮胎正面

12. 纯电动汽车充电时，各线路连接完成，但仍不能进行充电。下列针对这一故障可能原因的描述中，（　　）不正确。

A. 整车电源不在"OK"挡　　　　　　　B. 动力电池已充满

C. 环境温度过低　　　　　　　　　　　D. 辅助电池严重亏电

13. 下列描述中，（　　）不属于安全气囊警告灯异常被点亮。

A. 整车电源挡位处于"OK"挡后，5 s之后警告灯不熄灭或熄灭后又重新被点亮

B. 整车电源挡处于"OFF"挡，警告灯被点亮

C. 汽车行驶过程中，警告灯被点亮或闪烁

D. 副驾驶席安全气囊开关指向"OFF"时，前排座安全气囊警告灯被点亮

14. 对于比亚迪e6纯电动汽车，胎压故障灯常闪，胎压值变为红色，此时说明（　　）。

A. 胎压过低　　　B. 快速漏气　　　C. 信号异常　　　D. 系统故障

15. 下列选项中，（　　）不可能是VDC无法正常工作的原因。

A. 使用了非原厂指定转向器

B. 使用了非原厂指定的驱动电机控制系统相关部件或部件严重老化

C. 使用了非原厂指定的制动系统相关部件或严重老化

D. 使用了非原厂指定的悬架系统部件或严重老化

三、多项选择题

1. 下列选项中，需要每月检查一次的是（　　）。

A. 动力电池冷却液　　　　　　　　　　B. 风窗玻璃洗涤液

C. 刮水器　　　　　　　　　　　　　　D. 制动液

2. 下列选项中，需要每月检查一次的是（　　）。

A. 空调系统　　　B. 轮胎　　　C. 风窗玻璃除霜装置　　　D. 车灯

3. 下列选项中，需要在每次充电时检查一次的是（　　）。

A. 散热器副水箱的液位　　　　　　　　B. 动力电池冷却液

C. 制动液　　　　　　　　　　　　　　D. 动力转向液

4. 下列叙述的条件中，（　　）可能会使紧急关闭系统启动。

A. 前方碰撞后安全气囊没有打开　　　　B. 后方的某些部位碰撞

C. 某些车辆系统故障　　　　　　　　　D. 准备行车时，车辆周围近距离内有行人

5. 下列关于耗能电源检查的叙述，（　　）正确。

A. 确认耗能电源与挡位对应

B. 检查用电设备插件与线束插件是否对插，并检查是否对插到位

C. 根据线束图引脚定义检查插件线束位置是否正确

D. 用万用表对相关线路进行导通性测试

6. 出现下列（　　）情况时，建议立即与汽车授权服务店联系修理。

A. 安全气囊已经充气展开

B. 车辆前部遇到事故时，未能引起安全气囊展开

C. 安全气囊盖已经刮破、裂开或有其他损坏

D. 组合仪表上的安全警告灯异常被点亮

四、判断题

（　　）1. 对于纯电动汽车，应每月检查一次风窗玻璃洗涤液储液罐中的洗涤液存量，因天气不好而频繁使用洗涤液时，应在每次充电时检查液位。

（　　）2. 不是所有的纯电动汽车都装备有电池冷却液储液罐。

（　　）3. 紧急关闭系统被激活后，"OK"指示灯关闭 5 min 后可重新启动车辆。

（　　）4. 动力电池液发生少量泄漏时，可使用吸液垫吸附后置于密闭容器中或用焚烧方式处理。

（　　）5. 对于纯电动汽车，将智能钥匙与通信装置一同携带可能导致车辆无法启动。

（　　）6. 在解锁纯电动汽车车门时，智能钥匙应尽量接近车门把手。

（　　）7. 由于纯电动汽车有自动识别功能，所以同时携带两辆车的智能钥匙对于智能进入和启动车辆的操作无影响。

（　　）8. 车辆前部遇到事故时，未能引起安全气囊展开，则不必与授权服务店联系维修。

（　　）9. 对纯电动汽车充电时，如果设置了预约充电结束时间，但电池尚未充满，则充电系统不会自动中断充电。

（　　）10. 如果动力电池的温度过高，充电系统会中断充电。

（　　）11. 车辆明显侧倾或过分超载可能会造成雷达系统探测不到障碍物。

（　　）12. 附近有另一辆配有驻车辅助系统的车辆可能会造成雷达系统探测不到障碍物。

（　　）13. 车辆安装了牵引环可能会造成雷达系统探测不到障碍物。

（　　）14. 酷热或严寒天气可能会造成雷达系统探测不到障碍物。

工单 1-1　认识纯电动汽车的类型

班级学号		姓名	

1.　高压安全注意事项

请将指导教师讲解的相关注意事项记录在下面。

_____

_____

_____

_____

_____

_____

_____

_____

2.　车型基本信息

（1）你所查阅的技术资料。

_____

_____

_____。

（2）请描述所观察的电动汽车相关信息。

生产厂家：_____。型号：_____。类型：_____。

相关的技术参数：

_____

_____

_____

_____。

3.　工具与劳动防护用品准备

假如你现在准备维修纯电动汽车，应该准备防护用品、工具、仪器。

① 防护用品：_____。

② 工具：_____。

③ 仪器：_____。

4．整车结构观察分析

（1）按照电动驱动系统的组成和布置形式，你所观察的汽车属于：□机械传动型　□无变速器型　□无差速器型　□电动轮型。你得出这一结论的理由是＿＿＿＿＿＿＿＿＿＿＿＿＿

＿＿＿

＿＿＿

＿＿。

（2）按车载电源数不同，你所观察的汽车属于：□单电源型纯电动汽车　□多电源型纯电动汽车。你得出这一结论的理由是＿＿＿＿＿＿＿＿＿＿＿＿＿＿＿＿＿＿＿＿＿＿＿＿＿＿。

（3）按照用途不同，你所观察的汽车属于：

□纯电动轿车　□纯电动货车　□纯电动客车　□其他。

5．自我评价

你认为个人技能掌握程度达到：□非常熟练　□比较熟练　□一般熟练　□不熟练。

教师评语：（包括工单填写情况，查阅资料能力，观察的方法，小组协作情况等，并按等级制给出成绩）

成绩＿＿＿＿＿　教师签字：＿＿＿＿＿＿＿＿＿＿　＿＿＿＿年＿＿＿月＿＿＿日

工单1-2　认识纯电动汽车的结构及原理

班级学号		姓名	

1．高压安全注意事项

请将指导教师讲解的相关注意事项记录在下面。

_____

_____

_____

_____

_____

_____

_____

_____

2．车型基本信息

（1）你所查阅的技术资料。

_____

_____

_____

_____。

（2）请描述所观察的电动汽车相关信息。

生产厂家：_____。型号：_____。类型：_____。

相关的技术参数：

_____

_____

_____

_____。

3．工具与劳动防护用品准备

假如你现在准备维修纯电动汽车，应该准备防护用品、工具、仪器。

① 防护用品：_____。

② 工具：_____。

③ 仪器：_____。

4．整车结构观察分析

（1）分别说明下列装置在车上的安装位置。

维修开关：_____。

动力电池：_____。

动力电池ECU：_____。

动力电池控制器：_____。

驱动电机：_____。

驱动电机控制器：_____。

（2）本车采用的驱动方式是_____，你得出这一结论的依据是_____。

（3）本车哪些装置采用了冷却装置，其冷却方式是哪种类型？

_____

_____

_____

_____。

（4）本车采用的转向助力类型是_____，其工作电压是_____V。

5．自我评价

你认为个人技能掌握程度达到：□非常熟练　□比较熟练　□一般熟练　□不熟练。

教师评语：（包括工单填写情况，查阅资料能力，观察的方法，小组协作情况等，并按等级制给出成绩）

　　　　　　成绩_____　　　　教师签字：_____　　_____年____月____日

工单 2-1　纯电动汽车高压安全

班级学号		姓名	

1．高压安全注意事项

请将指导教师讲解的相关注意事项记录在下面。

_____

_____

_____

_____

_____

_____

_____

2．车型基本信息

（1）你所查阅的技术资料。

_____

_____

_____

_____。

（2）请描述所观察的电动汽车相关信息。

生产厂家：_____。型号：_____。类型：_____。

相关的技术参数：

_____

_____

_____

3．工具与劳动防护用品准备

（1）根据具体实操任务（高压终止与检验、人工呼吸等），各学习小组准备好相应的工具、仪器。并将准备好的工具、仪器记录在下面。

① 高压终止与检验：_____。

② 人工呼吸：_____。

（2）根据实操任务，准备好相关的防护用品。

你所准备的防护用品有：

_____

_____

_____

_____。

4．高压终止与检验

记录指导教师的操作步骤。

_____

_____

_____

_____

_____

5．人工呼吸

（1）对于触电者，人工呼吸适用的症状是_____。

（2）描述你的操作流程。

_____

_____

_____

_____

_____

_____

6．自我评价

你认为个人技能掌握程度是：□非常熟练　　□比较熟练　　□一般熟练　　□不熟练。

教师评语：

（包括工单填写情况，查阅资料能力，观察的方法，小组协作情况等，并按等级制给出成绩）

成绩_____　　教师签字：_____　　_____年___月___日

工单 2-2 纯电动汽车维修工具/检测仪器的使用

班级学号		姓名	

1．车辆基本信息描述

（1）汽车生产厂家：_____。

（2）车辆型号：_____。

（3）车辆类型：_____。

2．钳形电流表的使用

钳形电流表生产厂家为_____，型号为_____。

（1）按正确的操作规程测量驱动电机三相线的工作电流，并记录相关数据。

① U 相线工作电流_____A，最大电流_____A。

② V 相线工作电流_____A，最大电流_____A。

③ W 相线工作电流_____A，最大电流_____A。

（2）按正确的操作规程测量驱动电机 PEB 直流电流，并记录相关数据。

工作电流_____ A，最大电流_____ A，最小电流_____ A。

（3）按正确的操作规程测量辅助蓄电池启动电流和充电电流，并记录相关数据。

启动电流_____ A，充电电流_____ A。

3．绝缘测试仪使用

（1）测试仪相关数据描述。

①测试仪生产厂家为_____，型号为_____。

②电压挡量程为_____，电阻挡量程为_____，绝缘测试范围为_____，绝缘电压测试共有____个挡位，各挡位的测试最高压电分别为_____。

（2）测试仪内部电池测试。

①测试的电池电压是_____V。

②根据测试结果，该测试仪内部电池：□正常　□不正常。你得出上述结论的理由是_____

_____

_____

_____。

（3）测试仪内部熔断丝测试。

①测试仪显示：_____。

②根据测试结果，该测试仪内部熔断丝：□正常　□不正常。你得出上述结论的理由是_____

_____

_____

_____

_____。

（4）绝缘电阻测试。

①测试的对象是_____。测试时选用的挡位是_____。选择这一挡

位的理由是_____。

②测试的结果是_____。

③根据测试结果，该测试对象的绝缘性：□合格　□不合格。你得出上述结论的理由是___

_____

_____

_____。

4. 专用故障诊断仪使用

（1）诊断仪相关信息。

①你所选择的诊断仪是_____，选择这一型号诊断仪的理由是_____。

②该诊断仪配套的诊断系统组成件有_____。

（2）读取故障码。

①将读取的故障码及其对应故障描述记录于下表。

序号	故障码	故障描述

② 清除故障码。你采用的方式是_____。

（3）数据流读取。将读取的主要数据流记录于下表。

序号	数据流信息记录

5. 自我评价

请对个人技能掌握程度给出评价：□非常熟练　□比较熟练　□一般熟练　□不熟练。

教师评价：（包括工单填写情况，查阅资料能力，观察的方法，小组协作情况等，并按等级制给出成绩）

成绩_____　教师签字：_____　____年___月___日

工单 3-1 电源系统检修

班级学号		姓名	

1. 车型基本信息

(1) 你所查阅的技术资料。

_____

_____

_____

_____

_____

_____ 。

(2) 请描述所收集的电动汽车相关信息。

生产厂家：_____。型号：_____。类型：_____。

相关的技术参数：

_____

_____

_____

_____

_____

2. 电源系统配置

(1) 该纯电动汽车装备的动力电池类型是_____，安装位置在_____。

(2) 动力电池相关技术参数：_____

_____

_____

_____ 。

(3) 该类型电池的特点：_____

_____ 。

(4) 该车型的储能装置是否为复合结构？□是　□否。

如果为复合结构，其复合形式是_____。这种复合形式的特点是_____

_____ 。

3. 测试电池容量

(1) 仪器与被测电池。所使用的仪器型号为_____，待测电池的容量是_____mA·h。

(2) 电压和内阻测试。

①你设置的电压及内阻上限值是_____，下限值是_____。你设置为这一数值的理由是_____

_____

_____。

②测试结果。电压值是_____，内阻值是_____。这一组数值是否满足要求？□是
□否。得出这一结论的理由是_____
_____
_____。

（3）测试电阻设定。

①你测试出仪器的具体电阻值是_____。

②针对这一测量结果，你接下来的处理操作是_____。

（4）电池容量测试。

①你所设置的充电电流是_____，充电时间是_____，放电电流是_____，充电
截止电压是_____，放电截止电压是_____。你设置这一组数值大小的理由是
_____
_____
_____。

② 所测电池的实际容量值：_____。

4．电池系统常规维护

（1）维护准备。

① 你所准备的专用工具有_____
_____
_____
_____。

②你所准备的个人防护用品有_____
_____
_____
_____。

③将教师提示的安全注意事项简要记录在下面。
_____
_____
_____
_____
_____。

（2）维护操作。按规定程序进行纯电动汽车电源系统维护，同时完成下表。

序号	维护内容	检查结果	处理方法	备注
1	外观维护			
2	绝缘检测			
3	电池管理系统维护			
4	冷却系统维护			

5．BMS 常见故障检修

（1）经检查，你判断 BMS 是否有故障：□有　□无。

（2）如果有故障，故障现象是＿＿＿＿＿＿＿＿＿＿＿＿＿＿＿＿＿＿＿＿＿＿＿＿。

（3）分析产生这一故障的原因是＿＿＿＿＿＿＿＿＿＿＿＿＿＿＿＿＿＿＿＿＿＿

＿＿＿＿＿＿＿＿＿＿＿＿＿＿＿＿＿＿＿＿＿＿＿＿＿＿＿＿＿＿＿＿＿＿＿＿＿

＿＿＿＿＿＿＿＿＿＿＿＿＿＿＿＿＿＿＿＿＿＿＿＿＿＿＿＿＿＿＿＿＿＿＿＿＿

＿＿＿＿＿＿＿＿＿＿＿＿＿＿＿＿＿＿＿＿＿＿＿＿＿＿＿＿＿＿＿＿＿＿＿＿＿

＿＿＿＿＿＿＿＿＿＿＿＿＿＿＿＿＿＿＿＿＿＿＿＿＿＿＿＿＿＿＿＿＿＿＿＿。

（4）你是如何排除这一故障的？

＿＿＿＿＿＿＿＿＿＿＿＿＿＿＿＿＿＿＿＿＿＿＿＿＿＿＿＿＿＿＿＿＿＿＿＿＿

＿＿＿＿＿＿＿＿＿＿＿＿＿＿＿＿＿＿＿＿＿＿＿＿＿＿＿＿＿＿＿＿＿＿＿＿＿

＿＿＿＿＿＿＿＿＿＿＿＿＿＿＿＿＿＿＿＿＿＿＿＿＿＿＿＿＿＿＿＿＿＿＿＿＿

＿＿＿＿＿＿＿＿＿＿＿＿＿＿＿＿＿＿＿＿＿＿＿＿＿＿＿＿＿＿＿＿＿＿＿＿。

6．电池组常见故障检修

（1）经检查，你判断动力电池组是否有故障？□有　□无。

（2）如果有故障，故障现象是＿＿＿＿＿＿＿＿＿＿＿＿＿＿＿＿＿＿＿＿＿＿＿＿。

（3）分析产生这一故障的原因是＿＿＿＿＿＿＿＿＿＿＿＿＿＿＿＿＿＿＿＿＿＿

＿＿＿＿＿＿＿＿＿＿＿＿＿＿＿＿＿＿＿＿＿＿＿＿＿＿＿＿＿＿＿＿＿＿＿＿＿

＿＿＿＿＿＿＿＿＿＿＿＿＿＿＿＿＿＿＿＿＿＿＿＿＿＿＿＿＿＿＿＿＿＿＿＿＿

＿＿＿＿＿＿＿＿＿＿＿＿＿＿＿＿＿＿＿＿＿＿＿＿＿＿＿＿＿＿＿＿＿＿＿＿。

（4）你是如何排除这一故障的？

＿＿＿＿＿＿＿＿＿＿＿＿＿＿＿＿＿＿＿＿＿＿＿＿＿＿＿＿＿＿＿＿＿＿＿＿＿

＿＿＿＿＿＿＿＿＿＿＿＿＿＿＿＿＿＿＿＿＿＿＿＿＿＿＿＿＿＿＿＿＿＿＿＿＿

＿＿＿＿＿＿＿＿＿＿＿＿＿＿＿＿＿＿＿＿＿＿＿＿＿＿＿＿＿＿＿＿＿＿＿＿＿

＿＿＿＿＿＿＿＿＿＿＿＿＿＿＿＿＿＿＿＿＿＿＿＿＿＿＿＿＿＿＿＿＿＿＿＿。

7．自我评价

你认为个人技能掌握程度达到：□非常熟练　□比较熟练　□一般熟练　□不熟练。

教师评语：（包括工单填写情况，查阅资料能力，观察的方法，小组协作情况等，并按等级制给出成绩）

成绩＿＿＿＿＿＿　教师签字：＿＿＿＿＿＿＿＿　＿＿＿＿＿年＿＿月＿＿日

工单 3-2　充电系统检修

班级学号		姓名	

1．充电系统认识

（1）你所查阅的技术资料。

_____

_____

_____

_____。

（2）请描述所收集的纯电动汽车相关信息。

生产厂家：_____。型号：_____。类型：_____。

相关的技术参数：

_____

_____

_____

_____

（3）观察整车充电系统并查阅相关技术资料，完成下列工作。

①本车充电机为：□车载式　□非车载式。

你得出这一结论的理由是_____。

②本车采用的充电方法是：□常规法　□快速法。

你得出这一结论的理由是。

③本车的常规充电采用的是：□定流充电法　□定压充电法　□阶段充电法。

你得出这一结论的理由是_____。

请描述这种充电方法的特点。

_____

_____

_____

_____。

④本车的快速充电采用的是：□脉冲充电法　□Reflex TM 快速充电法　□变电流间歇充电法　□变电压间歇充电法　□变电压/变电流波浪式间歇正负零脉冲快速充电法　□其他方法。

你得出这一结论的依据是_____。

请描述这种充电方法的特点。

_____

_____

_____。

⑤请画出你所观察车型充电端子示意图，并说明各端子的功能。

_____

_____

_____

_____。

2．纯电动汽车充电

（1）你准备采用的充电方式为：□快充　□慢充。

你选择这一充电方式的理由是_____。

（2）充电前检查车辆的剩余电量为_____A·h。

（3）根据车辆使用说明书，将你获得的关于该车充电的注意事项记录在下面。

_____

_____

_____

_____。

（4）简要描述充电操作步骤：

_____

_____

_____

_____。

（5）根据你所采用的充电方法及检查的剩余电量，你估测本车充满电需要的时间是____。

3．充电系统故障诊断与排除

（1）请描述故障现象。

_____

_____

_____。

（2）请描述你采用的故障验证方法。

_____

_____

_____

_____。

（3）将故障分析过程记录在下面。

_____

_____

_____

_____

_____。

（4）记录你的故障查找过程。

_____

_____

_____

_____

_____。

（5）记录你所做的故障排除过程。

_____

_____

_____

_____

_____。

4．自我评价

你认为个人技能掌握程度达到：□非常熟练　□比较熟练　□一般熟练　□不熟练。

教师评语：（包括工单填写情况，查阅资料能力，观察的方法，小组协作情况等，并按等级制给出成绩）

成绩_____　　教师签字：_____　　_____年___月___日

工单 3-3　驱动电机系统检修

班级学号		姓名	

1.驱动电机认识

（1）车型基本信息。

① 你所查阅的技术资料。

_____

_____

_____

_____ 。

② 请描述所观察的电动汽车相关信息。

生产厂家：_____。型号：_____。类型：_____。

相关的技术参数：

_____

_____

_____

（2）驱动电机配置。

① 该电动汽车装备的驱动电机有_____个。

②电机1。名称为_____，安装位置为_____，类型为_____，生产厂商为_____。

该类型电机的特点：_____

_____

_____ 。

该电机相关技术参数：_____

_____ 。

③ 电机2。名称为_____，安装位置为_____，类型为_____，生产厂商为_____。

该类型电机的特点：_____

_____ 。

该电机相关技术参数：_____

_____ 。

2.拆装驱动电机

（1）记录拆装操作步骤。

_____

_____

_____ 。

（2）在拆装操作过程中，你遇到的主要困难是_____。
你所采取的解决办法是_____。

3．检测直流电机

（1）电枢绕组搭铁检查。

检查方法是_____，检查结果是_____。
根据这一检查结果，你判定本电机电枢绕组搭铁是否合格？□合格　□不合格，理由
是_____。

（2）电枢绕组断路、开焊故障检查。

检查方法是_____，检查结果是_____。根
据这一检查结果，你判定本电机　□存在　□不存在电枢绕组断路、开焊故障，理由是____
_____。

（3）电枢绕组短路检查。

检查方法是_____，检查结果是_____。根据
这一检查结果，你判定本电机□存在　□不存在电枢绕组短路，理由是_____
_____。

（4）换向器检查。

检查方法是_____，检查结果是_____。根据这一
检查结果，你判定本电机换向器□有问题　□无问题，理由是_____
_____。

（5）调整电刷中性线位置。

记录你的操作步骤：_____
_____
_____。

（6）利用手摇绝缘电阻表检测绝缘性。

① 记录你的操作步骤：_____
_____
_____。

② 测量出电枢绕组对壳体的绝缘电阻是_____，换向片对搭铁的绝
缘电阻是_____。依据这一测试结果，本电机的绝缘性是否合格？
□合格　□不合格，理由是_____
_____。

4．检修直流电机零部件

（1）记录你所做的检修项目、采取的检修方法及得到的检修结果。

_____
_____
_____。

（2）根据上述检修结果，你判定本电机□合格　□不合格，理由是_____
_____。

（3）如果判定结果为不合格，你认为应该采用的维修方法是_____
_____。

5．诊断驱动电机系统故障

（1）读取故障码。

① □是　□否有故障码。故障码为_____。

② 上述故障码代表的含义是_____。

（2）故障诊断。

① 如果没有故障码，但存在故障，则故障现象为_____。你分析产生该种故障的原因可能是_____
_____。

② 描述你根据故障码提示进行故障诊断与排除的操作步骤。

_____
_____
_____
_____

6．自我评价

你认为个人技能掌握程度达到：□非常熟练　□比较熟练　□一般熟练　□不熟练。

教师评语：（包括工单填写情况，查阅资料能力，观察的方法，小组协作情况等，并按等级制给出成绩）

成绩_____　　教师签字：_____　　_____年___月___日

工单 4-1　纯电动汽车其他技术应用

班级学号		姓名	

1. 车型基本信息

（1）你所查阅的技术资料。

_____

_____

_____ 。

（2）请描述所观察的电动汽车相关信息。

生产厂家：_____ 。型号：_____ 。类型：_____ 。

相关的技术参数：

_____

_____

_____ 。

2．变速驱动系统认识

（1）该纯电动汽车□有　□无变速器。如果有变速器，为　□3 挡　□2 挡　□1 挡。你得出
上述结论的依据_____

_____ 。

（2）该纯电动汽车变速驱动系统的安装位置在_____ 。

3．DC/DC 转换器认识

（1）该纯电动汽车有_____个 DC/DC 转换器。

各自的位置分别在_____ 。

（2）说明各 DC/DC 转换器的功能：_____

_____

_____ 。

4．电动转向系统认识

（1）该纯电动汽车采用转向助力种类为：□HPS　□EPS　□EHPS　□AFS　□SBW。你得
出上述结论的依据是_____

_____

_____ 。

（2）该纯电动汽车采用转向助力方式为：□管柱助力式　□小齿轮助力式　□齿条助力式
□直接驱动式　□循环球助力式。你得出上述结论的依据是_____

_____ 。

该种转向助力方式的特点是_____

_____ 。

（3）描述该车转向助力涉及的零部件及其安装位置。

_____

_____
_____。

5．制动助力与再生制动系统认识

（1）该纯电动汽车采用的制动助力方式为：□真空助力　□压缩空气助力　□电助力　□电动真空助力。你得出上述结论的依据是_____
_____。

（2）你能观察到的制动助力相关零部件是_____，其安装位置在_____。

（3）该纯电动汽车体现再生制动的主要部件是_____，其安装位置在_____。

6．空调系统认识

（1）该纯电动汽车制冷系统的主要零部件有_____
_____。

这些零部件中，_____最能体现电动汽车的特点，理由是_____

（2）该纯电动汽车采用的制热方式是：□半导体式（热电偶）　□电动热泵式　□燃油加热式　□PTC加热式。你得出上述结论的依据是_____
_____。

（3）该纯电动汽车制热系统的主要零部件有_____
_____。

这些零部件中，_____最能体现电动汽车的特点，理由是_____
_____。

（4）描述该车所采用制热系统的特点。
_____
_____
_____
_____。

7．信息显示系统认识

列表说明你所观察到的与燃油发动机汽车不同的仪表、各仪表的功能及显示方式。
_____
_____
_____
_____
_____
_____

8. 整车控制器认识

（1）你所观察车辆的整车控制器安装位置是_____

_____。

（2）简要说明整车控制器的功能。

_____

_____

_____

_____

_____。

9. 自我评价

你认为个人技能掌握程度是：□非常熟练　　□比较熟练　　□一般熟练　　□不熟练。

教师评语：

（包括工单填写情况，查阅资料能力，观察的方法，小组协作情况等，并按等级制给出成绩）

成绩_____　　　教师签字：_____　　_____年____月____日

工单 4-2　纯电动汽车保养、应急处理及常规故障处理

班级学号		姓名	

1．车辆信息

（1）你所查阅的技术资料。

_____

_____

_____

_____

_____ 。

（2）所检修的纯电动汽车相关信息。生产厂家：_____。汽车型号：_____。

汽车的类型：_____。

2．准备工作

（1）你所准备设备与工具有_____

_____

_____

_____ 。

（2）你所准备的劳动保护用品有_____

_____

_____

_____ 。

3．保养整车

记录以下各维护项目的内容、检查结果及处理方法。

（1）冷却液。_____

_____ 。

（2）风窗玻璃洗涤液。_____

_____ 。

（3）刮水器。_____

_____ 。

（4）制动液。_____

_____ 。

（5）制动踏板。_____

_____ 。

（6）电子驻车开关。_____

_____ 。

（7）辅助电池。_____

_____ 。

（8）空调系统。＿＿＿＿＿＿＿＿＿＿＿＿＿＿＿＿＿＿＿＿＿＿＿
＿＿＿＿＿＿＿＿＿＿＿＿＿＿＿＿＿＿＿＿＿＿＿＿＿＿＿＿＿＿＿＿。

（9）轮胎。＿＿＿＿＿＿＿＿＿＿＿＿＿＿＿＿＿＿＿＿＿＿＿＿＿＿
＿＿＿＿＿＿＿＿＿＿＿＿＿＿＿＿＿＿＿＿＿＿＿＿＿＿＿＿＿＿＿＿。

（10）风窗玻璃除霜装置。＿＿＿＿＿＿＿＿＿＿＿＿＿＿＿＿＿＿＿＿
＿＿＿＿＿＿＿＿＿＿＿＿＿＿＿＿＿＿＿＿＿＿＿＿＿＿＿＿＿＿＿＿。

（11）车灯。＿＿＿＿＿＿＿＿＿＿＿＿＿＿＿＿＿＿＿＿＿＿＿＿＿＿
＿＿＿＿＿＿＿＿＿＿＿＿＿＿＿＿＿＿＿＿＿＿＿＿＿＿＿＿＿＿＿＿。

（12）车门。＿＿＿＿＿＿＿＿＿＿＿＿＿＿＿＿＿＿＿＿＿＿＿＿＿＿
＿＿＿＿＿＿＿＿＿＿＿＿＿＿＿＿＿＿＿＿＿＿＿＿＿＿＿＿＿＿＿＿。

（13）喇叭。＿＿＿＿＿＿＿＿＿＿＿＿＿＿＿＿＿＿＿＿＿＿＿＿＿＿
＿＿＿＿＿＿＿＿＿＿＿＿＿＿＿＿＿＿＿＿＿＿＿＿＿＿＿＿＿＿＿＿。

（14）动力转向液。＿＿＿＿＿＿＿＿＿＿＿＿＿＿＿＿＿＿＿＿＿＿＿
＿＿＿＿＿＿＿＿＿＿＿＿＿＿＿＿＿＿＿＿＿＿＿＿＿＿＿＿＿＿＿＿。

4．处理应急情况

描述下列应急情况的处理措施。

（1）指示灯/警告灯被点亮。＿＿＿＿＿＿＿＿＿＿＿＿＿＿＿＿＿＿＿
＿＿＿＿＿＿＿＿＿＿＿＿＿＿＿＿＿＿＿＿＿＿＿＿＿＿＿＿＿＿＿＿。

（2）系统紧急关闭。＿＿＿＿＿＿＿＿＿＿＿＿＿＿＿＿＿＿＿＿＿＿
＿＿＿＿＿＿＿＿＿＿＿＿＿＿＿＿＿＿＿＿＿＿＿＿＿＿＿＿＿＿＿＿。

（3）车辆起火。＿＿＿＿＿＿＿＿＿＿＿＿＿＿＿＿＿＿＿＿＿＿＿＿
＿＿＿＿＿＿＿＿＿＿＿＿＿＿＿＿＿＿＿＿＿＿＿＿＿＿＿＿＿＿＿＿。

（4）电池泄漏。＿＿＿＿＿＿＿＿＿＿＿＿＿＿＿＿＿＿＿＿＿＿＿＿
＿＿＿＿＿＿＿＿＿＿＿＿＿＿＿＿＿＿＿＿＿＿＿＿＿＿＿＿＿＿＿＿。

（5）碰撞。＿＿＿＿＿＿＿＿＿＿＿＿＿＿＿＿＿＿＿＿＿＿＿＿＿＿
＿＿＿＿＿＿＿＿＿＿＿＿＿＿＿＿＿＿＿＿＿＿＿＿＿＿＿＿＿＿＿＿。

（6）轮胎漏气。＿＿＿＿＿＿＿＿＿＿＿＿＿＿＿＿＿＿＿＿＿＿＿＿
＿＿＿＿＿＿＿＿＿＿＿＿＿＿＿＿＿＿＿＿＿＿＿＿＿＿＿＿＿＿＿＿。

（7）应急制动。＿＿＿＿＿＿＿＿＿＿＿＿＿＿＿＿＿＿＿＿＿＿＿＿
＿＿＿＿＿＿＿＿＿＿＿＿＿＿＿＿＿＿＿＿＿＿＿＿＿＿＿＿＿＿＿＿。

5．检查线路

完成下列检查项目，记录检查结果并提出处理建议。

（1）检查线束插接器。＿＿＿＿＿＿＿＿＿＿＿＿＿＿＿＿＿＿＿＿＿
＿＿＿＿＿＿＿＿＿＿＿＿＿＿＿＿＿＿＿＿＿＿＿＿＿＿＿＿＿＿＿＿。

（2）检查供电电源。＿＿＿＿＿＿＿＿＿＿＿＿＿＿＿＿＿＿＿＿＿＿
＿＿＿＿＿＿＿＿＿＿＿＿＿＿＿＿＿＿＿＿＿＿＿＿＿＿＿＿＿＿＿＿。

（3）检查搭铁。＿＿＿＿＿＿＿＿＿＿＿＿＿＿＿＿＿＿＿＿＿＿＿＿
＿＿＿＿＿＿＿＿＿＿＿＿＿＿＿＿＿＿＿＿＿＿＿＿＿＿＿＿＿＿＿＿。

（4）检查耗能电源。_____

_____。

（5）检查控制器信号线。_____

_____。

（6）检查 CAN 总线。_____

_____。

6．处理常规故障

（1）描述你所检查的车辆的故障现象。_____。

（2）针对这现象，判断可能的原因是_____

_____

_____

_____

_____。

（3）记录你的故障诊断与排除过程。_____

_____

_____

_____

_____

_____。

7．自我评价

你认为个人技能掌握程度达到：□非常熟练　□比较熟练　□一般熟练　□不熟练。

教师评语：

（包括工单填写情况，查阅资料能力，观察的方法，小组协作情况等，并按等级制给出成绩）

成绩_____　　教师签字：_____　_____年____月____日